KB272226

천년을 빛내는
이름

천년을 빛내는 이름

박대희 지음

대법원에서 작명에 허용한 인명용 한자 9천자 완벽 수록

祥元文化社

이름이 가진 힘에 관한 이야기...

필자는 오래전부터 한 가지 믿음을 가지고 살아왔습니다.

사람의 삶에는 보이지 않는 결이 있고, 이름은 그 결을 다듬는 첫 손길이라는 믿음입니다.

누군가는 필자에게 묻습니다.

"이름 하나로 제 인생을 바꿀 수 있을까요?"

필자는 이렇게 답합니다.

이름 하나로 모든 것을 송두리째 바꿀 순 없지만 이름은 사람을 부르는 데에 첫 울림이고, 그 울림은 삶의 방향이 되어 줄 수 있다고요.

작명은 단순히 글자를 합하는 일이 아닙니다.

사주팔자 여덟 글자에 부족한 기운과 넘치는 기운을 확인하고 그 사람의 기질, 환경 그리고 살아갈 생애를 읽어내는 것입니다.

필자를 찾아오시는 분들은 각자의 사연을 안고 옵니다.
어떤 이는 새 시작과 함께, 또 어떤 이는 삶의 무게에 짓눌린 채로, 필자는 그들의 마음을 먼저 듣습니다. 그리고 필자에게 주어지는 글자마다 그들에게 맞는 숨결을 불어 넣습니다.

필자는 이름을 지을 때, 그 사람이 앞으로 건너가야 할 시간을 함께 떠올리며 삶이란 바다와 같다는 생각을 합니다. 어느 날은 햇살 위로 반짝이는 윤슬과도 같지만, 어느 날은 아무 예고도 없이 몰아치는 파도와 같다고…….

사주팔자는 타고난 조류라면,

이름은 그 흐름 속에서 중심을 잡게 해주는 노와도 같습니다.

이 책은 단순히 이름을 짓는 방법을 설명하는 글이 아닙니다.

『천년을 빛내는 이름』은 지난 20여 년간 작명에 대하여 공부하고 얻은 경험을 토대로 정리한 책입니다.

이 책을 읽는 작명가 분들에게 방향을 잡는 길잡이가 되어 주고, 이름의 힘이 간절하게 필요한 모든 분들에게는 한줄기 빛과 같은 존재가 되길 바라는 마음으로 인사를 마칩니다.

끝으로 책의 교정을 도와주신 지인작명연구소 가족분들, 나이스명리학회 맹기옥 교수님과 회원님들, 항상 필자에게 아낌없는 사랑을 주는 가족들, 또한 옥동자와 같은 이 책이 나올 수 있도록 편집, 출판해 주신 상원문화사 문해린 대표님과 김영철 편집장님께도 고마움을 표합니다.

고맙습니다. '지인작명연구소' 박대희 드립니다.

천년을 빛내는 이름

01

성명학이란 무엇인가

천년을 빛내는 이름

성명학의 정의

　이름이라는 의미를 사전에서 찾아보면 "다른 것과 구별하기 위하여 사물, 단체, 현상 따위에 붙여서 부르는 말, 사람의 성 아래에 붙여 다른 사람과 구별하여 부르는 말, 성과 이름을 아울러 이르는 말로 성은 가계(家系)의 이름이고, 명은 개인의 이름이다."라고 나옵니다. 이처럼 이름은 사람뿐 아니라 사물이나 단체 그리고 현상에도 쓰이고, 특히 사람의 경우 성 아래에 다른 사람과 구별하기 위해 부르는 말이라고 그 목적이 확실하게 나옵니다.

　이름은 기본적으로 한 생명이 태어나면서 불리게 되며, 그 생명체가 삶을 마감하는 그날까지 함께하지만 경우에 따라서는 죽어서도 지워지지 않는 경우가 있습니다. 즉 몇 백년, 몇 천년이 지나도 사람들에게 존경을 받는 이름이 있고, 또한 수많은 세월이 지나도 사람들에게 잊혀지지 않는 악명과 오명으로 점철되는 경우도 다반수입니다. 이름이란 이처럼 한 삶이 살아온 과정을 그대로 대변하는 기능을 갖고 있다고 해도 과언이 아닐 것입니다.

여기서 잠시 살펴봐야 할 것이 있는데, 그것은 바로 사람의 이름이라면 성과 이름이 함께 한다는 것입니다. 특히 성은 집안을 나타내는 가계이며, 명은 개인의 이름이니 나라는 사람은 집안과 따로 떼려야 뗄 수 없는 관계라는 것이지요. 그래서 특히 사람에게 불리어지는 이름을 한자어 측면에서 바라보면 성명이라고 부르는 것입니다.

성명학이라는 학문은 위에서 언급한 바와 같이 "우리의 삶과 늘 공존하는 이름으로 인해 발생하는 좋고 나쁨을 연구하는 학문이다."라고 정의하면 될 것 같습니다. 성명학은 사람의 생년월일시를 근거로 앞날을 예측하는 사주명리학과 달리 오직 이름으로만 그 사람의 운명을 예측하는 학문입니다. 그렇다고 보면 사람의 이름이 단순히 성 아래에 붙여 다른 사람과 구별되는 단순한 기능만 있는 것이 아님을 짐작하게 합니다.

오늘날 우리나라에서 사용되는 성명학은 이론이 한가지로 정립된 것이 아니고, 수많은 이론이 난립하는 실정입니다. 종교도 그러하듯 지향하는 바가 다르면 은근히 다른 이론을 무시하는 경향이 있는데, 사람의 행복을 위해서라면 어느 한 이론으로만 지배할 수는 없다고 필자는 생각합니다.

그렇다면 이름으로 인한 길흉화복을 예측하는 성명학의 역사는 얼마나 되었을까요?

성명학의 역사

성명이라는 한자를 분해해 보면 姓(女+生)과 名(夕+口)으로 구성되어 있음을 알 수 있습니다. 즉 "여자가 낳고, 저녁이 되면 부른다."는 의미입니다. 이렇듯 성명은 여성과 상당히 밀접한 관련이 있음을 알 수 있습니다. 어머니의 뱃속에서부터 태어난 후 보살핌의 과정에 이르기까지 어머니의 손길이 닿는 것이 바로 이름, 즉 성명임을 한자의 속뜻에서 알 수 있는 것입니다.

성명으로 길흉화복을 예측하는 성명학의 역사는 논문에서 살펴보면 지금으로부터 2천년 가량 이전인 중국의 후한 시기의 역사학자인 반고(32~92)가 쓴 『백호통의』에서 시작되었다고 보는 의견이 지배적입니다.

반고는 "사람이 姓을 갖는 이유는 사랑과 은혜를 숭상하고 친족 사이의 애정을 두텁게 하고 금수와 차별되고 혼맥과 인맥을 변별하기 위해서이다. 사람에게 반드시 名이 필요한 이유는 진정을 드러내고 자기를 규율하기 위해서이다. 이것은 사람 섬기기를 귀중히 여기는 것이다.”[1]라고 성명에 대한 정의를 내리고 있는데, 오늘날의 성명학 체계와는 달리 성과 명이 사회윤리적 규범의 성격이 내포되어 있음을 시사하고 있습니다.

성명학이 운명학으로의 범주에 들어오게 된 계기는 남송 시기의 료중(1522~1603)이 쓴 『오행정기』에서부터입니다. 『오행정기』 제9권의 「論五行三」에서 “舌(혀)음은 徵가 되고, 齒(이)음은 商, 牙(어금니)음은 角, 喉(목구멍)음은 宮, 脣(입술)음은 羽가 되어 비로소 五姓이 된다. 商音은 金에 속하고, 角音은 木에 속하고, 徵音은 火에 속하고, 宮音은 土에 속하고, 羽音은 水에 속한다.”[2]라고 하여 성씨와 오행을 배속시켰습니다. 이처럼 상생과 상극의 순환성을 가진 오행과 성씨와의 만남은 비로소 성명학이 운명학으로의 범주에 들어가는 근본을 제시한 것이라 할 수 있겠습니다.

그 이후 채구봉은 『81수원도(八十一數元圖)』이라는 저서에서 한자의 획수를 81수로 구분하여 획수에 따른 길흉을 설명하였는데, 이 이론은 현재 한자 수리성명학에서의 중요한 논거가 되고 있습니다.

명대로 접어들면서는 만민영이라는 명리학자의 저서 『삼명통회』에서는 사람의 이름에서 갖는 고유한 발음이 운명에 많은 작용을 한다고 주장함으로써 역시 오늘날 발음오행의 성명학에서의 중요한 근거가 되고 있습니다. 송대와 명대를 거치면서 성명학의 근거를 명리학

---

1) 반고 著, 신정근 譯註, 『白虎通義』, 소명출판사, 2005, 337쪽.
2) “舌音爲徵, 齒爲商, 牙角, 喉宮, 脣羽, 方能於五姓. 商音屬金, 角音屬木, 徵音屬火, 羽音屬水”, 『五行精紀』.

자가 쓴 책에서 살핀 것은 명리학과 성명학이 기본적으로 오행의 속성인 상생과 상극작용에서 파생되었음을 알 수 있게 합니다.

그렇다면 우리나라에서의 성명학의 역사는 어떻게 될까요?

중국의 문자인 한자는 상나라 시기의 갑골문에서 시작되어 한나라 시기에 오늘날과 같은 체계가 만들어졌다고 합니다. 동시대의 우리나라는 삼국시대를 맞이하게 되었으며, 중국에서의 문자인 한자가 우리나라로 전래되면서 본격적인 한자문화권을 형성하게 됩니다. 한자문화권에 있다는 것은 결국 성명학에서의 길흉화복도 함께 한다는 의미로 받아들여집니다.

우리나라에서 성명의 기록으로 볼 수 있는 것은 고구려 시기의 제20대 임금인 장수왕 때부터 고구려 왕들의 이름을 모두 고씨(高氏)로 나타낸 『고구려전(高句麗傳)』이며, 『삼국사기』에서는 고구려의 건국 초기 때부터 성(姓)의 기록이 많이 나와 있으며 왕과 왕비의 성뿐만이 아니라 왕이 신하들에게도 성을 내려주었다는 기록까지 나오고 있다고 합니다.

백제에는 사마(司馬)·수미(首彌)·조미(祖彌)·고이(古爾)·목협(木劦) 등의 성을 가진 인물들이 기록되어 있으며, 왕이 하사한 백제 팔족성(八族姓)인 사(沙)·연(燕)·협(劦)·해(解)·진(眞)·국(國)·목(木)·백(苩)씨 등은 백제 권문세족을 대표하는 성이었다고 합니다.[3]

또한 신라의 왕들도 초기에는 모두 이름만 적어오다가 23대 법흥왕을 모명진(募名秦)이라 하여 성을 모씨(募氏)라 하였고, 『북제서(北

---

3) 김정현, 「백제의 八族姓과 일본의 八色姓」, 『월간조선 「역사산책」』, 2014, 254~257쪽 참조.

齊書)』에서 진흥왕을 처음으로 김진흥(金眞興)이라 적음으로써 신라의 왕가 성씨를 밝히고 있습니다. 그 후 통일신라시대에는 오늘날과 같은 성 1글자와 이름의 2글자 형태가 보편화되었다고 전해집니다.

성과 이름의 성명은 고려시대를 맞이하면서 더욱 더 체계를 갖추기 시작했습니다. 고려시대 초기부터 귀족 관료들은 이전 시대인 통일신라시대의 유행을 따라 姓을 사용했다고 하는데요. 여기에다 고려의 태조 왕건은 개국공신들과 지방 토호(土豪)세력들을 통합 관장하기 위하여 전국의 군·현 개편작업과 함께 성을 하사하면서 그 숫자가 많이 늘어나게 되었으며 오늘날의 성씨의 체계와 상당히 흡사하게 되었다고 합니다.

특히 문종 9년(1055)은 姓이 없는 사람은 과거에 급제할 수 없다는 법령(法令)을 내리게 되었는데, 이를 통해 이미 우리나라의 성이 상당히 일반적이면서 보편화되어 대중들이 성을 쓰게 되는 계기가 되었다고 할 수 있겠습니다.

이후 조선시대는 건국이념인 유교의 숭상으로 성명 체계 또한 상당히 중국식으로 변하게 되는데요. 즉, 성씨와 이름을 짓는 방법이 한자식(漢字式)으로 전개된 것입니다. 조선 초기 『세종실록지리지(世宗實錄地理志)』에 의하면 당시 265개의 성이 기록되어 있다고 합니다.

그리고 1909년 어느 누구라도 성과 본을 가질 수 있도록 한 새로운 민적법(民籍法)이 시행되면서 노비와 천민계급에게도 성을 가질 수 있게 하였습니다. 이를 기회로 성이 없던 사람에게 본인의 희망에 따라 호적을 담당한 지방 관리들이 마음대로 성을 지어주기도 하고, 머슴의 경우 자기 주인의 성과 본관을 따르기도 하였을 뿐만 아니라

명문집안의 성씨를 모방하여 성을 정하였다고 합니다. [4]

　1985년 경제 기획원 인구센서스에 의하면, 사용되고 있는 姓의 수는 총 274개이며 이 가운데 단성은 263개, 복성은 11개였습니다. 그 가운데 金, 李, 朴, 崔, 鄭씨와 같이 각 성별 인구가 100만 명이 넘는 大姓이 있는가 하면, 東方씨 등 100명 미만의 희귀한 姓氏들도 있다고 합니다. [5]

　우리나라에서 성씨는 가정을 대표하는 호주(戶主)인 아버지, 즉 부계(父系)를 따르는 것이 원칙이었으나, 2008년 1월 1일 호적법이 폐지되어 호주제도가 없어지게 됨으로써 어머니의 성(性)을 따르는 것이 가능하게 되었습니다.

　최근의 성씨제도는 글로벌 시대에 발맞추는 경향도 드러납니다. 즉, 외국인들의 결혼과 귀화로 인해 새로운 성씨가 생겨나게 된 것인데요. 엄격히 말하면 기존의 한국 성씨에 본관이 새로 정해진 것이라 할 수 있겠습니다. 그 예로 1992년부터 2004년까지 K리그에서 활약한 러시아계 한국인 축구 선수였던 신의손(申宜孫)이 있습니다. 그는 2000년 우리나라에서 뛰는 외국인 선수로는 최초로 귀화해 그의 별명이었던 신의손으로 개명하였는데, 구리를 본관으로 하면서 구리 신씨의 시조가 되었습니다.

---

4) 이은태, 「성명학 길흉이론의 타당성 검증을 위한 사례분석 연구」, 국제뇌과학대학교 석사논문, 2015, 14쪽.
5) 문정혜, 「성명학의 원리에 관한 연구」, 원광대 석사논문, 2018, 26쪽.

2019년 11월 21일 한 언론 매체의 보도에 따르면, "대한민국 국적을 취득한 귀화자가 20만 명을 넘어섰다. 1948년 국적법이 제정된 후 71년 만이다. 20만 번째 귀화자는 태국 출신 챔사이통 크리스다 한양대 영문학과 교수다. 법무부는 11월 기준으로 국내 누적 귀화자 수가 20만 명을 돌파했다고 20일 밝혔다. 법무부는 이날 오전 정부과천청사에서 '국적증서 수여식'을 열고 크리스다 교수 등 귀화자 15명에게 국적증서를 수여했다. 크리스다 교수는 "우연한 기회에 한국에 왔지만 살아보니 한국 사람들과 한국 문화가 정말 좋았다'며 '학문적 성과를 인정받아 국적을 취득한 만큼 앞으로 대한민국의 학문 발전과 후학 양성에 더욱 기여하겠다."고 했다. 그는 미국 휴스턴대 영문과 교수로 일하다가 7년 전 한국에 정착했다. 법무부에 따르면 최초 귀화자는 1957년 귀화한 대만 출신 손일승 씨다. 이후 2000년까지 연평균 귀화자는 33명 수준으로 많지 않았다. 그러나 2000년 이후 국제결혼과 국내 체류 외국인이 증가하면서 귀화자도 대폭 늘었다. 총귀화자 20만 명 중 2000년 이후 귀화한 사람 비율이 99.3%에 달한다. 최근 10년간 연평균 귀화 인원은 약 1만 1000명이다."[6]라고 밝히고 있습니다.

이와 같이 해마다 국제 결혼과 우리나라의 특별한 인연으로 귀화 인원은 증가세에 있는데, 법원의 창성창본의 원칙에 따라 이들의 새로운 성씨와 본관의 탄생은 언제든지 열려 있습니다. 따라서 지금보다는 점점 더 많은 성씨와 본관이 탄생하게 될 것으로 예상됩니다.

---

6) 조선일보, 2019년 11월 21일, 12면.

성명학의 종류

지금부터는 성과 이름을 다루는 성명학의 종류가 얼마나 되는지 살펴볼게요. 현재 우리나라의 성명학은 한글의 발음을 중시하는 발음오행성명학·한자의 수리를 중시하는 수리성명학·사주에 필요한 오행을 보완하는 것을 중시하는 자원오행성명학이 주류를 이루고 있습니다.

그 외 음양성명학·오행성명학·한글성명학·주역성명학·측자파자성명학·용신성명학 등 헤아릴 수 없는 많은 종류의 성명학이 알려져 있는데, 실질적으로 많은 작명가들은 발음오행·한자수리·자원오행을 중심으로 하고 있습니다.

1 발음오행성명학

발음오행성명학은 사람의 이름을 부를 때 나오는 소리에 오행이 있어 그 오행으로 길흉을 판단하는 이론입니다. 이름에서 발음은 소리에 의해 에너지가 파장으로 퍼져나가고, 그렇게 표현되는 에너지가 중요한 기운으로 나타내기 때문에 특별히 이를 중시하는 것입니다.

그 이유로 오행의 소리는 주술과 같아서 영적인 기운이 있다고 보는 것인데요. 즉, 모든 발음에서 나오는 소리는 오행으로 구분되고 그 오행의 특징으로 사람의 성격이나 운명이 결정된다고 여길만큼 소리를 그만큼 중요하게 여기는 것입니다.

발음오행성명학은 일본 성명학자인 구마사키(熊崎)가 창안한 것으로 전해지는데, 우리나라에는 1930년대 후반에 전파되었고 1950년대 중반부터 본격적으로 우리나라 성명학에 적용되었다고 합니다.

2 수리오행성명학

수리오행(數理五行)성명학은 1930년에 일본의 구마사키(熊崎)가 발표한 작명이론입니다. 그는 "수(數)는 자연 삼라만상(森羅萬象)의 근본으로서, 어떠한 사물도 수(數)의 지배를 벗어날 수 없다."라고 주장하면서 성명의 한자 획수에 수(數)를 적용하여 성명학에 획기적인 전환기를 가져왔습니다. 수리오행성명학은 현재에도 모든 성명의 한자 및 일부 한글 작명기법 중 대부분을 차지하고 있을 정도입니다

3 자원오행성명학

자원오행성명학이란 한자 자체가 지니고 있는 의미로 오행을 구분

하는 것을 말하는데요. 즉, 글자의 자의(字意)에 따른 오행으로서 주로 한자의 부수(部首)에 따라서 오행을 결정하고 있습니다. 자원오행 성명학은 한자가 가지고 있는 기운을 역시 목·화·토·금·수 오행으로 분류하고 단순히 상생과 상극을 볼 것이 아니라 사주를 분석한 후 그 오행을 어떻게 이름과 조화를 시킬 것인가를 주요 핵심으로 삼고 있습니다.

자원오행성명학은 필자가 작명 시 기본으로 보는 작명 방법입니다. 단, 자원오행은 사주에 부족한 기운을 보완해준다는 취지이나 가끔 자원오행의 상생과 상극을 논하는 경우가 있는데 사주에 보완이 중요합니다.

4 음양성명학

음양성명학은 성명의 한자획수가 1·3·5·7·9획은 양(陽)으로 보고, 2·4·6·8·10획은 음(陰)으로 봐서 이름이 음양의 조화가 맞는지를 중시하는 작명이론입니다. 이름에서 그 구성이 모두 양이거나 음으로 되어 있으면 편중되어 길함보다는 흉함이 작용하여 좋지 않은 이름으로 보는 것입니다.

5 오행성명학

오행성명학은 이름의 발음과 한자가 가지는 오행(五行)을 분석하고, 이 오행이 상생(相生)하는지 상극(相剋)하는지에 따라 길흉을 판단하는 작명이론입니다. 즉, 이름 속 발음과 한자의 오행이 상생하면 좋은 이름이고, 상극하면 나쁜 이름으로 판단하는 것입니다.

6 용신(用神)성명학

용신성명학이란 사람의 사주를 분석한 후, 사주에서 부족한 오행을 보충하거나 과다한 오행을 설기시킬 때 적용하는 성명학 이론으로 사주와 인연이 많아 사주성명학이라고도 불립니다.

사주명리학에서의 용신은 크게 일간의 강약을 중시하는 억부용신법과 한난조습을 중시하는 조후용신법, 월지에서 투간된 격국을 중심으로 하는 격국용신법 등이 주류를 이루고 있습니다. 이와 같은 방법으로 사주에서 용신을 찾은 후 그 용신에 맞는 오행과 한자를 사용하는 이론입니다.

7 주역(周易)성명학

주역성명학은 성과 이름의 한자 획수를 이용하여 이를 다시 주역의 64괘에 응용하여 작명하는 이론입니다. 즉, 성과 이름 전체의 획수를 8로 나누어 남는 수는 상괘로 하고, 성을 제외한 이름의 획수를 8로 나누어 남는 수를 하괘로 정해 길흉을 판단하는 성명학 이론입니다. 예를 들면 그 획수가 만약 24획이 나오면 지뢰복(地雷復)괘에 해당되는데, 지뢰복괘는 새로운 시작과 좋은 기운이 돌아온다는 의미로 길한 이름으로 판단하는 것입니다.

8 곡획(曲劃)성명학

곡획성명학은 송나라 소강절이 만든 이론으로 알려져 있습니다. 소강절은 상수학(象數學)에 능했던 학자로 곡획성명학의 이론 또한 한자의 획수에서 특정한 곡선(曲)과 직선(劃)의 구성을 분석하여 길흉을 판단하는 이론입니다. 이 방법은 일반적인 수리성명학(획수 성명학)과는 달리, 한자의 획이 어떻게 구성되어 있는지를 분석하여 운명을 예측하는 것이 특징입니다.

9 측자파자(測字破字)성명학

측자파자성명학은 이름 속 한자의 형태를 분해하여 숨겨진 의미를 찾고, 이를 운명과 연결하여 해석하는 이론입니다. 예를 들면 길할 길(吉)의 한자를 분해하면 士(선비 사)＋口(입 구)로 그 해석은 "선비가 입으로 말하니 덕을 갖춘 것이다."라고 해석하는 것입니다.

10 파동(波動)성명학

파동성명학은 이름이 가진 소리의 파동 에너지가 사람의 운명과 삶에 영향을 미친다고 보는 이론입니다. 즉, 이름은 단순한 글자가 아니라 특정한 소리에서 나오는 주파수가 있으며 이것이 주변의 환경이나 사람과 어울리면서 나의 운명에 영향을 미친다고 보는 것입니다.

11 육효(六爻)성명학

육효성명학은 주역(周易)의 육효(六爻)원리를 기반으로 한 성명학 이론입니다. 육효학에는 각 효별로 청룡(靑龍)·주작(朱雀)·백호(白虎)·현무(玄武)·구진(勾陳)·등사(螣蛇)와 같은 육수(六獸)를 붙이게 되는데 이를 활용하는 방식이라고 보면 됩니다.

12 천년을 빛내는 이름(박대희 자원오행 소리 성명학)

박대희 성명학은 필자가 직접 개발한 성명학 이론으로 상표등록까지 하였습니다. 기존의 전통적인 성명학을 기틀로 하여 불려지는 소리로서 운을 향상시켜 성격과 기질, 운의 상승을 도와주는 방식입니다. 현재까지 수만 명 넘게 이 방식을 통해 작명하였으며, 많은 분들이 실제로 운의 상승을 경험하였습니다.

이외에도 소개하지 못한 이론이 많이 있습니다만, 성명학의 이론은 매우 다양합니다. 언제 또 어떤 이론이 탄생할지도 모르는 일입니다. 현재 작명가들이 사용하는 이론은 위에서 소개한 것이 다수이기 때문에 독자 여러분들도 이 정도 수준에서 성명학의 이론이 있다고 알고 계시면 무난할 것 같습니다.

02

성명학의
이론적 배경

지금부터는 성명학의 배경이 되는 이론들에 대해 살펴보겠습니다. 성명학의 종류가 앞에서 살펴보았지만 굉장히 많았던 것을 알 수 있었는데요. 이처럼 많은 성명학의 유파를 형성하게 된 배경도 바로 지금부터 설명하게 되는 이론 중에서 어느 이론을 중시하는가에 따라 결정된다고 봐도 무방할 것입니다. 그럼 성명학의 배경이 될 만한 이론들에 대해 하나하나 살펴보겠습니다.

음양

　우리나라뿐 아니라 동양문화권에서 많이 들어봤던 음양. 과연 음양이 뭘까요? 음양의 기원에 대해『음양오행학설사』라는 책에는 다음과 같이 음양이 시작되었다고 설명하고 있습니다.

　첫째『주역(周易)』기원설인데, 음양의 관념이『주역』에서 기원한다는 견해입니다. 즉,『주역』의 효상(爻象)인 '—', '− −'에 이미 음양 관념이 포함되어 있다고 하는 것인데, 가령 '—'은 하늘을 상징하고 '− −'은 땅을 상징하는데, 하늘과 땅은 각각 陽과 陰의 상징이므로 '—'과 '− −'은 陽과 陰을 상징한다는 것입니다.

　둘째 성기기원설(性器起源說)인데, 이것은 음양 관념이 생식기 숭배에서 기원한다고 생각하는 견해입니다.『주역』「계사전(繫辭傳)」의 "무릇 건(乾)은 고요할 때는 오므라들고, 움직일 때에는 곧바르다."라는 말이 남성 생식기의 특성을 보여주고, "무릇 곤(坤)은 고요할 때에는 닫히고, 움직일 때는 열린다."라는 말은 여성 생식기의 특성을 보여주고 있으니 이런 특징이 바로 음양의 기원이 된다고 설명하는 것입니다.

셋째 **자연취상설(自然取象說)**인데, 이것은 음양의 관념이 자연현상에 대한 관찰에서 기원한다고 생각하는것입니다. 가령 산의 남쪽은 陽이고, 북쪽은 陰이고, 해가 떴을 때는 陽이고 해가 졌을 때는 陰이라 하여 이러한 자연 현상을 통해서 음양관념을 귀납한 것입니다.

뭔가 알 듯 말 듯한 음양에 대한 기원인 것 같지요?

여기서 조금은 더 진일보된 설명은 『설문해자(說文解字)』에서 찾을 수 있는데, 음양에 대해 "陰은 어둡다는 뜻이다. 물의 그늘진 곳과 산의 북쪽 그늘진 곳으로, 阜를 따라 만들어졌고 '陰'으로 발음한다."[7]라고 해석하고 있습니다. 또한 "易은 열림이며, 日─勿을 따라 만들어졌다. 어떤 때는 飛揚이라 하기도 하고, 어떤 때는 長이라 하기도 하며, 彊한 것이 많은 모양이다."[8]라고 하고 있는데, 결국 음양이란 '해(日)'라는 글자와 밀접한 관련을 가지고 있는 것을 알 수 있습니다.

이러한 음양의 출발을 알았다면 이제는 그 속성을 알아야겠지요.

음양은 크게 3가지 속성이 있습니다. 그 3가지는 **소식성, 대립성, 의존성**인데 자세히 살펴보면 다음과 같습니다.

---

7) "陰闇也, 水之南山之北也, 從阜陰聲.", 『說文解字』.
8) "易陽開也. 從日·─·勿, 一曰飛揚, 一曰長也. 一曰彊者衆", 상동.

먼저 **소식성**부터 살펴볼게요. 음양의 소식성이라는 것은 한쪽의 힘이 커지거나 늘어나면 다른 한쪽의 힘이 약하거나 줄어드는 것을 말합니다. 이러한 현상은 여름과 겨울의 해 길이를 살펴보면 알 수 있는데요. 양의 기운이 강해지는 여름은 해의 길이, 즉 낮의 길이가 길고 상대적으로 밤의 길이가 짧습니다. 겨울은 해가 떠 있는 밝은 시간보다 해가 진 어두운 시간이 상대적으로 긴 것을 볼 수 있는데, 이러한 현상을 음양의 소식성이라고 합니다.

다음으로 **대립성**인데요. 음양은 남자와 여자, 하늘과 땅, 밝음과 어둠, 빠름과 느림 등과 같이 대립되는 속성이 있습니다. 그런데 이러한 대립성이 없으면 존재의 의미조차 무의미해질 수 있는데요. 무슨 말인가 하면, 남자가 여자 없이, 하늘이 땅 없이 있게 되면 남자와 하늘의 역할이 제대로 발현되지 않습니다. 이처럼 음양의 대립성은 서로를 견제하고 제약을 하는 관계가 아니라 그 대립되는 속성으로 인해 나 자신이 도드라지는 성질을 의미합니다.

마지막으로 음양의 **공존성**입니다. 음양은 앞서 본 바와 같이 서로 대립하는 특징이 있는데, 한편으로는 단순한 대립이 아니라 서로 존재하기 위해 반드시 의존해야 한다는 것입니다. 즉, 남자가 여자 없이 존재할 수 없는 것과 하늘이 땅 없이 홀로 존재할 수 없는 것과 같은 이치로 음양은 서로 의존해야 한다는 것입니다. 즉, 음양은 늘 함께 붙어 다니는 성질이 있다는 것으로 이해하면 될 것 같습니다.

오행

　오행의 개념에 대해서는 한나라의 반고(32~92)가 저술한 『백호통(白虎通)』에 비교적 상세하게 나와 있는데요. 그 기록을 살펴보면, "五行이란 무엇인가? 木, 火, 土, 金, 水를 말한다. 行이라는 글자는 하늘이 행하는 氣라는 뜻이다."[9] 라고 나오는데, 오늘날 사용하고 있는 오행의 개념과 거의 유사함을 알 수 있습니다.

　『상서(尙書)』「홍범(洪範)」에 서술되어 있는 오행의 내용을 살펴보면 "오행의 첫 번째는 水이고, 두 번째는 火이고, 세 번째는 木이며, 네 번째는 金이며, 다섯 번째는 土입니다. 물은 아래로 젖어 내려가는 것이고, 불은 위로 타오르는 것이며, 나무는 펴지기도 하고 굽어지기도 하는 것이며, 쇠는 열을 가하면 여러 가지로 변하는 것이며, 흙은 심고 거두어 농사를 짓는

---

9) "五行者, 何謂也? 謂 金, 木, 水, 火, 土也. 言行者, 欲言爲天行氣之義也.", 『白虎通』.

것입니다. 아래로 젖어 가는 것은 짠맛이 나고, 위로 타올라 가는 것은 쓴맛이 나고, 굽어지기도 하고 펴지기도 하는 것은 신맛이 나며, 여러 가지로 변하는 것은 매운맛이 나고, 농사에 필요한 것은 단맛이 납니다."[10] 이처럼 오행의 의미는 처음에 사람들에게 필요한 다섯 가지의 생활 요소로 출발하였으나, 후에 점차 그 의미가 확대되면서 자연현상과 생활현상의 변화를 해석하는 수단으로 정립되었습니다.

음양과 달리 오행의 가장 큰 속성은 상생과 상극이라 할 수 있는데요. 상생이라는 것은 약한 기운을 도와줘서 힘이 강하게 하는 보완적 요소의 개념이 강하고, 상극은 오행상 어느 한 기운이 한쪽으로 치우치지 못하게 하는 견제의 속성이 강한 개념으로 이해하시면 쉬울 것 같습니다.

---

10) 五行 : 一曰水, 二曰火, 三曰木, 四曰金, 五曰土. 水曰潤下, 火曰炎上, 木曰曲直, 金曰從革, 土爰稼穡. 潤下作鹹, 炎上作苦, 曲直作酸, 從革作辛, 稼穡作甘.", 『尚書』 「洪範」.

하도와 낙서

하도(河圖)와 낙서(洛書)는 『주역』의 근본원리와 성명학의 수리오행에 이론적 기반을 제공하는 이론인데요. 동양에서의 숫자는 그 숫자에 우주의 진리가 있다고 보며, 그 숫자로 인해 모양이 만들어지기도 한다는 상수학의 기본이 되기도 합니다. 따라서 하도와 낙서의 숫자 개념은 『주역』의 상과 수의 원리가 되는 것입니다.

여기에다 동양에서의 숫자는 방위도 나타내며, 오행의 의미도 함께 내포하고 있을 정도로 단순한 셈을 하는 숫자와는 완전히 다른 개념으로 받아들여야 합니다.

그럼 하도와 낙서의 기원과 의미에 대해 살펴보겠습니다.

먼저 하도의 기원에 대해서는 『상서(尙書)』에서 "하도와 팔괘는 복희씨가 천하를 다스리고 있을 때, 용마가 강에 나타나서 그 무늬를 이용해서

팔괘를 그렸는데 이것을 하도라 한다.”[11]라고 밝히고 있습니다.

하도를 자세히 살펴보면 흰 동그라미는 홀수로서 양을 상징하고, 검은 동그라미는 짝수로서 음을 상징합니다.

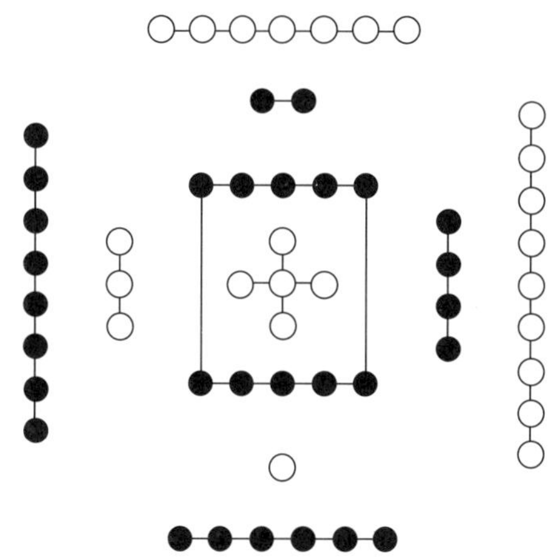

방위와 계절과 오행을 대입해 보면 맨 아래쪽의 1과 6의 숫자는 방위로는 북쪽이고 계절은 겨울, 오행은 수를 의미합니다. 맞은편에 있는 2와 7은 남쪽·여름·화를 의미하며, 왼쪽의 3과 8은 동쪽·봄·목을 의미하며, 오른쪽의 4와 9는 서쪽·가을·금을 의미하며, 중앙에 있는 5와 10은 중앙·환절기·토를 의미합니다.

하도를 순환의 측면에서 보면 1과 6의 水 오행에서 시작하여 시계방향으로 목→화→토→금→수로 상생하는 것을 알 수 있습니다. 결국 하도는 상생의 순환운동을 의미한다고 보면 되는 것이지요.

---

11) “河圖, 八卦. 是伏羲氏王天下, 龍馬出河, 遂則其文以劃八卦, 謂之河圖”, 『尙書』.

다음은 낙서의 기원과 의미에 대해 살펴보겠습니다.

『상서(尙書)』에서는 "하늘이 우왕에게 낙수에서 나온 낙서를 주고, 신성한 거북이 등에 문양을 지고 나왔으며, 등에 나열된 수가 있었으니 아홉에 이르렀다. 우왕이 이로 인하여 따르고 그것을 차례로 하여 아홉 부류를 이루었으며, 항상의 도를 차례로 펼치게 된 것이다."[12] 라고 기원을 밝히고 있습니다.

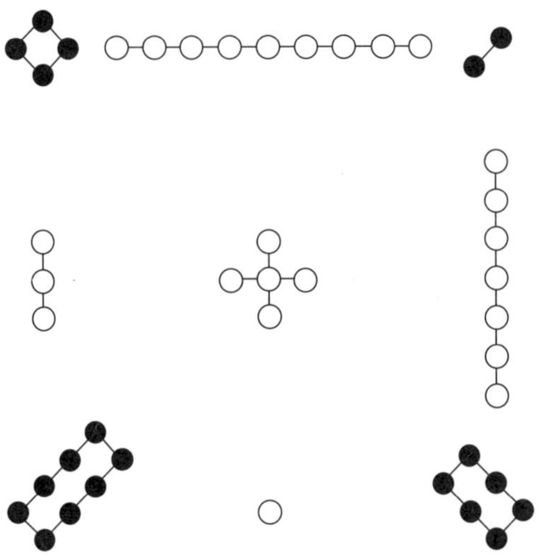

낙서를 하도와 같은 방법으로 살펴보면 1과 9, 2와 8, 3과 7, 4와 6처럼 흰 동그라미인 양의 수는 양의 수끼리, 검은 동그라미인 음의 수는 음의 수끼리 서로 마주하고 있는 것을 알 수 있습니다.

낙서는 그 운행방향이 하도와는 달리 우회전하는데, 이것을 오행으로 표시하면 수→화→금→목→토→수로 상극의 순환운동을 하

---

12) "天與禹洛出書. 神龜負文而出, 列於背, 有數至於九. 禹遂因而第之, 以成九類. 常道所以次敍", 『尙書』.

고 있음을 알 수 있습니다.

하도와 낙서를 순환운동의 측면이 아닌 구조적 측면에서 보면 하도는 아래쪽의 1과 6의 숫자는 방위로는 북쪽이고 계절은 겨울, 오행은 수인데 맞은편에 있는 2와 7은 남쪽·여름·화를 의미하니 서로 상극관계에 있습니다. 왼쪽의 3과 8은 동쪽·봄·목을 의미하며, 오른쪽의 4와 9는 서쪽·가을·금을 의미하니 역시 상극관계인 것을 알 수 있습니다.

낙서를 구조적인 측면에서 보면 서북방의 1과 6은 동남방의 4와 9와 상생의 관계, 동북방의 3과 8은 서남방의 2와 7은 서로 상생의 관계에 있는 것을 확인할 수 있습니다.

결국 하도와 낙서는 상생과 상극을 동시에 포함하고 있으며, 이것은 동양의 사상인 양 중에 음이 있고 음 중에 양이 있다는 음양의 논리를 설명한 것이라고 보면 되겠습니다.

천간과 지지

천간은 일명 십간이라고도 불리며, 甲·乙·丙·丁·戊·己·庚·辛·壬·癸 10종류라 붙여진 이름입니다. 한나라 후기의 유희라는 학자가 쓴 『석명(釋名)』에는 십간을 다음과 같이 설명하고 있습니다.

"甲은 껍질이다. 만물이 껍질을 벗고 태어나는 것이다.

乙은 구불어짐이고, 스스로 싹을 틔워 굽어서 밖으로 나오는 것이다.

丙은 빛남이다. 만물이 생겨나 빛나고 모두 뚜렷하게 보이는 것이다.

丁은 씩씩함이다. 물체가 다 장성하여 씩씩한 것이다.

戊는 무성함이다. 만물이 다 무성한 것이다.

己는 벼리이다. 모두 정해진 모양이 있어 바탕을 알 수 있다.

庚은 고침이다. 굳센 모양으로 바뀌는 것이다.

辛은 새로움이다. 만물이 비로소 새롭게 되어 두루 거두고 이루는 것이다.

壬은 아이를 가진다는 것이다. 음양이 교합하여 만물이 회임하는 것이다. 癸는 헤아림이다. 헤아렸다가 낳아서 비로소 나오는 것이다."[13]

천간을 다시 양과 음으로 구분하면 甲·丙·戊·庚·壬은 양의 속성을 가졌고, 乙·丁·己·辛·癸는 음의 속성을 가졌습니다. 역시 천간을 목화토금수 오행으로 구분하면 甲·乙은 목, 丙·丁은 화, 戊·己는 토, 庚·辛은 금, 壬·癸는 수의 속성을 가졌습니다.

지지는 천간의 상대적인 개념으로 子·丑·寅·卯·辰·巳·午·未·申·酉·戌·亥 12종류라 붙여진 이름입니다. 『석명(釋名)』의 십이지에 대한 설명을 요약하면 다음과 같습니다.

"子는 불어나는 것이니 양기가 처음 싹터서 아래로부터 자라나는 것이다.

丑은 묶는 것이니 한기가 스스로 굽혀서 묶는 것이다.

寅은 펼치는 것이니, 널리 펴서 만물을 낳는 것이다.

卯는 무릅쓰는 것이니 흙을 뚫고 나오는 것이다.

辰은 펴는 것이니 만물이 다 펼쳐져서 나오는 것이다.

巳는 그치는 것이니 양기가 다 펼쳐진 후에 그친 것이다.

午는 거스르는 것이니, 음기가 아래로부터 올라와 양기와 서로 거스르는 것이다.

未는 어두워지는 것이니, 해가 중천에 있으면 기울어져 어둠으로 향한다.

申은 몸이니, 만물이 다 그 몸을 이루어서 각기 단단하도록 하며, 갖추어서 이루도록 하는 것이다. 음기가 사물에 작용한다는 뜻이다. 만물을

---

13) "甲孚也, 萬物解孚甲而生也. 乙軋, 自抽軋而出也. 丙炳也, 物生炳然皆著見也. 丁壯也, 物體皆丁壯也. 戊茂, 物皆茂盛也. 己紀也, 皆有定形可紀識也. 庚猶更也, 庚堅强貌也. 辛新也, 物初新者皆收成也. 壬妊也, 陰陽交物懷妊也, 至子而萌也. 癸揆也, 揆度而生乃出之也.", 『釋名』 권1, 「釋天」.

거듭 해치기 때문에 申이라 한다.

酉는 빼어나는 것이니, 빼어나다는 것은 만물이 다 이뤄지는 것이다.

戌은 궁휼하는 것이니, 만물이 응당 수렴되어서 궁휼하는 것이다. 또한 겉을 벗고 떨어지는 것을 말한다.

亥는 핵심이다. 만물을 거두어 감추면서, 핵심은 그 좋고 나쁨과 참됨과 거짓을 취하는 것이다. 또한 만물이 이뤄져 모두 견실해지는 것을 말한다.”14)

지지를 다시 양과 음으로 구분하면 子·寅·辰·午·申·戌은 양의 속성을 가졌고, 丑·卯·巳·未·酉·亥는 음의 속성을 가졌습니다. 역시 지지를 목화토금수 오행으로 구분하면 寅·卯는 목, 巳·午는 화, 辰未戌丑은 토, 申·酉는 금, 亥·子는 수의 속성을 가졌습니다.

이상으로 성명학의 배경이 되는 이론들에 대해 살펴보았습니다. 어찌 보면 단순히 성과 이름의 조합으로 알고 있는 학문이 이처럼 많은 이론적 배경을 갖고 있다는 것을 알고 나면 그 가치에 대해 다시 한 번 생각해보는 시간을 갖게 되는 것 같습니다.

이러한 성명학의 배경이 되는 이론들은 다음 장에서 설명하는 성명학에서 어떻게 적용되는지 살펴보도록 하겠습니다.

---

14) "子孶也, 陽氣始萌孶生於下也. 丑紐也, 寒氣自屈紐也. 寅演也, 演生物也. 卯冒也, 載冒土而出也. 辰伸也. 物皆伸舍而出也. 巳已也, 陽氣畢布已也. 午忤也, 陰氣從下上與陽相忤逆也. 未昧也, 日中則昃向幽昧也. 申身也. 物皆成其身體, 各申束之, 使備成也. 酉秀也, 秀者物皆成也. 戌恤也, 物當收斂, 矜恤之也. 亥核也, 收藏百物, 核取其好惡直僞也. 亦言物成, 皆堅核也.", 『釋名』 권1, 「釋天」.

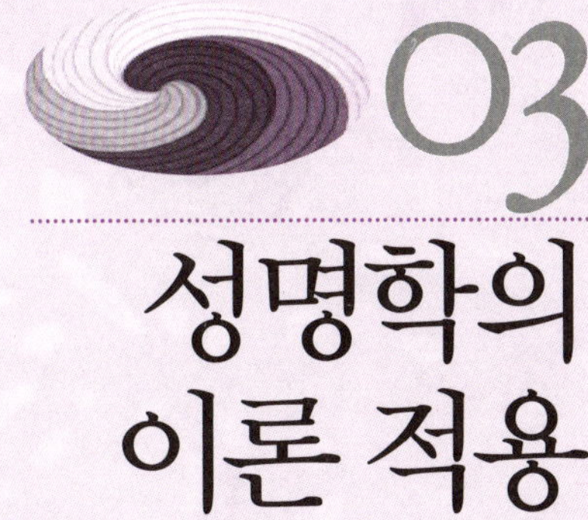

03

성명학의
이론 적용

천년을 빛내는 이름

성명학에서의 음양 적용

앞에서 살펴보았듯이 동양 문화권에서의 음양은 모든 사물을 구성하는 원리이며, 그 작용으로 우주 만물이 생겨난다는 것을 확인할 수 있었습니다. 성명학에서도 음과 양의 조화를 아주 중요하게 생각하는데 성명학에서의 음양은 발음과 한자의 획수, 한자의 자원 등으로 구분될 수 있습니다.

그런데 음과 양은 한쪽으로 치우치면 안 되고 적절한 조화를 이루고 있어야 그 이름이 길함과 행운을 가져올 수 있다고 보는 것입니다. 즉, 이름이 모두 양(陽)으로만 구성되거나 음(陰)으로만 구성되어 있으면 오히려 재앙과 불행을 불러오는 것으로 인식하여 경계를 하는 것입니다.

만약 이름의 구성이 양으로만 구성되면 양의 속성상 외부 활동은

강할 수 있으나 실속이 적을 수 있고, 또한 음으로만 구성되어 있으면 지나치게 내부 활동에 치우치거나 대외 활동을 기피하여 원하는 결과가 잘 나오지 않을 수도 있게 되는 것입니다.

성명학에 적용된 음양은 ㄱ, ㄴ, ㄷ으로 시작되는 한글 발음 자체는 음양으로 구분하지 않고 ㅏ, ㅑ, ㅓ, ㅕ로 시작하는 모음에만 적용하고 있습니다. 이를 도표화하면 다음과 같습니다.

발음의 음양

발음에서의 양	ㅏ ㅐ ㅑ ㅒ ㅗ ㅘ ㅙ ㅚ ㅛ
발음에서의 음	ㅓ ㅔ ㅕ ㅖ ㅜ ㅝ ㅞ ㅟ ㅠ ㅡ ㅢ ㅣ

이상의 발음의 음양을 예를 들어 **홍길동**이란 이름으로 적용시켜 본다면, 양음양으로 구성되어 일단 발음의 음양은 잘 조합되었다고 보면 되는 것입니다. 독자분들의 이해를 돕기 위해 유명 인사의 이름을 발음의 음양으로 예를 들어보겠습니다.

예			
이승만	☞ 음음양	안정환	☞ 양음양
박정희	☞ 양음음	신동엽	☞ 음양음
김영삼	☞ 음음양	전현무	☞ 음음음
김대중	☞ 음양음	장윤정	☞ 양음음
이건희	☞ 음음음	이효리	☞ 음양음
정주영	☞ 음음음	임영웅	☞ 음음음
서장훈	☞ 음양음		

다음으로 한자의 획수에 의한 음양을 살펴보겠습니다.

한자는 글자마다 고유한 획수가 있는데요. 그 획수는 결국 1·3·5·7로 나가는 양의 숫자와 2·4·6·8로 나가는 음의 숫자로 구성되어 있습니다. 그래서 같은 한자라도 어떤 한자를 쓰는가에 따라서 음양이 나뉘게 되는 것입니다.

한자의 획수에 의한 음양을 도표화하면 아래와 같습니다.

한자 수리의 음양

양의 획수	1, 3, 5, 7, 9, 11, 13, 15, 17, 19, 21, ……
음의 획수	2, 4, 6, 8, 10, 12, 14, 16, 18, 20, 22, ……

한자 획수의 음양을 **홍길동**이란 이름으로 예를 들어 적용시켜 보겠습니다. 어떤 한자를 쓰는가에 따라 길흉이 달라질 수 있지만 만약 洪(10획)吉(6획)東(8획)으로 한자가 구성되면 음양의 배열이 음음음으로 구성되어 있으니 음양의 조화가 이루어지지 않아서 흉하다고 보는 것입니다.

만약 성씨는 바꿀 수가 없고 획수도 고정되어 있으니 이를 제외하고 길한 구성으로 하려면 吉(6획)을 晧(9획) 양의 획수가 된 한자로 변경하거나, 吉(6획)을 그대로 사용하고 싶으면 東(8획)을 洞(9획) 양의 획수가 된 한자로 변경하여야 하는 것입니다.

---

15) 성명학에서는 한자의 수리를 일반적으로 원획수에 의하여 본다. 따라서 洪이라는 한자를 자전에서 찾으면 9획이 되지만, 원획수를 따르면 氵는 水에서 온 것이므로 4획이 되어 전체 10획으로 본다.

같은 방식으로 **이효리**라는 이름의 음양은 어떤지 살펴볼까요?

만약 **이효리**라는 이름의 한자가 **이**(李)**효**(孝)**리**(利)로 구성되어 있다면 한자 수리의 음양은 李(7획)孝(7획)利(7획)로 됩니다. 그럼 음양의 관계는 모두 양양양으로 구성되어 음과 양의 조화가 맞지 않는 이름이 됩니다. 따라서 음양의 조화가 맞는 이름으로 바꾸려면 孝(7획)를 効(8획)로 바꾸면 됩니다.

결국 음양의 배열은 어떻게 구성되어 있는가에 따라 길흉이 나뉘게 되는 것인데요. 이를 도표화하면 다음과 같습니다.

음양의 배열법

길한 배열	양양음, 양음양, 양음음, 음양양, 음양음, 음음양
흉한 배열	양양양, 음음음

이상 음양의 배열법을 적용하여 길흉 관계의 실례를 알아보겠습니다. 예를 들어 **김구라**라는 이름으로 적용하면 다음과 같습니다.

음양의 배열법 적용 실례①

성명	김(金)	구(口)	라(羅)
획수	8	3	19
음양	음(짝수)	양(홀수)	양(홀수)

위 실례는 순수하게 한자 획수로 음양 관계만을 살핀 것입니다. 그

결과 金의 성씨는 8획으로 음, 具는 3획으로 양, 羅는 19획으로 양이 되어 음양양으로 한자 획수의 음양 관계는 적절하다고 할 수 있겠습니다.

그러나 같은 **김구라**라는 이름의 한글 발음이라도 한자가 바뀌면 길흉이 바뀔 수도 있는데, 그 예를 들어보면 다음과 같습니다.

음양의 배열법 적용 실례②

성명	김(金)	구(具)	라(囉)
획수	8	8	22
음양	음	음	음

적용 실례①에서 예를 들었던 **김구라**와 ②에서의 **김구라**는 성을 제외한 나머지 이름에서의 한자가 바뀜으로써 음양 관계가 얼마든지 바뀔 수 있음을 보여주는 것입니다.

①, ②의 적용 실례는 앞에서 설명한 **홍길동**의 경우와 같은 것이나 도표화하여 이해하기 쉽게 한 것입니다. ①의 **김구라**의 한자 획수는 음양양이기 때문에 음양의 배열법만 놓고 보면 일단 길하게 판단을 하는 것이고, ②의 **김구라**의 한자 수리는 음음음이기 때문에 음양의 배열만 놓고 보았을 때는 흉하게 판단하는 것입니다. 이처럼 이름에서의 음양의 적용은 한글의 모음과 한자의 획수에서 홀수를 양으로, 짝수를 음으로 지칭하는 것입니다.

그렇다면 음양의 적용을 할 수 없는 경우는 어떻게 할까요? 즉, 한글과 한자의 조합이 아닌 순수한 한글 이름만 사용하는 경우인데요.

이런 경우는 보는 시각에 따라 한글의 필기 획수를 수리로 사용하여 음양의 판단기준으로 삼기도 하지만, 이 또한 성씨는 한자가 대부분이고 이름만 한글인 경우라 한글 이름만 음양으로 적용하는 것은 무리가 따를 수밖에 없습니다.

또한 음양의 적용을 너무 기계적이고 수학적인 측면에서만 접근하다 보면 오히려 음양의 본래적 의미를 퇴색시키는 경우도 있습니다. 예를 들면 '하늘', '태양' 같은 이름을 한글 모음에 적용하면 '하늘'이라는 이름은 '양음'을, '태양'의 경우는 '양양'을 나타냅니다. 그런데 누가 봐도 '하늘'과 '태양'은 모음을 적용시키지 않고도 음양의 측면에서 접근하면 두 이름 모두 기운이나 느낌면에서 양의 기운이 강하다는 것을 알 수 있습니다.

'바다'와 '이슬'이라는 이름도 주변에서 많이 접하는 이름인데요. 역시 천편일률적으로 한글 모음에 따른 음양을 적용시키는 것보다 두 이름 모두 기운이나 느낌면에서 물을 상징하는 음의 기운이 강하다는 것으로 인식되는데요. 이처럼 음양의 적용은 경우에 따라서는 유연하게 적용하는 것도 필요해 보입니다.

성명학에서의 오행 적용

오행은 음양과 더불어 동양문화권 중에서도 운명학 분야에 지대한 영향을 미치는 요소입니다. 성명학에서도 예외는 아닌데요. 오행의 기본개념에 대해서는 앞에서 살펴보았으니, 지금부터는 성명학에서의 오행은 어떻게 적용되고 있는지를 살펴보겠습니다.

오행은 목·화·토·금·수의 다섯 가지 요소로 구성되어 있다는 것은 웬만한 독자분들은 다 아실텐데요. 성명학에서 오행은 목화토금수 오행을 ㄱ부터 ㅎ까지의 발음에 의한 오행, 한자의 획수에 따른 획수오행, 한자의 부수에 의한 자원오행으로 적용합니다.

오행의 가장 큰 특징이라고 하면 바로 상생과 상극입니다. 상생은 서로 이웃하는 관계이면서 생조하는 관계이고, 상극은 한 칸 건너 있는 관계이면서 서로 치고 받는 것을 의미합니다. 이를 그림으로 설명하면 아래와 같습니다.

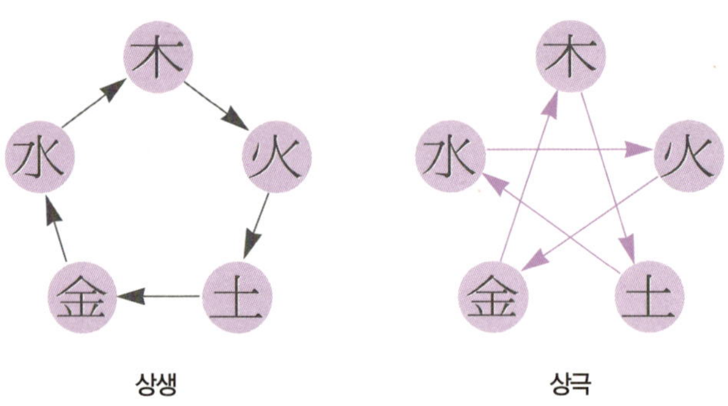

그럼 오행별 상생과 상극의 경우는 어떤 경우의 수가 있는지 살펴보겠습니다. 먼저 상생의 경우를 오행별로 구분한 것은 아래의 도표와 같습니다.

오행의 상생 배열법

오행	상생의 구조
목(木)	목목화, 목화목, 목화화, 목화토, 목목수, 목수금, 목수수 등
화(火)	화화토, 화목화, 화목목, 화목수, 화토금, 화토토, 화화토 등
토(土)	토토금, 토금토, 토금금, 토금수, 토화토, 토화화, 토화목 등
금(金)	금금수, 금수금, 금수수, 금수목, 금토금, 금토토, 금토화 등
수(水)	수수목, 수목수, 수목목, 수수금, 수금수, 수목화, 수목목 등

오행의 상생 배열법 실례를 보면 오행의 상생도에서 살펴보았듯이 나 자신의 오행을 포함하여 좌우로 인접해 있는 것을 확인할 수 있습니다. 즉, **토의 경우**를 예를 든다면 나 자신의 오행인 토와 인접해 있는 금, 또한 금과 인접해 있는 토와 수의 방향으로 전개되면 상생임을 알 수 있습니다.

다음으로 오행의 상극에 따른 배열법을 도표로 보면 아래와 같습니다.

오행의 상극 배열법

오행	상극의 구조
목(木)	목목금, 목금금, 목목토, 목토토, 목토금, 목토수, 목수토 등
화(火)	화화수, 화목금, 화금금, 화수화, 화수토, 화토금, 화토수 등
토(土)	토토목, 토토수, 토금화, 토금목, 토수목, 토수토, 토금목 등
금(金)	금금화, 금금목, 금화금, 금목금, 금목화, 금화목, 금화화 등
수(水)	수수토, 수토토, 수토화, 수토금, 수토목, 수목토, 수목금 등

오행의 상극 배열은 역시 오행의 상극도에서 살펴보았듯이 나 자신의 오행을 포함하여 한 칸 건너 있는 것을 확인할 수 있습니다. 이번에는 **목의 경우**를 예를 든다면 나 자신의 오행인 목과 한 칸 건너 있는 토와 금의 방향으로 전개되면 상극임을 알 수 있습니다.

상극은 목목토나 목목금처럼 나와 동일한 오행으로 상생이 되는 목이 있더라도, 목에서 한 칸 건너 있는 오행인 토나 금이 있으면 상극으로 봅니다. 다른 오행도 역시 마찬가지입니다.

이처럼 성명학에서의 오행도 당연히 상생하는 것을 우선시하고 있으나, 앞서 음양에서도 설명드린 바와 같이 천편일률적으로 적용하는 것이 아닙니다. 예를 들어 나무로 비유되는 목의 기운이 뜨거운 열기로 비유되는 화가 많은 경우라면 상생이라고 보는 경우보다는 오히려 뜨거운 기운에 나무가 타버리는 경우도 있으니 역시 유연성 있게 상생과 상극을 바라봐야 합니다.

그럼 왜 성명학에서는 오행이 상생되는 것만을 고집하는 것일까요? 그 이유는 상생의 의미 자체가 오행이 기운이 막히지 않고 원활하게 소통되는 것이니, 나를 상징하는 이름이 성씨와 상생이 되면 나의 집안과 사이가 좋다는 것을 의미하게 됩니다.

또한 나와 외부 사람들과의 관계를 의미하는 이름과 이름끼리의 상생이 되면 다른 사람들을 배려하고 화합할 줄 아는 사람으로 되는 것입니다. 그런 이유로 성명학에서는 오행의 상생을 아주 중요시하는 것입니다.

상생과 상극의 개념을 이해하셨다면, 이제부터는 성명학에서의 오행 중 한글 발음의 오행에 관한 것부터 살펴보도록 하겠습니다.

1 한글 발음의 오행론

한글 발음의 오행은 한글의 자음을 木火土金水 오행으로 구분하는 것입니다. 앞서 음양론에서는 한글의 모음이 주체가 되었지만, 오행론에서는 자음이 주체가 됩니다. 그리고 성씨에 따른 이름이 상생이 되는지 아니면 상극이 되는지 살피고 길흉을 판단하는 것이지요.

한글 발음은 ㄱㄴ부터 ㅍㅎ으로 끝나는 기본자음 14개와 ㄲ ㄸ ㅃ ㅆ ㅉ처럼 자음이 두 개 겹친 복합자음 5개를 합쳐 총 19개의 자음으로 구성되어 있습니다. 다만 성명학에서의 발음오행은 주로 기본자음을 중심으로 분류하는 것이 일반적이라고 보시면 됩니다.

한편 14개의 한글 발음도 오행을 적용함에 있어서 목구멍소리인 ㅇ·ㅎ과 입술소리인 ㅁ·ㅂ·ㅍ을 세종시대의 해례본을 따를 것이냐, 영조 때의 운해본을 따를 것이냐에 따라 달라지기도 합니다. 즉 해례본은 ㅇ·ㅎ을 水로 ㅁ·ㅂ·ㅍ을 土로 보는데, 운해본에서는 ㅇ·ㅎ을 土, ㅁ·ㅂ·ㅍ을 水로 적용하고 있는 것인데 오늘날 성명학계에서는 다수가 운해본을 따르고 있습니다. 훈민정음 운해본에서 분류한 발음상의 오행은 다음과 같이 도표화할 수 있습니다.

한글 발음 오행의 분류

오행	한글 자음	음성
목(木)	ㄱ, ㅋ	牙音(어금닛소리)
화(火)	ㄴ, ㄷ, ㄹ, ㅌ	舌音(혓소리)
토(土)	ㅇ, ㅎ	喉音(목구멍소리)
금(金)	ㅅ, ㅈ, ㅊ	齒音(잇소리)
수(水)	ㅁ, ㅂ, ㅍ	脣音(입술소리)

이상의 한글 발음 오행을 앞서 **전현무**와 **장윤정**이라는 이름으로 적용하여 길흉을 살펴보겠습니다.

도표를 보면 **전현무**의 한글 발음은 초성이 ㅈㅎㅁ으로 **금토수**가 되어 **상극의 발음**이 되는 것을 확인할 수 있습니다. **이효리**는 ㅇㅎㄹ로 **토토화 상생의 발음**이 되는 것을 확인할 수 있는데요.

그런데 여기서 궁금증이 생길 수 있습니다. 즉, 이름은 같지만 성씨가 다른 경우라면 흉한 이름도 길한 이름으로 바뀔 수 있는 것인가 하는 문제인데요. 충분히 흉이 길로 바뀔 수 있고, 반대로 길한 이름도 흉하게 바뀔 수 있습니다.

전현무라는 이름을 발음오행상 상생의 길한 이름으로 바꾸려면 두 가지 경우의 수가 발생합니다. 하나는 성을 바꾸고 이름을 그대로 두는 것이고, 다른 하나는 성을 그대로 두고 이름을 바꾸는 것입니다.

보통 이름을 바꾸는 개명은 성은 그대로이고 이름만 바꾸는 것으로 알고 있지만, 재혼 가정이 늘어나면서 이름을 그대로 두고 성만 바뀌는 경우도 있기에 모두 해당은 됩니다.

먼저 성씨인 '전'을 그대로 두고 '현무'라는 이름을 상생으로 해보겠습니다. 오행상 금에 해당하는 '전'씨와 상생이 되려면 가운데 이름인 **현**이라는 글자를 **성**으로 바꾸면 **전성무**로 **금금수**가 되어 역시 길한 발음의 이름으로 바뀌게 됩니다.

다음으로 '전현'은 그대로 두고 마지막 이름인 '무'를 바꾸는 방법도 있는데요. '무'라는 이름을 '전현'과 상생이 되는 이름으로 바꾸기 위해서는 토의 발음오행인 ㅇㅎ이 들어가거나 아니면 ㅅㅈㅊ이 들어가는 발음으로 선택하면 됩니다. 그럼 **전현우, 전현수** 등이 나오게 되는데 이렇게 되어도 역시 상생의 발음조합이 됩니다.

그다음으로 '현무'라는 이름은 그대로 두고 성만 바꾸게 되면 길흉 관계가 어떻게 되는지 살펴볼까요? 안타깝게도 '현무'라는 이름은 애초부터 상극인 토와 수의 조합이라 '김, 이, 박' 등 어떠한 성으로 바뀌어도 상생이 될 수는 없습니다.

장윤정이라는 이름은 **금토금**으로 **상생의 발음**이 되는 것을 알고 있는데요. 상생의 조건을 갖추었으니 일부러 흉한 이름으로 바꾸지는 않겠지요. 다만 혹시라도 재혼 가정으로 변하면서 성씨가 **장**에서 김으로 변하게 되면 ㅈㅇㅈ **금토금**이 ㄱㅇㅈ **목토금**으로 변하여 상생의 발음오행이 **상극**으로 바뀌게 됩니다.

여기서 발음오행을 성명에 적용할 때 초성만을 할 것인가 아니면 종성까지 적용할 것인가 하는 문제가 발생하기도 하는데요. 즉, 한글 발음은 자음과 모음으로 이루어져 있는데 경우에 따라서는 자음과 모음 그리고 받침이 있으면 다시 자음까지 생기게 된 것이니 자음의 적용범위를 어디까지 할 것인가 하는 문제인 것입니다.

현재 현장의 많은 성명학자나 작명가들은 초성만을 한글 발음오행으로 구분하여 적용하는 경향이 있는데다, 그 이유는 어느 이름은 종성 즉 받침이 있기도 하고, 어느 이름은 종성이 없는 경우도 발생하기 때문에 이론의 똑같은 적용이라면 두음, 즉 첫소리의 발음오행을 일괄적으로 적용시키는 것이 맞다고 보는 것입니다.

초성 중심의 발음오행으로 보는 격은 이하에서 설명 드리겠습니다.

발음오행으로 보는 격의 설명

木木木 – 입신공명격(立身功名格)

하는 일마다 순조롭고 향상 발전하니 뜻하는 바를 성취해 나간다. 부모 형제와 화목하고 가정에 만복이 깃드니 자손운과 재물운이 순탄하여 성공이 따른다.

木木火 – 만사달성격(萬事達成格)

신중하고 총명하니 경영하는 일들이 순풍에 돛을 단 듯 순조롭다. 부모님께 효도하고 만인에게 도움을 받으니 평생 부귀영화를 누리며 태평성대를 이룬다.

木木土 – 선고후안격(先苦後安格)

건강이 허약하고 질병에 시달리니 하는 일마다 순조롭지 못하다. 고통을 받으면서도 귀인의 도움으로 위기를 모면하고 자수성가하니, 어려움 속에서 뜻을 이루기도 한다. 부부운은 불화가 잦다.

◉木木金 – 골육상쟁격(骨肉相爭格)

진취적인 기상이 있지만 부모 형제와 무정(無情)하고 하는 일에 성취가 어렵다. 인덕이 부족하고 부부운도 좋지 않으니 불화가 잦고 금전적인 손실이 자주 발생한다.

◉木木水 – 성공발전격(成功發展格)

운의 흐름이 좋으니 성공 발전이 순조롭다. 부모 형제와 화목하고 자손이 번창하며 재물도 늘어나게 된다. 명예를 널리 날리고 입신양명하니 일생이 평탄하다.

◉木火木 – 춘산화개격(春山花開格)

향상하고 발전하는 길격이니 부모 형제와 화목하고 부부가 백년해로하며 일평생 부귀영화를 누린다. 모든 일이 형통하고 귀인의 도움으로 경영하는 일이 순조롭다.

◉木火火 – 고목봉춘격(枯木逢春格)

성공은 이루겠으나 인내력이 부족하니 끝까지 지키기 어렵다. 불같이 급한 기질로 인해 실수가 많아 실패를 맛보지만 큰 불행은 없다. 부모 형제가 화목하고 부부 사이가 좋다.

◉木火土 – 대지대업격(大志大業格)

천성이 바르고 의리를 중요시 여긴다. 비범한 기상을 지니고 있으며 화목한 가정을 꾸린다. 부부가 해로하고 자손에게 효도를 받으며 부귀영화와 더불어 건강과 장수를 누린다.

◉ 木火金 – 박약단명격(薄弱短命格)

인덕이 없어 부모 형제와 불화하고 홀로 앉아 탄식한다. 일시적인 성공은 있겠으나 운의 흐름이 불안하여 결과는 나쁘다. 자손이 불효하고 일생동안 질병으로 신음한다.

◉ 木火水 – 선부후빈격(先富後貧格)

도모하는 일마다 장애가 따르고 질병에 시달리니 심신이 고달프다. 뜻밖에 재앙이 닥쳐 재산을 탕진하고 부부가 불화하니 천리타향으로 떠나는 외로운 신세가 된다.

◉ 木土木 – 패가망신격(敗家亡身格)

신경이 예민하고 하는 일마다 안정감이 없어 변동이 잦다. 하는 일마다 결과를 맺지 못하고 질병이 잦으니 걱정 근심이 끊이지 않는다. 부모와 떨어져 먼 타향에서 방랑하게 된다.

◉ 木土火 – 진퇴양난격(進退兩難格)

어려서부터 부모 형제와 불화하고 고향을 떠나 타향에서 고생을 한다. 하는 일마다 진전이 없으며 일평생 고난이 끊이지 않고 타향에서 고생할 운이다.

◉ 木土土 – 속성속패격(速成速敗格)

인내력이 없고 심지가 약하니 성공과 흥망의 변동이 심하다. 부모의 유산까지 파산시켜 일생을 가난하게 보내게 되며 부부의 정도 박하여 원만한 가정을 이루기 어렵다.

◉木土金 – 패가망신격(敗家亡身格)

실천력과 결단력이 부족하여 성공을 이루기 어렵다. 초년에는 발전하지만 하는 일마다 장애가 있고 여의치 못하여 객지에서 고생하게 된다.

◉木土水 – 고목낙엽격(枯木落葉格)

의지력이 없고 인내심이 부족하여 성공을 해도 지키기 어렵다. 조상의 유업을 파산시키니 고생을 면할 날이 없다. 부부와 이별하고 질병으로 일생을 마감한다.

◉木金木 – 사고무친격(四顧無親格)

겉보기는 화려하지만 매사에 실속이 없고 금전적인 손실도 많다. 성공운이 불안정하고 자립심이 없으니 도모하는 일마다 어려움이 따른다. 조실부모하고 건강도 좋지 않다.

◉木金火 – 독좌탄식격(獨坐歎息格)

성공운이 미흡하고 불안정하니 일을 시작해도 마무리가 흐지부지하여 매사에 장애가 속출한다. 가정에 불화가 그치지 않으니 고독과 수심이 가득하다.

◉木金土 – 초실후득격(初失後得格)

초년운이 불길하여 실패와 좌절을 겪지만 중년 이후부터는 발복하여 사업이 성공한다. 부모에게 효도하며 부부가 백년해로하게 된다.

◉木金金 – 만사불성격(萬事不成格)

하는 일마다 노력해도 성공을 이루기 어렵다. 시비와 구설에 휘말리게

되고 결혼 후에는 자손으로 인한 근심을 면하기 어렵고 재물 손실과 관
재수가 있다.

● 木金水 - 불화쟁론격(不和爭論格)

성공운이 좋지 않으니 열심히 노력해도 결과가 미약하다. 가정에 파란이
끊이지 않고 겉보기는 좋으나 실속이 없다. 재물 손실이 많아 차츰 재산
이 줄고 몰락한다.

● 木水木 - 부귀쌍전격(富貴雙全格)

경영하는 일마다 순조로운 발전을 이루니 만사가 태평하고 순탄하다.
금전운이 순탄하고 입신양명(立身揚名)하니 가정이 화목하다. 부모에
게 효도하고 자자손손 번창한다.

● 木水火 - 속성속패격(速成速敗格)

일생이 변화가 심하고 실패를 거듭하니 결국 몰락한다. 일시적인 성공
은 이루지만 조실부모하고 가정에는 어려움이 끊이지 않는다. 형제가
헤어지는 등 일생이 파란만장하다.

● 木水土 - 조기만패격(早期晚敗格)

초년에는 부모의 덕으로 평안하지만 하는 일마다 장애가 속출하니 중년
이후부터는 실패가 많다. 부부 사이에 애정이 없고 다투니 이별하거나
사별하게 된다.

● 木水金 - 어변용성격(魚變龍成格)

운의 흐름이 좋아 대업을 이루고 일평생 무병장수한다. 지덕을 겸비하여

출세가 빠르며 안락한 생활을 영위한다. 명예운과 금전운도 좋다.

◉ **木水水** - 대부대귀격(大富大貴格)

판단력과 추진력이 강해 하는 일마다 발전한다. 적은 것이 많아지니 가업이 번창하고 가족이 화목하다. 부부가 백년해로하고 자손도 번창한다.

◉ **火木木** - 입신출세격(立身出世格)

주변 사람들의 끊임없는 도움과 적극적인 활동력으로 하는 일마다 대성을 이룬다. 일평생 부귀영화가 함께 하고 명예를 떨치게 된다. 부부간의 정이 좋아 해로하고 가문이 번창한다.

◉ **火木火** - 발전평안격(發展平安格)

성공운이 순조로워 매사에 큰 어려움 없이 성공을 거둔다. 가정이 원만하고 자손이 대대로 번창하니 태평성대가 따로 없다. 기상이 떠오르는 아침 해와 같다.

◉ **火木土** - 만화방창격(萬化方暢格)

부모의 덕이 많아 초년부터 큰 성공을 거둔다. 한 가지 일을 시작하면 끝까지 달성하니 출세가 빠르다. 이름을 널리 날리고 부부가 유정하니 자손들까지 영화로운 삶을 산다.

◉ **火木金** - 선고후파격(先苦後破格)

실천보다 말이 앞서 실수가 많고 주변 환경의 변화가 많다. 주거가 불안정하고 하는 일마다 중도에서 좌절되는 경우가 많다. 부부운도 좋지 않으니 생리사별할 수 있다.

◉火木水 - 대지대업격(大志大業格)

대인관계가 원만하여 하는 일마다 순조롭게 원하는 목적을 달성한다.
평생 금전적인 걱정없이 이름을 날리며 편안한 삶을 살게 된다.

◉火火木 - 성공발전격(成功發展格)

주변의 굳건한 믿음 속에서 하는 일마다 대성을 이루게 된다. 하는 일마
다 순탄하고 부귀와 명예를 겸비하니 부부가 백년해로한다. 장수하고
자손이 번영한다.

◉火火火 - 횡액단명격(橫厄短命格)

성질이 화끈하고 불같아 용맹스럽다. 그러나 인내력이 부족하여 하는
일마다 용두사미격이 된다. 융화력이 부족하여 독단으로 치닫는 경우가
많고 실패와 좌절이 끊이지 않는다.

◉火火土 - 만화방창격(萬化方暢格)

온순 중후한 성품으로 하는 일마다 순조롭다. 화목한 가정을 이루고 부
부가 백년해로하게 된다. 맡은 바 책임을 다하여 출세가도를 달리니 일
생이 평탄하다.

◉火火金 - 백모불성격(百謨不成格)

일시적인 성공은 있겠지만 인내력이 부족하여 실패를 많이 한다. 불의의
재난으로 재산 손실하고 주변 사람들로 인해 고생을 면하기 어렵다.

◉火火水 - 평지풍파격(平地風波格)

부모 형제의 덕이 없고 매사에 실패가 많다. 신경질적이고 주변 사람들

과 화합이 힘들어 살아가는데 어려움이 많다. 부부 사이도 좋지 않아 백년해로하기 어렵다.

◉ 火土木 – 강상풍파격(江上風波格)

도량이 넓고 이해심이 많아 대인관계가 원만하다. 그러나 운의 흐름이 불안정하므로 금전적인 손실이 많아 가난을 면하기 어렵다. 부부 사이에는 이별수가 있고 다툼이 끊이지 않는다.

◉ 火土火 – 춘일방창격(春日方暢格)

지혜와 덕망을 갖추고 성품이 원만하다. 성공운이 좋으니 하는 일마다 결과가 좋다. 이름을 날리고 부부 사이가 좋아 백년해로하게 된다. 자손에게도 복록(福祿)이 따른다.

◉ 火土土 – 만화방창격(萬化方暢格)

예의바르고 인내력이 탁월하다. 일생 평탄하고 큰 어려움 없이 원하는 목적을 조기달성한다. 사회적인 신망을 얻고 출세가도를 달리게 된다.

◉ 火土金 – 입신대길격(立身大吉格)

신용을 중요시 여기므로 주변의 신망을 한 몸에 받는다. 일생이 평탄하고 순조롭고 재물과 명성을 얻으니 대길하다. 가정이 화평하여 근심 걱정 없는 삶을 산다.

◉ 火土水 – 일장춘몽격(一場春夢格)

강직·청빈한 삶을 추구하므로 금전적인 면에서 고생한다. 인덕이 없고 평지풍파에 시달리니 실패를 거듭하며 가정에 근심이 떠나지 않는다.

◉火金木 - 개화풍란격(開花風亂格)

부모 형제의 덕이 없고 가정환경이 복잡하니 분쟁이 심하다. 겉보기에는 좋으나 속은 비어 있으니 하는 일마다 실속 없이 공허하다. 자손에게도 근심이 많다.

◉火金火-무주공산격(無主空山格)

자수성가하여 일시 성공은 이룰 수 있겠으나 결국 실패하게 된다. 직업과 주거가 불안정하고 금전적인 손실이 많으니 평생 가난하다.

◉火金土 - 선고후길격(先苦後吉格)

평생 근심 걱정이 많다. 초년에는 부모의 덕으로 성공을 이루지만 중년 이후부터는 매사에 실패한다. 부부의 정마저 약해 가정생활도 순탄하지 못하다.

◉火金金 - 사고무친격(四顧無親格)

뜻밖의 재난으로 고초를 당하고 부모덕이 없어 초년부터 고생한다. 운의 흐름이 불안정하여 성공과 실패가 잦으니 걱정이 많은 삶을 살게 된다.

◉火金水 - 개화무실격(開花無實格)

초년에는 부모의 덕으로 어려움 없이 성장하지만 중년 이후부터는 뜻밖의 재난이 닥쳐 실패와 좌절을 겪는다. 살아가면서 재앙이 많고 부부간의 정도 약하다.

◉火水木 - 의외재난격(意外災難格)

일평생 파산과 질병으로 고생한다. 부모 형제의 덕이 없어 스스로의 힘으로 살아가야 한다. 노력에 비하여 결실이 없고 고달픈 인생이 된다.

● 火水火 – 유아독존격(唯我獨尊格)

밝고 명랑하며 활동적이지만 자기중심적 사고방식이 강하다. 하는 일마다 실패가 따르니 한 가지 일도 제대로 마무리하기 어렵다. 일생 경제적 고통이 따른다.

● 火水土 – 선고후파격(先苦後破格)

활동적이고 사교적이지만 타인의 신망을 얻지 못한다. 가정이 불화하고 질병에 시달린다. 심신이 박약하여 스스로 고난을 자처하게 된다.

● 火水金 – 무주공산격(無主空山格)

자신만만하게 일을 처리해 나가지만 노력에 비해 성과가 부족하다. 부모 형제의 덕도 없으니 일찍부터 객지에서 고생을 한다. 하는 일마다 결실을 보기 어렵고 실패가 거듭된다.

● 火水水 – 조기만패격(早起晚敗格)

강한 신념을 소유하고 있지만 생각이 짧고 행동이 앞서는 경향이 강하다. 실패가 많고, 불의의 재난을 당하기도 한다. 일을 벌이기만 하면 마무리를 못해 좌절을 겪게 된다.

● 土木木 – 개화봉우격(開花逢雨格)

매사에 실속 없이 손실만 당하는 격이니 내면적인 갈등이 심하다. 노력한 것보다 대가가 적게 나타난다. 경영하는 일마다 성취가 힘들다.

◉ 土木火 – 운중지월격(雲中之月格)

형제간에 의리가 없고 부모의 덕도 없으니 초년 고생을 면하기 어렵다.
중년부터는 점진적인 발전을 이루고 하는 일마다 순탄하여 원하는 목적
을 달성하게 된다.

◉ 土木土 – 고목낙엽격(枯木落葉格)

자기 주관이 뚜렷하고 성실히 노력하는 자세에 비하여 결실이 없다. 실
패가 잦고 하는 일마다 중도에 좌절된다. 일평생 경제적인 고통에 시달
리고 파란만장한 삶을 산다.

◉ 土木金 – 선빈후고격(先貧後苦格)

자기 위주로만 생각하고 자립심이 부족하니 결국 큰 실패를 맛보게 된
다. 부모덕이 약하고 부부 사이도 정이 없으니 가정도 편안하지 못하다.
주거와 직업 변동이 잦다.

◉ 土木水 – 유두무미격(有頭無尾格)

정직하고 융화력이 뛰어나지만 하는 일마다 배신을 당하거나 난관을
만난다. 자만심이 강하여 옆을 보지 않으니 실패와 좌절이 많다. 살아가
면서 험한 파도가 많으니 기구한 삶을 산다.

◉ 土火木 – 일광춘성격(日光春城格)

매사 성공운이 따르니 일생이 순조롭다. 윗사람의 조력으로 출세한다.
노력한 만큼의 대가를 얻게 되니 부귀하고 일평생 걱정이 없다.

● 土火火 – 춘일방창격(春日方暢格)

명랑한 성품에 창의력이 넘치니 지속적인 발전을 누린다. 시작이 순조롭고 도모하는 일마다 대성을 이루니 삶이 편안하다. 상하좌우의 협조와 신망이 끊이지 않는다.

● 土火土 – 발전향상격(發展向上格)

조상덕으로 하는 일마다 순조로우니 초년이 행복하다. 사교적이고 친화력이 강해 점진적인 발전으로 큰 뜻을 이룬다. 이름을 널리 날리고 평생 부귀영화를 누린다.

● 土火金 – 고난자성격(苦難自成格)

일신이 고독하고 하는 일마다 순탄치 못하다. 초년에는 큰 어려움이 없더라도 중년 이후에는 불의의 재난을 당한다. 주변 사람들에게 배신을 당하는 등 힘든 인생을 살게 된다.

● 土火水 – 진퇴양난격(進退兩難格)

시작은 있으되 끝이 없으니 하는 일마다 낭패를 당한다. 수입보다 지출이 많으니 금전적인 어려움이 끊이지 않는다.

● 土土木 – 개화풍란격(開花風亂格)

조실부모하여 초년부터 고생을 많이 한다. 편협하고 융통성이 없는 성품으로 인해 주변 사람들로부터 따돌림을 당한다. 노력한 만큼 결실이 없어 경제적인 고충이 따른다.

●土土火 – 금상유문격(錦上有紋格)

큰 어려움 없이 평탄한 삶을 살다가 생각지 않은 횡재로 일확천금을 얻게 된다. 부부가 정이 많으니 가정이 행복하고 자손도 번영한다.

●土土土 – 일경일고격(一慶一苦格)

부모 형제가 화목하고 대인관계가 원만하여 주변에서 아낌없는 신망을 얻는다. 위기가 있을 때마다 잘 모면하니 기쁨과 슬픔이 반반이다.

●土土金 – 대업성취격(大業成就格)

운이 좋아 하는 일마다 순조로우니 부귀와 명예를 얻게 된다. 사회적으로 신망을 얻으며 성공하니 대기만성의 모습이다. 가정이 화평하고 부부가 해로한다.

●土土水 – 사고무친격(四顧無親格)

인덕이 박하고 독단적인 경향이 강하니 주변으로부터 도움도 받지 못한다. 운도 좋지 않아 노력에 비해 대가가 적고 홀로 방황하는 삶을 살게 된다.

●土金木 – 불측화난격(不測禍難格)

하는 일마다 실속이 없으니 결말이 나쁘다. 노력하면 어느 정도의 성공을 거둘 수는 있지만 결국 수포로 돌아가니 허망하다. 금전적인 어려움이 일생을 따라 다닌다.

●土金火 – 골육상쟁격(骨肉相爭格)

부부의 불화로 가정이 불안하니 일생 근심이 끊이지 않는다. 경제적으

로 어려우니 곤란한 일이 많이 생기며 배우자 운도 없다. 주거와 직업의
변화가 많다.

◉ 土金土 – 일광춘풍격(日光春風格)

일생동안 경사가 끊이지 않고 주변 사람들에게 두터운 신망을 받는다.
어떤 일을 하든지 귀인의 도움으로 순조로운 성공의 길을 걸으며 부귀
를 누리게 된다.

◉ 土金金 – 유곡회춘격(幽谷回春格)

강인한 의지와 굳건한 정신력으로 하는 일마다 성공을 이룬다. 대인관
계가 원만하니 매사에 신망을 얻고 이름을 널리 떨치게 된다.

◉ 土金水 – 금상유문격(錦上有紋格)

자수성가로 대업을 이루며 평생 영화롭게 지낸다. 기백이 넘치고 활동력
이 왕성하여 사회적으로도 크게 성공한다. 부부가 해로하고 귀한 자녀를
두게 된다.

◉ 土水木 – 대해편주격(大海片舟格)

어떤 일도 뜻하는 대로 성취하기 어렵다. 금전적 고충이 끊이지 않는다.
인덕이 없으니 주변 사람들로 인해 피해를 당하고 부모 형제와 떨어져
객지에서 고생이 심하다.

◉ 土水火 – 풍파절목격(風波折木格)

뜻하지 않은 재난으로 일생이 황폐해지니 금전적인 고통을 면하기 어
렵다. 좋은 기회를 놓치고 허송세월을 보내게 된다.

◉土水土 – 패가망신격(敗家亡身格)

결단력이 부족하여 기회를 놓치기 쉽다. 하는 일마다 실속 없이 바쁘기
만 하니 결실이 없다. 주거 변동과 직장 변동이 심하니 삶이 불안정하다.

◉土水金 – 사고무친격(四顧無親格)

매사에 불평 불만이 많은 성격으로 초년운이 좋지 않아 하는 일마다 장
애가 따른다. 금전적인 어려움이 심하고 심한 고통과 번민 속에서 평생
을 살게 된다.

◉土水水 – 일장춘몽격(一場春夢格)

운의 흐름이 순조롭지 못하여 하는 일마다 성공과 실패가 교차한다. 성
공을 이루더라도 힘겹게 이루고, 실패는 쉽게 다가오니 일생이 파란만
장하다.

◉金木木 – 추풍낙엽격(秋風落葉格)

외유내강하지만 형제덕이 없고, 성공을 이루더라도 곧 실패하게 된다.
인내력이 부족하여 좋은 기회를 잡지 못하고, 부부간 의견충돌이 심하
여 해로하기 힘들다.

◉金木火 – 한산공가격(寒山空家格)

초년운이 불길하여 조실부모하고 실패가 많다. 겉은 태평하나 내면은
고독하고 슬프다. 하는 일마다 중도에 좌절이 많고 예기치 못한 재난으
로 금전적 손실이 크다.

◉金木土 – 심신과로격(心身過勞格)

성공과 실패의 반복으로 심신이 불안정하다. 분주하게 일하지만 실속이 없어 근심 걱정이 떠나지 않는다. 가정의 평화도 없으니 부부간 충돌이 심하고 가산도 줄어든다.

◉金木金 – 설상가상격(雪上加霜格)

의지력과 인내력이 약하고 심신도 불안정하다. 부모와 형제덕이 없고 주거 변화도 많아 재물이 모이지 않으며 평생 금전적인 고통이 끊이지 않는다.

◉金木水 – 고통난면격(苦痛難免格)

하는 일마다 중도에 재난이 생겨 불길하다. 동분서주하지만 실효를 거두지 못하니 걱정만 가득하다. 가족이 합심하여 근신하면 액을 면하고 대기만성을 이룰 수 있다.

◉金火木 – 욕구불만격(欲求不滿格)

부모덕이 없어 조실부모하니 신변이 괴롭다. 중도에 실패가 잦고 질병으로 고생하니 금전적인 고충이 일생을 따라다닌다. 늘 사고를 당할 위협이 있다.

◉金火火 – 선고후빈격(先苦後貧格)

극단적인 성품으로 인해 주변과의 마찰이 심하다. 중도에 실패가 많고 실속 없는 일에 분주하니 하는 일마다 허망하다. 부부 사이에 언쟁이 끊이지 않고 불행하다.

◉金火土 – 입신양명격(立身揚名格)

부모 형제가 화목하고 부부애가 각별하니 하는 일마다 순조롭고 재물이 불어난다. 그러나 예기치 않은 재앙으로 가산이 탕진하고 가정에 파란이 속출할 수 있다.

◉金火金 – 조기만패격(早期晚敗格)

초년에는 부모덕으로 무난하지만 중년부터 고생이 심하여 타향에서 고생하다 질병 등에 시달린다. 경제적인 고통이 끊이지 않고 배우자와 불화도 심하다.

◉金火水 – 파란변동격(波瀾變動格)

하는 일마다 평탄하지 못하니 불행하다. 부모 형제에 형벌이 있고 불구 자손을 얻어 수심이 가득하다. 병약한 배우자를 만나 이별하니 일생을 고독하게 보낸다.

◉金土木 – 평지풍파격(平地風波格)

부모 형제운이 좋지 않아 초년부터 고생이 심하다. 노력을 해도 결과를 얻지 못한다. 매사에 의욕적이지만 운이 불안정하니 하는 일마다 성공을 이루기 어렵다.

◉金土火 – 고목봉춘격(枯木逢春格)

고목이 봄을 맞이한 격이니 하는 일마다 순탄하고 풍요로운 결실을 맺는다. 가정이 화목하고 부귀와 안정을 누리게 된다. 사회적인 신망이 끊이지 않는다.

◉金土土 – 자수성가격(自手成家格)

만인이 부러워할 만큼 출세가도를 달리니 순풍에 배를 모는 격이다. 건실한 배우자를 만나 재물을 쌓으니 말년까지 영화로운 삶을 살게 된다.

◉金土金 – 의외득재격(意外得財格)

초년운이 매우 길하여 일찍 출세하여 순탄한 성공을 이룬다. 뜻하지 않은 횡재를 만나서 부귀영화를 누리기도 한다. 부부가 화목하고 건강하게 장수한다.

◉金土水 – 재변재난격(災變災難格)

일생동안 재앙이 끊이지 않으며 성공과 실패가 반복된다. 하는 일마다 구설과 풍파가 잦다. 부부와 자녀운도 약하니 말년이 고독하다.

◉金金木 – 평생병고격(平生病苦格)

초년 부모덕으로 일시 편안하지만 중년부터는 고생이 끊이지 않는다. 가정이 불화하고 하는 일마다 재난을 당하니 고초를 면하기 어렵다.

◉金金火 – 패가망신격(敗家亡身格)

독단적인 면이 강하며 하는 일마다 시작은 있고 끝이 없다. 금전적인 갈등과 구설이 잦고 가정에 불화가 끊이지 않으니 자식과 배우자와 이별한다.

◉金金土 – 대지대업격(大志大業格)

천성이 결백하고 의지가 강하다. 외교적인 능력이 있어 주변의 신망이 두텁고 부모 형제가 화목하니 일생동안 부귀공명이 따라 다닌다.

◉金金金 – 가정불안격(家庭不安格)

육친이 무덕하니 초년부터 객지에서 고생한다. 형액을 당하거나 재산을 탕진하고 병고에 신음하는 등 일생동안 불길한 일이 이어진다. 부부가 생리사별할 수 있다.

◉金金水 – 발전향상격(發展向上格)

초년운이 좋아 귀인의 도움으로 출세가도를 달리게 된다. 사회적인 명성을 얻으며 부부 사이도 좋아 해로하고 영특한 자손까지 얻게 된다.

◉金水木 – 발전성공격(發展成功格)

운이 순조롭고 부모 형제가 화합하니 성공하여 널리 명성을 떨치게 된다. 재수가 상승하니 출세가도를 달리게 된다.

◉金水火 – 선무공덕격(善無功德格)

일을 할 때마다 장애가 속출하고 실패로 끝난다. 부부가 불화하고 노력에 대한 결실이 없으니 경제적인 고통도 심하다.

◉金水土 – 패가망신격(敗家亡身格)

일시적인 성공은 있지만 뜻밖의 화가 닥쳐서 경제가 어려워지니 금전적 갈등이 많다. 하는 일마다 끝맺음이 없으니 삶이 허탈하다.

◉金水金 – 부귀안태격(富貴安泰格)

만사가 형통하며 부모 형제가 화합하니 성공이 순조롭다. 만인의 존경을 받으며 하는 일마다 대성하니 일생이 평탄하다. 자손만대까지 공명이 높다.

◉**金水水** – 발전평안격(發展平安格)

주변 사람의 도움을 얻어 하는 일들이 성공을 거둔다. 부모 형제가 상생하여 협조하니 안팎으로 평탄하다. 자손에 영화가 따르고 일생이 순탄하다.

◉**水木木** – 일광춘성격(日光春成格)

성품이 온화하고 이해심이 깊으니 공명을 세우기에 부족함이 없다. 부부가 다정하고, 부모 형제가 화목하니 자손 대에 이르기까지 부귀영화를 누린다.

◉**水木火** – 입신출세격(立身出世格)

판단력이 빠르고 기회 포착에 민감하니 성공하게 된다. 사회적으로 출세를 하고 명예와 재물을 얻는다. 부부가 화목하고 가문이 번창하며 영리한 자손을 얻는다.

◉**水木土** – 망망대해격(茫茫大海格)

친화력이 좋아 일시적인 성공은 이루겠으나 예기치 못하는 재앙을 만나 고초를 겪는다. 초년은 고생을 하지 않아도 결국 가산을 탕진하고 타향에서 객이 된다.

◉**水木金** – 일길일흉격(一吉一凶格)

부모 형제의 덕이 없으니 일생이 어렵게 시작된다. 부부가 서로 이별하니 재혼하거나 패가망신할 수 있다. 금전적인 고통도 심하다.

● 水木水 - 청풍명월격(淸風明月格)

천성이 강직하고 두뇌가 명석하다. 덕망 있는 성품으로 하는 일마다 초지일관하니 한번 품은 뜻은 반드시 성사시킨다. 자립으로 성공한다.

● 水火木 - 백전백패격(百戰百敗格)

초년운이 불길하여 일찍 부모와 헤어진다. 형제 사이에도 정이 없고 부부 사이에 자식도 없으니 일생 고독하다. 금전적 어려움으로 생활의 안정이 어렵다.

● 水火火 - 일엽편주격(一葉片舟格)

초년운이 튼튼하여 일찍 출세할 수 있다. 그러나 중년에는 실패가 잦고 하는 일마다 결실이 없다. 부부도 사이가 좋지 않고 자식덕도 없다.

● 水火土 - 선빈후곤격(先貧後困格)

시작은 있지만 마무리가 되지 않아 되는 일이 없고 중도에 좌절을 많이 겪는다. 판단력이 미흡하여 기회를 놓치니 일을 그르치는 경우가 많다.

● 水火金 - 심신파란격(心身波亂格)

부모운도 없고 형제와의 불화가 그치지 않으니 심신이 고달프다. 부부가 해로하기 어렵고 중년에는 사업에 실패를 하여 평생 금전적인 고초와 질병으로 시달린다.

● 水火水 - 대해풍란격(大海風亂格)

심신이 약하여 하는 일마다 종잡을 수 없다. 부모운도 없고 부부 사이도 무정하니 자식을 얻기 힘들다. 일평생 질환으로 고생한다.

◉水土木-풍전등화격(風前燈火格)

부모덕으로 초년에는 평안하게 지낼 수 있지만 초지일관하는 마음이 없어 하는 일마다 실패가 많다. 살면서 실패가 연속적으로 따른다.

◉水土火 – 일엽편주격(一葉片舟格)

초년운이 불길하니 부모 형제를 떠나 객지 신세다. 자식이 있으나 무덕하니 평생 근심과 우환이 떠나지 않는다. 주거환경 변화가 많아 삶에 안정감이 없다.

◉水土土 – 강상풍파격(江上風波格)

하는 일에 장애가 따르고 실속이 없고 재물 손실이 심하다. 노력한 만큼의 대가를 바라기 어려우니 고생만 반복된다. 가정불화가 잦고 말년에는 고독하다.

◉水土金 – 선고후안격(先苦後安格)

재능은 있으나 매사 소극적이고 고지식하므로 결정적인 기회를 놓친다. 초지일관하지 못하여 실패를 반복하지만 중년부터는 경제적으로 편안함을 얻는다.

◉水土水 – 속성속패격(速成速敗格)

부모덕이 부족하여 초년에 고생이 심하다. 운이 없으니 하는 일마다 장애와 고초가 따른다. 성공을 해도 곧바로 실패를 하게 되므로 일생동안 수심이 가득하다.

◉ 水金木 – 암야행인격(暗夜行人格)

선천적으로 삶의 안정감이 없어 재앙을 피할 수 없다. 수리가 좋으면 큰 재앙은 모면하겠지만 평생 질병으로 고생하다가 단명하기도 한다.

◉ 水金火 – 개화광풍격(開花狂風格)

언행이 일치하지 못하고 자기 분수를 모르므로 성공을 이루기 어렵다. 실속 없는 곳에 금전적인 지출이 많아 경제적인 안정을 이루기도 어렵다. 일생이 적막하다.

◉ 水金土 – 발전성공격(發展成功格)

친화력이 우수하여 주변으로부터 신망을 얻으니 출세한다. 가정이 화목하여 부부가 유정하니 일생 평탄한 삶을 살게 된다. 자녀들도 효도한다.

◉ 水金金 – 순풍순성격(順風順成格)

하는 일마다 순조롭게 성공을 거둔다. 인품이 고귀하고 매사에 주도면밀하다. 부모 형제와 부부가 안락하며 자손 대까지 번창한다.

◉ 水金水 – 어변용성격(魚變龍成格)

학문을 이루어 사회적인 지위와 명성을 얻으니 입신양명의 길을 걷는다. 자손에게 영화가 있고 부귀영화가 따르니 후세까지 명성을 떨친다.

◉ 水水木 – 만경창화격(萬景暢花格)

고집과 자존심이 강해 자기 방식으로 꾸준히 노력하면 성공과 발전을 이룰 수 있다. 주거와 직업이 안정되어 일생 큰 어려움 없이 무난한 삶을 보내게 된다.

◉水水火 – 낙마실족격(落馬失足格)

평생 고난과 실패가 반복되니 질병으로 단명할 수 있다. 초년 고생은 면할 길이 없으며 성공을 이루더라도 곧바로 실패를 하게 되니 살아가는 것이 힘들다.

◉水水土 – 백모불성격(百謨不成格)

치밀한 계획을 세우더라도 중도에 좌절하므로 목표를 이루지 못한다. 질병과 고통으로 패가망신하고 부모를 일찍 잃으니 항상 수심이 가득하다.

◉水水金 – 춘일방창격(春日方暢格)

자수성가하여 대업을 이루니 부귀영화가 따른다. 가정이 화목하며 부부가 유정하니 자손에게까지 부귀영화가 가득하다.

◉水水水 – 평지풍파격(平地風波格)

예상치 못한 일로 가산이 흩어지고 의지할 곳이 없게 되니 심신이 고달프다. 질병이나 실패로 부부 사이에 불화가 따른다. 일생이 순조롭지 못하고 고독하다.

2 한자 획수의 오행론

성명학에서 한자 획수에 따른 오행은 한자 고유의 획수에 따른 이름의 수에 길흉이 존재한다는 이론으로 수리오행이라고도 불립니다.

한자문화권에 생활하는 우리나라에서는 성명학에서 성과 이름에 한글과 그에 따른 한자를 병행하는 경우가 많은데요. 여기서 바로 한자의 획수를 단순히 숫자로 여기는 것이 아니고, 성과 이름에 붙여진 한자의 획수를 더한 것을 원형이정이라는 4격을 세워 4격 모두 좋은 수리로 구성되었는지를 살피는 것입니다. 이때 수리의 길흉을 판단하는 수는 81개가 사용되기에 81수리격이라고도 불리고 있습니다.

81수리격은 중국 송나라시대 채구봉의 저서 「팔십일수원도(八十一數元圖)」를 기원으로 삼고 있는데요. 그는 하도(河圖)와 낙서(洛書)에서 기원한 1부터 9까지를 기본수로 정하고 여기서 다시 9번의 연역을 거친, 즉 $9 \times 9 = 81$의 경우의 수를 교착수(交錯數)로 하여 우주의 모든 길흉이 81수리 안에서 움직인다고 본 것입니다.

81수리격이 우주 변화의 수이기 때문에 인간도 당연히 그 영향을 받는다고 여기고 있기에 오늘날 성명학에서는 대부분 이 수리오행이론을 받아들여 성명학의 중요 이론으로 사용하고 있는 실정입니다.

그런데 여기서 짚고 넘어가야 할 문제가 있는데요. 한글 이름은 획수가 문제가 되지 않지만 한자는 그 획수를 판단할 때 다른 경우가 발생하기도 합니다. 즉, 한자 옥편에 등장하는 한자의 획수가 원래의 획수를 부여하게 되면 달라지는데요. 예를 들면 水의 원획수는 4획인데 이 한자가 좌변에 붙으면 氵으로 바뀌게 됩니다. 이때의 획수는 4획이 맞는 것인지 아니면 3획이 맞는 것인가 하는 문제입니다.

이런 문제를 발생시키는 수리성명학에서의 한자의 예를 도표화하면 다음과 같습니다.

한자 필획수와 원획수

부수명	필획	획수	원획	획수	실례
삼수변	氵	3획	水	4획	洙(9획→10획)
심방변	忄	3획	心	4획	情(11획→12획)
손수변	扌	3획	手	4획	抒(8획→9획)
구슬옥변	王	4획	玉	5획	株(10획→11획)
육달월변	月	4획	肉	6획	胥(9획→11획)
옷의변	衤	5획	衣	6획	裕(12획→13획)
초두밑변	++	4획	艸	6획	英(9획→11획)
그물망변	罒	5획	网	6획	羅(19획→20획)
늙을로밑	耂	4획	老	6획	者(8획→10획)
책받침변	辶	4획	辵	7획	連(11획→14획)
우부방	阝	3획	邑	7획	鄭(15획→19획)
좌부방	阝	3획	阜	8획	陳(11획→16획)

이상의 실례에서 살펴보았듯이 한자의 획수는 필획을 따를 것인가 원획을 따를 것인가에 따라 수리오행의 결과가 판이하게 달라질 수 있음을 확인할 수 있습니다.

그러나 필자를 포함한 성명학자나 작명가들은 한자는 음을 나타내는 표음문자가 아니고 뜻을 나타내는 표의문자이기 때문에 원획을 따라야 한다는 것이 다수의 의견입니다.

한편 1에서 10까지 숫자를 의미하는 한자가 있는데, 이런 경우는 원획을 따르지 않고 본래 의미의 숫자를 그대로 사용합니다. 예를 들면 六은 4획이나 그 의미가 6이기 때문에 6획으로 사용하는 것이고, 九는 2획이지만 그 의미가 역시 9를 상징하기 때문에 9획으로 보는 것입니다.

이상으로 한자 획수에 따른 수리오행에 대해 살펴보았는데, 수리오행이 왜 필요한가 하면 지금부터 설명하게 되는 한자 획수(한자 수리)에 따른 원형이정(元亨利貞)의 원리를 적용하기 위함입니다.

성명학에서 수리오행에 따른 원형이정을 특별히 수리사격이라고도 부르는데, 원형이정은 하늘이 갖추고 있는 4가지 덕 또는 사물의 근본 원리를 말합니다. 그 기원은 『주역(周易)』의 「건괘(乾卦)」편에서 찾을 수 있는데 "건(乾)은 원형이정(元亨利貞)이다."라고 하면서 하늘을 상징하는 건이 곧 원형이정의 원리로 구성되어 있음을 명시하고 있습니다. 그리고 『주역』의 해설서인 「문언전(文言傳)」에서는 원형이정에 대하여 다음과 같이 설명하고 있습니다.

> 원은 착함이 자라는 것이요, 형은 아름다움이 모인 것이요,
> 이는 의로움이 조화를 이룬 것이요, 정은 사물의 근간이다.
> 군자는 인을 체득하여 사람을 자라게 할 수 있고,
> 아름다움을 모아 예에 합치시킬 수 있고,
> 사물을 이롭게 하여 의로움과 조화를 이루게 할 수 있고,
> 곧음을 굳건히 하여 사물의 근간이 되게 할 수 있다.

군자는 이 4가지 덕을 행하는 고로

건은 원형이정이라고 하는 것이다. [16]

"

인용문의 내용을 살펴보면 원형이정은 만물이 처음 생겨나서 자라고 완성되는 일련의 과정들을 요약한 것임을 알 수 있는데요. 그 일련의 과정으로서 원(元)은 만물이 시작되는 봄(春), 형(亨)은 만물이 성장하는 여름(夏), 이(利)는 만물이 이루어지는 가을(秋), 정(貞)은 만물이 완성되는 겨울(冬)에 해당됨을 알 수 있습니다. 또한 원형이정은 맹자가 말한 인간의 본성인 4단, 즉 인의예지(仁義禮智)로도 말할 수 있는데요. 원은 仁, 형은 禮, 이는 義, 정은 智에 해당합니다.

이상의 『주역』에서 말하는 원형이정을 성명학의 수리사격에서 적용하여 구성과 의미를 살펴보면 아래와 같습니다.

수리사격의 구성과 의미

원격	이름의 끝자 + 이름의 중간자	초년기
형격	성씨 + 이름의 중간자	청장년기
이격	성씨 + 이름의 끝자	중년기
정격	성씨 + 이름의 중간자 + 이름의 끝자	말년기

위 도표를 보면 마치 사람의 명운을 사주의 네 개의 기둥처럼 세워 해석하는 것을 살필 수 있습니다. 즉, 이름의 끝자와 이름의 중간자의 더한 획수를 원격이라 명명하면서 인생에서는 초년운을, 성씨와

---

16) "元者, 善之長也. 亨者, 嘉之會也. 利者, 義之和也. 貞者, 事之幹也. 君子體仁足以長人, 嘉會足以合禮, 利物足以和義, 貞固足以幹事. 君子行此四德, 故曰, 乾, 元亨利貞.", 『周易』「文言傳」.

이름의 중간자를 더한 획수를 형격이라 하면서 인생에서는 청장년기를, 성씨와 이름의 끝자를 더한 획수를 이격이라 하면서 인생에서는 중년기를, 성씨를 포함하여 이름의 중간자와 끝자를 합한 획수를 정격이라 하면서 인생에서는 말년기를 의미하는 것임을 확인할 수 있습니다.

그럼 인기 연예인 **신동엽**(申東燁)이라는 이름으로 수리사격에 따른 예를 들어보겠습니다.

원격	東(8획) + 燁(16획) = 24획
형격	申(5획) + 東(8획) = 13획
이격	申(5획) + 燁(16획) = 21획
정격	申(5획) + 東(8획) + 燁(16획) = 29획

*신동엽 이름의 한자는 인터넷을 참고하였습니다

우리나라 성명의 구조는 하나의 성씨에 두 글자의 이름인 경우가 대다수입니다. 그러나 성과 이름이 1자, 성이 2자에 이름이 1자, 성이 2자에 이름이 2자도 있는데 이런 경우는 위에서 언급한 수리사격의 원칙과는 다소 달라집니다.

성과 이름이 외자인 경우는 원격, 즉 이름의 끝자와 중간자를 합친 획수를 봐야 하는데 이름이 하나로 구성되어 있다면 이름의 끝자이든 중간자가 없다고 봐야 합니다. 따라서 이런 경우의 원격은 이름의 1자를 중간자로 가정하여 그냥 그 획수를 원격으로 삼으면 됩니다.

예를 들어 **허준**(許俊)이라는 이름으로 수리사격을 살펴보면 다음과
같습니다.

원격	俊(9획) + 0 = 9획
형격	許(11획) + 俊(9획) = 20획
이격	許(11획) + 0 = 11획
정격	許(11획) + 俊(9획) = 20획

이상과 같이 성과 이름이 1자인 경우는 원격과 이격에다 결국 0을
더한 결과가 되며 또한 형격과 정격은 같은 획수가 나오는 것을 알
수 있습니다.

한편 성이 2자에 이름이 1자인 경우는 성의 획수를 각각 계산하는
것이 아니고 합산을 합니다. 예를 들어 **황보**(皇甫) 성씨는 **皇**이 9획,
甫가 7획인데 이 둘의 획수를 더하면 16획이 되어 성씨의 획수를 16
획으로 정한다는 것이지요. 이런 경우도 결국은 위에서 언급한 성과
이름이 1자인 경우와 동일하게 결과가 나오게 됩니다.

황보 성(皇甫 星)이라는 이름을 예를 들어 수리사격을 살펴보면 아
래와 같습니다.

원격	星(9획) + 0 = 9획
형격	皇甫(16획) + 星(9획) = 25획
이격	皇甫(16획) + 0 = 16획
정격	皇甫(16획) + 星(9획) = 25획

다음으로 성씨가 2자와 이름이 2자인 경우를 살펴보면 위에서 살펴본 것을 종합하면 됩니다. 즉, 성씨가 2자인 것을 하나로 생각해서 합한 수를 사용하고, 나머지 이름은 각각의 경우로 적용하면 됩니다.

예를 들어 **선우 지연**(鮮于 志娟)이라는 이름을 수리사격으로 살펴보면 아래와 같습니다.

원격	志(7획) + 娟(10획) = 17획
형격	鮮于(20획) + 志(7획) = 27획
이격	鮮于(20획) + 娟(10획) = 30획
정격	鮮于(20획) + 志(7획) + 娟(10획) = 37획

이상으로 성명학에서의 원형이정에 따른 수리사격의 구조에 대해 개략적인 설명을 하였습니다. 그리고 각각의 81수리오행에 담긴 각 길흉과 개괄적 의미를 살펴보면 다음과 같습니다.

81수리사격의 길흉과 의미[17)

1수 吉 태초격(太初格)	2수 凶 분산격(分散格)	3수 吉 명예격(名譽格)
4수 凶 풍파격(風波格)	5수 吉 성공격(成功格)	6수 吉 계성격(繼成格)
7수 吉 발달격(發達格)	8수 吉 개척격(開拓格)	9수 凶 불안격(不安格)
10수 凶 공허격(空虛格)	11수 吉 흥가격(興家格)	12수 凶 박약격(薄弱格)
13수 吉 총명격(聰明格)	14수 凶 이산격(離散格)	15수 吉 통솔격(統率格)
16수 吉 덕망격(德望格)	17수 吉 건창격(健暢格)	18수 吉 전진격(前進格)

---

17) 81수리사격의 자세한 의미는 91쪽 이하를 참고하시면 됩니다.

19수 凶 파멸격(破滅格)	20수 凶 허망격(虛妄格)	21수* 吉 두령격(頭領格)
22수 凶 중절격(中折格)	23수* 吉 융창격(隆昌格)	24수 吉 출세격(出世格)
25수 吉 안강격(安康格)	26수 凶 미운격(未運格)	27수 凶 중단격(中斷格)
28수 凶 파란격(波瀾格)	29수 吉 성공격(成功格)	30수 凶 불측격(不測格)
31수 吉 흥성격(興盛格)	32수 吉 순풍격(順風格)	33수* 吉 왕성격(旺盛格)
34수 凶 파멸격(破滅格)	35수 吉 태평격(泰平格)	36수 凶 조난격(遭難格)
37수 吉 태공격(泰功格)	38수 吉 복록격(福祿格)	39수* 吉 태극격(泰極格)
40수 凶 무상격(無常格)	41수 吉 고명격(高名格)	42수 凶 실의격(失意格)
43수 凶 산재격(散財格)	44수 凶 파멸격(破滅格)	45수 吉 현달격(顯達格)
46수 凶 우매격(愚昧格)	47수 吉 득세격(得世格)	48수 吉 유덕격(有德格)
49수 吉 흉망격(凶妄格)	50수 凶 불행격(不幸格)	51수 中吉 만성격(晩成格)
52수 吉 능통격(能通格)	53수 凶 불화격(不和格)	54수 凶 패망격(敗亡格)
55수 凶 불안격(不安格)	56수 凶 부족격(不足格)	57수 吉 노력격(努力格)
58수 中吉 후복격(後福格)	59수 凶 불우격(不遇格)	60수 凶 재화격(災禍格)
61수 吉 영화격(榮華格)	62수 凶 막막격(寞寞格)	63수 吉 융창격(隆昌格)
64수 凶 고행격(苦行格)	65수 吉 달성격(達成格)	66수 凶 망망격(茫茫格)
67수 吉 성장격(成長格)	68수 吉 발명격(發明格)	69수 凶 궁박격(窮迫格)
70수 凶 공허격(空虛格)	71수 中吉 견실격(堅實格)	72수 凶 상반격(相半格)
73수 吉 평범격(平凡格)	74수 凶 파괴격(破壞格)	75수 吉 안길격(安吉格)
76수 中吉 후길격(後吉格)	77수 凶 침체격(沈滯格)	78수 吉 무력격(無力格)
79수 凶 불신격(不信格)	80수 凶 종말격(終末格)	81수 吉 환희격(還喜格)

● 길하다고 알려진 21수, 23수, 33수, 39수는 남성에게는 좋으나 여성에게는 좋지 않다고 알려져 있다. 그 기운이 너무 강해서 그렇다고 전해져 내려오나 남녀가 평등하고 여성의 직장생활이 활발한 현대사회에서는 적용하지 않는 것이 좋다. 기운이 너무 강한 것을 피하고 싶다면 다른 수리를 사용하면 된다(* 표시는 여성에게 좋지 않다고 알려진 수).

● 불길하다고 알려진 4수, 9수, 10수, 12수, 14수, 19수, 20수, 22수, 26수, 27수, 28수, 30수, 34수, 36수, 40수, 42수, 43수, 44수, 46수 또한 한국, 중국, 일본 등 각각의 나라마다 약간씩 차이가 있고 그에 따라 성명학자마다 이견이 있을 수 있다. 이런 경우는 무난한 방법을 취해 자기만의 원칙을 정해 작명하면 된다.

● 반흉반길한 수리
　51수 만성격(晩成格)　　58수 후복격(後福格)　　71수 견실격(堅實格)　　76수 후길격(後吉格)

81수리 중 길한 획수는 38개, 흉한 획수는 39개, 반흉반길한 획수는 4개로 구분할 수 있습니다. 이들 중 반흉반길한 획수는 초반에는 흉하나 후반에 길하게 되어 말년이 좋은 경우의 수리들입니다. 그러나 적극적으로 취길피흉하려는 성명학의 목적으로 본다면, 반흉반길한 수리도 흉함이 들어 있으므로 작명에는 이용하지 않는 것이 좋겠습니다.

81수리사격에 대한 자세한 의미는 다음과 같습니다.

1획 **태초격**(太初格) – 삼양회춘지상(三陽回春之象)

입신양명 두뇌명철 권세위력

홀수이며 양수이다. 1획수는 모든 숫자의 시작이며 기본이 되므로 자연의 모든 생기를 흡수하여 새로운 희망을 주고 부귀영화를 누리는 수리이다. 1은 으뜸을 나타내니 만물이 소생하는 기상으로 덕이 있고 고귀한 인격을 지녔으며, 세상사를 통달하고 발전하여 부귀와 명예가 몸에 따르는 대길한 수이다. 새로운 일을 고안하거나 과학적이고 창조적인 분야에 적합하다.

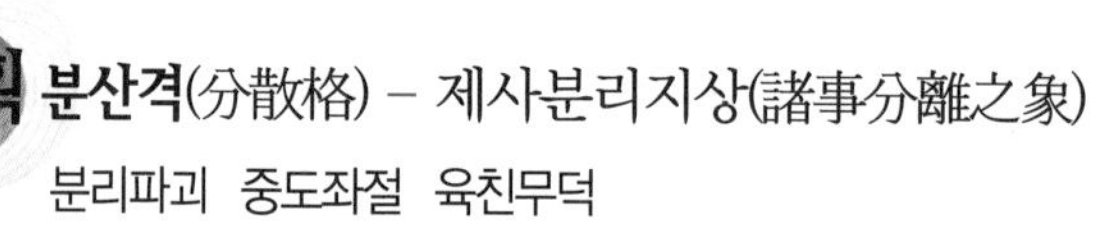

2획 분산격(分散格) – 제사분리지상(諸事分離之象)
분리파괴 중도좌절 육친무덕

둘로 나누어지는 수리이다. 자신의 타고난 재능을 발휘하여 부귀 영화를 누릴 수는 있으나 마무리가 약하여 하는 일마다 결실을 얻지 못하고 조업을 파산하게 된다. 분리의 의미가 있으니 부부 인연이 박하고 자녀와도 생리사별할 수 있다. 고향을 떠나 객지에서 고독과 수심으로 허송세월하니 일생동안 불안(不安)하다.

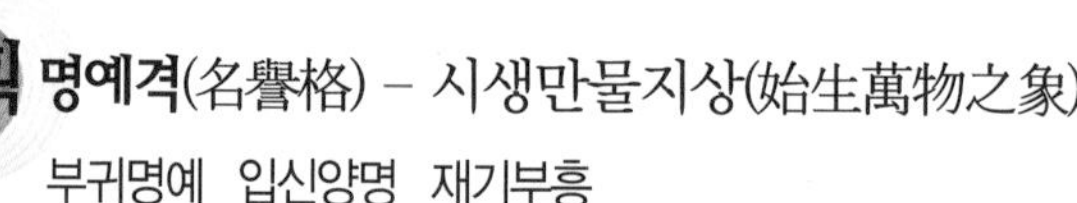

3획 명예격(名譽格) – 시생만물지상(始生萬物之象)
부귀명예 입신양명 재기부흥

지혜가 뛰어나고 재치가 있어 가정이나 사회생활을 하는데 아무런 장애와 지장을 받지 않고 발전한다. 도량(度量)이 바다와 같고, 명철한 두뇌를 가져 대업을 이루고 입신양명(立身揚名)한다. 만인이 부러워하는 지도적 인물이 될 수 있다. 지모와 함께 결단력(決斷力)과 실천력이 있으므로 노력만 하면 크게 대성한다.

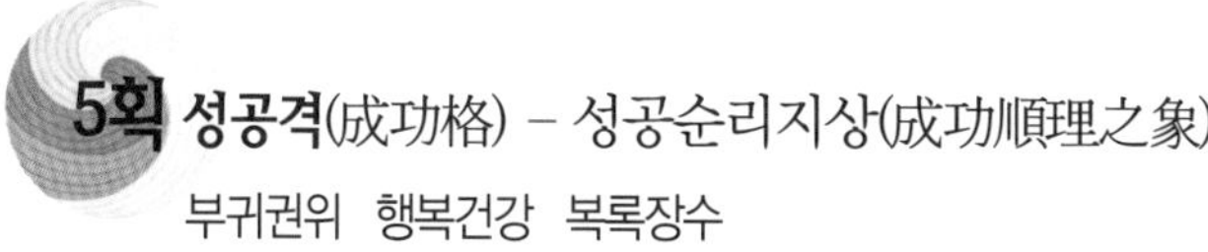

4획 풍파격(風波格) – 동서각비지상(東西各飛之象)
정신박약 가족불화 일생고난

시작은 있으나 하는 일마다 용두사미(龍頭蛇尾)가 되는 격이니 이익이 생기더라도 사방으로 흩어지게 된다. 노력을 해도 그 대가가 적으며 시간 손실과 경제적인 낭비가 많다. 성격이 온유하여 결단력이 부족하다. 근면하게 노력하니 성공은 하겠으나 오래 가지 못하고 실패한다. 배우자와도 이별하게 되고 예기치 않은 재앙을 당하기도 한다. 강인한 정신력과 의지력을 배양해야 한다.

5획 성공격(成功格) – 성공순리지상(成功順理之象)
부귀권위 행복건강 복록장수

온후하고 지와 덕을 겸비하여 배우지 않아도 이치를 터득할 수 있으며 매우 길하다. 일찍 높은 지위에 올라 대외적으로 활발하여 천하에 이름을 날리고 부귀하게 된다. 어디를 가든 중심에 서서 지도자의 역할을 감당해 내어 두터운 신망을 받는 존재가 된다.

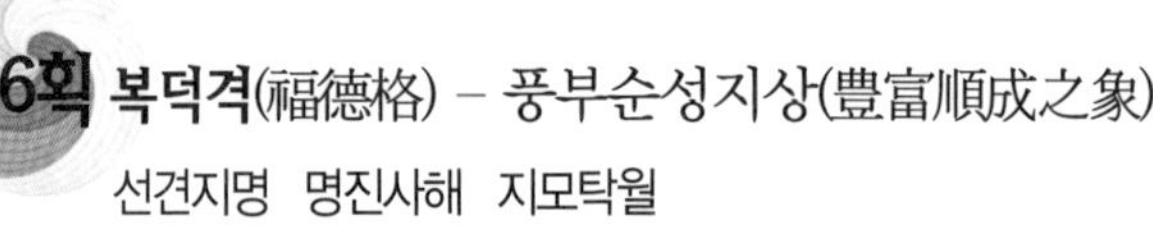

6획 복덕격(福德格) – 풍부순성지상(豊富順成之象)

선견지명 명진사해 지모탁월

풍부한 가업을 안전하게 계승받을 수 있다. 천성이 온후하며 지혜와 덕망이 건실하여 화창한 기운이 가득하니 부귀와 영화를 누린다. 확고부동한 신념과 인내력이 강하며 명예와 재물을 지키고 폭넓은 인간관계를 누린다. 실천력이 강하고 나아가 사회적으로 능력을 인정받으며 부부해로하고 복록이 가득하다.

7획 발달격(發達格) – 강건전진지상(剛健前進之象)

처세탁월 부귀영달 성품영민

독립심과 인내심이 강하고 대장부의 지조가 철석과 같아 모든 일을 대범하게 이룬다. 기상이 하늘 높이 솟고 정열과 노력의 덕택으로 타인의 추앙을 받아 많은 사람들이 따르게 된다. 나아가 초지일관으로 목적을 달성하기 위해 노력하니 타의 모범이 되고, 남의 의견을 존중하고 화합에 힘쓰니 존경받는 인물이 될 것이다.

8획 개척격(開拓格) – 자력발전지상(自力發展之象)
두뇌명석 신념강직 근면성실

외유내강한 성품을 지녔으며 강한 의지로 초지일관하게 된다. 아무리 힘든 고난과 역경이 닥쳐도 강인한 정신력으로 이겨내며 대업을 성취한다. 노력과 행동으로 주변 사람을 이끌어가는 리더쉽을 가지고 있다. 의지가 강건하고 독립심이 강해 밀고 나가는 추진력이 있으니 노력한 만큼의 결과가 나타난다. 인생이 화평하게 펼쳐지며 길하다.

9획 불안격(不安格) – 대재무용지상(大材無用之象)
횡액단명 만사쇠퇴 재액연속

시작은 있으나 끝이 없는 격으로 불길하다. 타고난 지혜로 큰 꾀를 세워 대업을 이룰지라도 도중 하차한다. 부귀영화가 널리 펼쳐지지만 중도에 좌절을 당하거나 성공을 이루다가도 하는 일마다 수포로 돌아가는 일이 발생한다. 비참한 환경에 처하게 되어 부부가 불화하고, 이중생활이 아니면 이별을 면치 못하게 된다. 자손에 근심이 많고 화란(禍亂)이 많아 풍파가 많다.

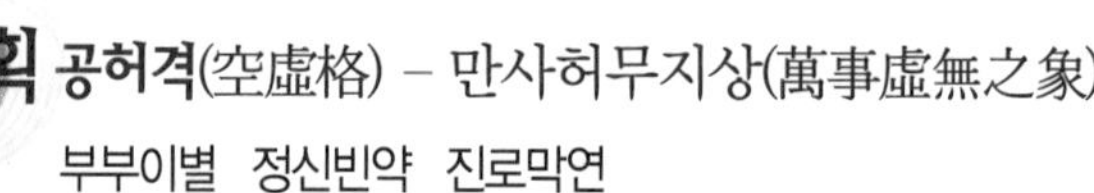

10획 공허격(空虛格) – 만사허무지상(萬事虛無之象)

부부이별   정신빈약   진로막연

재능은 있어도 소득이 없다. 어느 정도 발전을 이룬 뒤에는 더 이상의 성공을 이루기 어렵다. 모든 일을 잘 다루고 능력이 풍부하여 재치와 기량으로 일을 추진하지만 의욕만 앞서 만족한 결과를 얻기 어렵다. 육친의 덕이 없고 결단력이 부족하여 언제나 좋은 기회를 잃게 된다. 타향을 전전하며 온갖 사고를 겪고 형액·불구·질병 등 흉운을 겪게 된다.

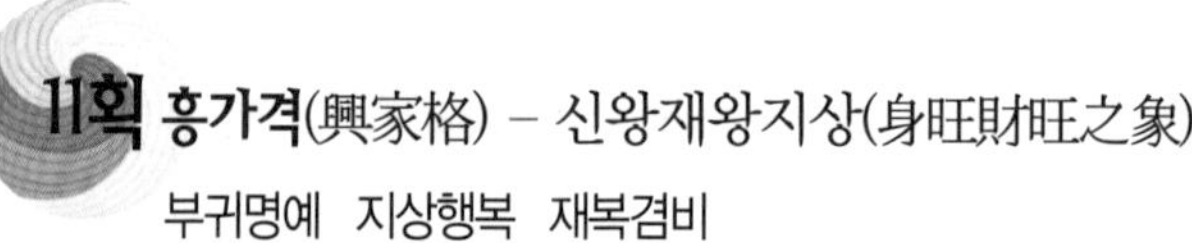

11획 흥가격(興家格) – 신왕재왕지상(身旺財旺之象)

부귀명예   지상행복   재복겸비

하는 일마다 순조롭다. 스스로 노력하고 개척하는 일마다 좋은 결과를 맺게 된다. 사회적으로 대성하여 주변으로부터 두터운 신망을 얻는다. 사고력이 깊으며 성실하며 자립심이 강하니 한번 목적한 바는 끝까지 이루는 진취적인 기상이 있다. 가문을 일으켜 번창하며, 부부가 해로하고 자녀가 가문을 빛내니 축복과 번영을 이룬다.

12획 박약격(薄弱格) – 박약고독지상(薄弱孤獨之象)

덕망부족 심신고독 허송세월

신중하고 사색적이며 감성은 풍부하지만 현실성이 떨어진다. 소극적이고 의지가 약하여 일의 진행이 미흡하니 어려운 처지에 놓일 가능성이 크다. 재치와 기량이 있으나 결정적인 순간에 매듭을 짓지 못하여 좌절한다. 바라던 바를 이루기가 어려우므로 파란 많은 생활이 예상된다. 심신이 약하여 주변 사람들에게 피해의식을 느끼는 등 매우 고독한 삶을 살게 되고 부부간의 정도 박약하다.

13획 총명격(總明格) – 입신양명지상(立身揚名之象)

인품준수 일생평안 대업성공

두뇌가 명철하고 사고력이 깊으며 이지적이다. 처세술에 능통하고 재주가 뛰어나 주변의 부러움을 한몸에 받는다. 탁월한 지략으로 대업을 이루고 천하를 호령하니 많은 사람을 통솔하고 사회적인 명성을 얻게 된다. 하는 일마다 공(功)을 이루고 입신양명하니 가문의 발전과 행복한 가정생활을 하게 된다.

14획 이산격(離散格) – 파란실패지상(波亂失敗之象)
허욕발동 동분서주 재물낭비

일시적인 성공은 있지만 성공이 꾸준히 가지 못하는 흉한 수리다. 지혜가 출중하고 능력은 갖추고 있으나 그 진가를 발휘하기 어렵다. 노력에 비해 대가가 적고 공이 없으니 하는 일마다 뜻대로 이루어지기 힘들다. 가정에 파탄이 생기고 부부와 자녀와의 생리사별이 있을 수 있으니 불길하다. 타향에서 온갖 어려움을 겪으며 고독·번민·실패·곤고·병약 등을 겪으니 삶이 어렵다.

15획 통솔격(統率格) – 만물통합지상(萬物統合之象)
선견지명 태평세월 지모겸비

지덕을 겸비하니 주변의 신망이 두터워 많은 사람들로부터 추앙을 받는다. 사회적인 명성과 신뢰를 얻게 되고 부귀가 쌍전하여 대업을 이룬다. 한 번 실행하는 일은 반드시 성공하고 능력을 발휘하게 되므로 어디를 가든지 그 명성이 그치지 않는다. 가정이 평화롭고 사회에서 상하의 신망을 받으며 안락한 삶을 살게 된다.

16획 덕망격(德望格) - 온후유덕지상(溫厚有德之象)
의지담대 대업완수 적기성공

때로는 강하고 때로는 유하며 덕망과 재록이 풍성하다. 따라서 대업을 성취하고 부귀공명을 누린다. 스스로 노력하여 성공을 거두고 인정이 많으며 주변의 도움도 많다. 사회적인 발전과 명성을 이루고 주변의 도움으로 큰 일을 성사시킨다. 천성이 인자하여 천복을 누려 가문이 번창하니 대길하다.

17획 건창격(健暢格) - 만사통달지상(萬事通達之象)
기초튼튼 온건착실 부귀안락

큰 뜻과 큰 계획을 품고 모든 난관을 극복하며 초지일관함으로써 대사를 완수한다. 끈기로 결국 뜻하는 것을 이루니 만인의 존중과 존경을 한 몸에 받는다. 의지가 강하여 매사를 적극적으로 진행하니 일단 시작을 하면 반드시 원하는 바를 성취한다. 관록이 좋고 명예와 부귀를 겸비하니 세상에 부러울 것이 없다.

18획 전진격(前進格) – 진취발전지상(進取發展之象)
초지일관 재능출중 재물풍부

  강한 의지로써 대업을 완수하며 부귀하고 높은 지위를 갖는다. 뭇 사람의 존경을 받아 사회적으로 높은 지위에 올라 군림하니 널리 이름을 날린다. 굳은 신념과 의지로 뜻을 이루고 생각하는 바가 원대하며 포부와 기상이 출중하니 만사가 순탄하다. 결국 공명을 떨쳐 일신이 고귀한 지위에 올라 탁월한 실력을 발휘하게 된다.

19획 파멸격(破滅格) – 봉학상익지상(鳳鶴傷翼之象)
비애흉사 일생비탄 패가망신

  뛰어난 지략으로 대업을 성취할지라도 중도에 실패하니 일시적인 성공에 불과하다. 부부 인연이 박약하고 육친이 부덕하며 심지어는 어려운 일들을 겪으며 처자와 생사이별을 겪기도 한다. 재주가 뛰어나도 예상치 않은 일로 좌절을 겪거나 허망한 경우가 많아 고통을 겪는다. 부부가 해로하기 힘들고 자녀운도 불길하며 하는 일마다 끝이 좋지 않다.

20획 허망격(虛妄格) - 만사공허지상(萬事空虛之象)

가정불화 인덕부족 만사부진

일시적인 성공이 있을지라도 모든 일이 쇠퇴하니 운의 흐름이 좋지 않다. 심신이 약하고 육친의 덕이 없고 부부 자녀 간에 생사이별이 있을 수 있다. 형액이나 변사 등으로 단명에 이르기도 한다. 삶이 적막하고 하는 일마다 수포로 돌아가니 좋은 자질과 재능이 있어도 빛을 발하기 어렵다. 한 시도 편할 날이 없고 심신이 고달프니 일생을 고독하고 어렵게 살아가게 된다.

21획 두령격(頭領格) - 만인앙시지상(萬人仰視之象)

노력성공 만인추앙 만년평안

솔직 담백하고 매사에 의욕적이고 진취적이며 자립으로 큰일을 일으켜 성공할 수 있는 지모와 덕망이 있다. 특히 리더십이 뛰어나 만인의 존경을 받으며 지도자적 인물이 된다. *단, 여성은 남편운을 극(剋)하거나 이별수로 홀로 되는 등 애정과 부부운에 최악의 경우를 겪게 되는 대흉(大凶)의 운이 유도된다.

22획 중절격(中折格) – 신상위변지상(身上危變之象)
지상불행 결실부족 멸망중중

일시적 성공은 얻을 수 있으나 매사에 중도에서 좌절하게 된다. 실패·곤고·조난·역경에 처하며 가정생활이 불길하여 처자와 생사이별할 수 있고, 심지어는 자신이 질병에 시달리거나 단명하게 되기도 한다. 성격이 편협하고 독립심이 없으며 추진력이 미흡하다. 학생의 경우 학업을 중도에서 포기하거나 전반적으로 정체되어 운이 하락하게 된다.

23획 융창격(隆昌格) – 공명행복지상(功名幸福之象)
권세취득 진취기상 만사형통

지덕(知德)과 문무(文武)가 겸비된 성품에 아침에 떠오르는 태양과 같이 큰 뜻으로 대업을 이룩하여 부귀영화를 누리고 특히 선천적인 지도력이 있어 대중의 인기·명망이 높으며, 지위·명예·재산이 태산처럼 높게 된다. *단, 여성은 공방운(空房運)으로 남편과 생리사별(生離死別)이 있다.

24획 출세격(出世格) – 등천축재지상(登天蓄財之象)
명리취득 재복겸비 부귀번영

두뇌가 뛰어나고 친화력이 좋아서 주변의 신망을 한 몸에 받는다. 지략이 출중하여 대업을 완수하니 그 공명이 천하에 알려지게 된다. 외유내강한 성품으로 독립심도 강하여 실속을 추구하므로 많은 재물을 축재하고 부귀영달하게 되니 일생이 편안하다. 인생의 크고 작은 목표를 달성해 나가면서 부부가 백년해로하니 자녀 또한 가문을 빛내게 된다.

25획 안강격(安康格) – 순풍발전지상(順風發展之象)
성공영달 충직성실 유친유덕

우수한 추진력과 능란한 수완으로 대업을 달성하니 모든 일이 잘 풀린다. 가정이 화평하고 부부가 해로하며 자손이 번성하니 안정적인 가정생활을 이끌어가게 된다. 일생을 큰 변화나 어려움 없이 지내고 성실함과 긍정적 노력으로 평탄한 삶을 살게 된다. 품은 뜻대로 학업을 이루고 명예와 재물을 얻게 되며 대인관계가 원만하여 많은 사람들의 존경을 받는다.

26획 미운격(未運格) - 평지풍파지상(平地風波之象)
노년불행 근근연명 중도좌절

파죽지세로 공명을 얻어 위대한 발전을 이루지만 결국 좌절하여 세월을 돌이켜 탄식하게 된다. 육친의 덕이 없고 대인관계에도 장애가 많아 외롭게 세상을 홀로 살아가게 된다. 성공을 하더라도 크게 실패를 맛볼 수 있으며 불행이 연이어 닥치고 풍파가 연속되니 크게 흉하다.

27획 중단격(中斷格) - 매사좌절지상(每事挫折之象)
일시성공 만년고독 파란변동

강한 자부심과 추진력으로 매사에 최선을 다하지만 노력한 만큼의 대가를 얻기 힘들다. 일을 하다가도 중도에 좌절되는 일이 많고 실패·곤고·조난·형액·불구·단명 등 흥망성쇠의 파탄이 중첩되기도 한다. 성공을 이룬다고 해도 다시 실패가 뒤따르니 혼자 결정하는 일을 줄이고 주변 사람들과 원만한 관계를 유지해 나가도록 해야 한다.

28획 파란격(波蘭格) – 일엽편주지상(一葉片舟之象)
재앙연속 자손불운 대소고통

거친 파도 속의 돛단배와 같으니 파란의 연속이다. 일신에 영화가 있더라도 가정에는 재앙이 생기고, 가정이 평안하면 일신에 어려움이 속출하니 불길하다. 영웅호걸처럼 이름을 떨칠 수도 있겠지만 예상치 못한 난관에 부딪혀 파란만장한 삶을 살게 되는 경우가 허다하다. 모진 세파에 시달려 뜻대로 되는 일이 없으며 이상과 현실 사이에서 고민하고 방황하게 되는 삶을 살게 되니 흉하다.

29획 성공격(成功格) – 신록유실지상(新綠有實之象)
전화위복 만사여의 자립대성

왕성한 활동력과 투지로써 대업을 달성하여 부귀·장수·안락 등을 누린다. 재주가 뛰어나고 지혜가 출중하니 사회적으로 높은 지위를 획득하며 처세술에 능하여 재산과 권력을 함께 얻을 수 있다. 초지일관하니 하는 일에 발전을 이루어 부귀영달하고 그 명성이 널리 알려지게 되니 자손 대까지 번영하게 된다.

30획 불측격(不測格) - 무정세월지상(無情歲月之象)
수시변동 허영발동 조난역경

일시적인 성공은 기대할 수 있으나 불운이 시작되면 그 어려움을 예측하기 어렵다. 하는 일마다 분명치 못하고 우왕좌왕하게 되니 타향객지에서 고독과 수심을 면하기 어렵다. 한 번 대성을 이루면 한 번은 크게 좌절하게 된다. 명석한 두뇌와 왕성한 활동력으로 매사를 의욕적으로 진행하지만 결국 모든 것이 한순간에 사라져버리게 되니 불운하다.

31획 흥성격(興盛格) - 자립영화지상(自立榮華之象)
대업달성 무한발전 만인덕망

대·내외적으로 발전이 있고 자주적인 정신으로 성공적인 삶을 살게 된다. 의지가 곧고 바르며 통찰력이 우수하여 대인관계도 원만하다. 지도자적인 자질을 겸비하였으니 능히 만인을 통솔하고 다스리기에 부족함이 없다. 지략이 뛰어나 세인들의 존경과 추앙을 받고 부귀와 명성을 누리게 된다.

32획 순풍격(順風格) – 의외형복지상(意外亨福之象)
행복지위 대업성취 난관해결

순풍에 돛단배 격으로 때를 만나 경제생활의 기반을 확립하고 모든 일이 형통하여 수복이 보장된다. 윗사람의 후원을 얻어 순조로운 성공을 이루게 된다. 인생에 큰 전환점을 이룰 때마다 은인을 만나 대성공의 기회를 얻게 되니 크게 길하다. 하는 일마다 좋은 결실을 만들어내어 사회적인 대성을 이루니 그 명성이 날로 발전하고 존경받는 인물이 된다.

33획 왕성격(旺盛格) – 등용왕성지상(登龍旺盛之象)
대업완수 행로평탄 부모유덕

자신감과 자존심이 강하고 재능과 지모가 출중하며 자립대성(自立大成)의 대망(大望)이 있어 명성과 권위를 차지하게 되며 타고난 복운(福運)으로 부귀·번창하고, 행복한 부부생활을 한다. *단, 여성은 삼부이별(三夫離別)이라 하여 결혼에 세 번 실패한다 할 정도로 평생 독신생활을 면키 어려운 흉수이다.

34획 파멸격(破滅格) - 재해풍파지상(災害風波之象)

흥망파란 일시성공 고독불구

파멸과 불운이 연속되며 재난이 속출하니 만사가 불행을 초래한다. 일시적인 성공도 실패로 끝나고 부부가 해로하기 어렵고 자녀와 상별하게 되니 패가망신 등의 흉운이 속출한다. 타고난 천성이 밝고 명랑하여 주변의 도움을 받게 되지만 성공 후에는 반드시 실패가 따르는 파란만장한 삶을 살게 된다.

35획 태평격(太平格) - 만물평화지상(萬物平和之象)

사업성공 두뇌영특 다재다능

근면하고 충직하며 성실하여 사회에 유익하고 편안한 일에 종사하며 행복·부귀·장수를 누리게 된다. 성품이 온순하고 대인관계가 원만하여 두터운 신망을 받게 되고 지모와 지략이 뛰어나서 사회적으로도 큰 발전을 이룬다. 가정생활이 원만하고 부부도 서로 아끼고 사랑하니 가정이 발전하고 자손에게까지 그 영화로움이 미치게 된다.

36획 조난격(遭難格) – 골육상쟁지상(骨肉相爭之象)
정신쇠약 진로막연 발전지장

살아가면서 파란이 심하다. 만인이 부러워하는 권세를 누릴 수 있으나 변화무쌍한 생을 살며 파멸할 수 있다. 타고난 명석함과 뛰어난 지략이 있지만 운이 도와주지 못하면 재난을 면하기 어렵다. 자만하지 말고 성실하게 살아가야 한다. 삶의 희비가 쌍곡을 이루고 재운이 미약하니 늘 근심과 걱정이 떠날 날이 없다. 의협심으로 인하여 패가망신하는 경우도 있다.

37획 태공격(泰功格) – 유의유덕지상(有義有德之象)
부귀겸전 만사성취 덕망구비

과단성을 가지고 어려운 일도 잘 처리하며 대업을 성취하여 명성이 널리 진동한다. 하늘이 준 행복과 부귀영예를 누리게 된다. 지모와 지략이 탁월하고 매사를 공평무사하게 처리하니 주변으로부터 아낌없는 신망을 받는다. 부귀와 명성이 함께 따르니 결코 아쉬울 것이 없다. 재물이 풍요로우며 자손이 번영하고 가정이 평화롭다. 이름을 널리 떨치게 되니 대길하다.

38획 복록격(福祿格) – 학사입신지상(學士立身之象)
충실열성 수복장수 대귀현출

천재적 재능과 명철한 두뇌를 가져서 문학·예술·창작·발명 등의 방면에서 큰 성공을 거둔다. 선진적 인물로서 입신양명하고 부귀공명을 이루니 대길하다. 언제나 무(無)에서 유(有)를 만들어내는 창의력이 뛰어나니 매사에 안정적인 발전을 이룬다. 학식과 덕망이 두터워 평탄한 인생을 살고 사회적으로도 두터운 신망을 얻는다.

39획 태극격(泰極格) – 안락다복지상(安樂多福之象)
부귀영화 지혜총명 자손여경

고상한 성격에 위품(威品)이 있고, 대중을 통솔할 줄 아는 리더십이 있으며 위세와 명성을 천하에 펼쳐 세인(世人)의 존경을 받으며 투철한 재간으로 대내외적 성공을 거두어 번창하며 부부 해로 속에 자손 대대로 형통한다. *단, 여성은 가정운에 불운이 담겨 있어 과부수를 면하기 어렵게 된다.

40획 무상격(無常格) – 도로무공지상(徒勞無功之象)
재능박약 진퇴유곡 패가망신

　일시적인 성공은 있을 수 있어도 운의 흐름이 좋지 못하니 삶이 변화무쌍하다. 모든 일이 일한 만큼 결실이 없으니 안타깝다. 조업은 지키기 어렵고 투기적 욕심으로 패가망신할 수 있다. 인덕이 부족하여 하는 일마다 실패하기 쉽고 주변 사람으로 인해 금전적인 어려움을 겪기도 한다. 노력한 만큼의 대가를 이루기 어려우니 겉은 좋아보여도 실속이 없어 항상 손해를 면하기 어렵다.

41획 고명격(高名格) – 건곤중심지상(乾坤中心之象)
만사여의 일약약진 흉전길화

　영명·준수하고 담력과 지모를 겸비했으며 지도자적 자질이 풍부하여 제도중생(濟度衆生)할 수 있고, 대망의 포부를 달성하여 사회적 명망과 인기로 만인의 중심인물이 될 수 있으며 가정적으로도 대부득달(大富得達)하여 재물이 흥왕(興旺)하고 부부지간에 정이 돈독해 백년해로 속에 영특한 자손도 얻을 수 있다.

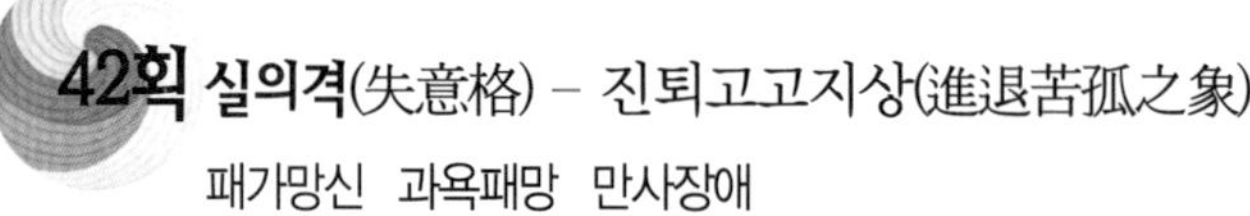

42획 실의격(失意格) – 진퇴고고지상(進退苦孤之象)
패가망신 과욕패망 만사장애

성품이 완강하여 굽힐 줄 모르니 대인관계가 원만하지 못하다. 편견이 심하고 자존심이 강해 가족간의 인연 또한 박하다. 잦은 변동으로 한 곳에 오래 머물기 힘들고 질병과 형액 등을 모면하기 어렵다. 타고난 지혜와 지모가 출중하여도 좋은 운을 만나기 어렵고 노력한 일에 비해 결과가 미흡하므로 중도에 좌절하는 경우가 많다. 기회가 와도 실천력이 없어 좋은 결과를 얻지 못한다. 시작은 있어도 끝맺음을 못하니 용두사미로 일을 마치게 되는 것이다.

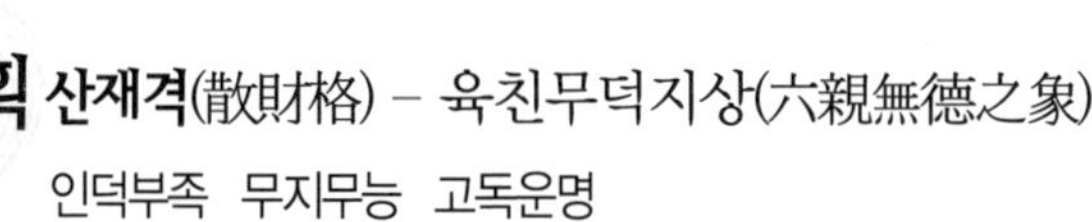

43획 산재격(散財格) – 육친무덕지상(六親無德之象)
인덕부족 무지무능 고독운명

일시적인 성공을 거두다가도 불의의 재난이나 산재의 파란을 당하게 된다. 겉은 화려하고 좋아 보여도 내면 세계는 부실하고 실속이 없어 손해를 보는 일이 많다. 주변 사람들에게 이용을 잘 당하니 경계하는 것이 좋다. 비록 지혜와 모략이 뛰어나다고 해도 의지가 약하고 결단력이 없어 사소한 일에도 고민에 휩싸여 큰 일을 이루어 내기 어렵고 하는 일마다 장애가 많다.

44획 파멸격(破滅格) – 모사불성지상(謀事不成之象)
의지부족   기운쇠약   성공부진

일생동안 끊임없는 어려움으로 순탄하지 못한 삶을 살게 된다. 일시적인 성공을 이룰 수는 있어도 하루아침에 파멸할 수도 있다. 모든 일이 쉽게 되지 않으니 질병이나 가정파탄 등을 겪을 수 있다. 신경이 예민하여 창의력은 있어 보이나 정신이 불안하여 일을 행하여도 끝까지 하는 일이 드물다. 일이 잘 진행되다가도 예기치 못한 돌발사고로 인하여 허망한 경우가 많이 발생한다.

45획 현달격(顯達格) – 명월광채지상(明月光彩之象)
명예충천   포부원대   대해순풍

지모가 뛰어나고 경륜이 깊어 순풍에 돛을 달고 잔잔한 물결을 저어가는 것과 같다. 큰 뜻을 가지고 큰 일을 성취하니 명성과 명예가 따른다. 특히 선견지명이 있어 만인의 사표가 되는 좋은 운의 흐름이 계속된다. 고귀한 인격을 가졌으니 타인의 신망을 얻고 모든 일을 현명하게 처리하여 마침내 대의를 달성하니 그 명성이 미치지 않는 곳이 없다.

46획 우매격(愚昧格) – 암행심야지상(暗行深夜之象)
육친무덕 가세불안 인연박약

자립하여 성공하기 어렵고 모든 일이 구름에 뜬 것과 같이 허무하니 어두운 밤에 길을 가는 나그네와 같다. 답답함과 수심으로 가득하여 탄식만 거듭할 뿐이다. 또한 질병과 고독으로 단명할 수도 있으니 불행을 암시한다. 비록 포부와 이상이 크다고 한들 의지가 약하고 실천력과 융통성이 부족하니 좋은 결과를 보기 매우 어렵다. 깊은 수심에서 벗어나지 못해 홀로 고독한 여생을 보내게 되니 흉하다.

47획 득세격(得世格) – 일악천금지상(一握千金之象)
대업완성 명예획득 초지일관

영웅이 때를 얻어 권세를 널리 떨치니 하는 일마다 순조롭게 발전한다. 재산이 풍부하고 자손만대까지 번창하니 길하다. 굳은 성품과 온유한 심성을 같이 겸비했으므로 주변 사람들로부터 신망을 얻으며 타고난 지도자적 재능을 발휘한다. 맡은 일은 책임을 완수하고 매사에 성실하고 정직하게 충성을 다하므로 순조로운 발전과 함께 권세와 명예를 함께 얻게 된다.

48획 유덕격(有德格) – 식록유덕지상(食綠有德之象)
세력충천 천하통솔 공명영달

지모와 재능이 가득하여 모든 일이 순조롭게 발전하니 만인의 지도자가 될 수 있다. 한평생을 태평성대하게 보내게 되며 때가 오면 덕으로 세상을 다스리니 백성들이 태평하다. 물고기가 물을 만나 힘차게 헤엄을 치고 있는 격이니 만사가 원하는 대로 이루어지고 실패가 없으며 부부가 화합하고 자손이 번성하게 된다.

49획 흉망격(凶妄格) – 변화성패지상(變化成敗之象)
중도좌절 가산탕진 노년곤고

하나는 이루고 하나는 패하는 격으로 대성하면 실패하고 실패하면 다시 성공하여 길흉이 반복된다. 비록 특출하고 영특한 재능을 발휘하여 자수성가한다 하여도 다시 실패를 맛보게 되니 변화무쌍한 삶을 살게 된다. 심리상태가 불안정하고 자신감이 결여되기 쉬우므로 쉽게 좌절하기도 한다. 주거 이동이 잦고 직업 변동도 잦으므로 하는 일마다 불안정하다.

50획 불행격(不幸格) - 미래혼미지상(未來昏迷之象)
운기쇠퇴 가산탕진 중도좌절

정신이 맑지 못하니 자립이 불가능하고 타인의 도움으로 간혹 성공한다고 해도 풍전등화와 같다. 심신이 허약하고 질병과 재앙으로 단명할 수도 있다. 다른 사람의 도움으로 성공을 거둔다 하여도 뿌리 약한 나무와 같으니 성공이 오래 지속되기는 어렵다. 말년으로 갈수록 고독하고 실패를 거듭하여 급기야는 패가망신하니 불쌍한 생을 보내게 된다.

51획 만성격(晚成格) - 어용득수지상(魚龍得水之象)
일시성공 중도실패 가정파란

처음 어려움이 있다 하더라도 기상이 강건하여 극복해 나가면 대업을 성취하게 되며 편안한 세월을 보내게 된다. 또한 자손의 운도 공명을 떨치게 되고 명예가 세상에 떨치게 된다. 진취적이며 자립심이 강하여 큰 성공을 이룰 수 있으며 준수한 인품을 갖춰 대망을 품고 실천하여 나간다. 지도자의 자질이 풍부하여 세상을 호령하고 부부와 자식까지 번성하게 된다.

52획 능통격(能通格) – 전진형통지상(前進亨通之象)
천하통솔 식록풍부 행로평탄

사물 처리에 능하고 큰 뜻을 품고 자수성가해 나가니 대학자나 정치가를 배출할 수 있다. 선견지명이 있어 큰 일을 도모함에 있어 그 지혜로움을 따를 자가 없으며, 어떤 어려움에 부딪치더라도 절망하는 법이 없이 불굴의 정신으로 이겨낸다. 경영하는 일들은 해가 거듭할수록 성장을 이루니 그 명성이 온 세상에 가득하게 된다.

53획 불화격(不和格) – 불화쟁론지상(不和爭論之象)
허송세월 심신피로 원기부족

겉으로 볼 때는 평온해 보이나 실속이 없는 외화내빈격이다. 의지가 견고하지 못하고 완강한 성질이 있어 목적은 달성하더라도 오래가지 못한다. 생각과 행동이 일치하지 않고 성품이 심약하여 현실과 거리가 먼 이상주의적인 생각에 사로잡혀 되는 일이 없다. 삶의 굴곡이 심하여 부부가 생리사별할 수 있고 질병이나 수술 등으로 불길한 일을 당할 수도 있다.

54획 패망격(敗亡格) – 패가망신지상(敗家亡身之象)
가정불우 중도좌절 환경불우

일시적인 성공은 있을 수 있으나, 모든 일이 헛되게 돌아간다. 운이 나쁘게 흘러 근심과 고난이 끊이지 않으니 패가망신하거나 혹은 질병 등으로 시달릴 수 있다. 지혜가 남다르고 용모가 출중하여 대업을 이룬다 하더라도 모든 것이 일시에 사라지는 격이다. 역경을 피하기 어려우므로 계획하는 일마다 장애가 생기고 근심과 걱정이 끊이지 않는다.

55획 불안격(不安格) – 만사불성지상(萬事不成之象)
육친무덕 심신허약 고독역경

겉으로는 잘 나간 듯 보이지만, 우물 안 개구리식이다. 재화(災禍)가 끊이지 않아 매사 불안정하며 이별의 비애 등이 겹쳐서 온다. 겉보기에는 화려하고 아무런 근심과 걱정이 없이 보여도 실패로 인한 우울증에 시달리고 절망에 빠지기 쉽다. 인내력이 부족하여 역경이 닥치면 쉽게 좌절하고 성급한 결단으로 일시에 무너져버리는 결과를 초래하기 쉽다.

56획 부족격(不足格) - 부족부진지상(不足不振之象)
심신허약 중도실패 조실부모

모든 일에 실행력이 부족하며 진취적인 성향이 약하여 하는 일마다 실패가 거듭된다. 자립정신이 부족한데 일찍이 타향을 떠돌게 되니 많은 고생과 고통을 겪는다. 욕심은 많고 실천력이 약하니 뜬구름 잡기와 같아 하는 일마다 순조롭지 못하니 결국에 병고와 재난으로 패가망신할 수 있다. 의지와 인내력이 부족한 데다 인덕조차 없으니 고난과 고통의 연속이다.

57획 노력격(努力格) - 성취대기지상(成就大起之象)
정신확고 재물권세 사회명망

굳은 의지와 불굴의 정신으로 하는 일마다 형통하니 부귀영화를 누리게 된다. 어려움과 고난이 있더라도 곧 지나가며 이를 극복한 뒤에는 반드시 대업을 도모하게 된다. 꾸준한 노력과 불굴의 정신을 가져 어떤 일이든 자신감을 가지고 임하니 마침내 번영을 이루게 된다. 가정에 만복이 깃들고 부부가 유정하며 자손에게까지 부귀와 영화를 가져오니 좋다.

58획 후복격(後福格) - 우후향화지상(雨後香花之象)
상당지위 재물권세 지혜덕망

파란이 심하여 길흉이 겹쳐 오지만 인내와 노력으로 이를 극복하고 성공하게 된다. 처음에는 고난과 역경으로 고생하지만 인내와 끈기로 극복하게 되니 말년으로 갈수록 그동안 노력한 일들이 아름답게 결실을 맺는다. 대기만성이라 할 수 있다. 처음과 끝이 한결같으니 한 번 맡은 일은 끝까지 책임을 다하므로 결국 행복한 여생을 마치게 된다.

59획 불우격(不遇格) - 매사불우지상(每事不遇之象)
만사실패 평생불만 재앙속출

의지가 박약하고 인내력이 부족하므로 모든 일이 뜻대로 되지 않는다. 재화가 속출해서 역경에 빠지며 가산을 탕진하기도 한다. 가족 간의 인연이 박약하여 도움을 받기는커녕 오히려 불화가 잦아 손실과 파산의 지경에 이르게 된다. 재난이 생겨 극복하면 또 다른 재난이 닥쳐와 더욱 힘들게 되니 아무리 노력을 하여도 결과가 좋지 못하다. 결국 병고에 시달리고 고독하게 생을 마감하니 흉하다.

60획 재화격(災禍格) – 상하동요지상(上下動搖之象)
과대망상   정신박약   노력수포

매사에 계획을 세우지 않고 임하니 하는 일마다 성공하지 못한다. 망망대해에 외로운 쪽배 격이므로 파란이 많아 좋지 않은 일이 연속해서 발생하기도 한다. 어느 한 자리에 안주하지 못하고 이동과 변동이 잦으니 안정감이 없는 삶을 살게 되고 실패를 거듭하게 된다. 한 가지 일이라도 꾸준하게 진행하기 어렵고 가족간의 인연 또한 박하여 일생이 외롭고 고독하다.

61획 영화격(榮華格) – 개화만발지상(開花萬發之象)
재물풍족   다재다능   만인신망

지조가 있고 매사에 결단성이 있다. 재치가 출중하여 큰 뜻을 펼치고 이루게 된다. 신망이 두터워 하고자 하는 일을 성취하게 되니 삶이 안정되고 평안하다. 만인의 사표가 되고 주변의 신망을 얻어 사회적으로 이름을 날리게 된다. 재물과 명예를 모두 함께 얻으니 사업에서 대성을 이룬 뒤 정치계에 진출해도 좋다. 노력한 만큼의 만족스런 결과를 얻을 수 있으니 이보다 더 좋을 수 없다.

62획 막막격(寞寞格) – 일생신고지상(一生辛苦之象)
파란곡절 진로장애 심신허약

운의 흐름이 쇠퇴하여 하는 일마다 성취하지 못하고 사회적 권위와 신용도 타락하여 패가망신할 수 있다. 질병 등으로 어려움을 겪게 되니 흉운의 연속이다. 하는 일마다 실패를 거듭하고 사회적으로도 신망을 얻기 어려우니 심신이 고달프다. 산 너머 산이라 힘겹게 성공을 이루더라도 예기치 못한 재앙이 닥쳐 사면초가에 또 막히게 되니 일생이 답답하고 파란만장하다. 부부가 생리사별할 수 있고 고향을 떠나 고달픈 나날을 겪을 수 있다.

63획 융창격(隆昌格) – 만사발전지상(萬事發展之象)
권세위력 일취월장 지혜덕망

하는 일이 모두 순조로워 목적을 달성하고 명예와 행복을 누리게 된다. 고난이 닥치더라도 인내와 끈기로 이겨내며 노력한 만큼 결실이 풍요롭다. 마음만 먹으면 못 이룰 일이 없다. 기품과 재략이 뛰어나고 부귀와 공명을 함께 얻을 수 있으니 일생동안 행운이 따르게 된다. 사방에 도움을 주기 위해 기다리는 귀인들로 가득하니 삶에 즐거움이 가득하다.

64획 고행격(苦行格) – 매사만운지상(每事滿雲之象)
심신허약　근근연명　고독역경

꽃봉오리가 찬 서리를 만난 격이다. 운의 흐름이 쇠퇴하여 좋은 계획을 세워도 모두 실패하고 패가망신할 수 있다. 재난이 끊이지 않고 질병으로 고생할 수 있으니 흉하다. 의욕만 앞세워 일을 진행하니 일의 시작은 있으나 끝마무리가 어렵다. 무리한 추진력으로 중대사를 그르치니 한평생 굴곡이 심한 생을 살게 된다. 실패가 계속되므로 근심과 질병이 떠날 줄 모르고 재산과 명예의 손실을 겪게 된다.

65획 달성격(達成格) – 순풍항해지상(順風航海之象)
덕망겸비　두뇌명철　처세탁월

해가 하늘에 높이 솟아 비추니 모든 일이 형통한다. 금과 옥이 집에 가득하고 사회적으로 상당한 지위를 누린다. 많은 사람을 거느리고 가문이 번창하니 집안에 수복이 넘친다. 성품이 온화하고 신의와 성실로 주변 사람들의 신망을 받으니 모든 일들이 뜻대로 잘 풀려간다. 재물과 명예가 부족하지 않으며 부부가 유정하고 자손까지 복을 받으니 한평생을 평탄하게 보내게 된다.

66획 망망격(茫茫格) – 진퇴양난지상(進退兩難之象)
조실부모   심신허약   처자상별

어두운 밤에 행인이 등불을 잃은 격이다. 진퇴양난에 빠져 앞날이 암담하니 재화(災禍)가 속출하고 질병과 가정불화 등이 연속된다. 매사에 계획성이 없으므로 착오가 생기고 끝까지 마무리를 못하니 하는 일마다 제대로 진행되는 것이 없다. 부부간 불화가 끊이지 않고 의지가 약하며 스스로 노력하여 극복하고자 하는 자세가 빈약하니 주변의 도움에만 의지하게 된다.

67획 성장격(成長格) – 승승장구지상(乘勝長驅之象)
계획치밀   부귀안락   정신확고

모든 어려움을 극복하고 하고자 하는 일을 성취해내니 순조롭게 발전한다. 하늘의 행운도 따라 집안이 번창하고 부귀와 행복이 가능하니 길하다. 지와 덕을 겸비하여 하는 일마다 순조로운 발전을 이루니 만사형통한다. 주변의 신망까지 얻어 하는 일들이 대성을 이루니 풍성한 재물로 일평생 부귀영화를 누리게 된다.

68획 발명격(發明格) – 명실상부지상(名實相符之象)
의지관철 대업완수 자력성취

사물에 대한 창의적 생각이 강하니 창작과 발명 등에서 대성을 이룬다. 하는 일에 독창적 생각을 가해 노력을 다하니 집안에 행복이 가득하다. 무에서 유를 만들어내는 능력이 우수하고 실속 있게 일을 처리해 나가니 주변으로부터 인정을 받는다. 건실하고 근면하여 노력하는 일마다 거듭 성공을 이루니 부귀영화가 따르고 가정이 안정되며 천하에 부러울 것이 없다.

69획 궁박격(窮迫格) – 고목풍운지상(枯木風雲之象)
역경방황 고독병고 가산탕진

시작은 그럴 듯하지만 점차 운이 쇠퇴하여 모든 일이 불안하게 마무리된다. 상하좌우에 인덕이 없어 의지할 곳이 없다. 부부가 화합하지 못하고 가족이 다투니 뿔뿔이 흩어져 고독한 삶을 살다가 질병 등으로 고생하게 된다. 마음이 항상 불안하고 근심이 끊이지 않으며 우유부단하여 제대로 일을 처리할 능력이 없다.

70획 공허격(空虛格) – 폐질단명지상(廢疾短命之象)
도처악재 진로장애 재능박약

매사에 자신감이 결여되어 있고 주변에 늘 걱정거리가 생긴다. 부부도 악연을 만나니 서로 원수와 같다. 계획하는 일마다 제대로 진행되는 일이 없으니 삶의 과정과 끝이 좋지 못하다. 사방을 둘러보아도 적막할 뿐 한숨이 그칠 날이 없다. 조상덕이 없으며 부모 형제와의 인연도 박하니 일찍부터 객지에서 떠돌아다니면서 고생하게 된다.

71획 견실격(堅實格) – 선고후감지상(先苦後甘之象)
만사통찰 근면성실 인내성공

착실한 성품에 용모가 준수하고 사교적이다. 사회적으로 덕망과 능력을 인정받아 출세를 한다. 가정에서도 모범을 보이며 다복하고 부부애가 가득하니 만인의 부러움과 존경을 한 몸에 받는다. 비록 선천운이 빈약하여 초년에 역경을 겪을 수 있으나 능히 극복해내고 자수성가하여 대업을 이룬다. 말년을 향할수록 만사가 대길하는 운의 흐름이다.

72획 상반격(相半格) – 길흉상반지상(吉凶相半之象)

성패반반   자손영달   지체발전

밖으로는 행복한 듯하지만 내부적으로 불행하고, 처음에는 부유했다가 후에 가난하게 되니 길흉이 반반이다. 무난하고 소탈한 보통사람으로 살아가는 경우도 있다. 초반에는 뜻하는 대로 일이 진행이 되어 순탄하지만 중반 이후부터 돌발적인 사고와 재난으로 부와 명예가 한순간에 날아가는 일이 생기기도 한다.

73획 평범격(平凡格) – 행복길상지상(幸福吉祥之象)

백화만발   인격고매   안과태평

실천력과 인내력이 부족하여 하는 일을 이루더라도 끝까지 지켜내지 못할 수가 있다. 작은 행복과 무난한 삶을 추구하는 것이 좋다. 비록 지혜와 용기와 결단력이 부족하더라도 과도한 욕심을 부리지 않는다면 무난하고 평탄한 삶을 살 수 있다. 자신의 능력을 벗어난 일을 한다면 패가망신하고 형액을 면하기 어려우니 자숙하고 자족하는 마음을 가져야 한다.

74획 파괴격(破壞格) - 일생신고지상(一生辛苦之象)
인덕부족 내외불화 독좌탄식

재주가 다방면으로 풍부하지만 부침과 동요가 많다. 이것저것 하다 보니 재능이 사멸되고 하는 일에 실패가 많다. 뜻하지 않는 불의의 재액과 사고로 뜻을 펴보지 못하고 한평생 무위도식하기도 한다. 지모가 부족하고 하는 일마다 무계획 속에서 즉흥적으로 진행이 되니 실패의 연속이다. 지출이 과다하니 일생을 빈천하게 살게 된다.

75획 안길격(安吉格) - 개문복래지상(開門福來之象)
만사형통 다재다능 선견지명

타고난 심성이 온유하고 지적이며 냉철한 사고력을 겸비하고 있다. 하는 일을 능수능란하게 처리하니 대성하고 만인의 신망을 얻는다. 적극적이고 큰 것을 추구하기보다는 소극적이지만 실속을 차리며 신중한 삶을 살게 된다. 사회적으로 안정되고 가정도 다정다감하게 꾸려가니 백년해로할 수 있다. 분수를 지킬 줄 알고 끊임없이 자신을 성찰하는 자세로 사니 하는 일마다 순조롭다.

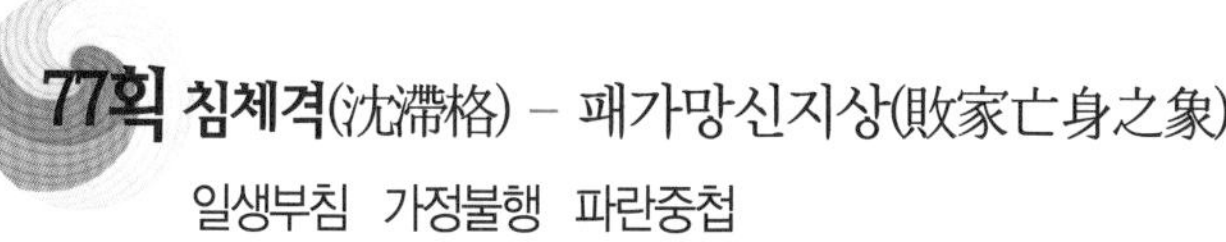

76획 후길격(後吉格) - 선흉후길지상(先凶後吉之象)

위력결핍 가족상별 재화연속

물려받는 유산이 없고 육친이 무덕하니 빈손으로 세상을 살아간다. 초년에는 곤궁하고 좌절을 피할 수 없지만 끈기 있는 노력으로 극복하여 말년으로 갈수록 하는 일이 발전하고 금전운도 상승하여 대·내외적으로 안정 속에 복록을 누리게 된다. 집안도 번창하고 부부와 가족도 화목하고 편안하니 선흉후길(先凶後吉)하다.

77획 침체격(沈滯格) - 패가망신지상(敗家亡身之象)

일생부침 가정불행 파란중첩

초년에는 고생하지만 점차 발전하는 상이다. 치밀한 계산력과 판단력으로 꾸준히 노력하는 자세를 인정받고 하는 일마다 귀인의 도움이 그치지 않는다. 위기가 오더라도 지혜롭게 극복하여 큰 성공을 거둔다. 중년부터는 순조로운 운이 연속되어 뜻한 바를 성취하고 부귀하고 효성이 지극한 자손을 두며 부부는 백년해로하게 된다.

78획 무력격(無力格) - 공성후퇴지상(攻成後退之象)

근난역경 고독단명 제사불성

초년에는 타고난 재능으로 성공을 이루고 재물과 명예를 얻겠으나 중반으로 갈수록 운이 쇠퇴한다. 중년에 곤란한 일을 당하게 되니 심신이 고달프다. 재치가 있고 성품이 섬세하여 주변에 따르는 사람은 많지만 도움을 줄만 한 귀인이 없어 힘들다. 꾸준히 실천하지 않으니 목적달성이 쉽지 않고 금전적 고충과 인간적 갈등을 겪게 된다. 이별수는 없지만 부부간에 사이가 좋지 않고 자손덕도 적다.

79획 불신격(不伸格) - 궁극불신지상(窮極不伸之象)

육친무덕 중도좌절 분리파괴

행운이 따르지 않아 뜻을 이루지 못하고 도중에 좌절한다. 질병 등으로 단명하기도 한다. 의지가 약하여 자립이 힘들며 병고가 있어 제대로 활동을 하지 못한다. 아무리 노력을 하여도 이익보다는 손실이 크니 결과가 불만족스럽다. 하는 일마다 퇴보하고 경제적 고충을 겪게 된다. 부부운마저 불길해 생리사별이 있게 되니 흉하다.

80획 종말격(終末格) – 구사일생지상(九死一生之象)
의지박약 육친무덕 일생부침

일생동안 고난이 끊이지 않으니 애써 노력을 해도 좋은 결실을 맺기 어렵다. 생각이 좁고 고집이 강해 타인과 융화하기 어렵다. 운세마저 밝은 태양에 먹구름이 끼는 형상이니 뜻하는 일이 제대로 이루어지지 않는다. 인덕과 금전 복이 없으니 자신의 분수를 지키고 과욕을 삼가면 재물이 풍족하지 못하더라도 행복한 삶을 영위할 수 있을 것이다.

81획 환희격(還喜格) – 청룡등룡지상(青龍登龍之象)
지략출중 재덕겸비 만사형통

마지막에 나오는 수로, 시작하면 크게 성공을 이룰 수 있다. 운의 흐름이 왕성하여 매사에 경사가 따른다. 명예를 실추했다 하더라도 곧 회복할 수 있고 새롭게 시작한 일들도 좋은 결과를 가져온다. 주변 사람들로부터 인정을 받으며 인내와 끈기로 성공을 이룬다. 화를 복으로 바꾸는 칠전팔기의 불굴의 정신을 가지고 있다.

그럼 81수리사격의 표와 자세한 내용을 참고로 앞에서 살펴보았던 **신동엽**(申東燁)이라는 이름으로 수리사격의 길흉을 살펴볼까요?

원격	東(8획) + 燁(16획) = 24획
형격	申(5획) + 東(8획) = 13획
이격	申(5획) + 燁(16획) = 21획
정격	申(5획) + 東(8획) + 燁(16획) = 29획

신동엽 이름의 원형이정은 순서대로 24획〉13획〉21획〉29획으로 구성되어 있습니다. 81수리사격 표〔88-89쪽〕에서 길흉 관계를 찾아보면 출세격〉총명격〉자립격〉성공격으로 모두 길한 격으로 나오는 것을 확인할 수 있습니다.

추가적으로 **서장훈**(徐章勳)이라는 이름으로 수리사격의 길흉을 살펴보겠습니다.

원격	章(11획) + 勳(16획) = 27획
형격	徐(10획) + 章(11획) = 21획
이격	徐(10획) + 勳(16획) = 26획
정격	徐(10획) + 章(11획) + 勳(16획) = 37획

서장훈 이름의 원형이정은 순서대로 27획〉21획〉26획〉37획으로 구성되어 있습니다. 81수리사격 표에서 길흉 관계를 찾아보면 **중단격**〉두령격〉미운격〉태공격으로 길흉이 공존하는 것을 확인할 수 있습니다.

독자 여러분들도 자신의 한자를 위와 같은 방식으로 찾아서 길흉 관계를 살펴보세요.

3 한자 부수에 따른 자원오행론

성명학에서의 자원오행이란 성과 이름의 한자 자체가 지니고 있는 의미로 오행을 구분하는 것을 말합니다. 한자의 부수(部首)를 살펴보면 각각 고유한 성향이 드러나는데, 아래의 예시처럼 오행으로 구분해 놓은 것이라고 보면 되겠습니다.

목 : 木, 禾, 衣, 草, 手, 絲 등
화 : 火, 日, 心, 人, 見 등
토 : 土, 女, 足, 邑, 辶, 老 등
금 : 金, 玉, 貝, 石, 刀 등
수 : 水, 肉, 口, 雨 등

성명학에서 자원오행을 설명하기 위해서는 일단 모든 한자를 목화토금수로 구분해야 합니다. 그리고 나서 만들어진 이름의 길흉을 판단하기 위해서 그 이름의 주인공인 사주가 있어야 하는데, 성명학에서는 사주의 부족한 오행을 채워주는 한자를 사용한 이름이 좋은 이름이라고 봅니다. 물론 발음과 한자 획수도 참고를 해야 합니다.

예를 들어 **김명성**(金明星)이라는 이름을 쓰는 사람이 두 명 있는데 우연히 한자까지 같다고 가정해 봅시다. 그런데 어떤 김명성은 승승장구하는 삶을 사는데 다른 김명성은 정반대의 삶을 살고 있다면 독자분들은 이 상황을 어떻게 이해하실까요?

동명이인이라도 그 이름의 길흉이 다르게 나타났다면 바로 성명학에서의 오행론이 다르게 나타난 결과일 것입니다. 일단 '김명성'이라는 이름의 한자가 '金明星'으로 표기된 경우 우리는 한자에서 이름의 기운이 오행상 '화'가 강한 것을 알 수 있습니다.

즉, 같은 '金明星'이라는 동일한 한자를 사용한 동명이인이라도 무더위가 기승인 여름에 태어난 사람이 있고, 매서운 추위가 기승인 겨울에 태어난 사람이 있다고 가정하면 어떤 사람에게 '金明星'이라는 이름이 어울리고 좋은 결과가 나올 것이라는 추측은 쉽게 가능할 것입니다.

동명이인이라도 사주의 구성에 따라서 길흉이 얼마든지 다르게 전개될 수 있으며, 사주가 다르면 비록 같은 발음의 이름이라도 한자는 다르게 표기되어야 한다는 것이 자원오행론의 핵심인 것입니다.

그럼 여기서 자원오행론의 핵심인 사주와 성명학의 관계성을 살펴보겠습니다.

사주는 말 그대로 생년월일시를 하나의 기둥으로 표기한 것을 말합니다. 그 기둥은 각각 10개의 천간과 12개의 지지가 서로 결합된 60갑자로 다시 표기되는데, 여기서 60갑자는 각각의 오행으로 다시 분류가 됩니다.

이미 2장에서 천간과 지지에 관해 개괄적인 설명〔40-42쪽 참조〕을 했었는데요. 다시 복습의 의미에서 점검하면 천간은 甲·乙·丙·丁·戊·己·庚·辛·壬·癸 10종류로 구성되어 있습니다. 이를 다시 오행으로 분류하면 甲·乙은 목, 丙·丁은 화, 戊·己는 토, 庚·辛은 금, 壬·癸는 수로 나눌 수 있습니다.

독자 여러분의 이해를 돕기 위해 10천간의 특징을 형상과 물상으로 정리하면 아래와 같습니다.

甲	陽木	하늘로 솟구치는 형상, 大林木, 가로수, 기둥
乙	陰木	넝쿨로 굽이치는 형상, 화초, 넝쿨 식물, 채소
丙	陽火	하늘이 빛과 열로 만물을 감싸는 형상, 태양, 전기, 방사선
丁	陰火	태양에 의해서 발생되는 모든 화기, 촛불, 등대, 전열기
戊	陽土	만물이 무성하게 자라는 형상, 성곽, 축대, 언덕, 제방
己	陰土	만물이 성숙한 형상, 전답, 정원, 잔디밭, 사토
庚	陽金	만물이 열매를 맺는 형상, 기계, 중장비, 금속, 원석
辛	陰金	열매, 씨앗으로 변한 형상, 금, 은, 다듬어진 금속제품
壬	陽水	새로운 생명으로 잉태한 상, 종자, 정자, 난자, 강물, 호수
癸	陰水	잉태한 생명이 남녀를 구분하는 상, 시냇물, 雨露, 샘물

또한 지지는 子·丑·寅·卯·辰·巳·午·未·申·酉·戌·亥 12종류로 구성되어 있는데 지지의 오행을 덧붙여 분류하면 寅·卯는 목, 巳·午는 화, 辰未戌丑은 토, 申·酉는 금, 亥·子는 수로 나눌 수 있습니다.

사주를 위에서 살펴본 천간과 지지의 오행으로 분석하면 비교적 오행의 균형과 조화가 있는 경우가 있지만, 오행이 한쪽으로 치우치거나 아예 없는 오행도 발생하는 경우가 있습니다.

우리가 말하는 좋은 사주란 다섯 가지 오행이 균형, 즉 중화를 이룬 사주를 말하는데요. 그런 사주는 생각보다 많지 않고, 어느 오행이 많거나 부족하게 되는 경우가 대다수인 것이 현실입니다. 이런 사주의 부족한 기운을 최대한 보완하여 그 기운을 중화시키기 위한 것이 자원오행 성명학이 추구하고자 하는 것입니다.

일반적으로 사람의 이름은 생명이 태어남과 동시에 만들어집니다. 엄마의 뱃속에서 아직 출산이 이루어지지 않은 경우라면 '행복이' '기쁨이' 등의 태명(胎名)이 만들어져 불리기도 하지만 이것은 어디까지나 태명일 뿐 공식적인 이름은 아닌 것입니다. 어쨌든 출산이 이루어졌다는 것은 한 생명이 태어난 것이고, 이 생명체에게 가장 어울릴 만한 그리고 행복을 불러올 것 같은 이름을 부여하기 위해 부모들은 고민하기 시작합니다.

과거에 이름이 집안에서 항렬을 따라 개체를 구분하기 위한 수단이었다면, 오늘날의 이름에 대한 인식은 아기의 이름이 인생에 많은 영향을 미칠 수 있다고 생각하여 전문 작명업체에게 의뢰를 하던지 아니면 부모들이 심혈을 기울여서 좋은 발음과 한자를 찾게 되는 것입니다.

그렇다면 좋은 발음과 한자의 선택 기준을 어디서 잡아야 할까요? 성명학에서는 그 기준을 사람의 생년월일시, 즉 사주에서 잡고 있습니다. 즉, 사주의 구성이 되는 순간 작명이 이루어지는 것입니다.

성명학에서 추구하는 이름은 사주의 주인공이 앞으로 수많은 세월 속에서 부족함 없이 편안하고 행복한 삶을 살도록 하는데 그 목적이 있습니다. 그래서 사주에서의 오행이 많고 적음을 파악하고, 오행의

중화를 꾀하기 위하여 어떤 발음과 한자를 선택할 것인지 고민하게
되는 것입니다. 따라서 사주의 정확한 해석이 선행되어야 그에 맞는
좋은 이름이 탄생하게 되는 것입니다.

성명학에서 말하는 이름은 사주에서 필요로 하는 기(氣)를 보충하
는 글자를 선택하여 상호작용을 했을 때 비로소 길한 이름이라고 합
니다. 그런 면에서 자원오행은 한자의 본질적인 속성을 가장 잘 나타
내는 것입니다.

성명학에서 활용되어 온 자원오행의 근본적인 취지가 출생정보에
따른 에너지의 부족한 기운을 보완하는 취지라면, 작명 시에 자원오
행을 적용하는 것은 성명학의 활용에 있어 흉함을 떨쳐내고 길함을
선택하고자 하는 최선의 방법일 것입니다.

흠이는베추을형천

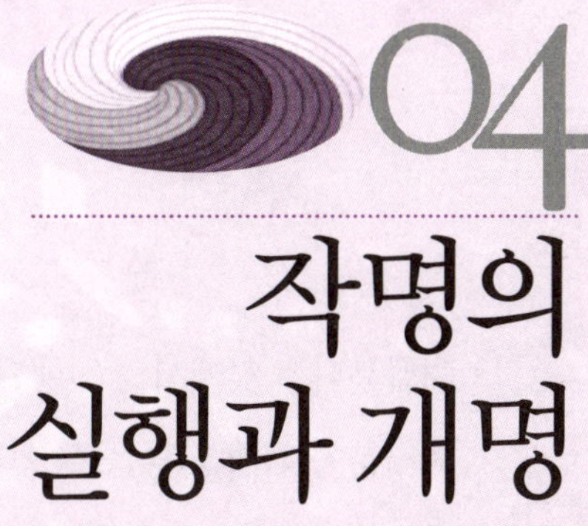

04

작명의
실행과 개명

_작명의 실행
_개명

지금부터는 앞에서의 선행된 지식을 바탕으로 독자 여러분이 직접 작명을 실행하는 단계로 넘어가고자 합니다. 그 순서는 신생아부터 아호나 예명, 법인 (회사)명, 상호명, 단체명으로 해봅니다.

작명의 실행

1 신생아

사랑하는 아가의 탄생은 많은 사람들에게 행복을 선사합니다. 그리고 아가는 곧 자신의 이름을 부여받게 됩니다. 이름이 어떻게 만들어지는지 일반적인 과정은 이미 앞에서 설명을 했으니 그 순서에 따라 사랑하는 아가의 이름을 만들어보겠습니다.

사례의 주인공은 2001년 1월 1일 0시 1분에 태어난 남자이며, 성씨는 이씨로 가정하겠습니다. 2001년 1월 1일 0시 1분에 태어난 이씨 성을 가진 남자의 사주는 아래와 같습니다.

時	日	月	年
甲	甲	戊	庚
子	子	子	辰

일단 위 사주의 오행을 분석해 보면 오행상 목:2, 화:없음, 토:1, 금:1, 수:3 이렇게 표면적으로 파악할 수 있습니다. 명리학 지식이 있는 분이라면 실제 오행에서 수의 기운은 3개이지만 실질적으로 그 기세는 겨울이라는 계절에 더해져서 엄청 강한 것을 알 수 있는데요. 어쨌든 여기서 오행상 가장 강한 것은 水이고, 가장 부족한 오행은 火라는 것을 파악할 수 있습니다.

첫 번째로 이씨 성을 가진 경우, 상생의 발음을 아래의 도표를 참조하여 먼저 구해야 합니다.

오행	한글 자음	음성
목(木)	ㄱ, ㅋ	牙音(어금닛소리)
화(火)	ㄴ, ㄷ, ㄹ, ㅌ	舌音(혓소리)
토(土)	ㅇ, ㅎ	喉音(목구멍소리)
금(金)	ㅅ, ㅈ, ㅊ	齒音(잇소리)
수(水)	ㅁ, ㅂ, ㅍ	脣音(입술소리)

이씨 성은 오행상 토이므로, 토의 상생 발음은 화나 금 중에서 1차 선택을 하고 그 후에는 1차 선택한 오행에서 다시 상생의 발음으로 가면 됩니다. 다음의 상생 도표를 참조하시면 이해가 쉽겠죠.

오행	상극의 구조
목(木)	목목화, 목화목, 목화화, 목화토, 목목수, 목수금, 목수수 등
화(火)	화화토, 화목화, 화목목, 화목수, 화토금, 화토토, 화화토 등
토(土)	토토금, 토금토, 토금금, 토금수, 토화토, 토화화, 토화목 등
금(金)	금금수, 금수금, 금수수, 금수목, 금토금, 금토토, 금토화 등
수(水)	수수목, 수목수, 수목목, 수수금, 수금수, 수목화, 수목목 등

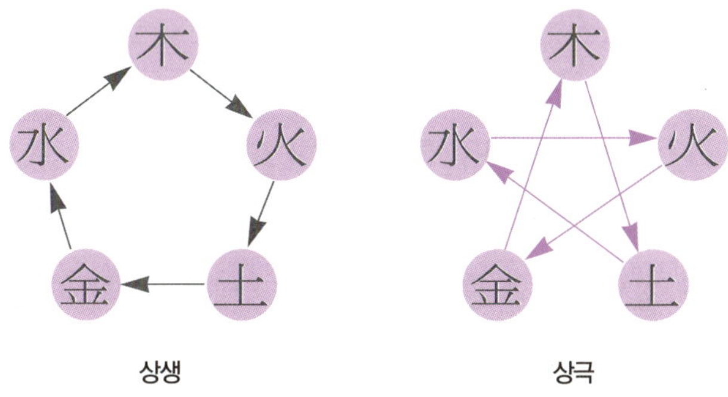

그래서 이씨 성에 따른 오행상의 이름을 시대의 흐름과 세련된 발음으로 "이태윤, 이석현, 이하준" 3개 정도를 후보로 올려봅니다.

그다음은 발음에 따른 한자 획수를 원형이정 수리사격에 맞춰야 합니다.

이씨 성에 따른 수리사격은 다음의 한자 획수를 따라야 길한 이름이 되므로 이 획수에 맞는 한자를 찾습니다. 대표적으로 사용되는 조합의 경우는 다음과 같습니다.

성	이름	이름
7	4	4 14
7	6	10 11 18
7	8	8 9 10 16 17 24
7	9	8 16 22
7	10	6 8 14 22
7	11	6 14
7	14	4 10 11 17 18
7	16	8 9 16 22
7	17	8 14 24

마지막으로 오행상 사주에서 부족한 화와 강한 수기를 통제하는 토의 기운이 들어가는 한자를 위 획수에 맞는 것으로 찾으면 됩니다.

이태윤의 경우라면 李態允의 한자를 선택하면 발음상 토화토이고, 한자 획수는 7 14 4이며, 자원오행은 **목화토**에 해당되어 사주에서 부족한 오행을 충분히 잘 보완한 경우라고 보여집니다.

나머지 '이석현', '이하준' 이름도 '이태윤'의 경우처럼 순서를 따라 하면 됩니다. 만약 이태윤을 포함한 이석현, 이하준 이름에서 한자 획수가 수리사격에 맞지 않거나, 사주에서 부족한 오행을 보완하지 못하면 그 이름은 다른 발음으로 처음부터 다시 시작해야 합니다.

위와 같이 실제 사주를 감안하여 신생아 이름을 만들어봤는데요. 지금부터는 신생아 이름을 지을 때 고려할 사항 등에 대해 말씀드려볼게요.

<u>첫째</u> **당연히 정확한 생년월일시간과 남녀 성별이 필요합니다.**

요즘은 거의 모든 출생이 산부인과에서 이루어지기 때문에 출생시간의 정보는 어렵지 않게 구합니다. 그러나 과거 시계가 가정에 보급되지 않거나, 출산이 병원이 아닌 자택에서 이루어지는 경우에는 특히 태어난 시간이 애매하거나 아예 기억을 못하는 경우도 있었는데요. 이렇게 되면 사주의 정보를 제대로 얻기 어렵기 때문에 사주에 따른 작명은 기대하기 어렵습니다.

여기서 잠깐 태어난 시간이 밤 11시 31분부터 다음날 1시 30분에 태어난 자시는 야자시와 조자시로 구분하기도 하기 때문에 주의를 하셔야 합니다. [18]

둘째 **출생한 자녀의 서열이 필요합니다.**

자녀의 서열이 필요한 이유는 성명학에서는 서열에 맞는 한자가 따로 정해져 있기 때문인데요. 예를 들어 서열상 맏이에게는 일(一), 대(大), 태(太), 선(先), 장(長) 등의 한자를 써도 됩니다. 그러나 만약 이런 부류의 한자를 맏이가 아닌 둘째 이하에서 사용하게 되면 맏이의 기운을 막거나, 그 이름을 쓰는 당사자가 맏이 역할을 하게 되는 경우가 많습니다. 또한 맏이에게 중(中), 중(仲), 후(後) 등의 한자를 써도 이름에서의 기운으로 인해 맏이의 역할을 못하는 경우가 많습니다.

---

18) 야자시는 밤 11시 31분부터 밤 0시 30분까지를 일진은 바꾸지 않고 시간만 다음날 일진의 자시로 연이어 쓰는 것을 말하고, 조자시는 0시 31분부터 새벽 1시 30분까지 태어난 사람은 일진을 바꾸어 쓴다는 이론입니다. 필자는 야자시와 조자시를 따로 구분하지 않고 밤 11시 31분부터 이미 새로운 날이 시작되었다고 봅니다.

맏이와 둘째 이하의 자녀에게 적합한 한자를 정리하면 다음과 같습니다.

서열에 적합한 한자	
첫째 자녀	한 **일**(一) 으뜸 **원**(元) 높을 **고**(高) 큰 **대**(大) 클 **태**(太) 동녘 **동**(東) 클 **장**(長) 하늘 **천**(天) 먼저 **선**(先) 첫째 **갑**(甲) 맏 **맹**(孟) 맏 **백**(伯) 등
둘째 자녀 이하	아우 **제**(第) 가운데 **중**(中) 버금 **중**(仲) 뒤 **후**(後) 버금 **차**(次) 작을 **소**(小) 적을 **소**(少) 아래 **하**(下) 막내 **계**(季) 두 **재**(再) 등

셋째 성명학에서 쓰지 않는 불용(不用)한자인지 살펴봐야 합니다.

현재 대법원에서는 9398자의 한자를 성명학에서 쓸 수 있다고 공표를 하였습니다. 그러나 이름에서 쓰기에는 한자의 의미가 너무 불길하여 실제 작명을 할 때 기피하는 한자가 있는데 이를 불용문자 또는 불용한자라고 합니다.

불용문자는 대개 자연을 연상시키는 한자, 숫자적 의미가 내포된 한자, 동식물을 연상시키는 한자, 너무 화려하거나 신비스러운 의미의 한자, 한자 의미 자체가 불길함을 연상시키는 한자 등입니다.

이름에 사용하면 안 되는 불용한자는 05 성명학 사전〔204-209쪽〕에 정리해 놓았으니 참고하시기 바랍니다.

대법원에서 지정한 인명용 한자라고 하더라도 뜻이 흉(凶)한 한자나 불렀을 때 음이 좋지 않은 글자는 피하는 것이 좋습니다. 사용하지 말아야 할 불용한자는 세 가지 유형이 있는데요.

첫째 한자의 뜻이 나쁘고 흉한 경우입니다.

둘째 한자의 뜻은 나쁘지 않으나 이름자로 사용하면 흉(凶)하다고 생각되는 글자들입니다.

셋째 곤충이나 짐승·동물 이름이나 사람의 인체에 해당하는 글자 등입니다.

그 밖에 헷갈리거나 착각하기 쉬운 글자도 피하는 것이 좋습니다.

❶ 자(字)의 뜻이 너무 원대하고 흉한 한자
- 상할 상(傷), 희롱할 희(戲)
- 복(福)자의 경우, 타고난 운명에 복이 많을 때는 무방하나 그렇지 않을 때는 오히려 복을 해친다고 본다.
- 수(壽)자의 경우, 글자의 의미와는 반대로 단명할 암시가 있다고 한다.

❷ 발음과 뜻의 구별이 헷갈리는 한자
見(현) - 見(견), 龍(용) - 龍(룡)
예 鄭見浩 정견호로 사용하면 정현호로 헷갈림
예 金竟龍 김경룡으로 사용하면 김경용으로 헷갈림

❸ 사람의 신체 명칭에 해당되는 한자

이수지(李手指) – 손 수(手), 손가락 지(指)

❹ 두 가지 음으로 읽히는 한자

김(金) – 금(金), 차(車) – 거(車)

📕 李車星 이거성 & 이차성

❺ 곤충이나 날짐승, 동물의 명에 해당되는 한자

김성조(金性鳥) – 새 조(鳥)

김마석(金馬析) – 말 마(馬), 쪼갤 석(析)

❻ 10수로 가득 차는 수의 글자는 피한다

十, 百, 千, 萬, 億, 兆 등

❼ 짐승이나 식물을 뜻하는 글자는 피한다

개 견(犬), 두루미 학(鶴), 돼지 돈(豚), 뱀 사(蛇), 용 용(龍),

거북 귀(龜), 소나무 송(松), 매화나무 매(梅), 난초 란(蘭),

국화 국(菊), 대나무 죽(竹) 등

❽ 불길한 의미를 연상시킬 수 있는 글자는 피한다

이슬 로(露), 서리 상(霜) 등의 글자는 이슬과 서리와 같이 존재하
는 시간이 매우 짧기 때문에 꺼린다.

❾ 정신세계의 높은 경지를 의미하는 글자는 피한다

佛, 神, 尊 등

❿ 뜻이 불길한 글자는 피한다

오줌 뇨(尿), 독 독(毒), 더러울 오(汚), 죽을 사(死), 병 병(病),
약할 약(弱), 슬플 애(哀), 망할 망(亡), 깨뜨릴 패(敗),
깨질 파(破), 범할 간(奸) 등

⓫ 성과 상명자, 하명자 전부 다 양쪽으로 갈라지는 글자는 피하는 것이 좋다

林, 順, 好, 任 등

⓬ 천간 지지에 해당하는 글자는 피한다

십천간 甲乙丙丁戊己庚辛壬癸와 십이지지 子丑寅卯辰巳午未申
酉戌亥 등은 사용하지 않는데, 이 글자는 귀신이 붙어 다니는 글
자라 하여 영동(靈動)하는 위력이 대단하여 함부로 사용하지 말아
야 한다는 것이다.

⓭ 사주의 일주에 따라 피해야 하는 한자

일주(日柱)의 지지와 충극(沖剋)을 일으키는 한자는 가급적 피하
는 것이 좋다. 물론 사주 구성을 자세히 살펴 고려해야 할 것이다.

- 사주의 일지(日支)가 子인 경우...午, 昨, 픔 등은 子午沖의 영향
  이 미치므로 사용하지 않는 것이 좋다.
- 사주의 일지(日支)가 丑인 경우...未, 美, 味 등은 피해야 한다.
- 사주의 일지(日支)가 寅인 경우...申, 信, 愼 등은 피해야 한다.
- 사주의 일지(日支)가 卯인 경우...酉, 由, 幼 등은 피해야 한다.
- 사주의 일지(日支)가 辰인 경우...戌, 術, 述 등은 피해야 한다.

- 사주의 일지(日支)가 巳인 경우...亥, 海, 諧 등은 피해야 한다.

- 사주의 일지(日支)가 午인 경우...子, 者, 字 등은 피해야 한다.

- 사주의 일지(日支)가 未인 경우...丑, 畜, 祝 등은 피해야 한다.

- 사주의 일지(日支)가 申인 경우...寅, 仁, 引 등은 피해야 한다.

- 사주의 일지(日支)가 酉인 경우...卯, 妙, 苗 등은 피해야 한다.

- 사주의 일지(日支)가 戌인 경우...辰, 眞, 鎭 등은 피해야 한다.

- 사주의 일지(日支)가 亥인 경우...巳, 士, 師 등은 피해야 한다.

또한 불용문자와는 달리 작명책에는 명확한 근거는 없으나 가능하면 사용하지 않았으면 좋겠다고 추천한 한자들이 있습니다. 대개 좋은 뜻을 가진 글자들이 많지만 과거 기생 등의 이름에 많이 사용되었기 때문으로 추정되는데요. 그러나 어떤 근거도 없고 현대에는 많은 사람들이 이름에 사용하고 있습니다. 아래에 정리해 놓았으니 참고만 하면 됩니다.

ㄱ	可(가) 强(강) 乾(건) 犬(견) 久(구) 甲(갑) 慶(경) 光(광) 國(국) 貴(귀) 琴(금) 錦(금) 龜(구) 菊(국) 吉(길) 君(군) 斤(근) 金(금)
ㄴ	女(녀) 年(년) 男(남) 南(남)
ㄷ	德(덕) 冬(동) 乭(돌) 童(동) 桃(도) 東(동)
ㄹ	露(로) 鹿(록) 立(립) 蘭(란) 龍(룡) 了(료)
ㅁ	未(미) 明(명) 美(미) 馬(마) 梅(매) 滿(만) 卯(묘) 文(문)
ㅂ	培(배) 福(복) 分(분) 富(부) 鳳(봉) 粉(분) 佛(불) 飛(비)
ㅅ	四(사) 絲(사) 山(산) 上(상) 霜(상) 仙(선) 雪(설) 星(성) 笑(소) 松(송) 壽(수) 淑(숙) 順(순) 勝(승) 新(신) 實(실) 石(석) 心(심) 申(신) 市(시) 時(시) 巳(사) 信(신) 常(상) 盛(성) 成(성) 昭(소)

ㅇ	午(오) 玉(옥) 王(왕) 雨(우) 愛(애) 榮(영) 禮(예) 完(완) 龍(용) 雲(운) 月(월) 銀(은) 伊(이) 寅(인) 仁(인) 日(일) 一(일) 安(안) 羊(양) 勇(용) 元(원) 猿(원) 孺(유) 酉(유) 留(유) 義(의) 益(익)
ㅈ	地(지) 眞(진) 子(자) 長(장) 貞(정) 晶(정) 竹(죽) 珍(진) 點(점) 枝(지) 重(중) 精(정) 政(정) 芝(지) 鳥(조) 辰(진) 進(진)
ㅊ	天(천) 丑(축) 治(치) 千(천) 秋(추) 鐵(철) 忠(충) 草(초) 川(천) 春(춘) 初(초) 出(출) 翠(취) 七(칠) 淸(청)
ㅌ	泰(태) 態(태)
ㅍ	平(평) 風(풍) 豊(풍)
ㅎ	好(호) 喜(희) 姬(희) 亥(해) 行(행) 夏(하) 鶴(학) 孝(효) 幸(행) 香(향) 玄(현) 皇(황) 海(해) 虎(호) 紅(홍)

이상에서 살펴본 바와 같이 그 많은 글자 중에서 부르기 어렵다거나, 같은 글자가 다르게 읽힌다든가, 동물 이름에 해당한다든가, 뜻이 좋지 않은 한자를 굳이 이름에 쓸 필요는 없다고 봅니다.

그렇다고 특별한 의미도 없이 불용한자나 불길한자 등으로 정해 그 글자가 들어간 이름은 나쁘다고 하면서 개명을 요구하는 것은 있을 수 없는 일인데요. 위 표에 나온 불길한자를 사용하는 유명인들을 살펴보면 다음과 같습니다.

● **이완구**(李完九)

불길한자 완(完)이 있음에도 국회의원과 국무총리를 지냈습니다.

● **이명박**(李明博)

불길한자 명(明)이 있음에도 국회의원, 서울시장, 대통령을 지냈습니다.

● **반기문**(潘基文)

이름 중에 불길한자 문(文)이 들어 있음에도 유엔사무총장을 역임하였습니다.

● **김덕룡**(金德龍)

덕(德)과 룡(龍)이 불길한자임에도, 5선의 국회의원을 지냈습니다.

넷째 돌림자(항렬자)를 사용할지 결정해야 합니다.

돌림자는 항렬자라고 해서 집안 대대로 내려오는 이름에서의 한자를 쓰는 순서를 정해 놓은 것인데요. 이를 통해 자신이 어떤 집안의 몇 대 자손인지를 알 수 있습니다. 돌림자는 대개 木火土金水의 원칙을 따르거나[19] 甲·乙·丙·丁·戊·己·庚·辛·壬·癸의 천간[20], 子·丑·寅·卯·辰·巳·午·未·申·酉·戌·亥의 지지[21]를 순서로 정하는 경우가 많습니다.

최근에는 사용빈도가 많이 줄어들고 있지만 간혹 유교사상이 강한 집안에서는 꼭 돌림자를 쓸 것을 요구하는 경우도 있습니다. 다만 작명가의 입장에서는 고객이 돌림자를 마냥 원하는 경우 대부분 작명의 원칙에 어긋나기 때문에 돌림자를 활용한 이름을 지어주면서 별도로 사주에 맞는 이름을 함께 만들어주기도 합니다.

---

[19] 경주 김씨는 목화토금수의 돌림자를 사용한다고 하는데요. 예를 들면 동(東)》섭(燮)》재(在)》수(銖)》천(泉)입니다.

[20] 한양 조씨는 천간의 돌림자를 사용한다고 하는데요. 예를 들면 종(種)》원(元)》병(炳)》행(行)》성(誠)》희(熙)》경(慶)》신(新)》정(廷)》규(揆) 입니다.

[21] 연안 이씨는 지지의 돌림자를 사용한다고 하는데요.
예를 들면 교(敎)》숙(肅)》연(演)》경(卿)》진(振)》면(冕)》남(南)》동(東)》재(載)》유(猷)》성(成)》원(遠)입니다.

다섯째 사주에서 충극되는 한자는 피해야 합니다.

사주에서 충(沖)은 합(合)의 대립되는 개념으로 이별이나 사고 등을 암시하는데요. 그래서 특히 나와 한몸인 글자인 지지와 충이 되는 부류의 발음이나 비슷한 한자는 피하는 것이 좋습니다. 예를 들면 태어난 날의 지지가 소를 상징하는 丑이라면 이 글자와 충되는 未와 비슷한 부류의 美, 渼, 味 등의 한자는 쓰지 않는 것입니다. 이를 도표화하면 다음과 같습니다.

일지와 충이 되어 쓰기 힘든 한자			
자(子)	오(午, 旿, 吾, 伍, 仵 등)	오(午)	자(子, 字, 仔, 秄, 孜 등)
축(丑)	미(未, 美, 味, 渼, 媄 등)	미(未)	축(丑, 築, 畜, 逐, 軸 등)
인(寅)	신(申, 伸, 信, 辛, 紳 등)	신(申)	인(寅, 仁, 印, 姻, 引 등)
묘(卯)	유(酉, 由, 有, 惟, 柔 등)	유(酉)	묘(卯, 妙, 昻, 昴, 苗 등)
진(辰)	술(戌, 沭, 述, 術, 戕 등)	술(戌)	진(辰, 振, 進, 桭, 珍 등)
사(巳)	해(亥, 該, 海, 晐, 咳 등)	해(亥)	사(巳, 仕, 士, 師, 使 등)

이상으로 신생아의 작명법에 대해 살펴보았는데요.

오행상 성씨에 따른 상생의 발음과 한자의 수리사격에 따른 길흉, 그리고 한자의 자원오행은 획수별 자원오행 한자사전〔436-533쪽〕에 수록되어 있으니 참고하시면 됩니다. 또한 사주는 만세력이라는 어플을 사용하면 자신이 어떤 일간으로 태어났고, 자신의 사주가 어떤 오행으로 분포되어 있는지도 쉽게 알 수 있습니다.

2 아호(雅號), 예명(藝名)

1 아호(雅號)

방금 우리는 신생아의 이름이 어떻게 만들어지는지를 살펴보았습니다. 이처럼 나의 첫 번째 이름은 어찌되었든 나의 의지와는 상관없이 만들어지고, 내가 그 이름이 싫어서 개명을 하기전까지는 남들에 의해 불리게 됩니다.

그럼 부모님이 지어주신 소중한 이름은 거부할 생각은 없고, 뭔가 나의 개성이나 나를 드러낼 수 있는 수단이 없을까 하는 고민에 빠지게 되는데 그것을 해결해 주는 것이 바로 아호 또는 줄여서 호(號)라고 합니다.

아호의 시작은 삼국시대로 거슬러올라가는 것으로 보고 있는데요. 아호는 사람의 인격, 성격, 학문적 성취, 도덕적 성향 등을 드러내는 중요한 수단으로 발전했습니다. 특히 신라에서 불교의 영향을 받은 승려들이 아호를 사용하면서 아호의 문화는 고려시대와 조선시대를 거쳐 더욱 확장되었고, 유학자들은 자신의 도덕적 성향과 학문적 성취를 나타내기 위해 아호를 널리 사용했습니다.

우리가 알고 있는 유명한 아호를 썼던 분들은 삼봉 정도전, 압구정 한명회, 퇴계 이황, 율곡 이이, 추사 김정희, 고산자 김정호, 연암 박지원, 거산 김영삼, 호암 이병철, 아산 정주영 등 많이 있습니다.

아호는 유교문화권에서 많이 볼 수 있는데, 사람의 이름을 직접 부르면 예의에 어긋난다고 하여 지위고하를 막론하고 우아하고 편하게 부르는 이름이라고 생각하면 되는데요. 주로 유명 인사들에게 많이 사용하다 보니, 그런 특정계층의 전유물이라고 생각하고 있는 분들이 많은데 절대로 그렇지 않습니다.

아호는 문인들이 주로 사용하는 필명(筆名), 종교적인 색채가 강한 세례명이나 법명, 또한 연예인들이 사용하는 예명과도 구분되어야 합니다. 형식의 제약은 없으며, 스스로 만들어도 되고 타인이 선물처럼 해도 됩니다. 어릴 적 친구들이 불러주는 별명같이 편하게 생각하셔도 됩니다.

역대 유명한 아호는 지명이 들어가는 것이 상당히 많은데, 그것은 대가족체제에서의 집단문화가 형성된 혈연과 지연의 영향이 큰 것으로 생각됩니다. 대표적으로 우리나라 5천원권의 주인공인 이이 선생의 율곡과 대한민국 제14대 대통령의 김영삼의 거산을 들 수 있습니다. 율곡(栗谷)은 글자 그대로 밤나무가 많은 골짜기라는 뜻인데, 이이 선생이 유년 시절 생활한 경기도 파주 율곡리에서 따왔다고 합니다. 또한 김영삼 대통령은 출생지인 거제도의 거(巨)와 주로 활동한 부산의 산(山)을 합쳐서 거산(巨山)이라고 했다고 하네요. [22]

이외에도 스승이나 친구가 그 사람의 특징을 생각하거나 바램을 염원하는 뜻에서 만든 것 등 다양하게 구성되어 있습니다. 즉, 아호를 만드는 것에는 특별한 형식이나 제약이 따르지 않으며 꼭 어려운 한자만을 쓰지 않아도 됩니다. [23] 글로벌 시대에 살고 있는 지금에는 머지않아 영어식 아호도 꽤 많이 등장할지도 모릅니다.

---

22) 그 외 유명인들의 아호로는 후광(後廣) 김대중, 토정(土亭) 이지함, 우남(雩南) 이승만, 일해(日海) 전두환 등이 있습니다.
23) 순우리말 아호는 가람 이병기, 외솔 최현배 등이 있습니다.

성명학에서 추구하는 아호는 자신의 이름이 성명학의 원칙과 지나치게 어긋나 있거나 남들에게 거부감을 주는 경우 개명을 통해 해결하는 것이 좋으나 이 방법이 싫은 경우, 또한 자신의 이름은 특별히 거부감은 없으나 사주가 오행상 편중되어 있을 때 이를 해결하고자 하는 경우 등으로 구분할 수 있는데요. 스스로 성명학을 공부해서 만들 수도 있고 아니면 전문가에게 의뢰하는 것도 나쁘지는 않을 것 같습니다.

살짝 힌트를 드린다면 사주에서 뜨거운 기운이 많은 분이라면 물의 기운이 들어가는 한자[24]를, 반대로 차가운 기운이 많은 분이라면 화의 기운이 들어가는 한자[25]를 선택하여 아호를 만든다면 무난하리라 봅니다.

그 밖에 아호는 아니더라도 종교생활을 하면서 자연스럽게 세례명이나 법명 등으로 대신하는 경우도 종종 있는데요. 이것은 신앙 공동체의 일원으로서 새로운 삶을 시작한다는 의식의 일환으로 세례명과 법명이 부여됩니다. 세례명은 성인이나 성경의 인물에서 유래된 경우가 많아 그 이름을 통해 신앙의 모범을 따르고자 하는 의도가 있습니다. 법명은 기도, 불교 의식 등을 통해 주어지며 신도는 법명을 통해 불교적 가르침을 따르고 실천하는 삶을 살겠다는 결심을 하는 계기가 됩니다.

독자 여러분도 멋진 아호를 만들어서 제2의 이름을 통해 개성을 살려보는 것도 좋을 것 같으니 시도해 보시기를 권해 봅니다.

---

24) 물의 기운이 들어가는 한자의 예로 해천(海泉), 현담(泫潭), 연하(淵河), 미송(渼凇) 등이 있습니다.
25) 화의 기운이 들어가는 한자의 예로 양광(陽光), 단성(旦星), 서휘(惰輝), 소영(昭映) 등이 있습니다.

② 예명(藝名)

예명은 한자 그대로 예술 분야에서 활동하는 사람들이 본명 대신 사용하는 이름을 의미하는데요. 주로 연예인, 배우, 가수, 작가 등 예술 활동을 하는 사람들이 무대나 대중적인 활동을 위해 사용하는 이름입니다. 예명은 본인의 개인적인 이미지나 활동 성격을 반영하거나, 무대에서 더 기억에 남는 이름을 선택하기 위해 사용됩니다.

우리나라의 경우 과거에 가수나 탤런트 등 연예인들이 자신의 이름이 촌스러워 쓰게 되는 경우가 많은 것 같습니다. 대표적으로 나훈아(본명:최홍기), 혜은이(본명:김승주), 태진아(본명:조방현), 설운도(본명:이영춘), 현빈(본명:김태평), 강수지(본명:조문례)[26] 등이 있습니다.

요즘 우리 한류 문화가 전세계에 유행하고 있는데요. 아이돌 스타들의 이름이 영문과 합성된 경우이거나, 영어에서 힌트를 얻은 경우가 많은데 이것은 문화의 유행이 지역의 제약을 받지 않고 영어가 세계의 공통어가 된 시대적인 흐름을 따른 것으로 보여집니다. 대표적으로 싸이(본명:박재상), 지드래곤(본명:권지용), Rain(본명:정지훈), RM(본명:BTS 김남준), 슈가(본명:BTS 민윤기), 로제(본명:블랙핑크 박채영) 등이 있습니다.

또한 자신의 이미지를 변화시키기 위해 예명을 선택하는 경우[27]도

---

[26] 그 밖에 강석우(본명:강만홍), 김구라(본명:김현동), 노주현(본명:노운영), 방실이(본명:방영순), 손예진(본명:손언진), 심혜진(본명:심상군), 황신혜(본명:황정만), 앙드레김(본명:김복남) 등이 있습니다.

[27] 이름이 너무나 평범해서 이미지 개선을 위해 예명을 선택한 경우는 남궁원(본명:홍경일), 심수봉(본명:심민경), 하지원(본명:전해림), 장혁(본명:정용준), 현진영(본명:허현석), 채리나(본명:박현주), 서문탁(본명:이수진) 등이 있습니다.

있습니다. 대표적인 예는 아이유입니다. 그녀의 본명은 이지은인데, 예명을 아이유로 사용하면서 청순하고 순수한 이미지를 강조하기 시작했습니다. 아이유(IU)라는 이름은 영어 'I'와 'YOU'라는 의미를 담고 있다고 하는데, 이를 통해 팬들과의 친밀감을 느끼게 하고 감성적이고 부드러운 이미지를 더욱 강화시켰습니다.

이처럼 연예인들의 이름은 본명보다 예명이 유명세를 타 이미지가 완전히 굳어진 경우가 많은데요. 우리 귀에 익숙해진 탓인지 몰라도 분명 본명보다는 예명이 멋스럽고 정감이 가는 것은 사실입니다.

혹시라도 직업상 예술계통에 종사하는 독자분이 계신다면 이번 기회에 예명을 통해 새로운 삶에 도전해 볼 수 있도록 꼭 한 번 만들어 보시기 바랍니다.

③ 법인, 단체명

① 법인명

법에서는 사람을 자연인과 법인으로 구분하고 있습니다. 여기에서 자연인이라 함은 권리와 의무의 주체이며 생물학적으로 육체를 지닌 우리 인간을 의미합니다. 반면에 법인이라고 하면 주로 사회적·경제적 활동이 집단에 의해 이루어지는 경우가 많아지면서 인간처럼 권리와 의무 능력을 부여할 필요가 생겨서 붙여진 개념이라고 보면 되겠습니다. 그렇기 때문에 모든 법인에도 사람과 마찬가지로 이름이 필요한 것이지요.

여기서 설명하고자 하는 법인은 주로 경제적 목적을 위해 설립된 주식회사입니다. 보통 회사는 주식회사, 유한회사, 합자회사 등으로 구분되지만 주식회사가 다수를 차지하고 있기 때문에 우리가 보통 법인명 또는 회사명이라고 하면 주식회사라고 생각해도 무방할 듯합니다.

사람의 이름을 지을 때 매우 신중하듯이 법인의 이름을 지을 때도 여러 가지 사항을 고려해야 합니다. 동일한 이름을 쓰고 있는 기존의 회사가 같은 관할 구역 내에 있는지, 아니면 남들이 기억하기 쉽게 클로버나 하트 모양을 하고 싶은데 가능한지 여부, 시대에 발맞춰 오직 영어로만 할지 등을 고려해야 합니다.

참고로 법인회사명을 만들 때는 한글로 만드는 경우 영어를 섞을 수 없고 띄어쓰면 안 됩니다. 그리고 숫자는 사용할 수 있으나 특수 기호는 사용할 수 없습니다. 영문으로 법인회사명을 만들 때는 한글로 된 발음을 그대로 영어로 옮겨서 적는 경우 가능하며, 대소문자를 구별해야 합니다.

이상의 조건을 맞춘 후 법인회사명을 만들기 위해서는 회사이름에서 추구하는 브랜드의 정체성을 밝히는 것이 우선시되어야 하며, 단순하면서 명확하지만 회사의 비전이 담긴 것이면 좋을 것입니다. 그리고 여기에 대표이사의 사주를 참고해서 기왕이면 많은 이익을 얻을 수 있도록 하면 좋겠습니다만, 이 분야는 아무래도 전문 작명가의 영역이니 독자분들은 참고하시면 되겠네요.

필자가 실제로 법인명을 만들어드린 사례를 소개해 보겠습니다.

여자분으로 전문업종이 종합건설회사인데, 그간 성장을 잘 해오다가 코로나 이후 사업실적이 다소 주춤한 상태였습니다. 그래서 새로운 전환점을 모색 중에 있다가 과감하게 법인명을 바꾸기로 하고 필자에게 의뢰를 하였습니다. 그분의 사주는 아래와 같습니다.

時	日	月	年
丁	戊	乙	辛
巳	午	未	亥

위 사주를 간단히 설명드리면 다음과 같습니다.

- 여름날의 큰 땅의 기운으로 타고 났는데요. 아쉽게도 재물에 해당하는 물의 기운이 나이가 들면서 서서히 약해지는 구조라 사주 내에 없어서인지 늘 열심히 하는 것에 비해 성과가 덜 나오는 것이었습니다. 그래서 재물에 해당하는 물의 기운을 강하게 하기 위하여 발음오행과 자원오행 그리고 수리획수까지 맞추었습니다.

- 결과적으로 이 조건을 모두 갖춘 여러 이름 중에서 '신보(新潽)'[28]로 결정하였습니다.

---

28) '신보'의 이름 중에서 발음상 '신'은 물의 기운을 생조하는 금의 오행이고, '보'는 물의 기운을 가진 수의 오행입니다. 한자 '新'은 13획의 금의 기운을 가졌고, '潽'는 16획의 물의 기운을 가진 한자이며 '新潽'의 더한 한자 획수는 29획으로 그 의미는 "대복격: 신록유실지상으로 왕성한 활동력과 투지로써 대업을 달성하여 부귀·장수·안락 등을 누린다. 재주가 뛰어나고 지혜가 출중하니 사회적으로 높은 지위를 획득하며 처세술에 능하여 재산과 권력을 함께 얻을 수 있다. 초지일관하니 하는 일에 발전을 이루어 부귀영달하고 그 명성이 널리 알려지게 되니 자손 대까지 번영하게 된다."입니다.

●법인명을 바꾼 후 얼마 지나지 않아 건설수주를 입찰로 받게 되었고, 사업도 코로나 이전의 상태로 영업실적이 상승되어 감사의 인사를 받기도 하였습니다.

이렇듯 개인이나 법인 모두 이름이 주는 영향이 꽤 크다는 것을 실감할 수 있는 사례였습니다.

다시 한 번 법인명을 만들 때의 유의사항을 정리해 보겠습니다.

첫째 법인회사의 전문분야가 무엇인지를 파악합니다.

예를 들어 건설회사인지 아니면 의류제조 회사인지, 유통회사인지 정확하게 그 회사가 어떤 일을 하는 지 알아야 합니다.

둘째 발음상 한글과 한자 중심으로 할 것인지 아니면 영문까지 함께 고려해야 할지를 염두에 두어야 합니다.

왜냐하면 한글 발음과 한자까지는 좋았으나 영문 발음이 어색하거나 의미 전달이 부정확하면 글로벌을 준비하는 회사 입장에서는 외국과의 거래에서 다소 어려움을 호소할 수 있기 때문입니다.

셋째 시대에 발맞춘 이름과 미래지향적인 것이 좋습니다.

이름에는 시대별로 유행하는 것이 있는 것이 사실입니다. 그렇기 때문에 어느 정도는 시대성이 반영된 이름이 좋고, 향후 100년을 내다보는 미래지향적인 이름이면 더욱 좋겠지요.

넷째 위에서 설명한 모든 조건과 대표이사의 사주가 상생되거나 보완되어야 합니다.

그렇게 되면 거래처와의 관계가 원만해지고 그로 인해 영업실적이 안정될 수 있을 것입니다.

법인도 사람과 권리와 의무를 갖기 때문에 그 이름을 만들 때는 이처럼 신중해질 수밖에 없습니다.

② 단체명

요즘 인터넷이 발달하면서 지역 내 다양한 만남의 플랫폼들이 등장하고 있는데요. 2000년대 초반은 다음의 카페와 네이버의 밴드가 활성화되다가 최근은 동네생활 플랫폼인 당근에서도 활발한 만남의 장이 이루어지고 있습니다. 방금 말씀드린 커뮤니티에서 자신이 궁금해하는 검색어를 입력하면 지역부터 규모까지 한눈에 볼 수 있게 나오는데요. 여기서 신규회원을 가입시키고자 한다면 단체의 이름이 아무래도 눈에 들어와야 관심을 갖게 되는 것이 사실입니다.

그럼 단체 이름은 어떻게 만드는 것이 다른 사람들에게 기억에 남고, 신규회원이 들어올 수 있도록 관심을 끌까요? 일단 단체의 성격부터 파악을 해야겠지요. 영화나 독서 등의 다소 정적인 모임인지 아니면 등산이나 골프 등 운동을 통한 동적인 모임인지 그리고 나서 연령대를 20대에서 60대까지 다양하게 할지 아니면 모임을 리드하는 사람의 연령대를 중심으로 할 것인지도 중요한 요소가 됩니다.

이처럼 단체의 이름은 그 이름에서 모임의 정체성과 모임을 통해 얻을 수 있는 혜택 등이 들어가 있으면 외부에서 보았을 때 관심을 갖게 됩니다. 예를 들어 '230영화사랑'이라는 단체의 이름을 보면, 이름에서 알 수 있듯이 20~30대 연령층이 중심이 되어 영화를 보는 모임이라는 것을 쉽게 추측할 수 있습니다. 또한 '충청시니어 골프'라는 단체의 이름은 가입할 수 있는 자격이 충청지역 거주자이면서 연령대가 시니어인 60대 이상임을 금방 알 수 있습니다.

단체의 이름은 간단명료하게 하되 가급적이면 연령대와 지역 등을 한정시키는 것이 오히려 소속감을 높이는 장점이 있습니다. 전국을 상대로 하거나 연령의 제한이 없는 단체의 막연한 이름은 규모는 커질지 몰라도 회원상호간의 소통에도 장애가 따를 수 있습니다. 그러다 보면 모임의 존속조차 오래 지속되지 못할 가능성이 있으니 단체명을 고민하는 분이 계시다면 부디 임팩트 있는 좋은 이름으로 좋은 단체가 되는 이름을 만들기를 기원하겠습니다.

4 상호명

보통 상호라고 하면 가장 많이 떠오를 수 있는 것이 바로 간판입니다. 즉, 간판에 걸리는 이름이 상호라고 이해하시면 쉬울 것 같습니다. 아무래도 간판은 한적한 시골보다는 인구밀집도가 많은 곳에서 이용되는 것이 현실인데요. 눈에 띄는 간판은 지나가는 사람들에게 호기심을 유발하고, 가게 안으로 들어오게까지 하는 효과가 분명 있습니다.

간판은 그런 이유에서인지 몰라도 화려한 색이 많이 들어갑니다. 왜냐하면 눈에 잘 들어와야 하니까요. 그런데 간판의 화려함과 그 안의 이름이 왠지 어울리지 않는다면 사람들은 외면하고 그냥 지나치겠지요.

간판에 걸리는 상호는 프랜차이즈인 경우는 본사의 매뉴얼에 따라 진행되므로 선택의 여지가 없지만, 돈을 많이 벌기 위해 전문 작명가에게 의뢰하는 경우도 있습니다. 당연히 필자의 입장에서도 대표이사의 사주를 바탕으로 재물운이 좋아지도록 상호를 짓는 경우가 대부분입니다.

작명가 입장에서 보는 상호는 당연히 그 상호가 동종업계와 차별성이 있어야 하고, 시대성을 반영하면서 기억하기 쉽고 또한 대표자에게 많은 이익을 가져올 수 있어야 합니다. 그러기 위해서는 우리나라에서만 사용하는 상호가 아닌 글로벌한 상호까지도 고려해야 합니다.

간혹 예전의 간판에 걸린 상호는 유명대기업의 앞글자를 따서 식당이든 노래방이든 상관없이 개성없이 쓰는 경우가 종종 있었습니다. 예를 들어 식당임에도 '삼성식당', '현대식당'이거나, 노래방도 'SBS노래방', '현대노래방' 등을 사용하면서 자신의 업종보다는 브랜드 이름만 따온 경우입니다.

그러나 이제는 간판에서 이미 무엇을 팔고 있는지를 알게 해주면서도 세련되고 기억에 남게 고객을 유치하고자 하고 있습니다. 예를 들면 생맥주집의 상호가 '한잔하세' 또는 '비어킹'이라든지, 식당 이름도 '돈가네', '우돈정', '암소마을' 등으로 상호에서부터 고객이 금방 이해가 될 만한 이름을 사용하고 있습니다.

우리가 늘 살고 있는 터전의 대명사인 아파트 브랜드도 한때는 별빛마을, 푸른마을, 하늘마을, 청솔마을 등이었다가 최근에는 래미안, 자이, 힐스테이트, 이편한 세상 등 좀 더 세련되면서 영어식 이름으로 전환되는 경우가 많아지는 것을 볼 수 있습니다.

5 제품명

또한 제품의 이름을 만들 때도 이 원칙은 거의 동일하게 적용되는 것 같습니다. **음료수**도 예전에는 콜라와 사이다가 대명사였고, 이름도 코카콜라·칠성사이다·킨사이다·환타 등으로 단순했었는데요. 그러다 게토레이·파워에이드·흑초·핫식스·미에로화이바 등 영어식 이름과 음료에서 지향하는 것이 무엇인지도 알 수 있게 다양화되었습니다.

맥주와 **소주** 이름도 정말 다양해지고 있습니다. 예전에는 OB맥주·크라운맥주·진로소주·금복주소주 등으로 단순한 이름이었다가 하이트·카스·테라·클라우드·참이슬·처음처럼·좋은데이·새로 등 이름만으로는 과연 맥주와 소주 등 우리가 마시는 술인지 헷갈릴 정도로 친숙한 이름으로 소비자에게 다가가고 있습니다.

가전제품의 이름도 예전에는 삼성이나 LG 등 어느 업체에서 만들었다라고 하면서 주로 제품의 영문 이니셜과 시리얼 번호를 중심으로 제품명을 알게 했던 시기가 있었는데요. 최근에는 비스포크·큐브·디오스 등 이름만으로는 냉장고 이름인지 모를 정도로 신비감을 주는 제품 이름으로 소비자에게 접근하고 있습니다.

자동차 이름도 현대에서는 포니를 시작으로 아반떼·소나타·그랜저라는 이름을 먼저 짓고 그다음에 나오는 모델은 숫자를 매기는 방식이었습니다. 그러다가 2000년대 들어서는 다양한 소비자의 취향에 맞춰 이름도 각양각색으로 만들어지고 있는데요. 예를 들면 팰리세이드·GV시리즈·제네시스 등입니다.

요즘은 홍보와 브랜드의 가치를 많이 따지는 세상입니다. TV광고는 기본이고 유튜브나 인스타그램 등의 다양한 매체의 SNS는 광고 시장의 정점이 되어 가고 있는 실정입니다. 여기서 살아남기 위해서는 기존의 평범함을 뛰어넘어야 하며, 신선하면서도 전세계에서 소비될 수 있는 넓은 안목을 가진 이름이라면 더욱 좋습니다.

이런 가치는 상표등록이나 특허 등의 지적재산권으로도 보호받을 정도이니, 무형의 재산권이라고 해서 유형의 재산보다 결코 소홀히 해서는 안 될 것입니다.

개명

1 개명 사유

사랑하는 자녀가 출생하면 부모님은 작명가의 힘을 빌리든 아니면 직접 짓던지 자녀의 이름을 짓게 됩니다. 한 집에 자녀의 수가 많던 50~70년대에는 남자의 경우 집안에 내려오는 항렬, 즉 돌림자를 활용하는 이름을 많이 지었고 여자의 경우는 돌림자보다는 끝에 자(子), 정(貞), 숙(淑), 순(順), 미(美) 등이 들어가는 이름을 많이 지었습니다. 이 시기의 이름은 인간의 존엄성보다는 그저 한 집안의 구성원으로 마치 번호를 매겨 '내 아이'라는 존재감만 인식하는 것으로 봐도 무방할 듯합니다.

이렇게 한 번 부모님이 출생신고를 한 이름은 당사자가 마음에 들지 않는다고 해서 임의로 바꾸는 것은 매우 힘들었습니다. 그러다가

2005년 11월 16일 대법원에서는 기소중지 등 권리의 남용이나 악용을 위한 경우를 제외하고는 개명을 허가하라는 결정을 내리게 됨으로써 요즘에는 개명이 활발하게 이루어지고 있습니다.

대법원 2005. 11. 16. 자 2005스26 결정문에서는 다음과 같이 밝히고 있습니다.

　1) 이름은 통상 부모에 의해서 일방적으로 결정되어지고 그 과정에서 이름의 주체인 본인의 의사가 개입될 여지가 없어 본인이 그 이름에 대하여 불만을 가지거나 그 이름으로 인하여 심각한 고통을 받은 경우도 있을 수 있는데 그런 경우에도 평생 그 이름을 가지고 살아갈 것을 강요하는 것은 정당화될 수도 없고 합리적이지도 아니한 점, 이름이 바뀐다고 하더라도 주민등록번호는 변경되지 않고 종전 그대로 존속하게 되므로 개인에 대한 혼동으로 인하여 초래되는 법률관계의 불안정은 그리 크지 않으리라고 예상되는 점, 개인보다는 사회적·경제적 이해관계가 훨씬 더 크고 복잡하게 얽혀질 수 있는 법인, 그중에서도 특히, 대규모 기업 등과 같은 상사법인에 있어서도 상호의 변경에 관하여는 관계 법령에서 특별한 제한을 두고 있지 아니할 뿐만 아니라, 실제로도 자유롭게 상호를 변경하는 경우가 적지 아니한 점, 개명으로 인하여 사회적 폐단이나 부작용이 발생할 수 있다는 점을 지나치게 강조하여 개명을 엄격하게 제한할 경우 헌법상의 개인의 인격권과 행복추구권을 침해하는 결과를 초래할 우려가 있는 점 등을 종합하여 보면, 개명을 허가할 만한 상당한 이유가 있다고 인정되고, 범죄를 기도 또는 은폐하거나 법령에 따른 각종 제한을 회피하려는 불순한 의도나 목적이 개입되어 있

는 등 개명신청권의 남용으로 볼 수 있는 경우가 아니라면, 원칙적으로 개명을 허가함이 상당하다고 할 것이다.

2) 이름 중에 사용된 글자가 통상 사용되는 한자가 아니어서 잘못 읽히거나 컴퓨터 등을 이용한 문서작성에 있어 어려움이 있고 성별(性別)이 착각되는 경우가 적지 않는 등 일상생활에 있어 많은 불편이 있어 개명을 허가할 만한 상당한 이유가 있다고 보여지고, 개명 신청인이 신용불량자로 등록되어 있더라도 법령상의 제한을 회피하기 위한 목적에서 개명신청을 하였다거나 다른 불순한 의도나 목적이 개입되어 있는 등 개명신청권의 남용에 해당한다고 볼 만한 사정도 찾아볼 수 없어 이를 이유로 개명을 불허할 수 없다.

이러한 대법원의 결정으로 개명의 제한이 풀림으로써 그간 자신의 이름에 불만이 많거나 인생의 전환점을 위해 개명하는 사례들이 많아졌는데요. 개명하는 사례들을 나열하면 대략 다음과 같습니다.

1 자신의 이름이 사회적으로 물의를 일으키거나 흉악범의 이름과 같은 경우
2 자신의 이름이 발음상으로 너무 이상하여 생활에 불편을 겪는 경우
　예 주기자, 허당, 이노미 등
3 이름에서의 발음이 애매하게 들리는 경우
　예 주연/주현, 혜성/해성, 성민/석민 등
4 성명학에서 불용한자가 들어가는 경우
　예 春子, 玉順, 石柱, 仙花 등

⑤ 순우리말 이름이 어릴 때는 좋았으나 성인이 되어서는 자신의 이미지
　　와 맞지 않는 경우　㉠ 한솔, 보람, 이슬, 가을 등

⑥ 종교적인 색채가 강한 이름이거나, 개종을 통해 더 이상 그 이름을 쓰
　　기 불편한 경우　㉠ 요셉, 요한, 성불 등

⑦ 타고난 사주와 이름에서의 조합이 너무나 안맞는 경우
　　㉠ 여름에 태어나고 낮 시간에 태어난 사주라 화의 기운이 강한데 성환
　　(星煥)이라는 한자를 쓰는 경우 / 겨울에 태어나고 밤에 태어난 사주라
　　수의 기운이 강한데 해진(海津)이라는 한자를 쓰는 경우 등

⑧ 이혼이나 사별, 파산 등으로 삶이 힘들어 인생의 전환을 시도하는 경우

이 외에도 여러 사유를 들어 개명하는 경우가 많아졌습니다. 보통 한 해에 10만 명 안팎에서 개명이 이루어지고 있다고 하니 적지 않은 수입니다.

그런데 개명을 하고 싶다고 해서 법원에서 무조건으로 개명을 허가하지는 않습니다. 대법원 판례에 의하여 개인의 행복추구권 존중 차원에서 개명 신청자의 90% 이상이 순탄하게 개명 허가를 받고 있으나, ❶ 개명을 신청한 이름이 상당히 특이하여 개명으로 하여금 사회적인 혼란이 유발될 수 있다고 판단되는 경우 ❷ 범죄의 은폐 혹은 기도의 목적이 있다고 의심되는 경우 ❸ 법령에 의한 각종 제한을 회피하려는 불순한 의도가 있다고 판단되는 경우 등은 법원에서 불허가 사유가 되니 이런 이유에 해당된다면 개명은 꿈도 꾸지 말아야 하겠지요.

◉ 지인작명연구소에서는 개명에 관한 사유서를 작성해서 보내 드립니다.

2 개명의 원칙과 절차

1 개명의 원칙

개명을 하려면 먼저 법원에 일정한 서류를 준비하여 제출하고 허가를 기다려야 합니다. 1993년에 대법원에서는 성을 제외한 이름을 최대 5글자로 제한했는데요. 성까지 포함하면, 성이 한 글자일 경우 6글자, 성이 두 자인 경우 7글자까지 가능합니다. 그리고 한자는 현재 9389개를 사용할 수 있습니다.

과거에는 성이나 본관을 바꾸는 것이 불가능했으나 2008년부터는 가정법원의 허가를 받으면 가능해졌습니다. 우리나라의 법에서는 성과 본관이 바뀌는 경우가 몇 가지 있는데요. 가족관계등록제도 아래에서는 성이 바뀌면 자연히 본관도 바뀌게 됩니다.

성과 본관은 우리나라 민법 제781조를 따르는데 그 조항을 다음과 같이 정하고 있습니다.

① 자는 부의 성과 본을 따른다. 다만, 부모가 혼인신고 시 모의 성과 본을 따르기로 협의한 경우에는 모의 성과 본을 따른다.
② 부가 외국인인 경우에는 자는 모의 성과 본을 따를 수 있다.
③ 부를 알 수 없는 자는 모의 성과 본을 따른다.

이 민법의 조항으로 인해 실제 성과 본관이 바뀌는 경우는 이혼 후 여성이 자녀의 성과 본관을 자신의 성과 본관으로 바꾸거나, 재혼 후 계부의 성과 본관으로 바꾸는 사례가 가장 많습니다.

또한 개명을 하고 다시 개명을 하는 재개명의 사례도 있기는 합니다. 그러나 법원은 처음 개명을 한 경우보다는 다소 엄격하게 적용을 하여 불허되는 경우가 많습니다. 재개명의 사유는 최소 5년 이상 사용했던 이름이거나, 개명한 이름이 사회적으로 물의를 일으켜서 피해를 보는 경우 등으로 제한되는 경우가 많으니 처음부터 개명을 하면 재개명을 염두에 두어서는 안 될 것 같네요.

② 개명의 절차

개명을 하기로 마음을 먹었으면 다음의 서류를 준비해야 합니다.

❶ 만19세 이상 자녀가 없는 성년자의 경우

- 개명허가신청서 1통
- 개명하고자 하는 사건본인의 기본증명서 1통
- 개명하고자 하는 사건본인의 주민등록등본 1통
- 개명하고자 하는 사건본인의 가족관계증명서 1통
- 개명하고자 하는 사건본인의 부(父)의 가족관계증명서 1통
- 개명하고자 하는 사건본인의 모(母)의 가족관계증명서 1통

  (부모님이 2007년 이전 사망했을 경우 해당자의 제적등본 1통)
- 기타 소명자료

❷ 만19세 이상 자녀가 있는 성년자의 경우

- 개명허가신청서 1통
- 개명하고자 하는 사건본인의 기본증명서 1통

- 개명하고자 하는 사건본인의 주민등록등본 1통

- 개명하고자 하는 사건본인의 가족관계증명서 1통

- 개명하고자 하는 사건본인의 부(父)의 가족관계증명서 1통

- 개명하고자 하는 사건본인의 모(母)의 가족관계증명서 1통

  (부모님이 2007년 이전 사망했을 경우 해당자의 제적등본 1통)

- 개명하고자 하는 본인의 자녀 가족관계증명서 1통

  (자녀가 여러 명일 경우 각각)

- 기타 소명자료

❸ 미성년자의 경우

- 개명허가신청서 1통

- 개명하고자 하는 사건본인의 기본증명서 1통

- 개명하고자 하는 사건본인의 주민등록등본 1통

- 개명하고자 하는 사건본인의 가족관계증명서 1통

- 개명하고자 하는 사건본인의 부(父)의 가족관계증명서 1통

- 개명하고자 하는 사건본인의 모(母)의 가족관계증명서 1통

- 기타 소명자료

기타 소명자료

인우보증서나 이름의 감정서, 추천서, 법적인 이름과 실제 사용하고 있는 이름이 다르다는 것을 입증할 수 있는 명함이나 족보 등이 해당된다.

이상의 서류가 준비되면 주민등록상의 관할법원에 직접 방문하여 접수를 하거나, 인터넷으로 대한민국 법원 전자소송 사이트에 접수해도 됩니다.

③ 개명에 들어가는 비용

개명을 하기 위해서는 일정한 비용이 들어갑니다. 만약 개명을 자신이 직접 한 경우를 제외하고 작명소에 의뢰하면 작명 비용이 발생합니다. 그리고 개명허가신청서 작성과 그 행위를 변호사나 법무사에게 대행을 의뢰하는 경우에도 일정한 비용이 발생하는데요. 모든 것을 셀프로 직접 해도 법원에 서류를 접수하려면 인지대 1,000원과 송달료로 대략 3만 원 정도의 최소비용이 발생합니다.

④ 개명 후 신고절차

법원에 개명허가서를 제출하고 보통 2개월 정도면 법원에서는 특별한 사유를 제외하고 개명허가결정이 내려집니다. 개명의 신고는 법원에서 내려진 개명허가를 근거로 행정기관에 신고를 함으로써 새로운 이름을 쓰게 되는 첫 번째 절차를 밟는 것입니다.

개명신고는 개명허가를 받은 후 그 결정등본을 받은 날로부터 1개월 이내에 등록기준지나 주소지에 신고를 해야 하며, 1개월 이내로 하지 않으면 과태료가 부과됩니다. 또한 전자가족관계등록시스템(http://efamily.scourt.go.kr)에 접속하여 인터넷으로도 신고할 수 있습니다.

성명학 사전

1 성씨의 획수와 좋은 수리 조합

2획 성씨

乃(내) 卜(복) 乂(예) 又(우) 入(입) 丁(정)

성씨 획수	이름 첫 자 획수	이름 끝 자 획수	성씨 획수	이름 첫 자 획수	이름 끝 자 획수
2	1	4	2	13	3
	1	5		13	16
	1	14		13	22
	1	15		14	1
	1	22		14	9
	3	3		14	15
	3	13		14	19
	4	1		14	21
	4	9		15	1
	4	11		15	6
	4	19		15	14
	5	1		15	16
	5	6		16	5
	5	11		16	13
	5	16		16	15
	6	5		16	19
	6	9		16	23
	6	15		19	4
	6	23		19	14
	9	4		19	16
	9	6		21	14
	9	14		22	1
	9	22		22	9
	11	4		22	11
	11	5		22	13
	11	22		23	6
				23	16

3획 성씨

干(간) 弓(궁) 大(대) 凡(범) 山(산)
也(야) 于(우) 子(자) 千(천)

<table>
<tr><td rowspan="22">3</td><th>성씨 획수</th><th>이름 첫 자 획수</th><th>이름 끝 자 획수</th><td rowspan="22">3</td><th>성씨 획수</th><th>이름 첫 자 획수</th><th>이름 끝 자 획수</th></tr>
<tr><td></td><td>2</td><td>3</td><td></td><td>13</td><td>2</td></tr>
<tr><td></td><td>2</td><td>13</td><td></td><td>13</td><td>8</td></tr>
<tr><td></td><td>3</td><td>2</td><td></td><td>14</td><td>4</td></tr>
<tr><td></td><td>3</td><td>10</td><td></td><td>14</td><td>15</td></tr>
<tr><td></td><td>3</td><td>12</td><td></td><td>14</td><td>18</td></tr>
<tr><td></td><td>3</td><td>18</td><td></td><td>14</td><td>21</td></tr>
<tr><td></td><td>4</td><td>4</td><td></td><td>15</td><td>14</td></tr>
<tr><td></td><td>4</td><td>14</td><td></td><td>15</td><td>20</td></tr>
<tr><td></td><td>5</td><td>8</td><td></td><td>18</td><td>3</td></tr>
<tr><td></td><td>5</td><td>10</td><td></td><td>18</td><td>14</td></tr>
<tr><td></td><td>8</td><td>5</td><td></td><td>18</td><td>20</td></tr>
<tr><td></td><td>8</td><td>10</td><td></td><td>20</td><td>12</td></tr>
<tr><td></td><td>8</td><td>13</td><td></td><td>20</td><td>15</td></tr>
<tr><td></td><td>8</td><td>21</td><td></td><td>20</td><td>18</td></tr>
<tr><td></td><td>10</td><td>3</td><td></td><td>21</td><td>8</td></tr>
<tr><td></td><td>10</td><td>5</td><td></td><td>21</td><td>14</td></tr>
<tr><td></td><td>10</td><td>8</td><td></td><td>22</td><td>13</td></tr>
<tr><td></td><td>10</td><td>22</td><td></td><td></td><td></td></tr>
<tr><td></td><td>12</td><td>3</td><td></td><td></td><td></td></tr>
<tr><td></td><td>12</td><td>20</td><td></td><td></td><td></td></tr>
</table>

4획 성씨

介(개) 孔(공) 公(공) 仇(구) 斤(근) 今(금) 毛(모) 木(목)
文(문) 方(방) 卞(변) 夫(부) 水(수) 午(오) 牛(우) 尹(윤)
允(윤) 元(원) 仁(인) 日(일) 才(재) 井(정) 天(천) 太(태)
巴(파) 片(편) 化(화)

성씨 획수	이름 첫 자 획수	이름 끝 자 획수	성씨 획수	이름 첫 자 획수	이름 끝 자 획수
	1	2		13	4
	1	12		13	12
	2	1		13	20
	2	11		14	3
	3	4		14	7
	3	14		14	11
	4	3		14	17
	4	7		14	19
	4	9		14	21
	4	13		17	4
	4	17		17	12
	4	21		17	14
4	7	4	4	17	20
	7	14		19	2
	9	2		19	12
	9	4		19	14
	9	12		20	1
	9	20		20	9
	11	2		20	11
	11	14		20	13
	11	20		20	17
	12	1		20	21
	12	9		21	4
	12	13		21	12
	12	17		21	14
	12	19			
	12	21			

5획 성씨

甘(감) 丘(구) 瓜(과) 功(공) 仝(동) 白(백) 北(북) 丕(비)
氷(빙) 史(사) 石(석) 召(소) 申(신) 玉(옥) 永(영) 田(전)
占(점) 左(좌) 册(책) 台(태) 平(평) 包(포) 皮(피) 玄(현)
弘(홍) 乙支(을지)

성씨 획수	이름 첫 자 획수	이름 끝 자 획수	성씨 획수	이름 첫 자 획수	이름 끝 자 획수
5	1	2	5	10	1
	1	10		10	3
	1	12		10	6
	2	6		10	8
	2	11		11	2
	2	16		12	1
	3	8		12	6
	3	10		12	12
	6	2		12	20
	6	10		13	20
	6	12		16	2
	6	18		16	8
	8	3		16	16
	8	8		18	6
	8	10		20	12
	8	16		20	13
	8	24		24	8

6획 성씨

光(광) 曲(곡) 圭(규) 吉(길) 老(노) 牟(모) 米(미) 朴(박) 百(백)
西(서) 先(선) 守(수) 安(안) 仰(앙) 伍(오) 羽(우) 有(유) 六(육)
伊(이) 印(인) 任(임) 在(재) 全(전) 朱(주) 汁(즙) 充(충) 宅(택)
合(합) 刑(형) 好(호) 后(후)

성씨 획수	이름 첫 자 획수	이름 끝 자 획수	성씨 획수	이름 첫 자 획수	이름 끝 자 획수
	1	10		11	12
	1	17		11	18
	2	5		12	5
	2	9		12	11
	2	15		12	17
	2	23		12	19
	5	2		12	23
	5	10		15	2
	5	12		15	10
	5	18		15	17
	5	26		15	18
	7	10		17	12
	7	11		17	15
6	7	18	6	17	18
	7	25		18	5
	9	2		18	7
	9	9		18	11
	9	23		18	15
	9	26		18	17
	10	1		19	10
	10	5		19	12
	10	7		23	2
	10	15		23	9
	10	19		23	10
	10	23		23	12
	10	25		25	10
	11	7		26	5

7획 성씨

江(강) 谷(곡) 君(군) 克(극) 杜(두) 呂(려·여) 李(리·이)
別(별) 甫(보) 成(성) 宋(송) 辛(신) 良(양) 汝(여) 余(여)
呂(여) 延(연) 吾(오) 吳(오) 位(위) 佐(좌) 廷(정) 池(지)
車(차) 初(초) 呑(탄) 判(판) 何(하) 孝(효)

성씨 획수	이름 첫 자 획수	이름 끝 자 획수	성씨 획수	이름 첫 자 획수	이름 끝 자 획수
7	1	10	7	11	6
	1	16		11	14
	1	24		14	4
	4	4		14	10
	4	14		14	11
	6	10		14	17
	6	11		14	18
	6	18		16	1
	8	8		16	8
	8	9		16	9
	8	10		16	16
	8	16		16	22
	8	17		17	8
	8	24		17	14
	9	8		17	24
	9	16		18	6
	9	22		18	14
	10	1		22	9
	10	6		22	10
	10	8		22	16
	10	14		24	1
	10	22		24	8
				24	17

8획 성씨

京(경) 庚(경) 決(결) 季(계) 固(고) 空(공) 官(관) 具(구) 奇(기)
金(김) 奈(내) 來(내) 東(동) 林(림·임) 孟(맹) 明(명) 門(문) 物(물)
房(방) 奉(봉) 斧(부) 舍(사) 尙(상) 昔(석) 松(송) 昇(승) 承(승)
沈(심) 岳(악) 夜(야) 於(어) 艾(애) 長(장) 狄(적) 宗(종) 周(주)
知(지) 昌(창) 采(채) 卓(탁) 板(판) 和(화) 幸(행) 昕(흔)

성씨 획수	이름 첫 자 획수	이름 끝 자 획수	성씨 획수	이름 첫 자 획수	이름 끝 자 획수
8	3	5	8	10	15
	3	10		10	21
	3	13		10	23
	3	21		13	3
	5	3		13	8
	5	8		13	10
	5	10		13	16
	5	16		15	8
	5	24		15	9
	7	8		15	10
	7	9		15	16
	7	10		16	5
	7	16		16	7
	7	17		16	9
	7	24		16	13
	8	5		16	15
	8	7		16	17
	8	9		16	21
	8	13		17	7
	8	15		17	8
	8	17		17	16
	8	21		21	3
	9	7		21	8
	9	8		21	10
	9	15		21	16
	9	16		23	10
	10	3		24	5
	10	5		24	7
	10	7		27	10
	10	13			

9획 성씨

竿(간) 姜(강) 祇(기) 姞(길) 南(남) 奈(내) 段(단) 柳(류·유)

柏(백) 泛(범) 思(사) 相(상) 宣(선) 星(성) 柴(시) 施(시)

信(신) 辻(십) 彦(언) 要(요) 姚(요) 禹(우) 韋(위) 俞(유)

律(율) 柘(자) 貞(정) 俊(준) 拓(척) 肖(초) 秋(추) 炭(탄)

泰(태) 扁(편) 表(표) 河(하) 咸(함) 香(향) 俠(협) 後(후)

성씨 획수	이름 첫 자 획수	이름 끝 자 획수	성씨 획수	이름 첫 자 획수	이름 끝 자 획수
	2	4		12	4
	2	6		12	12
	2	14		12	20
	4	2		14	2
	4	4		14	9
	4	12		14	15
	4	20		15	8
	6	2		15	14
	6	9		15	24
	6	23		16	7
9	7	8	9	16	8
	7	16		16	16
	7	22		16	22
	8	7		20	4
	8	8		20	9
	8	15		20	12
	8	16		22	2
	9	6		22	7
	9	14		22	16
	9	20		23	6
				24	15

10획 성씨

剛(강) 耿(경) 桂(계) 高(고) 骨(골) 貢(공) 俱(구) 宮(궁) 起(기)
唐(당) 馬(마) 芳(방) 桑(상) 索(색) 書(서) 徐(서) 席(석) 素(소)
孫(손) 洙(수) 乘(승) 時(시) 晏(안) 芮(예) 倪(예) 邕(옹) 翁(옹)
祐(우) 芸(운) 袁(원) 原(원) 員(원) 殷(은) 益(익) 曺(조) 秦(진)
眞(진) 晉(진) 倉(창) 夏(하) 洪(홍) 花(화) 桓(환) 候(후)

성씨 획수	이름 첫 자 획수	이름 끝 자 획수	성씨 획수	이름 첫 자 획수	이름 끝 자 획수
	1	5		8	15
	1	6		8	21
	1	7		8	23
	1	14		11	14
	1	22		13	8
	3	3		13	22
	3	5		14	1
	3	8		14	7
	3	22		14	11
	5	1		14	15
	5	3		14	21
	5	6		15	6
	5	8		15	8
10	6	1	10	15	14
	6	5		15	22
	6	7		15	23
	6	15		19	6
	6	19		19	19
	6	23		21	8
	7	1		21	14
	7	6		22	1
	7	8		22	3
	7	14		22	7
	7	22		22	13
	8	3		22	15
	8	5		23	6
	8	7		23	8
	8	13		23	15

Ⅱ획 성씨

康(강) 乾(건) 堅(견) 袷(겹) 啓(계) 高(고) 國(국) 那(나) 浪(낭)

豚(돈) 梁(량·양) 麻(마) 梅(매) 苗(묘) 班(반) 邦(방) 范(범)

彬(빈) 常(상) 卨(설) 偰(설) 偓(악) 魚(어) 御(어) 尉(위) 異(이)

翌(익) 張(장) 章(장) 將(장) 曹(조) 珠(주) 崔(최) 票(표) 畢(필)

海(해) 許(허) 邢(형) 胡(호) 扈(호)

성씨 획수	이름 첫 자 획수	이름 끝 자 획수	성씨 획수	이름 첫 자 획수	이름 끝 자 획수
Ⅱ	2	4	Ⅱ	12	6
	2	5		12	12
	2	22		13	24
	4	2		14	4
	4	14		14	7
	4	20		14	10
	5	2		18	6
	6	7		20	4
	6	12		20	21
	6	18		20	27
	7	6		21	20
	7	14		22	2
	10	14		24	13
				27	20

12획 성씨

強(강) 景(경) 邱(구) 能(능) 單(단) 敦(돈) 童(동) 登(등) 閔(민)

傅(부) 森(삼) 象(상) 善(선) 邵(소) 淳(순) 舜(순) 筍(순) 順(순)

勝(승) 尋(심) 雁(안) 堯(요) 雲(운) 庾(유) 壹(일) 邸(저) 程(정)

堤(제) 曾(증) 智(지) 彭(팽) 馮(풍) 弼(필) 賀(하) 黃(황) 荊(형)

喜(희) 大室(대실) 東方(동방) 少室(소실) 以先(이선)

성씨 획수	이름 첫 자 획수	이름 끝 자 획수
12	1	4
12	1	5
12	1	12
12	1	20
12	3	3
12	3	20
12	4	1
12	4	9
12	4	13
12	4	17
12	4	19
12	4	21
12	5	1
12	5	6
12	5	12
12	5	20
12	6	5
12	6	11
12	6	17
12	6	19
12	6	23
12	9	4
12	9	12
12	9	20
12	9	26
12	11	6
12	11	12
12	12	1
12	12	5
12	12	9
12	12	11
12	12	13
12	12	17
12	12	21
12	12	23
12	13	4
12	13	12
12	13	20
12	17	4
12	17	6
12	17	12
12	19	4
12	19	6
12	20	1
12	20	3
12	20	5
12	20	9
12	20	13
12	21	4
12	21	12
12	23	6
12	23	12
12	26	9

13획 성씨

賈(가) 敬(경) 裘(구) 琴(금) 路(노) 雷(뇌) 頓(돈) 睦(목)

附(부) 楔(설) 新(신) 阿(아) 楊(양) 廉(염) 甯(영) 雍(옹)

郁(욱) 莊(장) 楚(초) 追(추) 椿(춘) 湯(탕) 解(해)

岡田(강전) 司空(사공) 小峰(소봉) 令孤(영고)

성씨 획수	이름 첫 자 획수	이름 끝 자 획수	성씨 획수	이름 첫 자 획수	이름 끝 자 획수
	2	3		12	4
	2	16		12	12
	2	22		12	20
	3	2		16	2
	3	8		16	8
	3	22		16	16
	4	4		16	19
	4	12		19	16
13	4	20	13	19	20
	5	20		20	4
	8	3		20	5
	8	8		20	12
	8	10		22	2
	8	16		22	3
	8	24		22	10
	10	8		22	26
	10	22		26	22

14획 성씨

喝(갈) 甄(견) 溪(계) 槐(괴) 菊(국) 箕(기) 綠(녹) 端(단) 對(대)
裴(배) 鳳(봉) 賓(빈) 嘗(상) 碩(석) 稧(설) 逍(소) 壽(수) 僧(승)
愼(신) 實(실) 連(연) 榮(영) 溫(온) 慈(자) 齊(제) 趙(조) 菜(채)
郝(학) 赫(혁) 華(화) 公孫(공손) 西門(서문)

성씨 획수	이름 첫 자 획수	이름 끝 자 획수	성씨 획수	이름 첫 자 획수	이름 끝 자 획수
14	1	2	14	10	7
	1	10		10	11
	1	17		10	15
	1	23		10	21
	2	1		10	23
	2	9		11	4
	2	15		11	7
	2	19		11	10
	2	21		15	2
	2	23		15	3
	3	4		15	9
	3	15		15	10
	3	18		15	18
	3	21		17	1
	4	3		17	4
	4	7		17	7
	4	11		18	3
	4	17		18	7
	4	19		18	15
	4	21		19	2
	7	4		19	4
	7	10		21	2
	7	11		21	3
	7	17		21	4
	7	18		21	10
	7	24		21	17
	9	2		23	1
	9	9		23	2
	9	15		23	10
	9	24		24	7
	10	1		24	9

價(가) 葛(갈) 慶(경) 郭(곽) 寬(관) 廣(광) 鄒(궉) 歐(구) 權(권)
魯(노) 樓(누) 德(덕) 董(동) 劉(류·유) 滿(만) 墨(묵) 部(부)
葉(섭) 樑(양) 燃(연) 葉(엽) 影(영) 增(증) 彈(탄) 標(표) 漢(한)
興(흥) 司馬(사마) 長谷(장곡) 仲室(중실)

성씨 획수	이름 첫 자 획수	이름 끝 자 획수	성씨 획수	이름 첫 자 획수	이름 끝 자 획수
	1	2		14	2
	1	16		14	3
	1	22		14	9
	2	1		14	10
	2	6		14	18
	2	14		14	23
	2	16		16	1
	2	22		16	2
	3	14		16	8
	3	20		16	16
	6	2		16	17
	6	10		17	6
15	6	17	15	17	16
	6	18		17	20
	8	8		18	6
	8	9		18	14
	8	10		20	3
	8	16		20	17
	8	24		22	1
	9	8		22	2
	9	14		22	10
	10	6		23	10
	10	8		23	14
	10	14		24	8
	10	22			
	10	23			

16 획 성씨

彊(강) 蓋(개) 霍(곽) 橋(교) 盧(노) 賴(뇌) 潭(담) 道(도)

陶(도) 都(도) 頭(두) 蒙(몽) 潘(반) 憑(빙) 輸(수) 燕(연)

豫(예) 龍(용) 陸(육) 陰(음) 錢(전) 諸(제) 陳(진) 皇甫(황보)

성씨 획수	이름 첫 자 획수	이름 끝 자 획수	성씨 획수	이름 첫 자 획수	이름 끝 자 획수
	1	7		9	23
	1	15		13	2
	1	16		13	8
	1	22		13	16
	2	5		13	19
	2	13		15	1
	2	15		15	2
	2	19		15	8
	2	21		15	16
	2	23		15	17
	5	2		16	1
	5	8		16	5
	5	16		16	7
16	7	1	16	16	9
	7	8		16	13
	7	9		16	15
	7	16		17	8
	7	22		17	15
	8	5		19	2
	8	7		19	13
	8	9		19	22
	8	13		21	2
	8	15		21	8
	8	17		22	1
	8	21		22	7
	8	23		22	9
	9	7		22	19
	9	8		23	2
	9	16		23	9
	9	22			

17획 성씨

鞠(국) 獨(독) 彌(미) 謝(사) 鮮(선) 遜(손) 陽(양)
襄(양) 蓮(연) 蔣(장) 鍾(종) 蔡(채) 燭(촉) 鄒(추)
澤(택) 韓(한) 鄕(향)

성씨 획수	이름 첫 자 획수	이름 끝 자 획수	성씨 획수	이름 첫 자 획수	이름 끝 자 획수
17	1	6	17	12	4
	1	14		12	6
	1	20		12	12
	4	4		14	1
	4	12		14	4
	4	14		14	7
	4	20		14	21
	6	1		15	6
	6	12		15	16
	6	15		15	20
	6	18		16	8
	7	8		16	15
	7	14		18	6
	7	24		20	1
	8	7		20	4
	8	8		20	15
	8	16		21	14
				24	7

18획 성씨

簡(간) 瞿(구) 歸(귀) 戴(대) 雙(쌍) 顔(안)
魏(위) 鞦(추) 濯(탁) 鎬(호) 網切(망절)

성씨 획수	이름 첫 자 획수	이름 끝 자 획수	성씨 획수	이름 첫 자 획수	이름 끝 자 획수
18	3	3	18	7	6
	3	14		7	14
	3	20		11	6
	5	6		14	3
	6	5		14	7
	6	7		14	15
	6	11		15	6
	6	15		15	14
	6	17		17	6
				20	3

19획 성씨

鑑(감) 關(관) 譚(담) 龐(방) 薛(설) 蘊(온) 鄭(정) 遷(천)
南宮(남궁) 再會(재회)

성씨 획수	이름 첫 자 획수	이름 끝 자 획수	성씨 획수	이름 첫 자 획수	이름 끝 자 획수
19	2	4	19	14	2
	2	14		14	4
	2	16		14	19
	4	2		16	2
	4	12		16	13
	4	14		16	22
	6	10		18	20
	6	12		19	10
	10	6		19	14
	10	19		19	20
	12	4		20	13
	12	6		20	18
	13	16		20	19
	13	20		22	16

20획 성씨

羅(나) 釋(석) 嚴(엄) 鐘(종) 鮮于(선우)

성씨 획수	이름 첫 자 획수	이름 끝 자 획수	성씨 획수	이름 첫 자 획수	이름 끝 자 획수
20	1	4	20	12	5
	1	12		12	9
	1	17		12	13
	3	12		13	4
	3	15		13	5
	3	18		13	12
	4	1		13	19
	4	9		15	3
	4	11		15	17
	4	13		17	1
	4	17		17	4
	4	21		17	15
	5	12		17	21
	5	13		18	3
	9	4		19	13
	9	9		19	19
	9	12		21	4
	11	4		21	11
	11	21		21	17
	12	1			
	12	3			

2I획 성씨

顧(고) 藤(등) 隨(수) 鶴(학)

성씨 획수	이름 첫 자 획수	이름 끝 자 획수	성씨 획수	이름 첫 자 획수	이름 끝 자 획수
2I	2	6	2I	11	20
	2	14		12	4
	3	8		12	12
	3	14		14	2
	4	4		14	3
	4	12		14	4
	4	14		14	10
	4	20		14	17
	8	3		16	2
	8	8		16	8
	8	10		17	14
	8	16		20	4
	10	8		20	11
	10	14		20	17

22획 성씨

鑑(감) 藿(곽) 權(권) 邊(변) 攝(섭) 蘇(소) 襲(습)
蘊(온) 隱(은) 負鼎(부정)

성씨 획수	이름 첫 자 획수	이름 끝 자 획수	성씨 획수	이름 첫 자 획수	이름 끝 자 획수
22	1	2	22	10	1
	1	10		10	3
	1	15		10	7
	1	16		10	13
	2	1		10	15
	2	9		11	2
	2	11		13	2
	2	13		13	3
	2	15		13	10
	3	10		15	1
	3	13		15	2
	7	9		15	10
	7	10		16	1
	7	16		16	7
	9	2		16	9
	9	7		16	19
	9	16		19	16
				23	2

23획 성씨

欒(난)

성씨 획수	이름 첫 자 획수	이름 끝 자 획수	성씨 획수	이름 첫 자 획수	이름 끝 자 획수
23	1	14	23	9	6
	1	24		9	16
	2	6		10	6
	2	14		10	8
	2	16		14	1
	2	22		14	2
	6	2		16	2
	6	9		16	8
	6	10		16	9
	8	10		22	2
	8	16		24	1

24획 성씨

靈(영)

성씨 획수	이름 첫 자 획수	이름 끝 자 획수	성씨 획수	이름 첫 자 획수	이름 끝 자 획수
24	1	7	24	9	14
	1	23		9	15
	5	8		11	13
	7	1		13	8
	7	8		13	11
	7	14		14	7
	7	17		14	9
	8	5		15	8
	8	7		15	9
	8	13		17	7
	8	15		23	1

25획 성씨

獨孤(독고) 明臨(명임)

성씨 획수	이름 첫 자 획수	이름 끝 자 획수	성씨 획수	이름 첫 자 획수	이름 끝 자 획수
25	4	4	25	12	4
	4	12		12	20
	6	7		13	10
	6	10		13	20
	7	6		16	7
	7	16		16	16
	8	8		20	12
	10	6		20	13
	10	13		22	10
	10	22			

31획 성씨

諸葛(제갈)

성씨 획수	이름 첫 자 획수	이름 끝 자 획수	성씨 획수	이름 첫 자 획수	이름 끝 자 획수
31	1	6	31	7	10
	1	16		7	14
	2	4		8	8
	2	6		10	6
	2	14		10	7
	4	2		14	2
	4	4		14	7
	4	17		16	1
	6	1		16	16
	6	2		16	21
	6	10		17	4
				21	16

불용문자

傾 기울 경	苦 괴로울 고	壞 무너질 괴	競 다툴 경	岐 험할 기
渴 목마를 갈	欺 속일 기	隔 막힐 격	怪 괴이할 괴	窺 엿볼 규
缺 깨질 결	哭 울 곡	枯 마를 고	拘 개구	棄 버릴 기
寡 과부 과	坑 빠질 갱	驥 천리마 기	犬 개 견	忌 꺼릴 기
愧 부끄러울 괴	驚 놀랄 경	恐 두려울 공	孤 외로울 고	鬼 귀신 귀
姦 간사할 간	戈 창 과	減 감할 감	飢 주릴 기	惱 번뇌할 뇌
亂 어지러울 난	難 어려울 난	泥 진흙 니	怒 성낼 노	奴 종 노
腦 머리골 뇌	逃 도망할 도	斷 끊을 단	毒 독할 독	盜 도적 도
淚 눈물 루	掠 노략질할 략	烈 찢어질 렬	漏 샐 루	盲 소경 맹
蠻 오랑캐 만	伐 칠 벌	婢 여종 비	佛 부처 불	腐 썩을 부
卑 낮을 비	北 북녘 북	犯 범할 범	負 짐질 부	鳴 울 명
氷 얼음 빙	背 등 배	否 아닐 부	迫 핍박할 박	病 병 병
貧 가난할 빈	秘 신비로울 비	非 아닐 비	消 사라질 소	襲 엄습할 습
散 흩어질 산	喪 복입을 상	愁 근심 수	傷 상할 상	損 덜 손
衰 쇠약할 쇠	削 깎을 삭	殉 순장 순	壓 누를 압	辱 욕될 욕
誘 꾈 유	淫 음탕할 음	誤 그르칠 오	疑 의심할 의	僞 거짓 위

違 어길 위	搖 흔들 요	傲 거만할 오	哀 슬플 애	陰 그늘 음
泣 울 읍	餓 주릴 아	弱 약할 약	抑 누를 억	畏 두려워할 외
惡 악할 악	睨 곁눈질할 예	怨 원망할 원	迂 굽을 우	疫 염병 역
殃 재앙 앙	慾 욕심낼 욕	刃 칼날 인	厄 재앙 액	嗚 슬플 오
征 칠 정	刺 찌를 자	障 막힐 장	止 그칠 지	絶 끊을 절
折 꺾을 절	雜 섞일 잡	塵 티끌 진	懲 징계할 징	戰 싸움 전
占 점칠 점	爭 다툴 쟁	藏 감출 장	沈 잠길 침	焦 그을릴 초
慚 부끄러울 참	縮 모자랄 축	債 빚질 채	針 바늘 침	錯 어긋날 착
歎 탄식할 탄	汰 씻을 태	貪 탐할 탐	耽 즐길 탐	濁 물흐릴 탁
痛 아플 통	怠 게으를 태	鬪 싸움 투	奪 빼앗길 탈	墮 떨어질 타
投 던질 투	退 물러갈 퇴	被 입을 피	片 조각 편	波 물결 파
廢 폐할 폐	風 바람 풍	疱 천연두 포	敗 패할 패	罷 마칠 파
黑 검을 흑	割 벨 할	險 험할 험	血 피 혈	害 해할 해
禍 재화 화	患 근심 환	形 형벌 형	魂 넋 혼	荒 거칠 황
肛 똥구멍 항	謔 거짓말할 후	毁 헐 훼	凶 흉할 흉	

불용한자

◉ **이름에 사용하면 불운한 의미를 가지는 한자**

- 하늘 건(乾)_하늘, 임금의 글자, 하천해진다.
- 경사 경(慶)_허례를 좋아하고 배우자 복이 박하다.
- 땅 곤(坤)_좌절과 실패가 많다.
- 빛 광(光)_배우자 복이 없고 형제 부모의 덕도 없다.
- 쇳돌 광(鑛)_막힘이 많고 고난의 운을 유도한다.
- 오랠 구(久)_실패와 요절의 운을 유도한다.
- 거북 구(龜)_신체 허약하고 단명한다.
- 나라 국(國)_정신과 육체가 허약하고 실패의 운을 부른다.
- 국화 국(菊)_고독하고 무덕하다.
- 귀할 귀(貴)_재산의 손실이 있고 변덕이 심하다.
- 다할 극(極)_부모덕이 없고 가난하다.

● 비단 금(錦)_고생과 고독을 암시한다.

● 길할 길(吉)_천한 인품으로 유도될 수 있다.

● 사내 남(男)_배우자덕이 없으며 가정불화가 잦다.

● 남쪽 남(南)_배우자의 복이 없고 허영심이 강하다.

● 계집 녀(女)_천하고 고독하며 부모 형제 덕과 배우자복이 없다.

● 클 대(大)_실패, 병약의 운이 있고 동생이 쓰면 형을 극한다.

● 큰 덕(德)_말년 고독, 부부 생리사별 잦은 근심이 있다.

● 복숭아 도(桃)_배신을 당하고 배우자의 덕이 박하다.

● 돋을 도(挑)_배우자의 복이 없고 배신을 자주 당한다.

● 돼지 돈(豚)_가난하고 질병에 시달리며 하천해진다.

● 이름 돌(乭)_천힌 느낌을 주며 단명의 암시가 있다.

● 겨울 동(冬)_관재, 구설, 파직, 이성 문제가 발생한다.

● 아이 동(童)_도모하는 일이 잘 이루어지지 않는다.

● 동쪽 동(東)_실패, 좌절의 운이 유도된다.

● 말 두(斗)_신체허약, 병고에 시달린다.

● 떨어질 락(落)_실패, 좌절, 사고의 운을 초래한다.

● 난초 란(蘭)_부부운이 흉하고 고독하다.

● 어질 량(良)_일에 결실이 없고 실패, 단절운을 초래한다.

● 마칠 료(了)_끝낸다는 의미로 사물의 종말을 뜻한다.

● 머무를 류(留)_일이 이루어지지 않고 부진하다.

● 말 마(馬)_짐승처럼 비천함을 내포한다.

● 찰 만(滿)_먼저는 부유하나 후에 빈곤하게 된다.

● 끝 말(末)_신고, 고독, 무덕을 초래하기 쉽고 부부운이 박약하다.

● 매화나무 매(梅)_과부 또는 화류계 여성이 되기 쉽다.

●목숨 명(命)_재액이 따르며 고독하다.

●밝을 명(明)_질병이 있고 인덕이 없으며 구설이 따른다.

●글월 문(文)_부부운이 흉하고 박복하며 괴로움이 많다.

●아닐 미(未)_종말을 상징하는 글자로 흉하다.

●아름다울 미(美)_형액하고 부모덕이 없으며 사업에 실패한다.

●민첩할 민(敏)_성질이 날카로워 불화를 초래한다.

●법 법(法)_고지식하고 재해와 재난을 겪는다.

●복 복(福)_가난하고 하천한 운을 유도한다.

●봉황새 봉(鳳)_독수공방하고 가정불화하는 운이 있다.

●부자 부(富)_가난하고 하천한 운이 유도된다.

●북쪽 북(北)_일에 실패가 많고 좌절하는 운을 유도한다.

●나눌 분(分)_과부가 될 흉한 암시가 있다.

●향기로울 분(芬)_부부운이 흉하고 화류계 인연이 있다.

●날 비(飛)_신체 허약하고 단명한다.

●넉 사(四)_단명, 조난의 암시가 있다.

●실 사(絲)_자존심이 강하고 인정이 없으며 재물복이 박하다.

●뫼 산(山)_성격이 고지식하며 슬픔이 끊일 사이가 없다.

●죽일 살(殺)_허무한 종말을 맞는다.

●윗 상(上)_진실한 성격이나 윗사람을 극한다.

●서쪽 서(西)_실패와 좌절이 많다.

●돌 석(石)_천격으로 중도좌절의 암시가 있다.

●신선 선(仙)_재물복이 없고 가정의 평화도 어렵다.

●눈 설(雪)_배신을 당하고 외롭고 고독한 글자이다.

●별 성(星)_단명, 배우자와 연이 약하고 고독하다.

● 성할 성(盛)_일에 실패가 많고 신체 허약하다.

● 웃을 소(笑)_불의의 재난을 뜻한다.

● 작을 소(小)_가난하고 여자는 후처의 운이 있다.

● 소나무 송(松)_실패가 많고 금전의 손실도 많다.

● 목숨 수(壽)_부부운이 흉하고 파재, 단명한다.

● 순할 순(順)_실패와 좌절이 많고 부부 이별운이 있다.

● 이길 승(勝)_조그마한 어려움에도 좌절을 잘한다.

● 때 시(時)_고독하고 병고에 시달리거나 재난을 만난다.

● 새 신(新)_고뇌가 많고 병약하거나 단명한다.

● 열매 실(實)_배우자를 극하는 암시가 있다.

● 큰산 악(岳)_신체장애, 사고, 고난이 초래된다.

● 바위 암(岩)_불운하고 사고, 질병을 초래한다.

● 사랑 애(愛)_비애에 빠지는 신세가 되기 쉽고 부부운이 흉하다.

● 영화 영(榮)_궁핍하고 고난이 있다.

● 예절 예(禮)_부부운이 좋지 못하고 고생을 한다.

● 구슬 옥(玉)_총명, 성공하는 암시도 있으나 단명할 수 있다.

● 용 용(龍)_허망한 일이 자주 발생한다.

● 완전할 완(完)_맏이가 쓰면 무방하나 차자가 쓰면 형을 극한다.

● 모퉁이 우(隅)_부부 이별, 부모덕이 없고 재난을 겪는다.

● 구름 운(雲)_형제간에 우애가 없고 재물이 흩어진다.

● 수컷 웅(雄)_애정운이 불길하고 병약하다.

● 으뜸 원(元)_맏이가 쓰면 무방하나 차자가 쓰면 불길하다.

● 달 월(月)_고독함을 내포한다.

● 은 은(銀)_마음은 착하나 인덕이 없고 기복이 심하다.

- 옳을 의(義)_고독하고 인간 배신이 따른다.
- 저 이(伊)_고독하고 천한 의미를 지닌다.
- 어질 인(仁)_융통성이 부족하고 금전 손실을 자주 본다.
- 날 일(日)_부모덕이 없고 매사가 막힌다.
- 아들 자(子)_허영심이 많고 천박하며, 남편과 자식의 출세 길을
  막고, 가정불화가 많다.
- 길 장(長)_동생이 쓰면 형이 망하고 자신도 좋지 않다.
- 점 점(點)_고독하고 실패의 운이 유도된다.
- 곧을 정(貞)_관재나 구설이 있고 가정도 온전하지 못하다.
- 끝 종(終)_성공이 늦고 형제와 우애가 없다.
- 대 죽(竹)_실패와 좌절이 많고 고독하다.
- 버금 중(仲)_중도좌절이 있고 실패와 고난이 따른다.
- 땅 지(地)_기초가 약하여 매사에 재액이 따른다.
- 가지 지(枝)_가정불화, 재난이 따른다.
- 보배 진(珍)_일에 실패가 많고 고독한 명이다.
- 참 진(眞)_모든 일이 허로 돌아가는 암시가 있다.
- 하늘 천(天)_배우자 인연이 없고 고독한 명이다.
- 일천 천(千)_육친무덕하고 타향살이를 하게 된다.
- 내 천(川)_재복이 없고 관재가 따르며 변덕도 심하다.
- 쇠 철(鐵)_고독, 가난하며 남의 업신여김을 받는 흉을 암시한다.
- 처음 초(初)_이성 문제가 있고 구설과 관재가 따른다.
- 풀 초(草)_인덕이 없고 배신을 당하며 허영심이 크다.
- 가을 추(秋)_흥하고 망함이 교차하고 인덕이 없다.
- 봄 춘(春)_성공을 이루기 어렵고 허영심으로 실패한다.

- 날 출(出)_고집이 세고 허영심이 많다.

- 충성 충(忠)_조난이나 단명의 글자이다.

- 다스릴 치(治)_실패가 많고 고난이 따른다.

- 클 태(泰)_장자는 무방하나 동생이 쓰면 형에게 좋지 않다.

- 바람 풍(風)_재산을 날려버리는 흉한 암시가 있다.

- 풍성할 풍(豊)_재산 손실이 발생할 암시가 있다.

- 평평할 평(平)_잔병이 많고 삶의 역경이 심하다.

- 여름 하(夏)_파란이 많아 노력에 비해 이루어지는 것이 적다.

- 학 학(鶴)_질병으로 고생하고 유산을 지키지 못한다.

- 바다 해(海)_인생 항로에 파란곡절이 많다.

- 다행 행(幸)_융통성이 부족하여 실패가 많다.

- 향기 향(香)_부부운이 불리하고 가난하다.

- 검을 현(玄)_변덕이 심하고 육친무덕하며 불화한다.

- 범 호(虎)_가난하고 단명하는 사람이 많다.

- 좋을 호(好)_고뇌와 좌절이 많고 결실이 없다.

- 붉을 홍(紅)_단명의 암시가 있다.

- 효도 효(孝)_조실부모하기 쉽다.

- 꽃 화(花)_부부운이 좋지 않다.

- 불 화(火)_신체 허약하고 구설, 관재운이 따른다.

- 임금 황(皇)_육친무덕하고 고생한다.

- 빛날 휘(輝)_성품이 강하여 모든 일에 실수가 많다.

- 기쁠 희(喜)_비애, 고독, 파재의 암시가 있다.

- 계집 희(姬)_남자 뒷바라지를 하느라 고생만 하고 손해가 많다.

4 인명용 종합 한자사전

일러두기

- 2026년 3월 기준 시행 대법원 인명용 한자를 수록하였습니다.

- 각 자(字)의 음(音)과 뜻풀이, 부수, 획수, 자원오행, 사용적합도를 수록하였습니다.

- 획수는 성명학에서 사용하는 원획으로 표시하였습니다.

- 발음오행과 자원오행을 구별하여 표시하였습니다.

- 인명용 한자로 지정되었다고 해도 성명학상 사용하기 어려운 글자들이 많으니 주의해서 사용해야 합니다.

한자	뜻	부수	획수	자원오행	사용적합	한자	뜻	부수	획수	자원오행	사용적합
가						珈	떨잠, 머리꾸미개	玉	10	金	△
加	더할, 처할, 있을	力	5	水	○	苛	매울, 사나울, 번거로울	艸	11	木	×
可	옳을, 허락할	口	5	水	△	假	거짓, 임시적, 빌	人	11	火	×
伽	절, 가지	人	7	火	×	茄	연줄기, 연, 절	艸	11	木	△
坷	평탄하지 않을	土	8	土	×	袈	가사, 승려의 옷	衣	11	木	×
佳	아름다울, 좋을	人	8	火	○	舸	배, 큰 배	舟	11	木	△
呵	꾸짖을, 껄껄 웃을	口	8	水	×	笳	갈잎피리	竹	11	木	△
架	시렁, 횃대, 건너지를, 가설할	木	9	木	△	耞	도리깨	耒	11	金	△
柯	가지, 줄기, 도낏자루	木	9	木	×	迦	막을, 차단할	辵	12	土	×
枷	도리깨, 횃대, 칼	木	9	木	×	跏	책상다리할	足	12	土	△
泇	물이름, 땅이름	水	9	水	△	訶	꾸짖을, 야단할, 책망할	言	12	金	×
哥	노래할	口	10	水	△	軻	수레, 사람이름, 도끼자루	車	12	火	×
珂	흰 옥돌, 조개이름	玉	10	金	△	街	거리, 시가, 네거리	行	12	火	△
家	집, 건물, 지아비	宀	10	木	△	斝	술잔, 복을 빌	斗	12	火	△
痂	부스럼, 헌데딱지, 옴	广	10	水	×	嫁	시집갈, 떠넘길	女	13	土	△
哿	좋을, 훌륭할	口	10	水	○	暇	틈, 겨를, 한가할	日	13	火	△

한자	뜻	부수	획수	자원오행	사용적합	한자	뜻	부수	획수	자원오행	사용적합
賈	(姓), 값, 장사, 상인	具	13	金	△	恪	삼갈, 법, 표준	心	10	火	△
歌	노래, 노래할, 읊을	欠	14	金	△	桷	서까래, 가지	木	11	木	△
嘉	아름다울, 뛰어날, 기쁠, 훌륭할	口	14	水	○	殼	껍질, 씨, 내리칠	殳	12	金	×
嘏	클, 복이 클	口	14	水	○	脚	다리, 정강이	肉	13	水	×
榎	개오동나무	木	14	木	△	閣	문설주, 세울, 멈출	門	14	木	△
稼	심을, 농사, 곡식	禾	15	木	○	推	두드릴, 끌, 칠	手	14	木	△
價	(姓), 값, 가치	人	15	火	△	慤	성실할	心	14	火	○
駕	멍에, 탈, 수레	馬	15	火	×	慤	성실할, 정성스러울	心	15	火	○
葭	갈대, 갈잎 피리	艸	15	木	×	擱	놓을	手	18	木	×
檟	개오동나무	木	17	木	△	覺	깨달을, 드러낼	見	20	火	△
謌	노래, 노래할, 칭송할	言	17	金	○						

각

간

한자	뜻	부수	획수	자원오행	사용적합	한자	뜻	부수	획수	자원오행	사용적합
各	각각, 따로따로, 여러	口	6	水	×	干	(姓), 방패, 방어할	干	3	木	○
角	뿔, 짐승의 뿔	角	7	木	×	刊	새길, 깎을	刀	5	金	△
却	물리칠, 물러날	卩	7	木	×	艮	괘이름, 그칠	艮	6	土	△
刻	새길, 벗길	刀	8	金	○	奸	범할, 간통할, 간사할	女	6	土	×
卻	물리칠	卩	9	火	×	杆	나무이름, 박달나무, 방패	木	7	木	△
咯	울, 토할	口	9	水	×	忓	방해할, 어지럽힐	心	7	火	×
埆	매마를, 딱딱할	土	10	土	×	玕	옥돌	玉	8	金	△
珏	쌍옥	玉	10	金	△	侃	굳셀, 강직할	人	8	火	○
						矸	산돌	石	8	金	○

한자	뜻	부수	획수	자원오행	사용적합	한자	뜻	부수	획수	자원오행	사용적합
秆	볏짚	禾	8	木	△	澗	산골물, 골짜기, 계곡의 시내	水	16	水	△
姦	간사할, 간음할	女	9	土	×	諫	간할, 충고할	言	16	金	△
竿	(姓), 장대, 죽순, 범할	竹	9	木	△	艱	어려울, 괴로워할	干	17	土	×
看	볼, 지킬	目	9	木	○	懇	간절할, 노력할	心	17	火	○
肝	간, 간장, 정성, 충정	肉	9	水	×	磵	계곡의 시내, 간수	石	17	金	○
柬	가릴, 분간할, 편지	木	9	木	△	癎	간질, 경풍	疒	17	水	×
衎	즐길, 기뻐할	行	9	火	○	癇	간질, 경기, 경품	疒	17	水	×
迀	구할, 요구할, 나아갈	辵	10	土	△	簡	(姓), 대쪽, 편지	竹	18	木	○
栞	도표, 나무 벨	木	10	木	△	齦	물, 깨물	齒	21	金	×
赶	쫓을, 뒤따를	走	10	火	△						

갈

한자	뜻	부수	획수	자원오행	사용적합	한자	뜻	부수	획수	자원오행	사용적합
桿	몽둥이, 난간, 나무이름	木	11	木	△	乫	땅이름	乙	6	木	△
偘	굳셀, 강직할	人	11	火	○	曷	어찌, 언제	日	9	火	×
稈	볏짚, 짚	禾	12	木	△	秸	볏짚, 벗길, 뻐꾸기	禾	11	木	△
間	사이, 틈	門	12	木	×	喝	꾸짖을, 외칠, 부를	口	12	木	×
茛	미나리아재비, 독초	艸	12	木	×	渴	목마를, 고갈될	水	13	水	×
揀	가릴, 구별할	手	13	木	△	楬	푯말, 악기의 이름	木	13	木	△
幹	줄기, 기둥, 뼈대	干	13	木	○	碣	(姓), 비석, 우뚝 솟은 돌	石	14	金	×
榦	줄기, 몸, 체구	木	14	木	○	竭	다할, 물마를	立	14	金	×
慳	아낄, 인색할	心	15	火	×	羯	거세한 양, 오랑캐	羊	15	土	×
墾	개간할, 다스릴, 밭갈	土	16	土	△	褐	털옷, 베옷	衣	15	木	△

한자	뜻	부수	획수	자원오행	사용적합	한자	뜻	부수	획수	자원오행	사용적합
葛	(姓), 칡, 덩굴, 갈포	艸	15	木	△	嶻	험준할, 울퉁불퉁할	山	12	土	×
蝎	나무좀, 나무궁벵이, 전갈	虫	15	木	×	敢	감히, 감행할, 용맹스러울, 굳셀	攴	12	金	○
噶	다짐할, 맹세할	口	16	水	△	欿	시름겨울, 서운할	欠	12	金	×
鞨	말갈, 오랑캐이름, 가죽신	革	18	金	×	淦	물스며들, 물이름, 배에 괸 물	水	12	水	×
蠍	전갈	虫	19	水	×	酣	흥겨울, 술에 취할	酉	12	金	△
감						戡	칠, 평정할, 승리할	戈	13	金	×
甘	(姓), 달, 맛좋을, 상쾌할	甘	5	土	○	減	덜, 줄일	水	13	水	△
坎	구덩이, 무덤	土	7	土	×	感	느낄, 감동할, 고맙게 여길	心	13	火	○
坩	도가니 , 험할, 괘이름	土	8	土	△	監	볼, 살필	皿	14	金	○
柑	감자나무, 입다물 재갈물릴(겸),	木	9	木	△	橄	감람나무, 올리브	木	16	木	△
弇	덮을, 좁은 길	艸	9	土	△	憨	어리석을, 우매할	心	16	火	△
泔	뜨물, 찰	水	9	水	△	澉	싱거울	水	16	水	△
玪	옥이름, 옥돌	玉	9	金	○	瞰	볼, 멀리 볼, 내려다볼	目	17	木	○
疳	감질, 감병, 감창	广	10	水	×	憾	서운해할, 근심할	心	17	火	×
勘	헤아릴, 생각할	力	11	土	○	撼	흔들, 움직일	手	17	木	△
埳	구덩이	土	11	土	×	欿	줄, 바랄, 탐할	欠	17	火	△
紺	감색, 야청빛	糸	11	木	△	轗	가기 힘들	車	20	火	×
嵌	산깊을, 골짜기, 굴	山	12	土	△	鹻	소금기, 간수	鹵	21	水	△
堪	견딜, 뛰어날	土	12	土	○	龕	감실, 절의 탑, 그릇	龍	22	土	×
邯	땅이름, 강이름	邑	12	土	△	鑑	(姓), 거울, 비추어 볼, 살필, 성찰할	金	22	金	○

한자	뜻	부수	획수	자원오행	사용적합	한자	뜻	부수	획수	자원오행	사용적합
鑒	거울	金	22	金	○	剛	(姓), 굳셀, 억셀	刀	10	金	○
矙	엿볼	目	25	木	△	豇	광저기콩	豆	10	水	△
갑						崗	언덕, 산등성이	山	11	土	○
甲	갑옷, 딱지, 첫째 천간	田	5	木	△	堈	언덕, 둑	土	11	土	○
匣	갑, 작은상자, 궤	匚	7	木	△	康	(姓), 평안할, 큰길	广	11	木	○
岬	곶, 산허리, 산골짜기	山	8	土	○	強	(姓), 강할, 굳셀	弓	11	金	○
胛	어깨뼈	肉	11	水	△	罡	별이름, 북두칠성	网	11	木	○
鉀	갑옷	金	13	金	○	茳	천궁모종, 향초이름	艸	12	木	△
閘	수문, 닫을, 여닫을	門	13	木	△	強	(姓), 강할, 굳셀	弓	12	金	○
강						絳	진홍색, 깊게 붉을	糸	12	木	○
杠	깃대, 다리	木	7	木	○	傋	어리석을	人	12	火	△
扛	마주들, 짐을 멜	手	7	木	△	悾	정성, 진심, 어리석을	心	12	火	△
江	(姓), 강, 물이름	水	7	水	△	畺	지경, 밭 사이의 경계	田	13	土	△
岡	언덕, 산등성이	山	8	土	○	跫	우뚝 설, 세울	足	13	土	○
羌	오랑캐, 종족이름, 탄식소리	羊	8	土	×	降	내릴, 하사할	阜	14	土	△
忼	강개할, 고상할	心	8	火	○	嫝	편안할, 여자이름	女	14	土	○
矼	징검다리	石	8	金	△	羫	양 갈빗대	羊	14	土	×
玒	옥이름	玉	8	金	○	綱	벼리, 사물의 주가 되는	糸	14	木	○
姜	(姓), 강할, 생강	女	9	土	○	腔	속빌, 빈 속, 가락	肉	14	水	×
舡	배, 선박, 술잔	舟	9	木	△	慷	슬플, 강개할	心	15	火	×

한자	뜻	부수	획수	자원오행	사용적합	한자	뜻	부수	획수	자원오행	사용적합
僵	넘어질	人	15	火	×	匃	빌, 구걸할	勹	5	金	×
壃	지경, 두둑	土	16	土	○	价	착할, 클	人	6	火	○
彊	(姓), 굳셀, 힘쓸, 강할	弓	16	金	○	改	고칠, 바꿀	攴	7	金	○
鋼	강철, 단단한 쇠	金	16	金	○	玠	홀, 큰 서옥	玉	9	金	○
穅	쌀겨, 매우 작은 것	禾	16	木	×	疥	옴, 학질	疒	9	水	×
橿	굳셀, 박달나무	木	17	木	△	皆	다, 함께	白	9	火	○
糠	쌀겨, 매우 작은 것	米	17	木	×	芥	겨자, 티끌	艸	10	木	×
講	외울, 익힐, 강론할	言	17	金	○	個	낱낱, 하나	人	10	火	△
殭	굳어질, 말라죽을	歹	17	水	×	豈	어찌, 싸움 이긴 노래	豆	10	水	×
繈	포대기, 띠	糸	17	木	△	盖	덮을, 숭상할	皿	11	木	△
襁	포대기, 등에 업을	衣	18	木	△	開	열, 펼, 깨우칠, 개척할	門	12	火	○
鏹	강철, 굳셀, 강할	金	18	金	○	凱	개선할, 화할, 이길	几	12	木	○
疆	지경, 끝	田	19	土	△	剴	낫, 알맞을	刀	12	金	△
薑	생강	艸	19	木	△	塏	높은 땅	土	13	土	○
顜	밝을, 바를, 고울	頁	19	火	○	揩	닦을, 문지를	手	13	木	○
鏹	돈, 돈꿰미	金	19	金	△	愷	편안할, 즐거울	心	14	火	△
韁	고삐, 말고삐, 굴레	革	22	金	×	慨	성낼, 한탄할	心	14	火	×
鱇	아귀, 물고기	魚	22	水	×	箇	낱, 이것, 어떤	竹	14	木	△
<td colspan="6" align="center">**개**</td>						漑	물댈, 씻을	水	15	水	△
介	(姓), 끼일, 소개할	人	4	火	△	槪	대개, 대강	木	15	木	○

한자	뜻	부수	획수	자원오행	사용적합	한자	뜻	부수	획수	자원오행	사용적합
慨	슬퍼할, 분노할	心	15	火	×	巨	클, 많을	工	5	火	○
槩	평미레, 풍채	木	15	木	○	去	갈, 버릴	厶	5	水	△
磕	돌 부딪치는 소리	石	15	金	△	車	수레	車	7	火	△
蓋	(姓), 덮을, 덮개, 뚜껑	艸	16	木	△	居	살, 있을	尸	8	木	△
鎧	갑옷, 무장할	金	18	金	×	呿	벌릴, 하품할	口	8	水	×
闓	열, 개방될	門	18	木	○	拒	방어할, 막을, 겨룰	手	9	木	×
객						炬	횃불, 불태울	火	9	火	△
客	손님, 나그네	宀	9	木	△	昛	밝을	日	9	火	○
喀	토할, 기침할	口	12	木	×	祛	(재앙을)떨어 없앨, 물리칠	示	10	木	×
갱						倨	거만할	人	10	火	×
坑	묻을, 구덩이	土	7	土	×	秬	검은 기장	禾	10	木	×
更	다시, 더욱	日	7	火	×	胠	겨드랑이, 열	肉	11	水	△
硜	돌소리, 주변머리 없을	石	12	金	×	苣	상추, 참깨, 횃불	艸	11	木	△
粳	메벼	米	13	木	×	袪	옷소매, 떠날	衣	11	木	×
賡	이을, 계속할, 갚을	貝	15	金	△	距	상거할, 떨어질	足	12	土	×
羹	국, 삶을, 끓일	羊	19	土	×	據	일할, 의거할, 의지할	手	12	木	△
鏗	금옥소리, 거문고소리	金	19	金	×	渠	개천, 도랑, 우두머리	水	13	水	△
각						鉅	클, 강할	金	13	金	○
醵	추렴할, 술잔치	酉	20	金	×	筥	둥구미, 볏단	竹	13	木	△
거						莒	감자	艸	13	木	×

한자	뜻	부수	획수	자원오행	사용적합	한자	뜻	부수	획수	자원오행	사용적합
脯	날짐승 포, 말린 새고기	肉	14	水	×	建	세울, 걸어가는 모양	辵	13	土	△
裾	옷자락, 거만할, 뻣뻣할	衣	14	木	×	漣	물이름	水	13	水	○
踞	걸터앉을, 웅크릴	足	15	土	×	楗	문빗장, 문지방	木	13	木	△
駏	버새	馬	15	火	×	揵	멜, 들, 막을	手	13	木	△
鋸	톱, 톱질할	金	16	金	×	睷	눈으로 셀, 눈대중, 헤아릴	目	14	木	△
據	의거할, 웅거할	水	17	木	△	搴	빼낼, 뽑아낼, 들어낼	手	14	木	△
擧	들, 일으킬	手	18	木	○	漧	하늘	水	15	水	△
蕖	연꽃, 토란	艸	18	木	×	腱	힘줄	肉	15	水	△
遽	역말, 급할, 갑자기	辵	20	土	×	蹇	밟을, 가는 모양	足	16	土	△
籧	대자리, 새가슴	竹	23	木	×	褰	걷어올릴, 열, 펼칠	衣	16	木	△
蘧	패랭이꽃	艸	23	木	×	蹇	절뚝발이	足	17	土	×
건						鍵	열쇠, 자물쇠	金	17	金	△
巾	수건	巾	3	木	×	謇	떠듬거릴, 어려울	言	17	金	×
件	물건, 사건	人	6	火	×	鞬	동개, 묶을	革	18	金	△
建	세울, 일으킬	廴	9	木	○	騫	이지러질	馬	20	火	×
虔	정성, 삼갈, 공경할, 빼앗을, 죽일	虍	10	木	△	**걸**					
健	굳셀, 건강할	人	11	火	○	乞	빌, 구할, 거지	乙	3	木	×
乾	(姓), 하늘, 마를, 임금, 괘 이름	乙	11	金	△	亘	걸, 걸어둘, 매달	乙	6	木	△
愆	허물, 어그러질	心	13	火	×	杰	뛰어날, 호걸, 준걸	木	8	木	○
犍	불친소	牛	13	土	×	桀	하왕이름, 사나울, 교활할	木	10	木	×

한자	뜻	부수	획수	자원오행	사용적합	한자	뜻	부수	획수	자원오행	사용적합
傑	뛰어날, 호걸, 준걸	人	12	火	○	偈	쉴, 불시	人	11	火	×
揭	갈, 떠나갈	目	14	火	×	揭	높이 들, 걸	手	13	木	△
榤	홰, 말뚝	木	14	木	△	憩	쉴	心	16	火	△

검

격

한자	뜻	부수	획수	자원오행	사용적합	한자	뜻	부수	획수	자원오행	사용적합
芡	가시연꽃	艸	10	木	×	鬲	막을	鬲	10	土	△
鈐	비녀장	金	12	金	×	格	격식, 지위, 인품	木	10	木	○
劍	칼, 검	刀	15	金	×	挌	칠, 두드릴	手	10	木	△
儉	검소할	人	15	火	○	轂	부딪칠, 털, 애쓸	殳	14	金	△
黔	검을	黑	16	水	×	覡	박수, 남자무당	見	14	火	×
劒	칼, 찌를	刀	16	金	×	鵙	때까치, 백로	鳥	15	火	×
檢	검사할, 살필	木	17	木	○	膈	가슴, 흉격, 명치, 칸막이	肉	16	水	×
撿	검사할, 단속할	手	17	木	○	骼	뼈, 해골, 넓적다리뼈	骨	16	金	×
瞼	눈꺼풀, 눈시울	目	18	木	×	擊	부딪칠, 칠, 죽일	手	17	木	×

겁

한자	뜻	부수	획수	자원오행	사용적합	한자	뜻	부수	획수	자원오행	사용적합
刦	위협할, 강도	刀	7	金	×	激	격할, 과격할, 격돌할, 분발할	水	17	水	×
刧	위협할, 강도	刀	7	金	×	檄	격서, 격문, 편지, 빼어날	木	17	木	△
劫	위협할, 겁탈할	刀	7	水	×	闃	고요할, 조용할	門	17	木	△
怯	겁낼, 무서워할	心	9	火	×	隔	막힐, 막을, 가슴사이가 뜰	阜	18	土	×
迲	자래, 생선, 갈	辵	12	土	×						

게

견

한자	뜻	부수	획수	자원오행	사용적합
犬	개	犬	4	土	×
見	볼, 견해	見	7	火	△

한자	뜻	부수	획수	자원오행	사용적합	한자	뜻	부수	획수	자원오행	사용적합
畎	밭도랑	田	9	土	△	挈	맑을, 깨끗할	女	9	土	○
肩	어깨, 이겨낼	肉	10	水	×	玦	패옥	玉	9	金	○
狷	성급할, 견개할	犭	11	土	△	缺	이지러질, 빌, 모자랄	缶	10	土	×
牽	이끌, 끌	牛	11	土	○	訣	이별할, 헤어질	言	11	金	×
堅	(姓), 굳을, 굳셀, 강할	土	11	土	○	焆	불빛	火	11	火	△
絹	비단, 명주	糸	13	木	△	觖	서운해할, 들출, 바랄	角	11	木	△
筧	대나무 이름, 대 홈통	竹	13	木	△	結	맺을, 마칠	糸	12	木	△
甄	(姓), 질그릇, 살필, 가르칠, 밝을	瓦	14	土	○	迼	뛸	辶	13	土	△
遣	보낼, 버릴	辶	17	土	×	潔	깨끗할, 품행바를	氵	14	水	○
縳	명주, 흴	糸	17	木	△	潔	깨끗할, 맑을	水	16	水	○
鵑	두견새, 뻐꾹새	鳥	18	火	△	鍥	새길, 자를, 조각할	金	17	金	×
繭	누에고치	糸	19	木	×	関	문닫을, 끝날	門	17	木	×
羂	올무, 그물	网	19	木	×	**겸**					
繾	곡진할, 정성스러울	糸	20	木	△	岭	산이 작고 높을	山	7	土	△
譴	꾸짖을	言	21	金	×	拑	입다물, 재갈물릴	手	9	木	×
鰹	가물치	魚	22	水	×	兼	겸할, 쌓을, 모을	八	10	金	○
蠲	밝을, 조촐할	虫	23	水	△	傔	시중들, 하인	人	12	火	×
결						嵰	산높을	山	13	土	△
決	(姓),결단할, 결정할, 판단할	水	8	水	△	鉗	칼, 낫, 재갈	金	13	金	×
抉	도려낼, 긁을	手	8	木	×	嗛	겸손할, 싫어할, 모자랄	口	13	金	△

한자	뜻	부수	획수	자원오행	사용적합	한자	뜻	부수	획수	자원오행	사용적합
慊	마음에 차지 않을, 한탄할	心	14	火	×	畊	밭갈, 힘쓸, 노력할	田	9	土	△
箝	재갈먹일, 끼울, 입다물	竹	14	木	×	亰	서울, 언덕, 수도	亠	9	土	△
槏	문설주, 단속할	木	14	木	△	勁	굳셀, 강할	力	9	金	○
歉	흉년들	欠	14	金	×	剄	목벨, 셀	刀	9	金	×
縑	합사비단, 명주	糸	16	木	△	扄	문빗장	戶	9	木	△
蒹	갈대, 물억새	艸	16	木	×	俓	지름길, 곧을	人	9	火	○
黚	얕은 금향빛, 검은, 검누를	黑	17	水	△	耕	밭갈, 농사	耒	10	土	△
謙	겸손할, 사양할, 겸허할	言	17	金	○	勍	셀, 강할	力	10	金	○
鎌	낫, 모서리	金	18	金	×	倞	굳셀, 강할	人	10	火	○
鼸	도마뱀, 두더지	鼠	23	木	×	耿	(姓), 빛날, 비칠, 밝을, 깨끗할	耳	10	火	○
						徑	지름길, 길, 빠를, 곧을	彳	10	火	○
경						哽	목멜, 더듬거릴, 막힐	口	10	水	×
冂	멀, 빌	冂	2	火	×	竟	다할, 마침내, 끝낼	立	11	金	×
囧	빛날, 창문밝을	口	7	火	△	烱	불꽃오를, 빛날, 밝을	火	11	火	○
冏	빛날, 창문밝을	冂	7	火	△	涇	통할, 흐를, 강이름	水	11	水	△
更	고칠, 바꿀, 개선할	日	7	水	△	頃	이랑, 잠깐, 기울, 요즈음	頁	11	火	×
坙	물줄기, 지하수	巛	7	水	△	梗	대개, 대강, 줄기, 굳셀, 곧을	木	11	木	△
坰	들, 교외	土	8	土	△	絅	잡아당길, 바짝죌, 홑옷	糸	11	木	×
京	(姓), 서울, 클, 높을	亠	8	土	△	硬	굳을, 막힐, 단단할, 강할	石	12	金	△
炅	빛날, 밝을	火	8	火	○	卿	벼슬, 밝힐, 향할, 귀공, 스승	卩	12	木	△
庚	(姓), 별, 나이, 일곱 번째 천간	广	8	金	×						

한자	뜻	부수	획수	자원오행	사용적합	한자	뜻	부수	획수	자원오행	사용적합
痙	경련할, 심줄당길	疒	12	水	×	暻	밝을	日	16	火	○
景	(姓), 볕, 경치, 클, 우러러볼	日	12	火	○	憬	깨달을, 동경할, 그리워할	心	16	火	△
煢	근심할, 외로울	火	12	火	×	曔	밝을, 빛	火	16	火	○
莖	줄기, 버팀목	艸	13	木	△	褧	홑옷	衣	16	木	△
脛	정강이, 종아리	肉	13	水	×	璄	옥빛, 옥광채	玉	16	金	○
經	글, 경서, 다스릴	糸	13	木	○	檠	도지개, 등잔걸이, 등불, 바로잡을	木	17	木	○
敬	(姓), 공경할, 삼갈	攴	13	金	○	璟	옥빛, 옥광채	玉	17	金	△
傾	기울, 기울어질	人	13	火	×	擎	받들, 들어올릴, 높이 들	手	17	木	○
惸	근심할, 독신자	心	13	火	×	橄	등잔대, 도지개, 등잔걸이	木	17	木	△
煢	외로울, 근심할	火	13	火	×	憼	공경할, 대비할	心	17	火	○
綆	두레박줄	糸	13	木	△	暿	밝을, 마를, 환할	日	17	火	△
逕	좁은 길, 자취	辵	14	土	△	罄	빌, 공허할	缶	17	金	×
境	지경, 형편	土	14	土	○	繜	홑옷, 느슨할	糸	17	木	△
輕	가벼울	車	14	火	×	璇	옥이름, 경옥, 아름다운 옥	玉	18	金	○
慶	(姓), 경사, 하례할, 축하할, 즐거울	心	15	火	△	謦	기침	言	18	金	×
儆	경계할	人	15	火	×	鯁	생선뼈	魚	18	水	×
熲	빛날, 불빛	火	15	火	○	鯨	고래	魚	19	水	×
駉	살찔, 굳셀, 준마	馬	15	火	○	鶊	꾀꼬리	鳥	19	火	×
頸	목덜미	頁	16	火	△	鏡	거울, 살필	金	19	金	○
磬	경쇠, 기침	石	16	金	×	競	다툴, 겨룰	立	20	金	×

한자	뜻	부수	획수	자원오행	사용적합	한자	뜻	부수	획수	자원오행	사용적합
瓊	붉은옥, 구슬	玉	20	金	△	堦	섬돌, 사다리	土	12	土	△
警	경계할, 깨우칠, 깨달을	言	20	金	△	悸	두근거릴, 늘어질, 두려워할	心	12	火	×
黥	자자할, 묵형	黑	20	水	×	棨	나무 창	木	12	木	△
競	다툴, 겨룰	立	22	金	×	溪	(姓), 시내, 시냇물	水	14	水	△
驚	놀랄	馬	23	火	×	誡	경계할, 고할	言	14	金	△
계						瘈	미칠, 경풍	广	14	水	×
戒	경계할, 타이를	戈	7	金	△	禊	계제사	示	14	木	×
系	이을, 실마리, 혈통	糸	7	木	△	縈	발 고운 비단	糸	14	木	△
届	이를, 다다를	尸	8	木	○	稽	상고할, 헤아릴, 논의할	禾	15	木	△
季	(姓), 철, 계절, 끝, 막내	子	8	水	△	磎	시내, 마른시내	石	15	金	○
界	지경, 경계	田	9	土	△	繫	맬, 죄수, 구속할	糸	16	木	×
契	맺을, 계약할, 애쓸, 약속	大	9	木	△	髻	상투	髟	16	火	×
計	셀, 꾀할, 셈	言	9	金	△	階	계단, 섬돌, 차례	阝	17	土	△
癸	북방, 열 번째 천간	癶	9	水	△	谿	시냇물	谷	17	水	○
係	걸릴, 이을, 맬	人	9	火	△	罽	어망, 융단	网	17	木	△
桂	(姓), 계수나무	木	10	木	△	雞	닭	隹	18	火	×
烓	화덕, 밝을	火	10	火	○	繼	맬, 죄수	糸	19	木	△
械	기계, 형틀	木	11	木	×	薊	삽주, 엉겅퀴	艸	19	木	×
啓	(姓), 열, 밝힐, 일깨울	口	11	水	○	繼	이을	糸	20	木	○
堺	지경, 경계	土	12	土	△	鷄	닭	鳥	21	火	×

한자	뜻	부수	획수	자원오행	사용적합	한자	뜻	부수	획수	자원오행	사용적합
	고					羖	검은 암양	羊	10	土	×
古	옛, 비롯할	口	5	水	×	股	넓적다리, 정강이	肉	10	水	×
尻	꽁무니, 밑바닥, 자리잡을	尸	5	水	×	高	(姓), 높을, 위, 고상할	高	10	火	△
叩	두드릴, 조아릴, 끌어당길	口	5	水	△	髙	(姓), 제주, 높을, 뛰어날, 클	高	11	木	○
攷	생각할, 살펴볼, 깊이 헤아릴	攵	6	金	○	拷	칠, 두드릴	手	10	木	×
告	알릴, 고할, 아뢸	口	7	水	△	庫	곳집, 창고	广	10	木	△
估	값, 상인	人	7	火	△	凅	얼, 엉길	冫	10	木	×
考	헤아릴, 상고할, 살필	老	8	土	△	栲	붉나무	木	10	木	×
姑	시어머니	女	8	土	×	皋	언덕, 못	白	10	水	△
固	(姓), 굳을, 단단할, 진실로	口	8	水	△	菰	줄, 줄풀, 진고	艸	11	木	△
呱	울, 아이 우는 소리	口	8	水	×	皐	언덕, 못, 늪, 부르는 소리	白	11	水	×
杲	밝을, 높을, 해돋을	木	8	木	○	苦	쓸, 괴로울	艸	11	木	×
孤	외로울, 홀로, 떨어질	子	8	水	×	袴	바지	衣	12	木	×
剮	가를, 쪼갤	刀	8	金	×	雇	품팔	隹	12	火	×
牯	암소	牛	9	土	×	辜	허물, 막을	辛	12	金	×
枯	마를	木	9	木	×	稾	볏짚	禾	12	木	×
故	연고, 까닭, 옛	攵	9	金	×	胯	사타구니	肉	12	木	×
沽	팔, 살	水	9	水	△	觚	술잔	角	12	木	×
羔	새끼 양, 흑양	羊	10	土	×	詁	주낼, 훈고	言	12	金	△
罟	그물	网	10	木	×	酤	계명주	酉	12	金	×

한자	뜻	부수	획수	자원오행	사용적합	한자	뜻	부수	획수	자원오행	사용적합
賈	장사, 살	具	13	金	△	鴣	자고, 구욕새	鳥	16	火	×
痼	고질병	广	13	水	×	翶	날, 비상할	羽	17	火	△
鼓	북칠	鼓	13	金	△	鹺	소금밭, 굵은소금	皿	18	水	×
皷	북칠	鼓	13	金	△	瞽	소경, 장님	目	18	木	△
鈷	다리미, 제기	金	13	金	△	櫜	활집, 갑옷, 전대	木	19	木	△
郜	나라이름, 고을이름	邑	14	土	△	藁	짚, 마를	艸	20	木	×
誥	고할	言	14	金	△	顧	(姓), 돌아볼	頁	21	火	△
敲	두드릴, 후려칠	攴	14	金	△	蠱	뱃속 벌레, 회충 벌레	虫	23	水	×
菰	줄풀, 향초, 외로울	艸	14	木	×	鶻	작은 비둘기	鳥	23	火	×
槁	마를, 여윌	木	14	木	×	곡					
暠	밝을, 흴(호)	日	14	火	○	曲	(姓), 굽을, 자세할	日	6	土	×
睾	불알, 못	目	14	木	×	谷	(姓), 골, 골짜기	谷	7	水	×
槀	마를, 여윌	木	14	木	×	哭	울	口	10	水	×
箍	테, 둘레	竹	14	木	△	梏	수갑, 어지럽힐, 묶을, 쇠고랑	木	11	木	×
稿	볏집, 원고	禾	15	木	△	斛	휘, 말들이(열)	斗	11	火	×
靠	기댈, 의지할	非	15	水	△	穀	곡식, 길할, 기를	禾	15	木	△
膏	기름질, 살찔	肉	16	水	△	槲	떡갈나무	木	15	木	△
錮	막을, 맬, 땜질할	金	16	金	×	縠	주름비단	糸	16	木	△
篙	상앗대, 배 저을	竹	16	木	△	觳	뿔잔, 말, 살전대	角	17	木	△
糕	떡, 가루떡, 경단	米	16	木	×	轂	바퀴통, 수레바퀴	車	17	火	△

한자	뜻	부수	획수	자원오행	사용적합	한자	뜻	부수	획수	자원오행	사용적합
鵠	고니	鳥	18	火	×	褌	잠방이, 속옷	衣	15	木	×
嚳	고할, 급히 아뢸	口	20	水	△	閫	문지방, 왕후의 거처	門	15	木	△
	곤					錕	붉은쇠, 붉은금	金	16	金	○
困	괴로울, 곤할	口	7	水	×	鯤	곤이, 물고기 알	魚	19	水	×
坤	땅, 따, 괘이름	土	8	土	△	鶤	댓닭, 고니	鳥	19	火	×
昆	맏, 형, 많을, 자손	日	8	火	△	鶤	봉황	鳥	20	火	×
袞	곤룡포	衣	10	木	△	齫	이솟을, 이빠질	齒	22	金	×
崑	산이름	山	11	土	○		골				
堃	땅, 괘이름, 왕후	土	11	土	△	汨	골몰할, 빠질	水	8	水	×
崐	산이름	山	11	土	△	骨	(姓), 뼈	骨	10	金	×
袞	곤룡포	衣	11	木	△	滑	어지러울, 익살스러울, 흐릴	水	14	水	×
梱	문지방, 칠	木	11	木	△	搰	팔, 흐리게 할, 힘쓸	手	14	木	△
悃	정성, 간곡할	心	11	火	○	榾	등걸, 나무줄기	木	14	木	×
捆	두드릴, 단단히 할	手	11	木	△	鶻	송골매	鳥	21	火	×
棍	몽둥이, 곤장	木	12	木	×		공				
琨	구슬, 옥돌, 패옥	玉	13	金	○	工	장인	工	3	火	△
裍	걷어올릴, 이룰	衣	13	木	○	公	(姓), 귀, 공변될, 공평할, 여러	八	4	金	○
髡	머리깎을, 승려	髟	13	火	×	孔	(姓), 구멍, 클, 매우	子	4	水	△
緄	띠, 노끈	糸	14	木	×	功	(姓), 공, 공로, 일할	力	5	木	○
滾	흐를, 샘솟을	水	15	水	△	共	함께, 한가지, 이바지할, 공경할	八	6	金	○

한자	뜻	부수	획수	자원오행	사용적합
攻	칠, 닦을, 다스릴	攴	7	金	×
空	(姓), 빌, 하늘, 공간	穴	8	水	×
供	이바지할, 바칠, 갖추어질	人	8	火	○
恭	공손할, 조심할	心	10	火	○
貢	(姓), 바칠, 천거할	貝	10	金	△
拱	팔짱 낄, 껴안을, 두 손 맞잡을	手	10	木	×
恐	두려울, 두려워할	心	10	火	×
蚣	지네	虫	10	水	×
倥	어리석을, 바쁠	人	10	火	×
栱	두공, 말뚝	木	10	木	△
崆	산이름	山	11	土	△
珙	큰 옥	玉	11	金	○
釭	화살촉, 등잔	金	11	金	×
控	당길, 끌, 고할	手	12	木	△
蛬	메뚜기	虫	12	水	×
蛩	귀뚜라미	虫	12	水	×
跫	발자국 소리	足	13	土	×
箜	공후, 바구니	竹	14	木	×
槓	지렛대	木	14	木	△
鞏	굳을, 묶을	革	15	金	×

한자	뜻	부수	획수	자원오행	사용적합
龔	공손할, 받들	龍	22	土	○
贛	줄, 하사할	貝	24	金	○

곳

한자	뜻	부수	획수	자원오행	사용적합
串	땅이름, 곶	ㅣ	7	金	×

과

한자	뜻	부수	획수	자원오행	사용적합
戈	창, 싸움, 전쟁	戈	4	金	×
瓜	(姓), 오이	瓜	5	木	×
夸	자랑할, 뽐낼	大	6	木	△
侉	자랑할, 자만할, 뽐낼	人	8	火	△
果	과실, 열매, 실과	木	8	木	△
科	과목, 품등, 조목, 법률, 과정	禾	9	木	△
堝	도가니	土	12	土	×
猓	긴꼬리원숭이, 오랑캐	犬	12	土	×
跨	넘을, 건너갈	足	13	土	×
誇	자랑할, 자만할, 뽐낼	言	13	金	△
稞	보리, 알곡식	禾	13	木	×
窠	보금자리	穴	13	水	△
寡	적을, 과부, 홀어미	宀	14	木	×
菓	과일, 과자	艸	14	木	×
裹	쌀	衣	14	木	×

한자	뜻	부수	획수	자원오행	사용적합
銶	대구, 띠쇠	金	14	金	△
夥	많을, 넉넉할, 모일	夕	14	水	○
踝	복사뼈, 뒤꿈치	足	15	土	×
課	시험할, 부과할, 과정, 공부할, 매길	言	15	金	△
蝌	올챙이	虫	15	水	×
過	지날, 잘못할	辵	16	土	×
鍋	노구솥, 냄비	金	17	金	×
顆	낱알, 흙덩이	頁	17	火	×
撾	칠, 북채	手	17	木	×
騍	암말	馬	18	火	×

곽

한자	뜻	부수	획수	자원오행	사용적합
椁	덧널, 관 담는 궤	木	12	木	×
廓	외성, 클, 둘레, 넓을	广	14	木	△
郭	(姓), 외성, 둘레, 성곽, 바깥	邑	15	土	△
槨	외관, 덧널	木	15	木	×
霍	(姓), 빠를, 사라질, 눈멀	雨	16	水	×
鞹	가죽	革	20	金	×
癨	곽란, 질병	疒	21	水	×
藿	(姓), 콩잎, 미역, 향초	艸	22	木	×

관

한자	뜻	부수	획수	자원오행	사용적합
丱	쌍상투, 총각	丨	5	木	△
串	꿸, 버릇, 익힐, 습관	丨	7	金	△
官	(姓), 벼슬, 마을, 관청	宀	8	木	○
冠	갓, 어른, 으뜸	冖	9	木	△
貫	꿸, 버릇	貝	11	金	△
梡	도마	木	11	木	×
款	정성스러울, 항목, 사랑할	欠	12	金	○
棺	널, 입관	木	12	木	×
涫	끓을, 대야	水	12	水	×
琯	옥피리, 옥저	玉	13	金	△
祼	강신제, 내림굿	示	13	木	×
筦	다스릴, 피리	竹	13	木	△
管	주관할, 관리할, 피리, 대롱	竹	14	木	△
菅	골풀, 등골나무, 난초	艸	14	木	×
綰	얽을, 꿰뚫을	糸	14	木	×
寬	너그러울, 넓을	宀	14	木	○
寬	(姓), 너그러울, 넓을	宀	15	木	○
慣	익숙할, 버릇	心	15	火	△
輨	줏대, 중요한 곳	車	15	火	△
錧	보습, 비녀장, 쟁기	金	16	金	△

한자	뜻	부수	획수	자원오행	사용적합	한자	뜻	부수	획수	자원오행	사용적합
舘	집, 객사	舌	16	水	△	栝	노송나무	木	10	木	×
盥	대야, 씻을	皿	16	水	×	筈	오늬, 풀이름	竹	12	木	×
館	객사, 집, 공공건물, 별관	食	17	水	△	聒	떠들썩할, 어리석을	耳	12	火	×
竅	빌, 공허할	穴	17	水	×	适	빠를, 신속할	辵	13	土	△
雚	황새	佳	18	火	×	髺	머리묶을, 비뚤어질	髟	16	火	×
關	(姓), 빗장, 관계할, 기관	門	19	木	△	鴰	재두루미	鳥	17	火	×
灌	물댈, 따름	水	22	水	○						
爟	봉화, 횃불	火	22	火	○	広	넓을	广	5	木	○
瓘	옥이름, 옥, 서옥	玉	23	金	○	光	(姓), 빛, 빛날, 영광, 클	儿	6	火	△
罐	두레박, 항아리	缶	24	土	△	匡	바를, 바로잡을, 구원할	匸	6	土	○
觀	볼, 보일, 관점, 생각	見	25	火	○	狂	미칠, 사나울	犬	8	土	×
髖	허리뼈	骨	25	金	×	昿	비칠, 밝을, 햇빛 뜨거울	火	8	火	○
鑵	두레박	金	26	金	×	炛	빛, 빛날	火	8	火	○
顴	광대뼈	頁	27	土	×	侊	클, 성찬	人	8	火	○
鸛	황새	鳥	29	火	×	洸	물솟을, 성낼, 굳셀, 깊을	水	10	水	△

괄

한자	뜻	부수	획수	자원오행	사용적합
刮	깎을, 긁을, 바발, 갈	刀	8	金	×
佸	이를, 다다를	人	8	火	○
括	묶을, 헤아릴, 맺을, 담을, 쌀	手	10	木	△
恝	근심없을, 소홀히 할	心	10	火	×

한자	뜻	부수	획수	자원오행	사용적합
桄	광랑나무, 베틀	木	10	木	△
恇	겁낼, 두려워할	心	10	火	×
框	문테	木	10	木	×
硄	돌소리	石	11	金	△
珖	옥피리, 옥이름	玉	11	金	△

한자	뜻	부수	획수	자원오행	사용적합	한자	뜻	부수	획수	자원오행	사용적합
筐	광주리	竹	12	木	△	詿	그르칠, 속일	言	13	金	×
胱	방광, 오줌통	肉	12	水	×	罫	줄	冈	14	木	△
絖	솜, 솜옷	糸	12	木	△	괴					
茪	결명차	艸	12	木	×	乖	어그러질, 떨어질, 이지러질	ノ	8	火	×
誆	속일	言	13	金	×	拐	속일, 후릴, 꾀일, 유인할	手	9	木	×
誑	속일, 기만할	言	14	金	×	怪	괴이할, 기이할	心	9	火	×
廣	(姓), 넓을, 널리	广	15	木	○	傀	허수아비, 클, 꼭두각시, 괴뢰,	人	12	火	×
磺	쇳돌, 원석	石	17	金	×	塊	흙덩이, 덩어리	土	13	土	×
壙	광, 뫼, 구덩이	土	18	土	×	媿	부끄러울	女	13	土	×
獷	사나울	犬	19	土	×	魁	괴수, 우두머리, 으뜸	鬼	14	火	×
曠	밝을, 빌, 멀, 오랠, 넓을	日	19	火	△	槐	(姓), 회화나무, 홰나무, 느티나무	木	14	木	△
爌	불빛 환할	火	19	火	△	愧	부끄러울	心	14	火	×
纊	솜, 솜옷, 누에고치	糸	21	木	△	瑰	구슬, 옥, 클	玉	15	金	△
鑛	쇳덩이, 쇳돌, 광물	金	23	金	△	廥	곳간, 창고, 저장할	广	16	木	△
괘						蕢	기름새, 땅이름	艸	16	木	×
卦	괘, 걸, 점칠	卜	8	木	×	瓌	구슬, 옥, 클	玉	17	金	○
咼	입 비뚤어질	口	9	水	×	壞	무너질	土	19	土	×
挂	걸, 입을, 걸칠	手	10	木	△	襘	띠매듭, 옷고름	衣	19	木	×
掛	걸릴, 이을, 맬	手	12	木	△	곡					
罣	걸, 매달	网	12	木	×	馘	귀벨, 뺨, 볼	首	17	水	×

한자	뜻	부수	획수	자원오행	사용적합	한자	뜻	부수	획수	자원오행	사용적합
	굉					敎	가르칠, 알릴, 훈계할, 본받을	攴	11	金	○
宏	클, 성찬, 넓을	宀	7	木	○	蛟	교룡, 상어, 도롱뇽	虫	12	水	×
訇	큰소리, 속일	言	9	金	×	絞	목맬, 급할	糸	12	木	×
紘	끈, 밧줄, 갓끈	糸	10	木	△	喬	높을, 큰나무, 솟을	口	12	水	○
肱	팔뚝, 팔	肉	10	水	×	窖	움, 구멍, 깊을	穴	12	水	×
浤	용솟음할, 빨리 흐를	水	11	水	△	郊	교외, 들, 시골	邑	13	土	△
閎	문, 마을문	門	12	木	△	較	비교할, 견줄	車	13	火	△
觥	뿔잔, 강직할, 클	角	13	木	△	僑	더부살이, 높을	人	14	火	△
轟	울릴, 수레소리	車	21	火	△	嘐	닭울, 과장할	口	14	水	×
	교					嘷	웃는 소리	口	14	水	△
巧	공교할, 공교로울, 재주, 꾸밀	工	5	火	○	暞	밝을, 깨끗이 나뉠	日	14	火	△
交	사귈, 바뀔, 섞일	亠	6	火	△	榷	외나무다리	木	14	木	×
佼	예쁠, 교활할, 어지러울	人	8	火	△	鉸	가위, 재단할	金	14	金	×
姣	예쁠, 요염할, 아름다울	女	9	土	○	嬌	아리따울, 아름다울	女	15	土	○
咬	물, 새소리, 깨물, 음란할, 새 지저귈	口	9	水	×	嶠	산쭈뼛할, 산길, 뾰족하게 높을	山	15	土	△
狡	교활할, 간교할	犬	10	土	×	餃	경단, 엿	食	15	水	△
校	학교, 바로잡을, 교정할, 장교, 본받을	木	10	木	△	橋	(姓), 다리	木	16	木	○
晈	흴, 밝을, 깨끗할, 햇빛, 달빛	日	10	火	○	嗷	부르짖을, 울, 외칠	口	16	水	×
皎	흴, 밝을, 깨끗할, 햇빛, 달빛	白	11	金	○	憍	교만할, 거만할	心	16	火	×
教	가르칠, 알릴, 훈계할, 본받을	攴	11	金	○	骹	발회목, 정강이	骨	16	金	×

한자	뜻	부수	획수	자원 오행	사용 적합	한자	뜻	부수	획수	자원 오행	사용 적합
撟	들, 안마할	手	16	木	△	勾	굽을, 갈고리, 올가미	勹	4	金	×
鄗	산이름, 땅이름	邑	17	土	△	厹	세모창, 기승부릴	厶	4	金	×
膠	아교, 굳을	肉	17	水	×	句	글	口	5	水	△
矯	바로잡을	矢	17	金	△	叴	소리높일	口	5	水	△
鮫	상어	魚	17	水	×	丘	(姓), 언덕, 못, 부르는 소리	一	5	土	△
磽	메마른 땅, 단단할	石	17	金	△	臼	절구질할	臼	6	土	×
鵁	해오라기	鳥	17	火	×	扣	두드릴, 당길	手	7	木	△
嚙	깨물	口	18	水	×	求	구할, 찾을, 바랄, 구걸할, 탐낼	水	7	水	○
翹	뛰어날, 꼬리, 날개, 빼어날	羽	18	火	△	灸	뜸, 구울	火	7	火	×
蕎	메밀	艸	18	木	△	究	궁구할, 연구할, 상고할	穴	7	水	○
蹻	발돋움할, 교만할	足	19	土	△	劬	수고로울, 애쓸	力	7	土	△
轎	가마, 수레	車	19	火	△	佝	꼽추	人	7	火	×
趫	재빠를, 용감할	走	19	火	○	坵	언덕, 무덤	土	8	土	×
齾	깨물, 씹을	齒	21	金	×	坸	때, 수치	土	8	土	×
驕	교만할, 무례할	馬	22	火	×	岣	산꼭대기	山	8	土	△
攪	어지러울, 흔들, 손놀릴	手	24	木	×	咎	재앙, 허물	口	8	水	×
<td colspan="6" align="center">**구**</td>						具	(姓), 갖출, 함께	八	8	金	○
口	입, 인구	口	3	水	×	玖	옥돌, 검은돌	玉	8	金	△
久	오랠, 기다릴	丿	3	水	×	疚	고질병	疒	8	水	×
仇	(姓), 원수, 원망할, 짝	人	4	火	×	垢	때, 티끌	土	9	土	×

한자	뜻	부수	획수	자원오행	사용적합	한자	뜻	부수	획수	자원오행	사용적합
狗	개, 강아지	犬	9	土	×	寇	도둑, 도적, 원수	宀	11	木	×
姤	만날, 아름다울	女	9	土	△	捄	담을, 길, 건질	手	11	木	△
拘	잡을, 거리낄	手	9	木	×	朐	포, 굽을	肉	11	水	×
柩	널, 관	木	9	木	×	蚯	지렁이	虫	11	水	×
枸	구기자, 헛개나무	木	9	木	×	釦	금테두를	金	11	金	△
九	아홉	乙	9	木	△	邱	(姓), 언덕, 땅이름	邑	12	土	△
韭	부추	韭	9	木	×	球	공, 옥경쇠, 옥, 구슬	玉	12	金	△
俅	공손할, 정중할	人	9	火	○	舅	시아버지, 외삼촌, 장인	臼	13	土	×
昫	따뜻할, 현명	日	9	火	○	媾	화친할, 결혼인	女	13	土	△
珣	옥돌, 옥이름	玉	10	金	△	鳩	비둘기, 모을	鳥	13	火	×
俱	(姓), 함께, 갖출	人	10	火	○	鉤	갈고리, 낫	金	13	金	×
矩	법도, 모날, 곱자, 법, 법칙	矢	10	金	△	絿	급할, 구할, 급박할	糸	13	木	×
冓	짤, 쌓을	冂	10	木	△	傴	구부릴, 허리굽힐	人	13	火	×
痀	곱사등이	疒	10	木	×	彀	당길, 화살쏠	弓	13	火	×
區	구역, 구분할, 나눌	匚	11	土	△	裘	(姓), 갖옷	衣	13	木	△
耉	늙을, 오래살, 명이 길	老	11	土	△	詬	꾸짖을, 욕보일	言	13	金	×
耈	늙을, 오래살, 명이 길	老	11	土	△	嶇	험할, 가파를, 산험준할	山	14	土	×
救	구원할, 도울, 구할	攴	11	金	○	逑	짝, 모을	辵	14	土	△
苟	진실로, 경우, 구차할	艸	11	木	△	嫗	할머니	女	14	土	×
毬	공, 제기	毛	11	木	×	廐	마구간	广	14	木	×

한자	뜻	부수	획수	자원 오행	사용 적합	한자	뜻	부수	획수	자원 오행	사용 적합
廐	마구간	广	14	木	×	購	살, 구할	貝	17	金	○
嘔	개울, 토할, 노래할	口	14	水	×	颶	구풍	風	17	木	×
構	얽을, 닥나무, 맺을, 이룰, 지을	木	14	木	△	屨	신, 짚신	尸	17	木	×
溝	도랑, 개천	水	14	水	×	覯	만날, 합칠	見	17	火	○
搆	얽을, 지을	手	14	木	△	軀	몸, 신체	身	18	火	×
榘	모날, 새길, 곱자	木	14	木	×	舊	옛, 오랠	臼	18	土	×
駒	망아지, 젊은이	馬	15	火	×	謳	노래할, 읊조릴	言	18	金	△
歐	(姓), 토할, 게워낼	欠	15	火	×	瞿	(姓), 놀랄, 놀라서 볼	目	18	木	×
毆	때릴, 칠	殳	15	金	×	龜	땅이름, 거북	龜	18	水	×
銶	끌	金	15	金	△	韝	깍지	韋	19	金	×
摳	추어올릴, 던질	手	15	木	△	匶	널, 옛날	匚	20	木	×
漚	담글, 향기짙을, 거품	水	15	水	△	驅	몰, 몰아낼, 쫓을, 달릴	馬	21	土	×
甌	사발	瓦	16	土	×	鷇	새새끼, 기를	鳥	21	火	×
龜	땅이름, 거북(귀)	龜	16	水	×	鷗	갈매기	鳥	22	火	×
蒟	구장	艸	16	木	×	懼	두려워할, 으를	心	22	火	×
璆	옥, 옥경쇠	玉	16	金	△	戳	창	戈	22	金	×
窶	가난할	穴	16	水	×	癯	여윌	广	23	水	×
簉	배롱	竹	16	木	×	衢	네거리, 길	行	24	火	×
糗	볶은 쌀	米	16	木	×	鬮	제비, 추첨	鬥	26	金	×
遘	만날	辵	17	土	△	鸜	구관조	鳥	29	火	×

한자	뜻	부수	획수	자원오행	사용적합	한자	뜻	부수	획수	자원오행	사용적합
국						郡	고을	邑	14	土	△
局	판, 사태	尸	7	木	○	皸	살틀	皮	14	金	×
匊	움킬	勹	8	木	△	**굴**					
国	나라, 서울, 고향	口	8	水	△	屈	굽을, 굽힐, 다할	尸	8	土	×
國	(姓), 나라, 서울, 고향	口	11	水	△	倔	고집 셀	人	10	火	△
掬	움킬, 움켜쥘	手	12	木	△	崛	우뚝솟을	山	11	土	△
跼	구부릴, 굽힐	足	14	土	×	堀	굴뚝, 땅팔	土	11	土	×
菊	(姓), 국화, 대	艸	14	木	×	掘	팔, 파낼, 우뚝할	手	12	木	×
鞠	(姓), 공, 국화, 궁할, 굽힐	革	17	金	×	淈	흐릴, 어지러워질	水	12	水	×
麴	누룩, 효모	麥	17	木	×	詘	굽힐, 막힐	言	12	金	×
鞫	국문할, 문초받을	革	18	金	×	窟	굴, 움집	穴	13	水	×
麯	누룩, 술	麥	19	木	×	**궁**					
군						弓	활, 궁형	弓	3	火	×
君	(姓), 임금, 남편, 자네	口	7	水	△	穹	하늘, 막다른, 궁형	穴	8	水	×
軍	군사, 진칠	車	9	火	△	芎	궁궁이, 천궁	艸	9	木	×
捃	주울, 주워가질	手	11	木	△	宮	(姓), 집, 대궐	宀	10	木	△
桾	고욤나무	木	11	木	×	躬	몸, 신체, 자기 자신	身	10	水	△
窘	군색할, 괴로울, 막힐	穴	12	水	×	躳	몸, 신체, 자기 자신	身	14	火	△
群	무리, 많을	羊	13	土	△	窮	궁할, 다할, 막힐, 궁구할	穴	15	水	×
裙	치마, 속옷	衣	13	木	×	**권**					

한자	뜻	부수	획수	자원오행	사용적합	한자	뜻	부수	획수	자원오행	사용적합
卷	책, 정성, 아리따울, 갈피	卩	8	木	△	蕨	고사리, 고비	艸	18	木	△
券	문서, 계약	刀	8	金	△	闕	대궐	門	18	木	△
勌	게으를, 피로할	力	10	火	×	蹶	넘어질, 일어설, 미끄러질, 쓰러질	足	19	土	×
拳	주먹, 권법	手	10	木	△	궤					
倦	게으를, 피로할	人	10	火	×	几	안석, 제기	几	2	水	×
眷	돌아볼, 돌볼	目	11	木	○	机	책상, 느티나무, 궤나무, 굴대	木	6	木	△
圈	짐승우리, 감방, 둘레	口	11	水	×	氿	샘, 물가	水	6	水	△
捲	거둘, 말, 힘쓸, 주먹쥘, 걷을	手	12	木	△	佹	괴이할, 속일	人	8	火	×
淃	물돌아흐를	水	12	水	△	軌	법, 본보기, 수레바퀴	車	9	火	△
惓	삼갈, 정성스러울	心	12	火	△	跪	꿇어앉을	足	13	土	×
棬	나무그릇	木	12	木	×	麂	큰 노루	鹿	13	土	×
睠	돌볼, 베풀	目	13	木	△	詭	속일, 책할, 꾸짖을	言	13	金	×
綣	정다울	糸	14	木	△	劂	새김칼	刀	14	金	×
蜷	구부릴	虫	14	水	×	匱	다할, 없을, 상자	匚	14	木	×
權	(姓), 권세, 권력, 권한	木	15	木	△	憒	심란할	心	16	火	×
勸	권할, 도울, 가르칠, 힘쓸	力	20	土	○	撅	옷걷을, 출, 칠	手	16	木	×
權	(姓), 권세, 저울	木	22	木	○	樻	나무이름	木	16	木	×
궐						潰	무너질, 흩어질	水	16	水	×
厥	그, 그것, 나라이름	厂	12	土	△	簋	제기이름	竹	17	木	×
獗	날뛸	厂	犬	土	×	櫃	함, 궤짝, 상자	木	18	木	△

한자	뜻	부수	획수	자원오행	사용적합
繢	수놓을, 채색할	糸	18	木	△
餽	보낼, 먹일	食	19	水	△
闠	성바깥문, 길	門	20	木	△
饋	보낼, 먹일, 대접할	饋	21	水	△
귀					
句	구절	口	5	水	△
鬼	귀신, 도깨비	鬼	10	火	×
貴	귀할, 높을, 값비쌀	貝	12	金	×
晷	그림자, 햇빛	日	12	火	×
䤥	삽, 두견새, 뻐꾸기	金	14	金	×
龜	거북	龜	18	水	×
歸	(姓), 돌아갈, 보낼, 돌아올	止	18	土	△
규					
叫	부르짖을, 부를, 울	口	5	水	×
圭	(姓), 서옥, 홀, 양토	土	6	土	○
糺	끌어모을, 거둘, 얽힐	糸	7	木	○
糾	살필, 꼴, 얽힐, 드리울	糸	8	木	△
刲	찌를, 죽일	刀	8	金	×
虯	규룡	虫	8	水	×
赳	날랠, 헌걸찰, 용감할, 용맹할	走	9	土	○
奎	별이름	大	9	土	○
規	법, 규범, 바로잡을	見	11	火	○
硅	규소, 깨뜨릴, 흙	石	11	金	×
珪	서옥, 홀	玉	11	金	△
馗	광대뼈	首	11	水	×
茥	딸기	艸	12	木	×
邽	고을이름	邑	13	土	△
跬	반걸음	足	13	土	×
頍	머리들, 머리장식	頁	13	火	△
揆	헤아릴, 법	手	13	木	△
湀	물솟아흐를	水	13	水	○
烓	불꽃	火	13	火	△
暌	어길	日	13	火	×
楏	호미자루	木	13	木	×
嫢	가는허리	女	14	土	×
閨	안방, 계집, 규수	門	14	木	△
睽	사팔눈	目	14	木	×
逵	큰길, 길거리, 한길	辵	15	土	△
嬀	물이름, 고을이름	女	15	土	△
槻	물푸레나무, 느티나무	木	15	木	△

한자	뜻	부수	획수	자원오행	사용적합	한자	뜻	부수	획수	자원오행	사용적합
葵	해바라기, 아욱	艸	15	木	△	龜	터질, 틀	龜	18	水	×
樛	휠, 구불구불할	木	15	木	△	**귤**					
潙	강이름, 물이름	水	16	水	△	橘	귤나무	木	16	木	×
窺	엿볼	穴	16	水	△	**극**					
竅	구멍, 통할	穴	18	水	×	克	(姓), 이길, 능할	儿	7	木	△
駋	(말이) 강할, 굳셀	馬	19	火	×	剋	이길, 제할, 능할	刀	9	金	△
闚	엿볼	門	19	木	×	亟	빠를, 긴급할	二	9	木	△
巋	가파를, 험준할	山	20	土	×	尅	이길, 참고 견딜	寸	10	金	△
균						屐	나막신	尸	10	水	×
勻	(본자), 고를, 적을, 나눌, 흩어질	勹	4	金	△	戟	창	戈	12	金	×
匀	고를, 적을, 나눌	勹	4	金	△	棘	가시나무	木	12	木	×
均	고를, 평평할, 두루, 평등할	土	7	土	○	郄	틈, 흠	邑	13	土	×
囷	곳집, 꼬불거릴	口	8	土	×	極	다할, 끝, 지극할	木	13	木	×
畇	밭개간할, 따비	田	9	土	○	劇	연극할, 심할, 바쁠	刀	15	金	△
鈞	서른 근, 고를, 무거울, 무게 단위	金	12	金	○	隙	틈	阜	18	土	×
筠	대나무	竹	13	木	×	**근**					
菌	버섯, 세균	艸	14	木	×	斤	(姓), 도끼, 날, 벨	斤	4	金	×
覸	크게 볼	見	14	火	○	劤	강할, 힘셀	力	6	金	○
龜	터질, 틀	龜	16	水	×	卺	술잔	己	9	土	×
麕	노루	鹿	18	土	×	觔	힘줄	角	9	木	×

한자	뜻	부수	획수	자원오행	사용적합	한자	뜻	부수	획수	자원오행	사용적합
根	뿌리, 밑, 별이름	木	10	木	△		**글**				
芹	미나리	艸	10	木	×	劤	뜻, 힘있는	力	6	土	△
近	가까울, 요사이	辵	11	土	△	契	부족이름, 나라이름	大	9	木	△
筋	힘줄	竹	12	木	×		**금**				
釿	도끼	金	12	金	×	今	(姓), 이제, 지금, 오늘	人	4	火	△
勤	부지런할, 근면할	力	13	土	○	妗	외숙모	女	7	土	△
跟	발꿈치	足	13	土	×	金	쇠, 돈, 황금	金	8	金	△
僅	겨우	人	13	火	×	昑	밝을	目	8	火	○
靳	가슴걸이	革	13	金	×	芩	풀이름, 금풀	艸	10	木	△
墐	매흙질할, 묻을, 진흙	土	14	土	×	衿	옷깃	衣	10	木	△
嫤	고울, 예쁠, 여자이름	女	14	土	○	衾	이불, 침구	衣	10	木	×
菫	제비꽃, 씀바귀	艸	14	木	×	笒	첨대, 대이름	竹	10	木	×
廑	겨우, 조금	广	14	木	×	唫	입다물, 말더듬을	口	11	水	×
槿	무궁화	木	15	木	×	禽	날짐승, 새	内	13	火	×
漌	물맑을, 적실	水	15	水	△	琴	(姓), 거문고	玉	13	金	△
瑾	아름다운 옥, 붉은 옥	玉	16	金	△	禁	금할, 꺼릴	示	13	木	×
懃	은근할, 일에 힘쓸, 친절할	心	17	火	○	嶔	높고 험할	山	15	土	×
謹	삼갈	言	18	金	○	黅	누른빛	黃	16	土	△
觀	뵐, 볼, 보일	見	18	火	△	錦	비단, 아름다울	金	16	金	△
饉	흉년들, 주릴	食	20	水	×	噤	입다물	口	16	水	×

한자	뜻	부수	획수	자원오행	사용적합
擒	사로잡을, 생포할	手	17	木	×
檎	능금나무	木	17	木	×
襟	옷깃, 가슴	衣	19	木	△

급

한자	뜻	부수	획수	자원오행	사용적합
及	미칠, 이르게할	又	4	水	△
伋	생각할, 속일	人	6	火	×
皀	고소할, 낟알, 향기로울	白	7	金	×
圾	위태할	土	7	土	×
岌	높을, 위태로울	山	7	土	×
扱	거둘, 미칠, 취급할	手	8	木	△
汲	(물을)길을, 분주할	水	8	水	△
急	급할, 빠를	心	9	火	△
級	등급, 순서	糸	10	木	△
笈	책상자	竹	10	木	△
芨	말오줌나무	艸	10	木	×
給	줄, 넉넉할	糸	12	木	△
礏	산우뚝솟을	石	18	金	×

긍

한자	뜻	부수	획수	자원오행	사용적합
亘	뻗칠, 건널, 극진할	二	6	木	○
亙	뻗칠, 연접할	二	6	火	○

한자	뜻	부수	획수	자원오행	사용적합
矜	자랑할, 불쌍히 여길	矛	9	金	△
肯	즐길, 들어줄	肉	10	水	△
殑	까무러칠	歹	11	水	×
兢	삼갈, 조심할, 떨릴	儿	14	水	×

기

한자	뜻	부수	획수	자원오행	사용적합
己	몸, 신체, 자기, 여섯째 천간	己	3	土	×
企	꾀할, 도모할, 발돋움할	人	6	火	○
伎	재주, 기술	人	6	火	○
屺	민둥산	山	6	土	×
杞	구기자나무	木	7	木	×
庋	시렁, 선반	广	7	木	×
弃	버릴, 그만둘	廾	7	木	×
忌	꺼릴, 시기할	心	7	火	×
圻	지경, 언덕	土	7	土	○
岐	갈림길, 높을, 나뉠	山	7	土	×
妓	기생	女	7	土	×
奇	(姓), 기이할, 기특할	大	8	土	△
歧	갈림길	止	8	土	×
肌	살, 근육	肉	8	水	×
汽	김, 증기	水	8	水	×

한자	뜻	부수	획수	자원 오행	사용 적합	한자	뜻	부수	획수	자원 오행	사용 적합
沂	물이름	水	8	水	△	芪	단너삼	艸	10	木	×
其	그, 어조사	八	8	金	△	基	터, 바탕, 근본, 웅거할	土	11	土	○
玘	패옥, 노리개	玉	8	金	△	埼	해안, 갑, 곶, 험할	土	11	土	×
技	재주, 재능, 묘기	手	8	木	△	崎	험할, 산길	山	11	土	×
祁	성할, 크게, 많을	示	8	木	○	跂	육발이	足	11	土	×
忯	사랑할, 공경할	心	8	火	○	寄	부탁할, 부칠, 의지할, 맡길	宀	11	木	○
忮	해칠	心	8	火	×	飢	주릴	食	11	水	×
炁	기운, 기백	灬	8	火	○	旣	이미, 벌써, 다할	无	11	水	×
祈	빌, 고할	示	9	木	△	猉	강아지, 기린	犬	12	土	×
祇	땅귀신, 토지의 신	示	9	水	△	攲	높이 솟을, 기울	支	12	土	△
紀	벼리, 실마리, 단서, 밑바탕	糸	9	木	○	朞	돌, 1주년	月	12	火	△
耆	늙은이, 늙을, 스승, 어른	老	10	土	×	幾	몇, 기미, 거의, 조짐, 얼마	幺	12	火	×
旂	기, 용그림 기	方	10	水	×	期	기약할, 바랄, 약속할,	月	12	水	○
豈	어찌	豆	10	水	△	棋	바둑, 장기	木	12	木	×
記	기록할, 적을	言	10	金	○	欺	속일, 책할	欠	12	金	×
氣	기운, 기질	气	10	水	△	淇	강이름, 물이름	水	12	水	△
起	(姓), 일어날, 시작할	走	10	火	△	棄	버릴, 그만둘	木	12	木	×
剞	새김칼, 위협할	刀	10	金	×	掎	끌, 끌어당길	手	12	木	△
胏	도마, 적대	肉	10	水	×	棊	바둑, 장기	木	12	木	×
芰	마름	艸	10	木	×	畸	뙈기밭, 불구, 기이할	田	13	土	×

한자	뜻	부수	획수	자원오행	사용적합	한자	뜻	부수	획수	자원오행	사용적합
稘	콩대, 일주년, 콩줄기	禾	13	木	△	冀	바랄, 하고자할	八	16	土	○
琪	옥, 옥구슬	玉	13	金	△	器	그릇, 재능	口	16	水	○
嗜	즐길, 좋아할	口	13	水	△	機	베틀, 때, 실마리	木	16	木	△
祺	길할, 복, 상서로울	示	13	木	○	鎡	호미	金	16	金	×
琦	옥이름, 구슬	玉	13	金	△	錡	가마솥, 밥솥	金	16	金	×
碁	바둑, 장기	石	13	金	×	璂	피변 꾸미개, 옥	玉	16	金	○
頎	헌걸찰, 풍채좋을	頁	13	火	△	暨	함께, 및	日	16	火	△
墍	맥질할, 취할	土	14	土	×	璣	구슬, 별이름	玉	16	金	△
箕	(姓), 키, 쓰레받기	竹	14	木	×	磯	물가, 자갈밭	石	17	金	△
綺	비단, 아름다울	糸	14	木	○	禨	조짐, 제사	示	17	木	△
旗	기, 표지	方	14	木	△	覬	바랄	見	17	火	△
暣	볕기운	日	14	火	○	隥	사다리, 기댈	阜	18	土	△
僛	취하여 춤추는 모양	人	14	火	×	耭	밭갈	耒	18	木	△
愭	공손할, 두려울	心	14	火	△	騏	천리마, 준마, 털총이, 바둑무늬말	馬	18	火	△
榿	오리나무	木	14	木	×	騎	말탈	馬	18	火	△
綦	연둣빛 비단	糸	14	木	△	蟣	서캐, 거머리	虫	18	水	×
緕	연둣빛, 들메끈	糸	14	木	△	麒	기린	鹿	19	土	×
蜝	방게	虫	14	水	×	譏	나무랄, 비웃을	言	19	金	×
嶬	높을, 높고 험할	山	15	土	△	夔	조심할, 두려울	夊	20	土	×
畿	경기	田	15	土	△	鬐	갈기	髟	20	火	×

한자	뜻	부수	획수	자원오행	사용적합	한자	뜻	부수	획수	자원오행	사용적합
璣	모난구슬	玉	20	金	△	**끽**					
饑	굶주릴, 흉년	食	21	水	×	喫	마실, 먹을, 피울	口	12	水	×
鰭	지느러미	魚	21	水	×						
蘄	풀이름	艸	22	木	×						
羇	굴레, 말고삐	网	23	火	×						
羈	재갈, 굴레, 나그네	网	25	木	×						
虁	조심할, 뛸	艸	25	木	△						
驥	천리마	馬	27	火	△						
긴											
緊	긴할, 긴요할, 돋을, 팽팽할	糸	14	木	△						
길											
吉	(姓), 길할	口	6	水	△						
佶	바를, 헌걸찰, 건장할	人	8	火	○						
姞	(姓), 삼갈	女	9	土	△						
桔	도라지	木	10	木	×						
拮	바쁘게 일할	手	10	木	△						
蛣	장구벌레	虫	12	水	×						
김											
金	(姓), 쇠, 돈	金	8	金	△						

한자	뜻	부수	획수	자원오행	사용적합	한자	뜻	부수	획수	자원오행	사용적합
나						懦	나약할	心	18	火	×
奈	어찌, 나락	大	8	木	×	糯	찰벼	米	20	木	△
拏	잡을	手	9	木	○	儺	푸닥거리, 역귀 쫓을	人	21	火	×
柰	(姓), 어찌, 능금나무	木	9	木	△	**낙**					
娜	아름다울, 아리따울	女	10	土	△	諾	대답할, 승낙할	言	16	金	○
夠	많을	夕	10	水	△	**난**					
挐	붙잡을	手	10	木	△	偄	연약할, 속일, 공경할	人	11	火	△
拿	잡을, 불잡을	手	10	木	△	赧	얼굴 붉힐, 무안해할	赤	12	火	△
那	(姓), 어찌	邑	11	土	△	煖	더울, 따스할, 따뜻할	火	13	火	△
梛	나무이름	木	11	木	△	暖	따뜻할	日	13	火	△
挪	옮길, 비빌	手	11	木	△	愞	약할	心	13	火	×
旇	깃발날릴	方	12	木	△	餪	풀보기 잔치	食	18	水	△
喇	나팔, 승려	口	12	水	×	難	어려울, 재앙	隹	19	火	×
胹	성길, 살찌고 연할	肉	12	水	△	**날**					
誽	붙잡을, 당길	言	13	金	△	捏	꾸밀, 반죽할	手	11	木	△
檺	나무무성할	木	16	木	△	捺	누를, 문지를	手	12	木	△

한자	뜻	부수	획수	자원오행	사용적합
남					
男	사내	田	7	土	△
枏	녹나무, 매화나무	木	8	木	△
南	(姓), 남녘	十	9	火	△
喃	재잘거릴	口	12	水	×
楠	녹나무	木	13	木	△
湳	물이름, 강이름	水	13	水	△
납					
納	들일, 바칠	糸	10	木	△
衲	기울, 옷 수선할	衣	10	木	×
낭					
娘	아가씨, 각시, 여자	女	10	土	△
曩	접때, 앞서, 전에	日	21	火	×
囊	주머니, 불알	口	22	水	×
내					
乃	(姓), 이에, 어조사	丿	2	金	△
內	안, 속, 아내	入	4	木	×
奶	젖, 유모	女	5	土	×
奈	(姓), 어찌	大	8	火	△
耐	견딜, 감당할	而	9	水	△

한자	뜻	부수	획수	자원오행	사용적합
柰	(姓), 능금나무, 어찌	木	9	木	×
迺	이에, 곧, 너	辵	13	土	△
鼐	가마솥	鼎	15	火	×
嬭	젖, 유모	女	17	土	×
녀					
女	계집, 너	女	3	土	×
녁					
惄	허출할, 근심할	心	12	火	×
년					
年	해, 나이	干	6	木	△
秊	해, 나이	禾	8	木	△
碾	맷돌, 돌절구	石	15	金	×
撚	비틀, 비빌. 꼴	手	16	木	×
념					
念	생각할	心	8	火	○
拈	집을, 집어들	手	9	木	△
恬	편안할, 고요할	心	10	火	△
捻	물길을, 비틀, 비꼴	手	12	木	×
惗	(엽)사랑할	心	12	火	△
녕					

한자	뜻	부수	획수	자원오행	사용적합
佞	(영)아첨할, 간사할	人	7	火	×
寗	차라리, 오히려	宀	13	木	△
寧	편안할, 차라리	宀	14	木	○
儜	괴로워할, 약할	人	16	火	×
嚀	간곡할	口	17	水	△
獰	모질, 흉악할	犬	18	土	×
濘	진창	水	18	水	×

노

한자	뜻	부수	획수	자원오행	사용적합
奴	종	女	5	土	×
努	힘쓸	力	7	土	○
弩	쇠뇌, 큰활	弓	8	火	△
呶	지껄일, 떠들썩할	口	8	水	×
孥	자식, 종	子	8	水	×
怒	성낼, 화낼	心	9	火	×
峱	산이름, 개	山	10	土	×
笯	새장	竹	11	木	×
猱	원숭이	犬	13	土	×
路	(姓), (로)길, 클	足	13	土	△
瑙	마노, 옥돌	玉	14	金	△
譹	기뻐할, 수수께끼	言	14	金	△

한자	뜻	부수	획수	자원오행	사용적합
駑	둔할, 미련할	馬	15	火	×
魯	(姓), (로)나라이름, 노둔할, 어리석을	魚	15	木	×
臑	팔꿈치	肉	20	水	×

농

한자	뜻	부수	획수	자원오행	사용적합
農	농사, 농업	辰	13	土	△
儂	나, 저, 당신	人	15	火	×
噥	소곤거릴	口	16	水	×
濃	짙을, 두터울, 깊을	水	17	水	△
穠	꽃나무 무성할	禾	18	木	△
膿	고름, 짓무를	肉	19	水	×
醲	진한 술, 후할	酉	20	金	△

뇌

한자	뜻	부수	획수	자원오행	사용적합
惱	번뇌할, 괴로워할	心	13	火	×
腦	뇌, 머리골	肉	15	水	×
餒	주릴, 굶길	食	16	水	×

뇨

한자	뜻	부수	획수	자원오행	사용적합
尿	오줌	尸	7	水	×
淖	진흙, 진창	水	12	水	×
嫋	예쁠, 아리따울	女	13	土	△
鬧	시끄러울	鬥	15	金	×

한자	뜻	부수	획수	자원오행	사용적합
撓	어지러울, 휠	手	16	木	×
嬲	희롱할	女	17	土	×
鐃	징	金	20	金	×
누					
㖐	젖먹일	口	11	水	△
耨	김맬	耒	16	土	△
눈					
嫩	어릴, 예쁠	女	14	土	△
눌					
吶	말더듬을	口	7	水	×
肭	살찔, 물개	肉	10	水	×
訥	말더듬을	言	11	金	×
뉴					
杻	감탕나무, 박달나무	木	8	木	×
忸	익힐, 익숙할	心	8	火	△
紐	맺을, 묶을	糸	10	木	△
袾	부드러운 옷, 매듭	衣	10	木	△
鈕	단추, 인꼭지	金	12	金	△
뉵					
衄	(육)코피, 모욕	血	10	水	×

한자	뜻	부수	획수	자원오행	사용적합
능					
能	(姓), 능할, 재주	肉	12	水	△
니					
尼	여승, 비구니	尸	5	水	×
呢	소곤거릴	口	8	水	×
柅	무성할, 살필	木	9	木	○
泥	진흙, 흐릴	水	9	水	△
怩	부끄러워할	心	9	火	×
祢	아비 사당	示	10	木	×
馜	(이)진할 향기, 향기로울	香	14	木	△
嬺	(이)마음좋을	心	16	火	△
濔	많을, 치렁치렁할	水	18	水	△
膩	기름질, 살찔	肉	18	水	△
禰	아버지 사당	示	19	木	×
닉					
匿	숨을, 숨길	匚	11	水	×
溺	빠질, 잠길	水	14	水	×
닐					
昵	친할, 친근할	日	9	火	△
暱	친할, 친근할	日	15	火	△

한자	뜻	부수	획수	자원오행	사용적합	한자	뜻	부수	획수	자원오행	사용적합
다						彖	판단할, 결단할	彐	9	火	○
多	많을, 넓을, 더할, 아름다울	夕	6	水	△	晸	밝을, 아침	日	9	火	○
夛	많을, 나을, 더할, 아름다울	夕	6	水	○	袒	어깨벗을, 옷벗을, 쓸개(담), 살찔(달)	肉	11	水	×
爹	아비, 웃어른, 아버지	父	10	木	△	蛋	새알, 오랑캐 이름	虫	11	水	×
荅	마름, 남녘 오랑캐	艸	12	木	×	袒	웃통 벗을	衣	11	木	×
茶	차	艸	12	木	△	短	짧을, 작을	矢	12	金	×
窞	깊을, 깊은 모양	穴	12	水	△	單	(姓), 홀, 홀로, 다할, 하나, 오직	口	12	水	×
欙	차나무	木	15	木	△	亶	믿음, 진실로, 믿을	亠	13	土	○
觰	뿔 밑동	角	16	木	△	煓	빛날, 불꽃 성할	火	13	火	○
단						湍	여울, 급류	水	13	水	△
丹	붉을, 정성스러울	丶	4	火	○	椴	자작나무	木	13	木	×
旦	아침, 밤세울	日	5	火	△	蝪	오랑캐 이름	虫	13	水	×
但	다만, 무릇	人	7	火	△	端	(姓), 끝, 바를, 단정할	立	14	金	△
段	(姓), 조각, 구분, 층계	殳	9	金	×	團	둥글, 모일	口	14	水	○
担	떨칠, 칠, 올릴	手	9	木	○	緞	비단	糸	15	木	△
耑	끝, 한계, 시초	而	9	水	×	慱	근심할	心	15	火	×

한자	뜻	부수	획수	자원오행	사용적합	한자	뜻	부수	획수	자원오행	사용적합
溥	이슬많을	水	15	水	△		**담**				
腶	약포, 육포	肉	15	水	△	坍	무너질	土	7	土	×
壇	제단, 제터, 뜰	土	16	土	△	炎	불꽃, 불탈	火	8	火	×
檀	박달나무	木	17	木	△	倓	편안할, 고요할	人	10	火	○
鍛	단련할, 쇠불릴, 숫돌	金	17	金	△	埮	평평한	土	11	土	△
癉	앓을	广	17	水	×	啖	씻을, 먹을, 탐할	口	11	水	×
斷	끊을, 결단할	斤	18	金	×	聃	귓바퀴 없을	耳	11	火	×
簞	소쿠리, 밥그릇, 대광주리	竹	18	木	×	啗	먹일, 속일	口	11	水	×
鄲	조나라 서울, 나라이름	邑	19	土	△	惔	속탈, 편안할	心	12	火	△
	달					淡	맑을, 엷을, 싱거울	水	12	水	△
妲	여자이름	女	8	土	△	覃	깊을, 미칠, 퍼질	襾	12	金	○
怛	슬플	心	9	火	×	啿	넉넉할, 많을	口	12	水	○
疸	황달	广	10	水	×	毯	담요, 모포	毛	12	火	×
靻	다룸가죽, 부드러울	革	14	金	△	痰	가래, 천식	广	13	水	×
達	통달할, 통할, 이를, 깨달을	辵	16	土	△	湛	괼, 즐길, 빠질, 즐거울	水	13	水	×
撻	때릴, 매질할, 빠를	手	17	木	×	綹	선명할	糸	14	木	△
澾	미끄러울	水	17	水	×	壜	술단지, 항아리	土	15	土	×
獺	수달	犬	20	土	×	郯	나라이름	邑	15	土	△
闥	문, 관청, 뜰	門	21	木	△	儋	멜, 항아리, 독	人	15	火	×
韃	매질할, 종족이름	革	22	金	×	噉	먹을, 먹일, 탐할	口	15	水	△

한자	뜻	부수	획수	자원 오행	사용 적합	한자	뜻	부수	획수	자원 오행	사용 적합
談	말씀	言	15	金	○	踏	밟을, 디딜	足	15	土	△
潭	(姓), 연못, 못, 깊을, 물가	水	16	水	△	遝	뒤섞일, 미칠	辵	17	土	×
錟	창, 찌를	金	16	金	×	**당**					
曇	흐릴, 구름낄	日	16	火	×	唐	(姓), 당나라, 길, 제방	口	10	水	△
擔	멜, 짐, 맡을	手	17	木	×	倘	빼어날, 갑자기	人	10	火	×
憺	편안할, 참담할	心	17	火	×	堂	집, 평평할	土	11	土	△
澹	맑을, 싱거울, 담박할, 물 모양	水	17	水	△	棠	팥배나무, 아가위	木	12	木	×
禫	담제, 고요할, 편안할	示	17	木	△	當	마땅할	田	13	土	○
薝	지모풀, 마름	艸	18	木	△	塘	못, 방죽, 연못	土	13	土	△
壜	술단지, 술병	土	19	土	×	搪	뻗을, 찌를	手	14	木	×
譚	(姓), 말씀, 클, 이야기할, 깊을	言	19	金	○	溏	진창, 수렁, 진흙	水	14	水	×
膽	쓸개, 담력	肉	19	水	×	瑭	옥이름	玉	15	金	△
薝	치자나무	艸	19	木	×	幢	기, 수레 휘장	巾	15	木	△
黮	검을, 검누른빛	黑	21	水	×	瞠	볼, 똑바로볼	目	16	木	△
罎	술병, 항아리	缶	22	土	×	糖	사탕, 엿	米	16	木	×
黵	문신할, 더러워질	黑	25	水	×	撞	칠, 두드릴, 찌를, 부딪힐	手	16	木	×
답						檔	의자, 나무침대	木	17	木	△
沓	합할, 거듭, 유창할, 겹칠	水	8	水	○	螳	사마귀	虫	17	水	×
畓	논	田	9	土	△	璫	귀고리 옥	玉	18	金	△
答	대답할, 맞출	竹	12	木	△	磄	밑바닥, 찰싹 소리	石	18	金	×

한자	뜻	부수	획수	자원오행	사용적합	한자	뜻	부수	획수	자원오행	사용적합
餳	엿	食	18	水	×	玳	대모	玉	10	金	△
螳	사마귀	虫	19	水	×	袋	자루, 부대	衣	11	木	△
襠	잠방이, 등거리	衣	19	木	×	帶	띠	巾	11	木	△
鏜	종고소리 (종, 북소리)	金	19	金	△	貸	빌릴	貝	12	金	×
餹	엿, 쌀강정	食	19	水	×	曼	해돋을	日	13	火	○
黨	무리	黑	20	水	△	碓	방아, 디딜방아	石	13	金	△
鐺	쇠사슬	金	21	金	△	臺	돈대, 집, 누각, 정자	至	14	土	○
儻	뛰어날, 만일	人	22	火	△	對	(姓), 대할, 대답할	寸	14	木	△
讜	곧은말, 직언	言	27	金	△	儓	하인, 집사	人	16	火	△
戇	어리석을	心	28	火	×	隊	무리, 떼	阜	17	土	△
대						黛	눈썹먹, 여자눈썹	黑	17	水	×
大	(姓), 큰, 대강	木	3	木	△	戴	(姓), 머리에 일, 받들	戈	18	金	△
代	대신할, 번갈아	人	5	火	△	擡	들, 들어올릴	手	18	木	△
汏	일을, 씻을	水	7	水	△	曘	무성할	日	18	火	△
旲	햇빛	日	7	火	○	懟	원망할, 고민할	心	18	火	×
坮	대, 돈대	土	8	土	○	鐓	창고달, 쇠방망이	金	20	金	△
垈	집터, 터	土	8	土	○	**댁**					
岱	산이름, 대산, 클	山	8	土	○	宅	(姓), 댁, 집	宀	6	木	△
抬	매질할, 볼기칠	手	9	木	×	**덕**					
待	기다릴, 갖출, 대접할	彳	9	火	○	悳	클, 여길, 베풀	心	12	火	○

한자	뜻	부수	획수	자원오행	사용적합	한자	뜻	부수	획수	자원오행	사용적합
徳	클, 여길, 베풀	彳	14	火	○	屠	죽일, 잡을	尸	12	水	×
德	(姓), 클, 여길, 베풀	彳	15	火	○	悼	슬퍼할	心	12	火	×
도						盜	훔칠, 도둑질	皿	12	金	×
刀	칼	刀	2	金	×	掉	흔들	手	12	木	×
夲	나아갈	大	5	木	○	稌	찰벼, 메벼	禾	12	木	×
叨	탐낼, 함부로 차지할	口	5	水	×	掏	가릴, 끄집어낼	手	12	木	△
忉	근심할, 걱정할	心	6	火	×	跳	뛸	足	13	土	△
弢	활집, 정낭	弓	8	火	×	逃	달아날, 도망할	辶	13	土	×
到	이를, 다다를	刀	8	金	○	塗	진흙, 칠할, 더러울	土	13	土	×
度	법도, 정도	广	9	木	○	渡	건널	水	13	水	△
島	섬	山	10	土	△	禙	복, 신, 행복	示	13	木	×
徒	무리	彳	10	火	△	途	길, 도로	辶	14	土	△
倒	넘어질, 거꾸러질	人	10	火	×	嶋	섬	山	14	土	△
挑	돋을, 서로 볼, 뛸	手	10	木	△	滔	물넘칠, 창일할	水	14	水	△
桃	복숭아	木	10	木	×	萄	포도나무	艹	14	木	×
洮	씻을	水	10	水	△	圖	그림, 도장	口	14	水	△
涂	칠할, 갈	水	11	水	△	搗	찧을, 다듬을	手	14	木	△
堵	담, 담장	土	12	土	△	睹	볼, 분별할	目	14	木	○
淘	씻을, 일, 물흐를	水	12	水	△	慆	방자할, 기뻐할	心	14	火	△
棹	노	木	12	木	△	搯	꺼낼, 퍼낼, 칠	手	14	木	△

한자	뜻	부수	획수	자원오행	사용적합	한자	뜻	부수	획수	자원오행	사용적합
菟	호랑이, 고을이름, 토끼	艸	14	木	×	檮	등걸, 산이름	木	18	木	○
酴	술밑, 누룩	酉	14	金	△	鞱	감출, 너그러울	革	19	金	△
鞀	노도, 소고	革	14	金	△	韜	감출, 너그러울	韋	19	金	△
稻	벼	禾	15	木	×	禱	빌, 기도	示	19	木	△
道	(姓), 길, 이치, 순할, 쫓을	辵	16	土	△	鼗	땡땡이, 소고	鼓	19	金	×
都	(姓), 도읍, 서울, 성할	邑	16	土	△	饕	탐할, 과도할, 사나울	食	22	水	×
陶	(姓), 질그릇, 만들	阜	16	土	△		**독**				
賭	내기	貝	16	金	×	禿	대머리	禾	7	木	×
覩	볼	見	16	火	○	毒	독할, 해칠	母	8	土	×
導	이끌, 다스릴, 통할	寸	16	木	○	督	살필, 독려할, 재촉할	目	13	木	△
馞	향기 날	香	16	木	○	篤	도타울, 굳을, 두터울	竹	16	木	○
錭	쇳덩이, 무딜, 주조할	金	16	金	○	獨	(姓), 홀로, 외로울	犬	17	土	×
蹈	밟을	足	17	土	×	犢	송아지	牛	19	土	×
壔	성채, 언덕, 보루, 돈대	土	17	土	○	牘	서찰, 편지, 나뭇조각	片	19	木	△
鍍	도금할	金	17	金	○	櫝	함, 궤	木	19	木	×
闍	망루, 성곽, 도성	門	17	木	○	瀆	도랑, 하수도, 더럽힐	水	19	水	×
櫂	노, 상앗대	木	18	木	○	讀	읽을	言	22	金	△
燾	비출, 덮을	火	18	火	△	纛	기, 둑, 소꼬리	糸	25	木	×
濤	물결, 큰물	水	18	水	△	黷	더럽힐, 욕을당할	黑	27	水	×
擣	찧을, 찌를, 두드릴	手	18	木	△		**돈**				

한자	뜻	부수	획수	자원오행	사용적합	한자	뜻	부수	획수	자원오행	사용적합
昤	밝을, 정이 도타울, 친밀할, 먼동 틀	日	8	火	○	冬	겨울	冫	5	水	×
沌	엉길, 어두울	水	8	水	×	同	한가지, 같을, 화할, 모일	口	6	水	○
豚	(姓), 돼지	豕	11	水	×	彤	붉을, 붉은 칠할	彡	7	火	×
弴	활	弓	11	金	×	東	(姓), 동녘, 오른쪽, 봄	木	8	木	△
焞	성할, 어스레할	火	12	火	○	侗	정성, 거짓없을, 참될	人	8	火	○
敦	(姓), 도타울, 인정 많을	攴	12	金	○	峒	산이름	山	9	土	△
惇	정성, 도타울, 두터울	心	12	火	○	垌	항아리, 단지, 동막이	土	9	土	△
頓	(姓), 조아릴, 깨질	頁	13	火	×	哃	큰소리칠, 허풍칠	口	9	水	×
墩	돈대, 집	土	15	土	○	烔	불사를, 더운 기운, 뜨거운 모양	火	10	火	○
暾	해돋을, 아침 해	日	16	火	○	疼	아플, 욱신거릴	疒	10	水	×
燉	빛날, 불빛, 불성한	火	16	火	○	凍	얼을, 추울	冫	10	水	×
潡	큰물, 물깊을	水	16	水	○	桐	오동나무	木	10	木	△
蠹	거룻배, 작은배	足	20	土	×	洞	고을, 골, 골짜기	水	10	水	△
돌						動	움직일, 일할	力	11	水	○
乭	이름, 돌	石	6	金	×	苳	겨우살이	艸	11	木	×
咄	꾸짖을	口	8	水	×	胴	큰창자, 몸통, 대장	肉	12	水	×
突	갑자기, 부딪힐	穴	9	水	×	童	(姓), 아이, 어리석을	立	12	木	×
堗	굴뚝, 부엌창	土	12	土	×	涷	소나기, 얼	水	12	水	×
동						茼	쑥갓	艸	12	木	×
仝	(姓), 한가지, 같을	人	5	火	○	棟	들보, 마룻대, 용마루	木	12	木	○

한자	뜻	부수	획수	자원오행	사용적합	한자	뜻	부수	획수	자원오행	사용적합
勤	자랄, 움직일, 어른	力	14	土	○	蚪	올챙이	虫	10	水	×
蝀	무지개	虫	14	水	×	兜	투구, 쓰개	儿	11	木	△
銅	구리	金	14	金	△	阧	가파를, 치솟을	阜	12	土	△
僮	아이, 하인	人	14	火	×	痘	천연두, 역질, 마마	广	12	水	×
董	(姓), 동독할, 굳을, 감독할, 거둘	艸	15	木	△	荳	콩	艸	13	木	△
曈	먼동 틀, 날 밝으려는 모양	日	16	火	○	脰	목, 목구멍	肉	13	水	×
憧	그리워할, 동경할, 그리움	心	16	火	△	逗	머무를, 던질, 무덤	辵	14	土	×
潼	물이름, 강이름	水	16	水	△	陡	험할, 높이 솟을	阜	15	土	△
橦	나무이름, (충)공격할	木	16	木	△	頭	(姓), 머리, 우두머리, 시초	頁	16	火	×
朣	달뜰	月	16	水	△	斁	깰, 섞을	攴	17	金	△
瞳	눈동자	目	17	木	×	竇	구멍	穴	20	水	×
艟	배, 병선	舟	18	木	△	讀	구절, 구두, 토	言	22	金	△
藋	동독할, 강아지풀	艸	18	木	△	蠹	좀, 쐐기	虫	24	水	×

<table>
<tr><td colspan="6" align="center">두</td><td colspan="6" align="center">둔</td></tr>
</table>

한자	뜻	부수	획수	자원오행	사용적합	한자	뜻	부수	획수	자원오행	사용적합
斗	말, 별이름	斗	4	火	○	屯	진칠, 모일	屮	4	木	△
豆	콩, 팥, 제기, 제물	豆	7	木	×	窀	광중, 무덤구덩이	穴	9	水	×
杜	(姓), 막을, 향초이름, 팥배나무	木	7	木	△	芚	싹나올, 채소이름	艸	10	木	△
枓	두공, 기둥머리, 주두	木	8	木	△	迍	머뭇거릴, 망설일	辵	11	土	△
抖	떨, 구할	手	8	木	△	鈍	무딜, 둔할	金	12	金	×
肚	배, 복부, 마음	肉	9	水	△	遁	달아날, 피할, 숨을	辵	16	土	×

한자	뜻	부수	획수	자원오행	사용적합	한자	뜻	부수	획수	자원오행	사용적합
遯	달아날, 피할, 도망할	辵	18	土	×	鐙	등잔, 등불	金	20	金	△
臀	볼기, 밑, 바닥	肉	19	水	×	藤	(姓), 등나무	竹	21	木	△
						籐	등덩굴, 대기구	竹	21	木	△

둘

한자	뜻	부수	획수	자원오행	사용적합
乻	둘, 우리나라 한자	乙	5	木	○

득

한자	뜻	부수	획수	자원오행	사용적합
得	얻을, 만족할, 깨달을	彳	11	火	○

등

한자	뜻	부수	획수	자원오행	사용적합
登	(姓), 오를, 나아갈, 이룰, 익을	癶	12	火	○
等	무리, 같을, 가지런할, 등급	竹	12	木	△
凳	걸상, 평상	几	14	木	×
嶝	고개, 비탈길	山	15	土	△
滕	물솟을, 물끓을	水	15	水	△
橙	귤, 등자나무, 걸상	木	16	木	△
燈	등잔, 등불	火	16	火	○
縢	봉할, 노끈	糸	16	木	△
螣	등사, 풀무치	虫	16	水	×
謄	베낄	言	17	金	×
磴	돌비탈길	石	17	金	×
鄧	등나무, 나라이름	邑	19	土	△
騰	오를	馬	20	火	○

한자	뜻	부수	획수	자원오행	사용적합	한자	뜻	부수	획수	자원오행	사용적합
라						囉	소리 섞일	口	22	水	×
剌	가지 칠	刀	9	金	×	曪	햇빛 없을, 어두울	日	23	火	×
砢	돌쌓일, 서로 도울	石	10	金	△	臝	벌거벗을	肉	23	水	×
倮	벗을, 알몸	人	10	火	×	鸁	되강오리	鳥	24	火	×
喇	나팔, 승려	口	12	水	×	纙	돈꿰미	糸	25	木	×
裸	벗을	衣	14	木	×	蘿	쑥, 담쟁이, 넝쿨, 무, 미나리	艸	25	木	△
攞	다스릴, 정돈할	手	15	木	△	邏	순라, 순행할, 돌	辵	26	土	△
蓏	열매	艸	16	木	△	鑼	징, 동발	金	27	金	×
瘰	연주창, 옴	广	16	水	×	**락**					
螺	소라	虫	17	水	△	洛	물이름, 강이름	水	10	水	△
覶	자세할, 즐겁게 볼	見	19	火	○	烙	지질	火	10	火	×
羅	(姓), (나)그물, 벌릴	网	20	木	△	珞	구슬, 목걸이	玉	11	金	△
懶	게으를, 나른할	心	20	火	×	絡	이을, 얽을, 연락할, 맥	糸	12	木	○
儸	간능있을, 재주있을	人	21	火	△	酪	타락, 쇠젖, 소젖	酉	13	金	×
癩	문둥병	广	21	水	×	詻	진한 유즙, 식초	口	13	水	×
騾	노새	馬	21	火	×	犖	얼룩소	牛	14	土	×

한자	뜻	부수	획수	자원오행	사용적합	한자	뜻	부수	획수	자원오행	사용적합
樂	즐길, 풍류, 즐거울(요)	木	15	木	○	欄	목란	木	25	木	△
落	떨어질, 흩어질	艸	15	木	×	鑾	방울, 천자의 수레	金	27	金	△
駱	낙타	馬	16	火	×	驪	난새, 방울	馬	30	火	△

란

한자	뜻	부수	획수	자원오행	사용적합	한자	뜻	부수	획수	자원오행	사용적합
丹	붉을, 정성스러울, 꽃이름	丶	4	火	○	剌	어그러질, 발랄할	刀	9	金	×
卵	알	卩	7	水	×	埒	담, 울타리	土	10	木	△
亂	어지러울	乙	13	火	×	辣	매울, 몹시 매울	辛	14	金	×
闌	가로막을, 방지할	門	17	木	×	辢	매울, 지독할	辛	14	金	×
嬾	게으를, 태만할	女	19	土	×						

람

한자	뜻	부수	획수	자원오행	사용적합	한자	뜻	부수	획수	자원오행	사용적합
幱	내리닫이	巾	20	木	×	嫏	고울, 예쁠	女	11	土	○
斕	(난)문채	文	21	木	△	婪	탐할	女	11	土	△
爛	찬란할, 빛날, 익을, 문드러질	火	21	火	△	嵐	아지랑이, 폭풍, 산이름	山	12	土	×
瀾	큰 물결	水	21	水	△	惏	탐할, 차가울	心	12	火	△
攔	막을, 차단할	手	21	木	△	擥	잡을, 당길	手	14	木	△
欄	난간, 테, 테두리, 울	木	21	木	△	濫	과실장아찌	水	15	水	×
璘	옥무늬	玉	22	金	△	爁	불번질, 세력 강한	火	18	火	△
欒	(姓), 나무이름, 가름대, 모감주나무	木	23	木	×	濫	물넘칠, 퍼질, 실없을	水	18	水	×
灓	새어 흐를, 적실	水	23	水	△	攬	걷어잡을, 쥘	手	18	木	△
襴	내리닫이, 난삼	衣	23	木	△	璼	옥이름	玉	19	金	○
蘭	난초	艸	23	木	×	藍	쪽, 옷해질	艸	20	木	×

한자	뜻	부수	획수	자원오행	사용적합	한자	뜻	부수	획수	자원오행	사용적합
籃	대바구니	竹	20	木	△	琅	옥돌, 금옥소리, 옥이름	玉	12	金	△
襤	누더기	衣	20	木	×	硠	돌소리, 우렛소리	石	12	金	△
覽	볼	見	21	火	△	稂	강아지풀	禾	12	木	×
灆	물맑을	水	22	水	○	廊	행랑, 곁채, 복도, 사랑채	广	13	木	△
蘫	오이절임	艸	23	木	△	莨	수크령, 조	艸	13	木	×
欖	감람나무	木	25	木	△	蜋	사마귀	虫	13	水	×
攬	잡을, 가려뽑아 취할	手	25	木	△	郎	사내, 낭군, 남편	邑	13	土	△
纜	닻줄	糸	27	木	△	郎	사내, 낭군, 남편	邑	14	土	△

랍

한자	뜻	부수	획수	자원오행	사용적합	한자	뜻	부수	획수	자원오행	사용적합
拉	끌, 끌고 갈, 꺾을	手	9	木	×	榔	나무이름, 빈랑나무	木	14	木	×
臘	섣달, 납향	肉	21	水	△	瑯	옥이름, 고을이름	玉	15	金	○
蠟	밀랍	虫	21	水	△	閬	솟을대문	門	15	木	△
鑞	땜납, 주석	金	23	金	△	螂	사마귀	虫	16	水	×
						駺	꼬리 흰말	馬	17	火	△

<table>
<tr><td colspan="6" align="center">

랑

</td><td colspan="6" align="center">

래

</td></tr>
</table>

한자	뜻	부수	획수	자원오행	사용적합	한자	뜻	부수	획수	자원오행	사용적합
庲	(낭)높을, 그릇	广	10	木	△	来	올, 돌아올, 부를	木	7	木	○
狼	이리	犬	11	土	×	來	(姓), 올, 돌아올, 부를	人	8	木	○
眼	밝을, 햇볕	日	11	火	△	崍	산이름	山	11	土	△
浪	(姓), 물결, 방자할	水	11	水	×	徠	올, 위로할	彳	11	火	○
烺	빛밝을, 맑고 환할	火	11	火	○	淶	강이름, 고을이름	水	12	水	△
朗	밝을	月	11	水	○	萊	쑥, 명아주, 김맬, 다스릴	艸	14	木	△

한자	뜻	부수	획수	자원 오행	사용 적합	한자	뜻	부수	획수	자원 오행	사용 적합
趚	올, 돌아올, 부를	走	15	火	○	粮	양식, 곡식	米	13	木	△
騋	큰 말	馬	18	火	△	粱	기장, 조	米	13	木	△
	랭					踉	높이 뛸	足	14	土	△
冷	찰, 맑을	冫	7	水	△	輛	수레	車	15	火	△
	략					諒	믿을, 살펴 알, 살필	言	15	金	○
略	간략할, 약할, 대략, 다스릴	田	11	土	△	樑	(姓), 들보	木	15	木	△
畧	다스릴, 둘러볼, (약)다스릴	田	11	土	△	騩	꼬리 흰말	馬	17	火	△
掠	노략질할	手	12	木	×	魎	도깨비	鬼	18	火	×
	량					糧	양식	米	18	木	△
良	(姓), (양)어질, 좋을, 착할, 진실로	良	7	土	△		**려**				
兩	둘, 두, 짝, 양	入	8	土	△	呂	(姓), 등, 법칙, 땅이름, 음률	口	7	水	○
俍	어질, 좋을, 착할	人	9	火	○	戾	어그러질, 벗어날	戶	8	金	×
亮	밝을, 참으로, 도울	亠	9	火	○	侶	짝, 벗, 동반할	人	9	火	○
涼	서늘할, 슬퍼할	冫	10	水	×	旅	나그네, 함께, 군대	方	10	土	△
倆	재주, 공교할	亻	10	火	○	唳	울, 새가 울	口	11	水	×
悢	슬퍼할, 서러울	心	11	火	△	梠	평고대	木	11	木	△
樑	(姓), (양)들보	木	11	木	○	慮	생각할, 근심할	心	15	火	×
喨	소리 맑을	口	12	水	○	黎	검을, 무리	黍	15	木	×
量	헤아릴, 도량, 기량, (양)용량	里	12	火	○	閭	마을, 이문	門	15	木	○
湸	서늘할, 얇을, 쓸쓸할	水	12	水	×	厲	갈, 괴로울, 힘쓸	厂	15	水	×

한자	뜻	부수	획수	자원오행	사용적합
脊	등골뼈	肉	16	水	×
勵	힘쓸	力	17	土	△
儢	힘쓰지 않을	人	17	火	×
癘	창병, 역병	疒	18	水	×
麗	고울, 빛날	鹿	19	土	○
廬	오두막집, 농막집, 주막	广	19	木	×
櫚	종려나무	木	19	木	△
曬	햇살 퍼질	日	19	火	○
濾	거를, 씻을, 맑게 할	水	19	水	△
礪	거친 숫돌	石	20	金	△
儷	짝, 아우를, 나란히 할	人	21	火	△
藜	명아주, 나라이름	艸	21	木	△
蠣	굴조개	虫	21	水	×
糲	현미	米	21	木	△
蠡	좀먹을	虫	21	水	×
邌	천천히 갈	辵	22	土	△
臚	살갗, 제사이름	肉	22	水	×
鑢	줄, 갈	金	23	金	△
驢	당나귀	馬	26	火	×
驪	검은 말	馬	29	火	×

력

한자	뜻	부수	획수	자원오행	사용적합
力	힘쓸	力	2	土	△
歷	지날, 두루, 분명할, 지낼	止	16	土	△
曆	책력	日	16	火	△
櫟	상수리나무	木	19	木	×
擽	칠, 때릴	手	20	木	×
櫪	말구유	木	20	木	×
瀝	스밀, 물방울 떨어질, 거를	水	20	水	×
礫	조약돌, 자갈	石	20	金	△
癧	연주창	疒	21	水	×
轢	칠, 치일, 삐걱거릴, 수레바퀴	車	22	火	×
轣	갈, 삐걱거릴	車	23	火	×
靂	벼락, 천둥	雨	24	水	×
酈	땅이름	邑	26	土	○

련

한자	뜻	부수	획수	자원오행	사용적합
煉	쇠불릴, 달굴, 반죽할	火	13	火	○
楝	멀구슬나무	木	13	木	×
湅	익힐, 단련할	水	13	水	△
連	연할, 이을	辵	14	土	△
練	익힐	糸	15	木	△

한자	뜻	부수	획수	자원오행	사용적합	한자	뜻	부수	획수	자원오행	사용적합
漣	잔물결칠, 물놀이	水	15	水	△	洌	맑을	水	10	水	△
輦	가마, 손수레	車	15	火	△	挒	비틀, 내걸	手	10	木	×
璉	호련	玉	16	金	△	裂	찢을, 찢어질	衣	12	木	×
憐	사랑할, 어여삐 여길, 불쌍히 여길	心	16	火	△	挗	비틀, 꺾을	手	12	木	×
聯	이을, 잇달, 잇닿을	耳	17	火	○	颲	사나운 바람	風	15	木	×
蓮	(姓), (연)연꽃, 연밥	艸	17	木	×	**렴**					
鏈	쇠사슬	金	19	金	△	廉	(姓), (염)청렴할	广	13	木	○
鰊	청어	魚	20	水	×	磏	거친 숫돌, 애쓸	石	15	金	×
孌	아름다울, 예쁠	女	22	土	○	濂	물이름, 엷을	水	17	水	△
奱	이룰	大	22	木	△	斂	거둘, 모을, 저장할	攴	17	金	○
鰱	연어	魚	22	水	×	殮	염할	歹	17	水	×
戀	사모할, 그리워할	心	23	火	△	簾	발	竹	19	木	△
攣	걸릴	手	23	木	△	瀲	넘칠, 물가	水	21	水	△
臠	고기, 도막, 여월	肉	25	水	×	**렵**					
轡	맬, 철할	車	26	火	△	獵	사냥할	犬	19	土	×
렬						躐	밟을, 뛰어넘을	足	22	土	×
列	벌릴, 줄, 베풀, 펼, 벌어질	刀	6	金	○	鬣	갈기, 수염	髟	25	火	×
劣	못할, 용렬할	力	6	土	×	**령**					
冽	찰, 차가운 바람, 맵게 추울	冫	8	水	×	令	하여금, 법, 규칙	人	5	火	○
烈	매울, 세찰, 빛날, 충직할	火	10	火	△	另	헤어질, 분리할	口	5	水	×

한자	뜻	부수	획수	자원오행	사용적합	한자	뜻	부수	획수	자원오행	사용적합
伶	영리할, 지혜로울	人	7	火	○	鈴	방울	金	13	金	○
姈	여자이름, 슬기로운	女	8	土	○	逞	쾌할, 왕성할, 굳셀	辵	14	土	△
岭	고개, 산맥	山	8	土	○	領	거느릴, 다스릴	頁	14	火	○
岺	재, 산이름	山	8	土	○	鴒	할미새	鳥	16	火	×
呤	속삭일	口	8	水	○	齢	(영)소금, 소금밭	鹵	16	水	△
囹	옥, 감옥	口	8	水	×	嶺	고개, 재	山	17	土	○
泠	깨우칠, 서늘할	水	9	水	△	澪	강이름, 물떨어질	水	17	水	△
朎	달빛영롱할	月	9	水	△	齡	나이, 연령	齒	20	金	×
昤	밝을, 빛 영롱할	日	9	火	○	靈	(姓), 신령, 영혼	雨	24	水	×
怜	영리할, 지혜로울	心	9	火	○	欞	격자창, 처마	木	28	木	△
玲	옥소리, 옥, 투명할	玉	10	金	△		**례**				
秢	벼 처음 익을	禾	10	木	△	礼	예도, 예절	示	6	木	○
羚	영양, 큰 양	羊	11	土	×	例	법식, 본보기, 견줄	人	8	火	○
笭	도꼬마리, 원추리, 작은 농	竹	11	木	×	隷	종, 붙을	隶	16	水	×
翎	깃, 날개	羽	11	火	△	隸	종, 죄인	隶	17	水	×
聆	들을, 좇을, 깨달을	耳	11	火	△	澧	물이름, 강이름	水	17	水	△
苓	도꼬마리, 원추리	竹	11	木	△	禮	예도, 절, 인사	示	18	木	△
蛉	잠자리	虫	11	水	×	醴	단술	酉	20	金	×
軨	사냥 수레	車	12	火	△	鱧	가물치	魚	24	水	×
零	떨어질, 영	雨	13	水	×		**로**				

한자	뜻	부수	획수	자원오행	사용적합	한자	뜻	부수	획수	자원오행	사용적합
老	(姓), 늙을, 익숙할	老	6	土	×	蕗	감초, 머위	艸	19	木	×
窂	우리, 감옥	穴	9	水	×	嚧	웃을	口	19	水	○
旅	검을, 검은빛	玄	11	水	△	鐪	(노)수레, 금줄, 금길	金	20	金	△
勞	힘쓸, 일할, 공로	力	12	火	○	露	이슬	雨	20	水	×
虜	사로잡을, 포로	虍	12	木	×	爐	화로	火	20	火	○
路	길	足	13	土	△	瀘	물이름, 강이름	水	20	水	△
輅	수레	車	13	火	△	櫨	두공	木	20	木	△
魯	나라이름, 노둔할, 어리석을	魚	15	水	×	瓐	비취옥	玉	21	金	○
滷	소금밭	水	15	水	×	艣	노, 상앗대	舟	21	木	△
盧	(姓), (노)밥그릇, 목로	皿	16	水	△	鑪	아교그릇, 칼자루	金	21	金	△
澇	큰물결, 장마	水	16	水	△	蘆	갈대	艸	22	木	×
潦	장마, 큰비 적실	水	16	水	△	艫	뱃머리, 고물	舟	22	木	△
撈	잡을, 건질, 건져낼	手	16	木	△	鷺	백로, 해오라기	鳥	23	火	×
橯	오동나무	木	17	木	△	轤	도르래, 고패	車	23	火	△
潞	강이름	水	17	水	○	鑪	화로	金	24	金	△
擄	노략질할	手	17	木	×	顱	머리뼈, 해골	頁	25	火	×
癆	중독, 폐결핵	疒	17	水	×	髗	머리뼈, 해골	骨	26	金	×
璐	아름다운 옥	玉	18	金	○	鸕	가마우지	鳥	27	火	×
壚	흙토	土	19	土	△	鱸	농어	魚	27	水	×
橹	방패, 노	木	19	木	○		**록**				

한자	뜻	부수	획수	자원오행	사용적합	한자	뜻	부수	획수	자원오행	사용적합
彔	나무에 새길, 근본	彐	8	火	△	瀧	비올, 적실	水	20	水	△
鹿	사슴	鹿	11	土	△	朧	흐릿할	月	20	水	×
淥	물맑을, 밭을(녹)	水	12	水	△	攏	누를, 쓰다듬을	手	20	木	△
祿	복, 녹봉	示	13	木	○	曨	어스레할, 먼동이 틀	日	20	火	△
碌	푸른돌, 돌모양, 녹록할	石	13	金	△	瓏	옥소리, 환할	玉	21	金	△
綠	(姓), 푸를, 초록빛	糸	14	木	○	礱	갈, 숫돌	石	21	金	△
菉	조개풀, 녹수, 녹두	艸	14	木	△	籠	대그릇, 얽을, 채롱	竹	22	木	△
漉	거를, 칠	水	15	水	△	聾	귀머거리	耳	22	火	×
錄	기록할, 나타낼	金	16	金	○	蘢	개여뀌	艸	22	木	×
簏	대상자	竹	17	木	×	隴	고개이름, 땅이름	阜	24	土	△
騄	말의 이름	馬	18	火	×	**뢰**					
轆	도르래	車	18	火	△	耒	가래, 쟁기	耒	6	木	△
麓	산기슭, 산림	鹿	19	土	△	牢	가축우리, 감옥	牛	7	土	×
鵦	새이름	鳥	19	火	×	誄	애도할, 빌	言	13	金	△
론						雷	(姓), 우레, 천둥	雨	13	水	×
論	의논할, 말할, 논의할	言	15	金	○	賂	뇌물, 선물	貝	13	金	△
롱						酹	부을, 제주, 강신할	酉	14	金	△
弄	희롱할, 가지고 놀	廾	7	金	×	磊	돌무더기	石	15	金	×
儱	미숙할, 걷지 못할	人	18	火	×	賚	줄, 하사품	貝	15	金	○
壠	밭두둑, 언덕, 밭이랑	土	19	土	△	賴	(姓), 힘입을, 의뢰할, 의지할	貝	16	金	△

한자	뜻	부수	획수	자원오행	사용적합	한자	뜻	부수	획수	자원오행	사용적합
頼	힘입을, 의뢰할, 의지할	頁	16	金	△	燎	밝을, 횃불, 화톳불	火	16	火	○
儽	꼭두각시, 영락할, 피로할	人	17	火	✕	撩	다스릴, 돋을	手	16	木	○
磥	바위, 돌무더기	石	18	金	△	暸	밝을, 환할	日	16	火	○
蕾	꽃봉오리	艸	19	木	✕	潦	큰비, 장마	水	16	水	✕
攦	갈, 문지를	手	19	木	△	膋	발기름	肉	16	水	✕
瀨	여울, 급류	水	20	水	△	瞭	눈밝을, 아득할	目	17	木	△
礌	바위	石	20	金	△	蓼	여뀌	艸	17	木	✕
罍	술독, 대야	缶	21	土	✕	療	병고칠, 극복할	疒	17	水	△
纇	실마디, 어그러질	糸	21	木	✕	繚	감길, 두를	糸	18	木	△
籟	통소, 소리	竹	22	木	✕	醪	막걸리	酉	18	金	✕
료						遼	멀, 늦출	辶	19	土	✕
了	마칠, 깨달을, 밝을	亅	2	金	✕	鐐	은, 족쇄	金	20	金	✕
料	헤아릴, 다스릴	斗	10	火	△	飂	바람소리, 태풍	風	20	木	△
聊	애오라지, 의지할, 기울, 원할	耳	11	火	✕	飉	산들바람	風	21	木	△
僚	동료, 벗, 관리	人	14	火	△	**룡**					
廖	공허할, 사람이름	广	14	木	✕	竜	용, 임금	立	10	金	△
嫽	예쁠	女	15	土	○	龍	(姓), (용)임금	龍	16	土	△
寮	벼슬아치, 동료, 작은창	宀	15	木	△	龗	용, 임금	龍	21	土	△
嘹	울, 맑은소리	口	15	水	△	**루**					
獠	밤사냥	犬	16	土	✕	婁	끌, 별이름	女	11	土	△

한자	뜻	부수	획수	자원오행	사용적합	한자	뜻	부수	획수	자원오행	사용적합
累	더할, 여러, 자주, 거듭할, 얽힐, 묶을	糸	11	木	△	鏤	새길	金	19	金	○
淚	눈물, 눈물흘릴	水	12	水	×	髏	해골	骨	21	金	×
僂	구부릴	人	13	火	×	**류**					
陋	좁을, 더러울	阜	14	土	×	柳	(姓), 버들	木	9	木	○
嶁	봉우리, 산꼭대기	山	14	土	○	留	머무를, 기다릴	田	10	土	△
屢	여러, 자주, 창	尸	14	水	○	流	흐를, 펼, 구할	水	11	水	△
嘍	시끄러울, 말많을	口	14	水	×	琉	유리	玉	12	金	△
漊	물이름	水	15	水	△	硫	유황	石	12	金	×
樓	(姓), 다락	木	15	木	×	旒	깃발	方	13	土	△
漏	샐, 빠뜨릴	水	15	水	×	榴	석류나무	木	14	木	△
慺	정성스러울, 공손할	心	15	火	○	溜	물방울, 낙숫물, 여울	水	14	水	△
熡	불꽃	火	15	火	○	瑠	맑은유리	玉	15	金	△
瘻	부스럼	广	16	水	×	瘤	혹	广	15	水	×
耬	파종기	耒	17	土	△	劉	(姓), (유)묘금도, 죽일, 도끼	刀	16	金	×
螻	땅강아지	虫	17	水	×	橊	석류나무	木	16	木	×
褸	헌누더기, 남루할, 옷해질	衣	17	木	×	遛	머무를, 정지할	辵	17	土	×
縷	실, 명주, 실마디	糸	17	木	○	縲	포승, 오랏줄	糸	17	木	×
蔞	산쑥, 물쑥	艸	17	木	×	謬	어긋날, 그릇될	言	18	金	×
壘	보루, 진, 쌓을, 집터, 토석	土	18	土	×	類	같을, 무리, 비슷할	頁	19	火	△
謱	말엉킬, 수다떨	言	18	金	×	瀏	맑을	水	19	水	△

한자	뜻	부수	획수	자원오행	사용적합
纝	맬, 얽힐	糸	21	木	×
鵹	올빼미	鳥	21	火	×
륙					
六	(姓), 여섯	八	6	土	△
勠	합할, 같이 힘쓸	力	13	土	○
戮	죽일, 육시할	戈	15	金	×
陸	(姓), (육)뭍, 육지	阜	16	土	△
륜					
侖	뭉치, 생각할, 둥글	人	8	火	○
倫	인륜, 차례, 윤리	人	10	火	○
圇	(윤)완전할, 동글동글할	口	11	水	○
崙	뫼, 산이름	山	11	土	○
崘	산이름	山	11	土	○
淪	빠질, 물놀이	水	12	水	×
掄	가릴, 분간할	手	12	木	△
綸	벼리, 낚시줄	糸	14	木	○
輪	바퀴, 우렁찰	車	15	火	○
錀	금	金	16	金	○
률					
律	(姓), 법, 풍류, 저울질할	彳	9	火	○

한자	뜻	부수	획수	자원오행	사용적합
栗	밤, 단단할, 공손할	木	10	木	△
率	거느릴, 비율, 헤아릴	玄	11	火	○
崒	가파를	山	12	土	×
慄	두려워할, 떨릴	心	14	火	×
溧	강이름, 모래섬	水	14	水	×
璱	옥 무늬	玉	15	金	○
稤	볏가리	禾	15	木	△
륭					
隆	높을, 성할, 두터울	阜	17	土	○
癃	위독할, 늙을	疒	17	水	×
窿	활꼴	穴	17	水	×
륵					
肋	갈빗대	肉	8	水	×
泐	돌갈라질	水	9	水	×
勒	정돈할, 굴레, 자갈	力	11	金	△
름					
菻	쑥, 나라이름	艸	14	木	△
凓	찰, 늠름할	冫	15	水	△
凜	찰, 늠름할	冫	15	水	△
廩	곳집, 쌀광, 넉넉할	广	16	木	△

한자	뜻	부수	획수	자원오행	사용적합	한자	뜻	부수	획수	자원오행	사용적합
凜	서늘할, 찰	水	17	水	△	狸	살쾡이, 너구리	犬	11	土	×
릉						悧	영리할	心	11	火	△
凌	능가할, 업신여길	氵	10	水	×	浬	해리	水	11	水	△
倰	속일, 넘길, 범할	人	10	火	×	离	산신, 떠날, 갈라질	内	11	火	△
楞	(능)모, (능)실신할, 사나울	木	13	木	△	梨	배, 배나무	木	11	木	△
稜	모날, 모서리, 서슬	禾	13	木	×	浰	임할, 물소리	水	11	水	△
綾	비단	糸	14	木	○	犁	밭갈, 얼룩소	牛	12	土	×
菱	마름, 모날	艸	14	木	△	犂	밭갈, 얼룩소	牛	12	土	×
陵	언덕, 무덤, 능할	阜	16	土	×	理	다스릴, 이치, 도리, 깨달을	玉	12	金	△
薐	마름, 모날	艸	17	木	△	痢	설사, 이질	广	12	水	×
리						裏	속, 내부	衣	13	木	△
吏	관리, 벼슬아치, 아전	口	6	水	△	裡	속, 내부	衣	13	木	△
利	이로울, 편리할	刀	7	金	○	莅	다다를, 임할	艸	13	木	○
李	(姓), (이)오얏나무	木	7	木	×	莉	말리나무	艸	13	木	×
里	마을, 헤아릴, 근심할	里	7	土	△	剺	벗길, 칼로 벨	刀	13	金	×
厘	다스릴, 정리	厂	9	土	○	蜊	참조개	虫	13	水	×
俐	똑똑할, 영리할	人	9	火	○	嫠	과부, 홀어머니	女	14	土	×
俚	속될, 촌스러울	人	9	火	×	貍	살쾡이	豸	14	水	×
唎	가는 소리	口	10	水	×	漓	스며들	水	15	水	×
哩	어조사, 거리단위	口	10	水	△	摛	퍼질, 표현할	手	15	木	○

한자	뜻	부수	획수	자원오행	사용적합	한자	뜻	부수	획수	자원오행	사용적합
履	밟을, 가죽신	尸	15	木	×	嶙	가파를, 강직한	山	15	土	△
斄	바를	攴	16	土	○	獜	튼튼할, 건장할	犬	16	土	△
璃	유리, 구슬이름	玉	16	金	△	撛	붙들, 구원할	手	16	木	△
罹	근심	网	17	木	×	暽	(인)사람이름	日	16	火	△
螭	교룡	虫	17	水	×	斴	(인)물소리	斤	16	水	△
釐	의리, 다스릴	里	18	土	○	橉	나무이름, 문지방	木	16	木	△
鯉	잉어	魚	18	水	×	燐	도깨비불, 반딧불	火	16	火	△
羸	여윌, 파리할	羊	19	土	×	潾	물맑을	水	16	水	△
離	떠날, 떼놓을, 산신	隹	19	火	×	瞵	(인)눈빛	目	17	木	△
魑	도깨비	鬼	21	火	×	璘	옥빛, 옥무늬	玉	17	金	△
灕	(이)물이름, 스며들	水	23	水	△	磷	물 흐르는 모양	石	17	金	△
黐	끈끈이	黍	23	木	×	繗	이을	糸	18	木	△
籬	울타리	竹	25	木	○	䗲	반딧불	虫	18	水	×
邐	이어질	辵	26	土	△	鄰	이웃	邑	19	土	△
	린					轔	수레소리	車	19	火	△
吝	아낄	口	7	水	△	隣	이웃	阜	20	土	△
悋	아낄, 인색할	心	11	火	△	鏻	굳셀	金	20	金	○
㷠	불꽃	火	12	火	△	驎	얼룩말	馬	22	火	×
粦	도깨비불	米	12	木	×	藺	골풀, 등심초	艸	22	木	△
粼	물맑을	米	14	木	△	躪	짓밟을, 수레자	足	23	土	×

한자	뜻	부수	획수	자원 오행	사용 적합	한자	뜻	부수	획수	자원 오행	사용 적합
麟	기린	鹿	23	土	×						
鱗	비늘, 물고기	魚	23	水	×						
躪	유린할, 짓밟을	足	27	土	×						
림											
林	(姓), (임)수풀	木	8	木	△						
玲	옥, 옥돌	玉	9	金	○						
棽	무성할	木	12	木	△						
淋	물뿌릴, 축일, 임질	水	12	水	×						
晽	알고자 할	日	12	火	△						
琳	아름다운 옥	玉	13	金	○						
碄	깊을	石	13	金	△						
痳	임질	疒	13	水	×						
霖	장마	雨	16	水	×						
臨	임할, 볼, 쓸, 다스릴	臣	17	火	○						
립											
立	설	立	5	金	○						
岦	산우뚝할	山	8	土	×						
砬	돌소리	石	10	金	△						
笠	삿갓, 갓	竹	11	木	△						
粒	쌀알, 낟알	米	11	木	△						

한자	뜻	부수	획수	자원 오행	사용 적합	한자	뜻	부수	획수	자원 오행	사용 적합
마						寞	쓸쓸할, 고요할, 적막할	宀	14	木	×
馬	(姓), 말	馬	10	火	△	幕	장막, 군막	巾	14	木	×
麻	(姓), 삼, 참깨	广	11	木	×	漠	사막, 아득할, 넓을, 조용할	水	15	水	×
媽	어미, 여종, 암말	女	13	土	×	瞙	(눈이)흐릴, 눈이 어두울	目	16	木	×
痲	저릴, 홍역	广	13	水	×	膜	꺼풀, 어루만질	肉	17	水	×
麽	작을, 하찮을	麻	14	木	×	鏌	칼이름	金	19	金	×
摩	문지를, 연마할	手	15	木	△	邈	멀	辵	21	土	×
瑪	옥돌, 마노	玉	15	金	○	**만**					
碼	마노, 저울추	石	15	金	△	万	일만	一	3	木	△
磨	갈	石	16	金	△	卍	만자	十	6	火	×
螞	말거머리, 왕개미	虫	16	水	×	娩	낳을, 해산할	女	10	土	×
蟇	두꺼비	虫	17	水	×	曼	길게 끌, 길, 멀, 아름다울	日	11	土	△
魔	마귀, 악마	鬼	21	火	×	挽	당길, 말릴	手	11	木	△
劘	깎을, 벨, 연마할	刀	21	金	△	晩	저물, 늦을	日	11	火	×
막						墁	흙손, 바를	土	14	土	△
莫	말, 없을, 아닐, 아득할	艸	13	木	×	嫚	업신여길, 깔볼	女	14	土	×

한자	뜻	부수	획수	자원오행	사용적합	한자	뜻	부수	획수	자원오행	사용적합
輓	끌, 애도할, 수레 끌	車	14	火	×		**말**				
幔	막, 장막	巾	14	木	△	末	끝, 꼭대기, 가벼울	木	5	木	×
漫	부질없을, 흩어질, 질펀할	水	15	水	×	帕	머리띠	巾	8	木	△
萬	(姓), 일만, 많을	艸	15	木	△	抹	바를, 칠할, 문지를	手	9	木	△
滿	(姓), 찰, 가득할, 풍족할	水	15	水	×	沫	물거품, 물방울	水	9	水	×
慢	게으를, 거만할, 방자할	心	15	火	×	秣	끝	口	10	水	×
瞞	속일	目	16	木	×	秣	꼴, 말먹이	禾	10	木	×
蔓	덩굴, 퍼질	艸	17	木	△	茉	말리꽃, 자스민꽃	艸	11	木	×
縵	무늬없는 비단	糸	17	木	×	靺	말갈, 오랑캐이름, 버선	革	14	金	×
蹣	넘을, 뛰어넘을	足	18	土	△	襪	버선	衣	21	木	△
謾	속일, 헐뜯을	言	18	金	×		**망**				
鏋	금, 금정기	金	19	金	○	亡	망할	亠	3	水	×
鏝	흙손, 날없는 창	金	19	金	△	妄	망령될, 허망할, 거짓	女	6	土	×
饅	만두	食	20	水	×	汒	황급할	水	7	水	×
鬘	머리 장식	髟	21	火	△	忙	바쁠	心	7	火	×
蠻	뫼, 산봉우리	山	22	土	○	忘	잊을, 다할	心	7	火	×
鰻	뱀장어	魚	22	水	×	芒	싹, 까끄라기, 털	艸	9	木	△
彎	굽을	弓	22	火	×	罔	그물, 없을, 속일	网	9	木	×
蠻	오랑캐, 야만	虫	25	水	×	邙	산이름	邑	10	土	△
灣	물굽이	水	26	水	△	望	바랄	月	11	水	○

한자	뜻	부수	획수	자원오행	사용적합	한자	뜻	부수	획수	자원오행	사용적합
茫	아득할, 멀, 명할	艸	12	木	×	梅	(姓), 매화나무	木	11	木	×
惘	멍할, 심심할	心	12	火	×	媒	중매할, 매개할	女	12	土	×
莽	풀우거질, 잡초, 풀	艸	12	木	×	買	살	貝	12	金	×
望	바랄, 기대, 보름	月	14	水	△	寐	잠잘, 죽을	宀	12	木	×
莽	풀우거질, 잡초, 풀	艸	14	木	×	煤	그을음, 먹	火	13	火	×
網	그물	糸	14	木	△	楳	매화나무	木	13	木	×
輞	바퀴테	車	15	火	×	莓	나무딸기	艸	19	木	×
漭	넓을, 평평할	水	15	水	△	酶	술밑, 누룩	酉	14	金	×
魍	도깨비, 요괴	鬼	18	火	×	賣	팔	貝	15	金	×
매						魅	도깨비, 매혹할	鬼	15	火	×
呆	어리석을, 미련할	口	7	水	×	霉	곰팡이, 매우	雨	15	水	×
每	매양, 늘, 마다, 탐낼, 각각	母	7	土	△	罵	욕할, 꾸짖을	网	16	木	×
妹	손아래누이	女	8	土	△	邁	갈, 멀리 떠날	辵	20	土	×
枚	낱, 줄기	木	8	木	△	**맥**					
沬	땅이름, 별이름	水	9	水	△	麥	보리, 매장할	麥	11	木	△
玫	붉은 옥이름, 아름다운 돌	玉	9	金	○	脈	맥, 줄기	肉	12	水	△
昧	어두울, 새벽, 동틀무렵	日	9	火	×	貊	오랑캐, 맥국(북방종족)	豸	12	水	×
埋	묻을, 메울	土	10	土	×	貃	고요할, 북방민족	豸	13	水	×
眛	어두울, 밝지 않을	目	10	木	×	陌	길, 밭둑, 두렁, 거리	阜	14	土	△
苺	딸기	艸	11	木	×	貘	짐승이름, 맹수이름	豸	18	水	×

한자	뜻	부수	획수	자원오행	사용적합	한자	뜻	부수	획수	자원오행	사용적합
驀	말탈, 뛰어넘을	馬	21	火	△	面	낮, 얼굴, 향할, 보일	面	9	火	△
맹						俛	힘쓸, 부지런할	人	9	火	○
甿	백성	田	8	土	○	眠	잠잘, 졸음, 졸 , 쉴	目	10	木	×
孟	(姓), 맏이, 첫, 힘쓸	子	8	水	△	冕	면류관	冂	11	木	○
氓	백성	氏	8	火	○	棉	목화, 솜	木	12	木	△
盲	소경, 눈멀, 어두울	目	8	木	×	湎	빠질, 바뀔	水	13	水	×
虻	등에(곤충), 패모	虫	9	水	×	綿	솜, 이어질	糸	14	木	△
猛	사나울, 날랠, 엄할	犬	12	土	×	緬	가는 실, 멀, 아득할	糸	15	木	×
盟	맹세할	皿	13	土	○	麪	밀가루, 국수	麥	15	木	×
萌	싹, 움 , 비롯할	艸	14	木	△	緜	햇솜, 명주	糸	15	木	△
甍	용마루	瓦	16	土	△	麵	밀가루, 국수	麥	20	木	×
멱						**멸**					
覓	찾을, 곁눈질	見	11	火	○	滅	멸망할, 제거할	水	14	水	×
幎	덮을	巾	13	木	△	蔑	업신여길, 버릴	艸	17	木	×
幦	덮을, 막	一	16	土	△	篾	대껍질	竹	17	木	×
면						衊	업신여길	血	21	水	×
免	면할, 벗을, 해직할	儿	7	木	△	**명**					
沔	물이름, 씻을, 물흐를	水	8	水	○	皿	그릇	皿	5	土	×
勉	힘쓸, 권면할	力	9	金	○	名	이름, 이름날	口	6	水	○
眄	곁눈질할, 애꾸눈	目	9	木	×	命	목숨, 운명	口	8	水	×

한자	뜻	부수	획수	자원오행	사용적합	한자	뜻	부수	획수	자원오행	사용적합
明	(姓), 밝을, 볼	日	8	火	×	矛	창	矛	5	金	△
眀	눈밝을, 볼	目	9	木	○	母	어미	母	5	土	×
洺	강이름	水	10	水	△	牟	(姓), 소 우는 소리, 보리	牛	6	土	△
冥	어두울, 저승, 그윽할	冖	10	木	×	皃	모양, 자태	白	7	金	○
茗	차 싹	艸	12	木	△	牡	수컷, 모란	牛	7	土	△
楘	홈통	木	12	木	×	姆	유모, 여스승, 맏동서	女	8	土	×
酩	술취할	酉	13	金	×	侔	가지런할, 힘쓸	人	8	火	○
憫	(마음이)너그러울	心	14	火	△	姥	할머니, 늙은 여자	女	9	土	×
鳴	울	鳥	14	火	×	冒	무릅쓸, 가릴	冂	9	水	△
暝	어두울, 저물, 저녁	日	14	火	×	某	아무개	木	9	木	×
溟	바다	水	14	水	△	眊	흐릴, 어두울, 실망할	目	9	木	×
銘	새길, 기록할, 조각할	金	14	金	○	侮	업신여길, 버릴	人	9	火	×
瞑	눈감을, 어둠	目	15	木	×	旄	깃대 장식	方	10	土	△
蓂	명협, 냉이(멱)	艸	16	木	△	耄	늙은이, 훈몽할	老	10	土	×
螟	멸구, 마디충, 해충	虫	16	水	×	芼	풀 우거질, 나물	艸	10	木	△
鵬	초명새, 새이름	鳥	19	火	×	耗	소모할, 벼, 쓸, 다할	耒	10	木	×
메						悙	탐할, 탐내는 모양	心	10	火	△
袂	소매	衣	10	木	×	茅	띠	艸	11	木	△
모						眸	눈동자, 자세히 볼	木	11	木	×
毛	(姓), 털, 터럭	手	4	火	×	軞	병거, 군용수레	車	11	火	△

한자	뜻	부수	획수	자원오행	사용적합	한자	뜻	부수	획수	자원오행	사용적합
媢	시샘할, 노려볼	女	12	土	×	目	눈, 요점, 우두머리	目	5	木	×
帽	모자	巾	12	木	×	牧	기를, 칠, 다스릴	牛	8	土	○
募	모을, 뽑을, 부를	力	13	土	○	沐	목욕할, 머리감을, 씻을	水	8	水	×
嫫	추녀	女	14	土	×	苜	거여목	艸	11	木	×
貌	얼굴, 모양	豸	14	水	×	睦	(姓), 화목할, 친할	目	13	木	○
瑁	옥홀, 서옥	玉	14	金	○	穆	화목할, 온화할, 공경할	禾	16	木	○
髦	다팔머리	髟	14	火	×	鶩	집오리	鳥	20	火	×
慕	사모할, 생각할	心	15	火	△	**몰**					
模	법, 본보기, 모호할	木	15	木	○	沒	빠질, 가라앉을, 잠길, 다할	水	8	水	×
摸	본뜰, 찾을, 더듬을	手	15	木	△	歿	죽을, 끝낼	歹	8	水	×
摹	베낄, 본뜰, 규모	手	15	木	×	**몽**					
暮	저물	日	15	火	×	雺	안개, 아지랑이	雨	13	水	×
慔	힘쓸	心	15	火	△	夢	꿈, 환상	夕	14	木	△
蟊	해충	虫	15	水	×	濛	이슬비	水	14	水	×
謀	꾀, 계책, 도모할	言	16	金	○	蒙	(姓), 어릴, 어두울, 입을, 어리석을	艸	16	木	×
橅	법	木	16	木	○	矇	(눈이)어두울	目	16	火	×
蟊	해충	虫	17	水	×	幪	덮을, 무성할	巾	17	木	△
謨	꾀할, 논할	言	18	金	○	朦	흐릴, 어두울	月	18	木	×
목						懞	어두울, 어리석을	心	18	火	×
木	(姓), 나무	木	4	木	△	曚	어두울, 어리석을	日	18	火	×

한자	뜻	부수	획수	자원오행	사용적합	한자	뜻	부수	획수	자원오행	사용적합
濛	가랑비, 큰물	水	18	水	×	錨	닻	金	17	金	○
矇	청맹과니	目	19	木	×	藐	멀, 작을, 희미할	艸	20	木	×
艨	싸움배	舟	20	木	△		무				
鸏	물새 새끼	鳥	25	火	×	毋	말, 없을, 아닐	母	4	土	×
	묘					无	없을, 아닐	无	4	水	×
卯	토끼, 네 번째 지지	卩	5	木	×	戊	다섯 번째 천간, 별, 무성할	戈	5	土	△
妙	묘할	女	7	土	△	巫	무당, 의사	工	7	火	×
杳	아득할, 어두울, 너그러울	木	8	木	×	武	호반, 굳셀, 건장할, 위엄스러울	止	8	土	△
竗	땅이름	立	9	金	○	拇	엄지손가락	手	9	木	△
昴	별자리 이름	日	9	火	○	畝	(묘)밭이랑	田	10	土	△
眇	애꾸눈	目	9	木	×	務	힘쓸, 일	力	11	土	○
畝	(무)밭이랑	田	10	土	△	茂	무성할, 힘쓸	艸	11	木	△
苗	(姓), 싹, 묘, 핏줄, 백성	艸	11	木	△	堥	언덕	土	12	土	△
淼	물 가득할, 넓은 물	水	12	水	△	貿	무역할, 바꿀, 장사할	貝	12	金	△
猫	고양이	犬	13	土	×	無	없을, 아닐	火	12	火	×
渺	아득할, 물 질펀할	水	13	水	×	珷	옥돌이름	玉	13	金	△
描	그릴	手	13	木	△	楙	무성할, 힘쓸, 아름다울, 모과나무	木	13	木	△
墓	무덤	土	14	土	×	誣	속일, 꾸밀, 무고할, 거짓말할	言	14	金	×
廟	사당	广	15	木	×	舞	춤, 춤출	舛	14	木	△
貓	고양이, 살쾡이	豸	16	水	×	嘸	분명하지 않을	口	15	水	×

한자	뜻	부수	획수	자원오행	사용적합	한자	뜻	부수	획수	자원오행	사용적합
庿	집, 곁채	广	15	木	△	門	(姓), 문	門	8	木	△
撫	어루만질, 누를, 기댈	手	16	木	△	汶	물이름, 내이름, 더럽힐	水	8	水	×
憮	어루만질, 애무할, 예쁠	心	16	火	△	炆	따뜻할, 연기날, 장시간 삶을	火	8	火	△
橅	법	木	16	木	○	抆	닦을, 문지를	手	8	木	△
儛	춤출, 무용	人	16	火	△	玧	(윤)귀막이구슬	玉	9	金	△
懋	힘쓸, 노력할	心	17	火	○	紋	무늬, 문채	糸	10	木	○
繆	얽을, 삼(蔘) 열단	糸	17	木	×	們	들, 무리	人	10	火	△
膴	포, 두터울	肉	18	水	△	紊	어지러울, 문란할, 얽힐	糸	10	木	×
蕪	거칠, 거친숲, 거칠어질	艸	18	木	×	蚊	모기	虫	10	水	×
鵡	앵무새	鳥	19	火	×	問	물을	口	11	水	△
霧	안개, 어두울	雨	19	水	×	怋	잊을, 흐릴	心	11	火	×
騖	달릴, 질주할, 힘쓸	馬	19	火	△	雯	구름 무늬, 구름 문채	雨	12	水	△
묵						捫	어루만질, 쓰다듬을	手	12	木	△
墨	(姓), 먹, 검을	土	15	土	×	聞	들을, 소문, 맡을	耳	14	火	○
嘿	고요할, 잠잠할	口	15	水	△	璊	붉은옥	玉	16	金	○
默	잠잠할, 묵묵할. 조용할	黑	16	水	△	懣	번민할, 화낼	心	18	火	×
문						**물**					
文	(姓), 글월, 글자	文	4	木	×	勿	말, 없을	勹	4	金	×
刎	목벨, 목자를	刀	6	金	×	物	(姓), 만물, 물건, 일, 헤아릴	牛	8	土	○
吻	입술	口	7	水	×	沕	잠길, 아득할	水	8	水	×

한자	뜻	부수	획수	자원 오행	사용 적합	한자	뜻	부수	획수	자원 오행	사용 적합
	미					嵋	산이름	山	12	土	△
未	아닐, 양	木	5	木	×	迷	미혹할, 희미할, 헤맬	辵	13	土	×
米	(姓), 쌀	米	6	木	×	嫩	착하고 아름다울	女	13	土	○
尾	꼬리	尸	7	水	×	渼	물결무늬, 물이름	水	13	水	△
味	맛, 기분, 뜻	口	8	水	△	湄	물가	水	13	水	△
弥	두루, 널리, 오랠	弓	8	金	△	楣	문미, 인중방, 처마	木	13	木	△
侎	어루만질	人	8	火	○	煝	빛날, 불꽃	火	13	火	△
弥	점점, 더욱	一	8	土	○	微	작을, 숨길, 희미할	彳	13	火	×
美	아름다울, 맛날, 훌륭할	羊	9	土	×	瑂	옥돌	玉	14	金	○
眉	눈썹	目	9	木	×	躾	(예절)가르칠	身	16	火	○
弭	활고자	弓	9	土	×	麋	큰사슴, 고라니	鹿	17	土	×
娓	장황할, 힘쓸, 예쁠	女	10	土	△	謎	수수께끼	言	17	金	×
洣	강이름	水	10	水	△	彌	(姓), 두루, 미륵, 많을, 오랠, 더할, 널리	弓	17	金	△
敉	어루만질, 편안한	攴	10	金	○	溦	이슬비, 물가	水	17	水	×
梶	나무끝	木	11	木	△	糜	죽, 된죽	米	17	木	×
眯	깊이 들, 그물	米	11	木	×	縻	고삐, 얽어맬	糸	17	木	×
茉	맛, 뜻, 빛깔	艸	11	木	△	瀰	평평할, 치렁치렁할, 넘칠, 물가득할, 많을	水	18	水	△
媄	아름다울, 빛고울	女	12	土	△	薇	장미꽃, 고비, 백일홍	艸	19	木	△
媚	사랑할, 예쁠, 아첨할, 아름다울	女	12	土	△	靡	쓰러질, 복종할	非	19	水	×
嵄	깊은 산	山	12	土	△	獼	원숭이	犬	21	土	×

한자	뜻	부수	획수	자원오행	사용적합	한자	뜻	부수	획수	자원오행	사용적합
瀰	물넓을	水	21	水	△	罠	낚싯줄, 토끼그물	网	11	木	×
亹	힘쓸, 부지런할	亠	22	土	△	笢	속대, 대껍질	艸	11	木	×
黴	곰팡이, 썩을	黑	23	水	×	悶	번민할, 답답할	心	12	火	×
蘪	천궁, 풀거칠	艸	23	木	×	閔	(姓), 위문할, 힘쓸	門	12	木	△
蘪	장미, 천궁	艸	25	木	×	暋	힘쓸, 노력할	黽	13	土	△
민						鈱	철판, 돈꿰미	金	13	金	○
民	백성	氏	5	火	○	暋	굳셀, 강할	日	13	火	○
岷	산이름, 산봉우리, 봉우리	山	8	土	○	愍	근심할, 불쌍할	心	13	火	×
旻	가을하늘	日	8	火	△	脗	꼭맞을, 입술	肉	13	水	△
旼	화할	日	8	火	○	瑉	옥돌	玉	13	金	○
忞	힘쓸, 강인할	心	8	火	○	瑉	옥돌	玉	13	金	○
忟	힘쓸, 노력할	心	8	火	○	頣	강할	頁	14	火	○
玟	옥돌, 돌이름	玉	9	金	○	瑉	옥돌, 아름다운 옥	玉	14	金	○
泯	망할, 어두울, 멸할, 빠질, 꺼질	水	9	水	×	磻	옥돌, 아름다운 옥	石	14	金	○
敯	굳셀, 강인할, 힘쓸	攴	9	金	○	閩	종족이름	門	14	木	×
砇	옥돌	石	9	金	○	緡	낚싯줄	糸	14	木	×
眄	볼, 당황할	目	9	木	△	慜	총명할, 근심할	心	15	火	△
珉	옥돌	玉	10	金	△	緡	낚싯줄, 돈꿰미, 입힐	糸	15	木	×
眠	성씨, (면)볼	木	10	木	△	潣	물흘러내릴	水	16	水	△
敏	민첩할, 재빠를, 총명할, 통달할	攴	11	金	△	憫	불쌍할, 딱할, 잠잠할	心	16	火	×

한자	뜻	부수	획수	자원 오행	사용 적합	한자	뜻	부수	획수	자원 오행	사용 적합
鎇	돈꿰미	金	16	金	△						
顳	강할	頁	18	火	○						
鱉	다금바리	魚	22	水	×						
밀											
密	빽빽할	宀	11	木	△						
蜜	꿀	虫	14	水	△						
樒	침향	木	15	木	×						
滵	물 빨리 흐를	水	15	水	△						
謐	고요할, 자제할, 편안할	言	17	金	○						

한자	뜻	부수	획수	자원오행	사용적합	한자	뜻	부수	획수	자원오행	사용적합
	박					樸	순박할, 질박할, 통나무	木	16	木	○
朴	(姓), 순박할, 소박할, 나무껍질	木	6	木	○	駁	논박할, 짐승이름	馬	16	火	×
泊	배 댈, 머무를, 쉴, 조용할, 묵을	水	9	水	△	撲	칠, 때릴, 두드릴	手	16	木	×
拍	손뼉칠, 박자	手	9	木	△	縛	묶을, 얽을	糸	16	木	△
亳	땅이름	亠	10	土	△	膊	팔뚝, 포, 들추어낼	肉	16	水	×
珀	호박	玉	10	金	△	璞	옥돌	玉	17	金	△
剝	벗길, 괴롭힐, 두드릴	刀	10	金	×	鎛	종, 호미	金	18	金	△
舶	큰배, 선박	舟	11	木	△	薄	엷을, 등한시할	艸	19	木	×
粕	지게미, 깻묵	米	11	木	×	髆	어깨뼈	骨	20	金	×
迫	닥칠, 핍박할, 궁할	辵	12	土	×	欂	두공	木	21	木	×
博	넓을	十	12	水	○		**반**				
鉑	금박	金	13	金	○	反	돌아올, 돌이킬, 배반할	又	4	水	×
雹	우박, 누리	雨	13	水	×	半	반, 나눌, 가운데, 절반	十	5	土	×
箔	금박, 발, 금속의 얇은 조각	竹	14	木	○	伴	짝, 벗, 동반할, 모실, 의지할	人	7	火	△
牔	박공	片	14	木	×	扳	끌어당길	手	8	木	△
駮	얼룩말, 짐승이름, 논박할, 섞일	馬	14	火	×	攽	나눌	攴	8	金	×

한자	뜻	부수	획수	자원 오행	사용 적합	한자	뜻	부수	획수	자원 오행	사용 적합
泮	학교, 물가, 얼음풀릴, 반수	水	9	水	△	磐	너럭바위, 반석, 넓을	石	15	金	○
盼	눈예쁠	木	9	木	△	瘢	흉터, 주근깨	疒	15	水	×
拌	내버릴	手	9	木	×	潘	(姓), 뜨물, 강이름	水	16	水	△
叛	배반할, 달아날	又	9	水	×	蟠	가뢰, 곤충	虫	16	水	×
般	일반, 돌아올	舟	10	木	○	豳	나라이름, 얼룩	豕	17	水	△
畔	밭두둑, 밭도랑	田	10	土	△	磻	강이름, 반계	石	17	金	○
朌	나눌, 머리클, 큰머리	肉	10	水	×	蟠	서릴, 두를	虫	18	水	△
返	돌아올, 돌이킬, 갚을	辵	11	土	×	攀	잡을, 잡아당길	手	19	木	△
絆	줄, 얽어맬	糸	11	木	×	礬	명반, 꽃의 이름	石	20	金	○
班	(姓), 나눌, 펼	玉	11	金	×	**발**					
胖	클, 편안할	肉	11	水	△	勃	노할, 발끈, 갑자기, 활발할	力	9	土	△
斑	아롱질, 얼룩, 얼룩진 무늬	文	12	木	×	拔	뺄, 뽑을, 빼어날	手	9	木	△
媻	비틀거릴, 뽐낼	女	13	土	×	炦	불기운	火	9	火	△
頒	반포할, 나눌	頁	13	火	△	哱	어지러울	口	10	水	×
飯	밥, 먹을	食	13	水	△	浡	일어날, 성할	水	11	水	○
搬	옮길, 나를	手	14	木	×	跋	밟을, 비틀거릴	足	12	土	×
槃	즐거울, 쟁반, 소반	木	14	木	△	發	필, 쏠, 일으킬	癶	12	火	○
撆	덜, 없앨, 옮길	手	14	木	×	脖	배꼽, 목덜미	肉	13	水	×
頖	학교이름	頁	14	火	△	鈸	방울	金	13	金	×
盤	소반, 바탕, 즐길	皿	15	金	○	鉢	바리때	金	13	金	△

한자	뜻	부수	획수	자원오행	사용적합	한자	뜻	부수	획수	자원오행	사용적합
渤	바다이름	水	13	水	△	芳	(姓), 꽃다울, 향기	艸	10	木	△
魃	가뭄 귀신	鬼	15	火	×	倣	본뜰, 본받을	人	10	火	○
髮	머리카락, 터럭, 머리털	髟	15	火	×	肪	기름, 살찔, 비계	肉	10	水	×
撥	다스릴, 없앨	手	16	木	×	紡	길쌈, 지을, 실	糸	10	木	○
潑	물뿌릴, 활발할	水	16	水	△	舫	방주, 배, 뗏목, 쌍배	舟	10	木	△
鵓	집비둘기	鳥	18	火	×	蚌	방합, 민물조개	虫	10	水	×
醱	술괼, 빚을	酉	19	金	×	邦	(姓), 나라	邑	11	土	△
방						訪	찾을, 꾀일	言	11	金	○
方	(姓), 모, 본뜰, 방위, 떳떳할	方	4	土	△	旊	옹기장	方	11	木	×
仿	본뜰, 해맬	人	6	火	△	梆	목어, 목탁	木	11	木	×
彷	방황할, 배회할, 헤맬, 거닐	彳	7	火	×	防	막을, 둑	阜	12	土	×
妨	방해할, 해로울	女	7	土	×	傍	곁, 의지할	人	12	火	△
坊	동네, 막을, 둑	土	7	土	△	幇	도울	巾	12	木	○
尨	삽살개, 섞일, 클	尤	7	土	×	舽	배	舟	12	木	△
昉	밝을, 때마침	日	8	火	○	徬	헤맬, 시중들	彳	13	火	×
放	놓을	攴	8	金	×	滂	비퍼부을	水	14	水	×
枋	다목, 박달나무	木	8	木	△	榜	패, 방붙일, 방목	木	14	木	×
房	(姓), 방	戶	8	木	△	搒	배저을, 휴식할	手	14	木	△
厖	두터울, 클	厂	9	水	○	牓	패, 방목, 게시판	片	14	木	△
旁	곁, 두루, 널리	方	10	土	△	髣	비슷할, 닮을	髟	14	火	△

한자	뜻	부수	획수	자원오행	사용적합	한자	뜻	부수	획수	자원오행	사용적합
磅	돌소리	石	15	金	△	俳	배우, 광대	人	10	火	×
魴	방어	魚	15	水	×	培	북돋을, 더할, 도울	土	11	土	○
膀	오줌통, 쌍배	肉	16	水	×	背	등, 배반할	肉	11	水	×
蒡	우엉, 인동덩굴, 모싯대	艸	16	木	△	徘	노닐, 어정거릴	彳	11	火	×
螃	방게	虫	16	水	×	胚	아이 밸	肉	11	水	×
謗	비방할, 헐뜯을	言	17	金	×	排	물리칠, 밀칠, 배회할	手	12	木	×
幫	도울	巾	17	木	○	焙	불쬘	火	12	火	△
鎊	깎을	金	18	金	△	湃	물결칠, 물결이는 모양	水	13	水	△
龐	(姓), 클, 어지러울	龍	19	土	△	琲	구슬꿰미	玉	13	金	△

배

한자	뜻	부수	획수	자원오행	사용적합	한자	뜻	부수	획수	자원오행	사용적합
北	달아날, 패할 북녘(북)	匕	5	水	×	裵	(姓), 옷 치렁치렁할	衣	14	木	×
扒	뺄, 뽑을	手	6	木	×	賠	물어줄, 배상할	貝	15	金	×
貝	(패)조개, 보배	貝	7	金	○	褙	속적삼, 배자	衣	15	木	×
坯	언덕	土	7	土	△	輩	무리, 동아리패, 견줄, 같을	車	15	火	×
杯	잔	木	8	木	×	陪	도울, 모실	阜	16	土	△
拜	절할, 뺄, 공경할	手	9	木	△	蓓	꽃봉오리	艸	16	木	×
盃	잔, 대접	皿	9	木	×	蓓	꽃봉우리	艸	17	木	×

백

한자	뜻	부수	획수	자원오행	사용적합
俖	옳지 못할	人	9	火	×
倍	갑절, 곱, 더할, 증가할	人	10	火	○
配	짝, 나눌, 아내, 배필	酉	10	金	×

(백)

한자	뜻	부수	획수	자원오행	사용적합
白	(姓), 흰, 밝을, 깨끗할	白	5	金	○
百	(姓), 일백, 많을	白	6	水	△
伯	맏, 첫, 우두머리	人	7	火	△

한자	뜻	부수	획수	자원오행	사용적합	한자	뜻	부수	획수	자원오행	사용적합
帛	비단	巾	8	木	△	膰	제사고기	肉	18	水	×
佰	일백, 백사람	人	8	火	△	藩	울타리, 지킬	艸	21	木	△
柏	(姓), 측백나무, 잣	木	9	木	×	飜	번역할, 날, 뒤집을, 엎어질	飛	21	火	×
栢	측백나무	木	10	木	×	蘩	산흰쑥, 별꽃	艸	23	木	×
珀	(박)호박 보석	玉	10	金	○	**벌**					
苩	성씨, 꽃	艸	11	木	×	伐	칠	人	6	火	×
趙	급할, 넘칠	走	12	火	×	筏	뗏목, 떼	竹	12	木	×
魄	넋, 혼, 개강	鬼	15	火	×	閥	문벌, 공훈	門	14	木	△
번						罰	죄, 벌줄	网	15	木	×
袢	속옷, 차려입을	衣	11	木	△	橃	뗏목, 큰배	木	16	木	△
番	차례	田	12	土	△	罸	죄, 벌	网	16	木	×
煩	번거로울, 괴로워할, 번민할	火	13	火	×	**범**					
樊	울타리, 에워쌀	木	15	木	△	凡	(姓), 무릇, 모두, 평범할	几	3	水	○
幡	기, 표기, 나부낄	巾	15	木	×	帆	돛단배	巾	6	木	△
燔	불사를, 구울	火	16	火	△	氾	넘칠, 넓을, 퍼질	水	6	水	△
磻	강이름, 주살돌추	石	17	金	○	犯	범할, 범죄	犬	6	土	×
繁	번성할, 많을, 무성할	糸	17	木	○	机	수부나무, 나무이름	木	7	木	△
蕃	우거질, 번성할, 무성할, 쉴, 붉을,	艸	18	木	△	汎	뜰, 넓을	水	7	水	△
翻	나부낄, 뒤집힐	羽	18	火	×	泛	(姓), 뜰, 띄울, 넓을	水	9	水	△
繙	되풀이할, 펴볼	糸	18	木	△	訊	말많을, 잔소리	言	10	金	×

한자	뜻	부수	획수	자원오행	사용적합	한자	뜻	부수	획수	자원오행	사용적합
釩	떨칠	金	11	金	○	甓	벽돌, 기와	瓦	18	土	×
梵	범어, 불명, 불경	木	11	木	△	璧	구슬, 둥근옥, 별이름	玉	18	金	○
笵	법, 틀	竹	11	木	○	癖	버릇, 적취	广	18	水	×
范	(姓), 풀이름	艸	11	木	△	襞	치맛주름	衣	19	木	×
渢	물소리, 풍류소리	水	13	水	×	疈	가를, 나눌	田	20	土	×
範	모범, 법, 본보기	竹	15	木	○	闢	열, 물리칠	門	21	木	○
滼	뜰	水	15	水	×	霹	벼락, 천둥	雨	21	水	×
飄	달릴, 돛	風	19	木	△	蘗	황벽나무, 괴로울	艸	23	木	×
법						鷿	논병아리	鳥	24	火	×
法	법, 본받을	水	9	水	△	鼊	거북	黽	26	土	×
琺	법랑, 법당	玉	13	金	△	**변**					
벽						卞	(姓), 법, 조급할	卜	4	土	×
辟	임금, 법, 허물, 피할	辛	13	金	△	弁	고깔, 관	廾	5	木	△
碧	푸를, 구슬	石	14	金	○	釆	분별할	釆	7	木	○
僻	후미질, 궁벽할, 치우칠	人	15	火	×	忭	기뻐할, 좋아할	心	8	火	○
劈	쪼갤	刀	15	金	×	抃	손뼉칠	手	8	木	△
壁	벽, 진터, 군루	土	16	土	△	便	똥오줌, 문득, 편할	人	9	火	×
檗	회양목, 황벽나무	木	17	木	×	胼	살갗틀	肉	12	水	×
擘	엄지손가락, 나눌	手	17	木	×	賆	더할	貝	13	金	△
擗	가슴칠, 열	手	17	木	△	辨	분별할, 나눌	辛	16	金	△

한자	뜻	부수	획수	자원오행	사용적합	한자	뜻	부수	획수	자원오행	사용적합
駢	나란히할, 합칠	馬	16	火	△	鼈	자라, 고사리	黽	25	土	×
鵳	매	鳥	16	火	×	**병**					
骿	통갈비, 굳은살	骨	18	金	×	丙	남쪽, 세 번째 천간	一	5	火	△
辮	땋을, 엮을	糸	20	金	×	并	아우를	于	6	木	△
辯	말잘할, 말씀, 판별할	辛	21	金	△	兵	군사	八	7	金	△
邊	(姓), 가장자리, 변방	辵	22	土	×	幷	아우를	于	8	火	△
變	변할	言	23	金	×	秉	잡을	禾	8	木	○
籩	제기이름	竹	25	木	×	並	나란할, 모두	一	8	火	△
별						柄	자루, 권세	木	9	木	○
別	(姓), 다를, 나눌, 떠날	刀	7	金	×	抦	잡을, 붙잡을	手	9	木	△
炦	불기운	火	9	火	△	炳	밝을, 빛날	火	9	火	○
勏	클, 힘센	力	12	土	○	晒	밝을, 빛날	日	9	火	○
莂	모종낼	艸	13	木	△	昺	불꽃, 밝을	日	9	火	○
馝	향기로울	香	13	木	○	倂	아우를, 나란할	亻	10	火	△
彆	활뒤틀릴	弓	15	金	×	病	병들, 병	疒	10	水	×
瞥	언뜻 볼	目	17	木	×	竝	나란할, 아우를, 곁(방), 땅이름(반)	立	10	金	○
馪	짙지 않은 향기	香	17	木	△	屛	병풍	尸	11	水	△
襒	떨칠, 옷을 털	衣	18	木	×	棅	자루	木	12	木	○
鷩	금계, 붉은 꿩	鳥	23	火	×	瓶	병, 항아리	瓦	13	土	△
鱉	자라	魚	23	水	×	迸	흩어져 달아날, 솟아날	辵	13	土	×

한자	뜻	부수	획수	자원오행	사용적합	한자	뜻	부수	획수	자원오행	사용적합
鈵	굳을, 단단한	金	13	金	○	報	갚을, 알릴, 대답할	土	12	土	○
缾	두레박	缶	14	土	△	堡	작은성, 둑, 막을	土	12	土	○
鉼	판금, 가마솥	金	14	金	△	盙	제기이름	皿	12	土	×
絣	이을, 명주, 솜, 실	糸	14	木	△	普	넓을	日	12	火	○
軿	가벼운 수레	車	15	火	△	睮	볼	目	12	木	△
鉼	판금	金	16	金	△	補	기울, 도울, 고칠	衣	13	木	○
餠	떡, 밀국수	食	17	水	△	深	보	水	13	水	△
騈	나란히할, 고을이름	馬	18	火	△	溥	(부·박)넓을	水	14	水	△
보						菩	보살, 보리	艸	14	木	△
甫	(姓), 클, 겨우, 비로소	用	7	水	○	輔	도울, 광대뼈	車	14	火	○
步	걸음	止	7	土	△	褓	포대기	衣	15	木	×
歩	걸음	止	8	土	△	葆	풀 더부룩할, 보전할	艸	15	木	○
宝	보배	宀	8	木	○	鴇	능에, 너새	鳥	15	火	×
玸	옥그릇	玉	8	金	△	潽	물이름, 끓을, 물넓을	水	16	水	△
保	보전할, 지킬	人	9	火	○	簠	제기이름	竹	18	木	×
俌	도울	人	9	火	○	譜	족보, 계보	言	19	金	△
洑	보, 나루, 스며흐를	水	10	水	△	黼	수, 무늬, 광채	黹	19	木	△
珤	보배	玉	11	金	○	寶	보배	宀	20	金	△
珵	보배, 국새	玉	11	金	○	靌	보배, 국새, 불법승	雨	27	金	△
烳	횃불	火	11	火	×	**복**					

한자	뜻	부수	획수	자원오행	사용적합	한자	뜻	부수	획수	자원오행	사용적합
卜	(姓), 점, 무	卜	2	火	×	蔔	무, 치자꽃	艸	17	木	△
伏	엎드릴, 숨을, 굴복할	人	6	火	×	鍑	가마솥	金	17	金	△
扑	칠, 때릴, 두드릴	手	6	木	×	馥	향기로울	香	18	木	○
服	옷, 직책. 행할, 다스릴	月	8	水	△	覆	뒤집힐, 다시, 넘어질	襾	18	金	×
宓	(姓), 편안할(밀) 비밀스러울(밀)	宀	8	木	△	濮	강이름	水	18	水	△
匐	길, 엎드릴, 기어갈	勹	11	金	×	鵩	수리부엉이, 올빼미	鳥	19	火	×
復	돌아올, 회복할	彳	12	火	○	鰒	전복	魚	20	水	×
茯	복령	艸	12	木	△		**본**				
福	복, 착할	示	14	木	×	本	근본, 뿌리	木	5	木	○
僕	종, 마부	人	14	火	×		**볼**				
箙	전동	竹	14	木	×	乷	음역자, 땅이름(폴)	乙	8	木	×
蒮	무	艸	14	木	×		**봉**				
墣	흙덩이	土	15	土	△	丰	어예쁠, 풍채(풍)	丨	4	木	○
腹	배, 두터울	肉	15	水	×	夆	이끌, 만날	夊	7	水	○
複	겹옷, 겹칠	衣	15	木	×	奉	(姓), 받들, 드릴	大	8	木	○
幞	보자기, 두건	巾	15	木	×	封	봉할	寸	9	土	×
蝠	박쥐	虫	15	水	×	芃	풀 무성할	艸	9	木	△
蝮	살무사 뱀	虫	15	水	×	峯	산봉우리	山	10	土	△
輹	복토, 바퀴살	車	16	火	×	峰	산봉우리	山	10	土	△
輻	바퀴살	車	16	火	△	俸	녹, 급료, 녹봉	人	10	火	△

한자	뜻	부수	획수	자원오행	사용적합
烽	봉화	火	11	火	○
淕	강이름	水	11	水	○
捧	받들, 어울릴	手	12	木	△
棒	몽둥이, 막대, 칠	木	12	木	×
蜂	벌	虫	13	水	×
琫	칼집 옥, 칼집 장식	玉	13	金	△
縫	꿰맬, 기울	糸	13	木	×
逢	만날, 클	辶	14	土	△
鳳	(姓), 봉황새	鳥	14	火	△
菶	풀무성할	艹	14	木	△
熢	불기운, 연기자욱할, 봉화	火	15	火	△
澧	강이름, 답답한 모양	水	15	水	△
鋒	칼날, 끝, 봉망, 선봉	金	15	金	×
鵬	봉새	鳥	15	火	×
縫	꿰맬, 붙일	糸	17	木	×
蓬	쑥, 더부룩할	艹	17	木	×
篷	뜸, 거룻배	竹	17	木	×

부

한자	뜻	부수	획수	자원오행	사용적합
夫	(姓), 지아비, 남편, 사내	大	4	木	×
父	아비, 아버지	父	4	木	×

한자	뜻	부수	획수	자원오행	사용적합
不	아닐	一	4	水	×
付	줄, 부칠, 붙일, 부탁	人	5	火	△
缶	장군	缶	6	土	×
孚	믿을	子	7	水	○
否	아닐, 아니	口	7	水	×
阜	언덕, 클	阜	8	土	○
府	마을, 곳집	广	8	土	△
扶	도울, 불, 붙들	手	8	木	○
斧	(姓), 도끼	斤	8	金	×
咐	분부할, 불, 숨을	口	8	水	×
抔	움킬	手	8	木	×
訃	부고	言	9	金	×
負	질	貝	9	金	×
拊	어루만질, 사랑할	手	9	木	○
玞	옥돌	玉	9	金	○
赴	다다를, 나아갈, 갈	走	9	火	○
俘	사로잡을	人	9	火	×
釜	가마, 발 없는 큰 솥	金	10	金	△
芙	연꽃, 부용	艹	10	木	×
俯	구부릴, 숙일	人	10	火	×

한자	뜻	부수	획수	자원오행	사용적합	한자	뜻	부수	획수	자원오행	사용적합
剖	쪼갤, 가를	刀	10	金	×	掊	그러모을, 수탈할	手	12	木	△
祔	합사할, 합장할	示	10	木	△	涪	물거품	水	12	水	×
罘	그물	网	10	木	×	鈇	도끼, 작두	金	12	金	×
芣	질경이	艸	10	木	×	附	(姓), 붙일, 붙을, 기댈	阜	13	土	△
蚨	파랑강충이	虫	10	水	×	芙	널리 퍼질	艸	13	木	△
趺	책상다리, 앉을	足	11	土	△	鳧	물오리	鳥	13	火	×
埠	선창, 부두	土	11	土	×	艀	작은배	舟	13	木	△
婦	며느리, 아내, 지어미	女	11	土	×	葏	갈대청, 풀이름, 대청	艸	13	木	△
副	버금, 도울	刀	11	金	△	筟	대나무 청	竹	13	木	×
浮	뜰, 가벼울, 넘칠	水	11	水	×	罦	그물	网	13	木	×
符	부호, 부신, 부적, 명	竹	11	木	△	蜉	하루살이	虫	13	水	×
桴	마룻대	木	11	木	△	裒	모을	衣	13	木	△
胕	장부, 발	肉	11	水	×	溥	넓을, 클, 펼	水	14	水	△
苻	귀목풀	艸	11	木	×	腐	썩을	肉	14	水	×
袆	나들이옷	衣	11	木	△	孵	알깔	子	14	水	×
媍	며느리, 아내	女	12	土	×	腑	장부, 오장육부	肉	14	水	×
跗	발등, 받침	足	12	土	×	榑	부상, 뽕나무	木	14	木	×
傅	(姓), 스승, 도울	人	12	火	○	部	(姓), 나눌, 떼, 거느릴	邑	15	土	×
富	부자, 넉넉할	宀	12	木	△	駙	빠를, 곁마, 부마	馬	15	火	△
復	다시	彳	12	火	△	敷	펼, 베풀	攴	15	金	○

한자	뜻	부수	획수	자원오행	사용적합	한자	뜻	부수	획수	자원오행	사용적합
賦	부세, 구실, 거둘	貝	15	金	×	忿	성낼	心	8	火	×
頻	구부릴, 숙일	頁	15	火	×	枌	흰느릅나무	木	8	木	×
麩	밀기울	麥	15	木	×	氛	기운, 조짐	气	8	水	×
鮒	붕어	魚	16	水	×	盆	동이, 화분	皿	9	金	△
膚	살갗, 피부	肉	17	水	×	砏	큰소리, 천둥소리	石	9	金	×
賻	부의	貝	17	金	×	畚	삼태기	田	10	土	×
蔀	빈지문, 가리개	艸	17	木	×	芬	향기로울, 향내날	艸	10	木	△
簿	문서, 장부	竹	19	木	×	紛	어지러울, 번잡할	糸	10	木	×

북

한자	뜻	부수	획수	자원오행	사용적합	한자	뜻	부수	획수	자원오행	사용적합
北	(姓), 북녘	匕	5	水	×	粉	가루	米	10	木	×

분

한자	뜻	부수	획수	자원오행	사용적합	한자	뜻	부수	획수	자원오행	사용적합
分	나눌, 분명할, 분별할	刀	4	金	×	朌	머리 클	肉	10	水	×
帉	걸레	巾	7	木	×	笨	거칠, 조잡할	竹	11	木	×
吩	분부할, 뿜을	口	7	水	△	犇	달릴, 빠를	牛	12	土	△
体	용렬할, 거칠	人	7	火	×	賁	클, 결낼	貝	12	金	○
坌	먼지, 티끌	土	7	土	×	雰	안개, 눈날릴	雨	12	水	×
扮	꾸밀, 잡을	手	8	木	△	焚	불사를	火	12	火	×
汾	물 흐를, 물이름, 많을	水	8	水	△	棼	마룻대	木	12	木	×
昐	햇빛	日	8	火	○	棻	향내 나는 나무	木	12	木	×
奔	달릴, 달아날, 분주할	大	8	木	×	湓	용솟음할, 물소리	水	13	水	△
						墳	무덤, 봉분	土	15	土	×
						噴	뿜을, 꾸짖을	口	15	水	×

한자	뜻	부수	획수	자원오행	사용적합	한자	뜻	부수	획수	자원오행	사용적합
奮	떨칠, 힘쓸	大	16	木	△	韍	폐슬, 인끈	韋	14	金	×
憤	분할	心	16	火	×	髴	비슷할, 방불할	髟	15	火	△
濆	뿜을, 솟을	水	16	水	△	黻	수, 폐슬	黹	17	木	×
黺	수놓을	黹	16	木	×	**붕**					
糞	똥, 비료	米	17	木	×	朋	벗	月	8	水	△
鼢	두더지	鼠	17	木	×	崩	무너질, 흩어질	山	11	土	×
膹	고깃국	肉	18	水	×	堋	묻을	土	11	土	×
蕡	주렁주렁할	艸	18	木	×	棚	사다리, 시렁, 선반	木	12	木	△
轒	병거, 전차	車	19	火	△	硼	붕사, 돌이름(팽)	石	13	金	△
불						漰	물결치는 소리	水	15	水	×
不	아니, 않을	一	4	水	×	繃	묶을, 감을	糸	17	木	△
弗	아닐, 어길	弓	5	木	×	髼	흐트러질, 더벅머리	髟	18	火	×
佛	부처	人	7	火	×	鵬	붕새	鳥	19	火	×
岪	산길	山	8	土	△	**비**					
彿	비슷할, 흡사할	彳	8	火	×	匕	비수, 숟가락, 살촉	匕	2	金	×
拂	떨칠, 떨어질	手	9	木	×	比	견줄, 나란할	比	4	火	△
祓	푸닥거리할	示	10	木	×	丕	(姓), 클, 으뜸, 받들	一	5	水	○
艴	발끈할	邑	11	土	×	庀	다스릴, 갖출	广	5	木	△
紱	인끈, 제복	糸	11	木	×	仳	떠날, 추할	人	6	火	×
茀	우거질	艸	11	木	×	妃	왕비	女	6	土	○

한자	뜻	부수	획수	자원오행	사용적합	한자	뜻	부수	획수	자원오행	사용적합
圮	무너질	土	6	土	×	肥	살찔	肉	10	水	×
庇	덮을, 의탁할	广	7	木	△	粃	더럽힐, 쭉정이	米	10	木	×
屁	방귀	尸	7	水	×	匪	대상자, 비적, 아닐	匚	10	木	×
伾	힘셀	人	7	火	○	祕	숨길, 귀신	示	10	木	×
妣	죽은 어머니	女	7	土	×	秘	숨길, 심오할	禾	10	木	×
卑	낮을, 천할	十	8	土	×	俾	더할, 시킬	人	10	火	△
批	비평할, 칠, 깎을	手	8	木	×	荆	발벨	刀	10	金	×
枇	비파나무, 비파	木	8	木	△	紕	가선, 해진 비단	糸	10	木	×
非	아닐, 나무랄, 어길	非	8	木	×	芘	당아욱	艸	10	木	×
沘	강이름	水	8	水	△	芾	작은 모양	艸	10	木	×
狒	비비(원숭이)	犬	9	土	×	蚍	왕개미	虫	10	水	×
狉	삵 새끼	犬	9	土	×	婢	여자 종, 계집 종, 여종	女	11	土	×
沸	끓을	水	9	水	×	埤	더할, 낮을	土	11	土	△
泌	샘물 흐르는 모양, 분비할	水	9	水	△	奜	클	大	11	木	△
秕	쭉정이, 더럽힐	禾	9	木	×	庳	집 낮을	广	11	木	△
砒	비상, 비소	石	9	金	×	邳	클, 땅이름	邑	12	土	△
毗	도울, 쇠퇴할	比	9	火	×	悲	슬플, 비애	心	12	火	×
飛	날, 빠를, 높을	飛	9	火	△	備	갖출, 이룰, 족할	人	12	火	○
毖	삼갈, 근신할	比	9	火	×	費	쓸, 비용	貝	12	金	△
毘	도울, 쇠퇴할	比	9	火	×	扉	사립문, 문짝	戶	12	木	△

한자	뜻	부수	획수	자원 오행	사용 적합	한자	뜻	부수	획수	자원 오행	사용 적합
斐	문채날, 오락가락할	文	12	木	×	蜚	곤충이름, 바퀴	虫	14	水	×
棐	도지개, 비파	木	12	木	×	腓	장딴지	肉	14	水	×
悱	표현 못할	心	12	火	×	萆	비해, 쓴 마	艸	14	木	×
棑	술통, 술잔	木	12	木	×	郫	고을이름	邑	15	土	△
淝	강이름	水	12	水	△	誹	헐뜯을, 비방할	言	15	金	×
淠	강이름	水	12	水	△	陴	성가퀴, 도울	阜	16	土	△
痞	뱃속 결릴	广	12	水	×	憊	고달플, 피곤할	心	16	火	×
碑	비석, 돌기둥	石	13	金	×	霏	눈내릴	雨	16	水	×
琵	비파나무	玉	13	金	△	篦	빗치개, 참빗	竹	16	木	×
痺	저릴, 왜소할, 새이름	广	13	水	×	蓖	아주까리	艸	16	木	×
痹	저릴, 각기병	广	13	水	×	馡	향기로울	香	17	木	△
睥	흘겨볼	目	13	木	×	貔	비휴, 맹수, 너구리	豸	17	水	×
閟	문닫을	門	13	木	×	鄙	더러울, 인색할, 마을, 어리석을	邑	18	土	×
榧	비자나무	木	14	木	△	髀	넓적다리	骨	18	金	×
裨	도울, 보좌할	衣	14	木	△	濞	물소리	水	18	水	△
脾	지라	肉	14	水	×	騑	곁마, 계속 달릴	馬	18	火	△
緋	비단, 붉은빛, 붉은 옥	糸	14	木	△	臂	팔	肉	19	水	×
鼻	코	鼻	14	金	×	轡	말 채비할	革	19	金	△
翡	물총새	羽	14	火	×	驖	빠른 말, 준마	馬	19	火	△
菲	엷을, 보잘것 없을	艸	14	木	×	譬	비유할, 깨우칠	言	20	金	○

한자	뜻	부수	획수	자원오행	사용적합
罷	큰 곰	网	20	木	△
贔	힘쓸	貝	21	金	×
鼙	마상고, 작은북	鼓	21	金	×
轡	고삐, 재갈	車	22	火	×
빈					
份	빛날	人	6	火	△
牝	암컷, 골짜기	牛	6	土	×
玭	구슬이름, 소리나는 진주	玉	9	金	△
邠	나라이름, 고을이름	邑	11	土	△
浜	물가, 배를 대는 곳, 물가이름	水	11	水	△
貧	가난할, 구차할	貝	11	金	×
彬	(姓), 빛날, 밝을	彡	11	火	○
斌	빛날, 밝을	交	12	木	○
賓	(姓), 손님, 공경할, 복종할	貝	14	金	×
儐	인도할, 베풀	人	16	火	○
頻	자주, 급박할	頁	16	火	○
嬪	아내, 궁녀 벼슬이름, 복종할	女	17	土	△
豳	나라이름	豕	17	水	△
檳	빈랑나무	木	18	木	△
濱	물가, 가까울	水	18	水	△

한자	뜻	부수	획수	자원오행	사용적합
殯	빈소, 초빈할, 염할	歹	18	水	×
擯	물리칠, 인도할	手	18	木	△
矉	찡그릴	目	19	木	×
贇	(윤)예쁠, 아름다울	貝	19	金	○
馪	향기	禾	19	木	○
霦	옥광채	雨	19	水	○
嚬	찡그릴	口	19	水	×
璸	진주이름	玉	19	金	△
瀕	물가, 가까울, 여울	水	20	水	△
繽	성할, 어지러울	糸	20	木	×
臏	종지뼈	肉	20	水	×
鑌	강철, 매운 쇠	金	22	金	○
蘋	풀이름	艸	22	木	×
馪	향내날	香	23	木	△
顰	찡그릴	頁	24	火	×
鬢	살쩍, 귀밑털	髟	24	火	×
빙					
氷	(姓), 얼음	水	5	水	×
凭	기댈, 의지할	几	8	水	○
娉	상가들, 안부물을, 예쁠(병)	女	10	土	△

한자	뜻	부수	획수	자원오행	사용적합	한자	뜻	부수	획수	자원오행	사용적합
聘	방문할, 부를, 찾아갈	耳	13	火	△						
憑	(姓), 기댈, 의지할	心	16	火	△						
騁	달릴	馬	17	火	△						

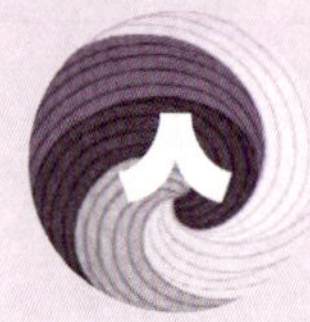

한자	뜻	부수	획수	자원오행	사용적합	한자	뜻	부수	획수	자원오행	사용적합
사						姒	손윗동서	女	8	土	×
巳	뱀, 여섯 번째 지지	己	3	土	×	沙	모래	水	8	水	×
士	선비, 벼슬, 남자	士	3	木	△	祀	제사	示	8	木	×
四	넉, 넷	口	4	水	×	社	모일, 단체, 토지의 신	示	8	木	△
乍	잠깐, 갑자기	ノ	5	金	×	事	일, 섬길, 부릴	亅	8	木	△
史	(姓), 역사, 사기	口	5	水	△	使	하여금, 사귈	人	8	火	△
司	맡을, 벼슬	口	5	水	△	舍	(姓), 집, 버릴	舌	8	火	×
仕	벼슬할, 살필, 섬길	人	5	火	○	卸	풀, 부릴	卩	8	木	△
糸	가는 실	糸	6	木	×	咋	잠깐	口	8	水	△
死	죽을	歹	6	水	×	査	조사할, 사실할	木	9	木	×
寺	절, 모실	寸	6	木	×	泗	물이름, 콧물	水	9	水	×
私	사사로울, 은혜, 베풀, 사랑할	禾	7	木	×	砂	모래, 사막	石	9	金	×
些	적을, 조금	二	7	木	×	柶	수저, 윷, 숟가락	木	9	木	×
汜	지류	水	7	水	△	思	(姓), 생각, 원할	心	9	火	×
伺	엿볼, 살필	人	7	火	△	俟	기다릴, 클	人	9	火	○
似	같을, 닮을	人	7	火	△	娑	춤출, 사바세상, 옷너풀거릴	女	10	土	×

한자	뜻	부수	획수	자원오행	사용적합	한자	뜻	부수	획수	자원오행	사용적합
射	쏠	寸	10	土	×	絲	실	糸	12	木	×
紗	비단, 깁	糸	10	木	△	竢	기다릴	立	12	金	△
唆	부추길, 대답할	口	10	水	△	傞	춤출, 취해서 춤출	人	12	火	×
剚	칼꽂을	刀	10	金	×	莎	사초, 향부자	艸	13	木	△
師	스승, 전문가	巾	10	木	△	肆	방자할	聿	13	火	×
祠	사당, 제사	示	10	木	×	嗣	이을	口	13	水	○
邪	간사할	邑	11	土	×	渣	물이름, 강이름	水	13	水	△
蛇	뱀	虫	11	水	×	裟	가사	衣	13	木	×
斜	비낄, 비스듬할	斗	11	火	×	楂	뗏목	木	13	木	△
徙	옮길	彳	11	火	×	獅	사자	犬	14	土	×
赦	용서할, 사면할	赤	11	火	×	飼	기를, 먹일, 사료	食	14	水	×
梭	북	木	11	木	△	皶	여드름	皮	14	金	×
笥	상자	竹	11	木	△	蜡	납향제	虫	14	水	×
詐	속일, 거짓	言	12	金	×	榭	정자, 사당	木	14	木	△
斯	어조사, 쪼갤	斤	12	金	△	寫	베낄, 쓸	宀	15	木	×
奢	사치할, 넉넉할	大	12	木	×	駟	사마, 네 필의 말	馬	15	火	△
覗	엿볼	見	12	火	×	駛	달릴, 빠를	馬	15	火	△
痧	괴질, 곽란	疒	12	水	×	魦	모래무지	魚	15	水	×
捨	버릴, 베풀, 놓을	手	12	木	×	儏	잘게 부술, 성의없을	人	15	火	×
詞	말씀	言	12	金	○	賜	줄, 베풀어줄	貝	15	金	○

한자	뜻	부수	획수	자원오행	사용적합	한자	뜻	부수	획수	자원오행	사용적합
篩	체로칠, 왕대	竹	16	木	×	刪	깎을	刀	7	金	×
蓑	도롱이	艸	16	木	×	汕	오구, 통발	水	7	水	×
謝	(姓), 사례할, 말씀, 거절할	言	17	金	△	姍	헐뜯을	女	8	土	×
鯊	모래무지	魚	18	水	×	疝	산증	广	8	水	×
辭	말씀, 사양할, 거절할	辛	19	金	×	訕	헐뜯을	言	10	金	×
瀉	쏟을	水	19	水	×	珊	산호	玉	10	金	△
麝	사향노루	鹿	21	土	×	祘	셈	示	10	木	△
鰤	방어	魚	21	水	×	狻	사자	犬	11	土	×
삭						産	낳을	生	11	木	△
削	깎을, 빼앗을	刀	9	金	×	產	낳을	生	11	木	△
朔	초하루	月	10	水	×	散	흩어질	攴	12	金	×
索	노, 동아줄	糸	10	木	△	傘	우산, 양산	人	12	火	×
搦	바를, 찌를	手	14	木	×	剷	깎을	刀	13	金	×
槊	창, 쌍륙	木	14	木	×	算	셈할, 계산, 셀	竹	14	木	△
數	자주, 셀, 계산할	攴	15	金	○	酸	식초, 아플, 슬플	酉	14	金	×
蒴	삭조, 깍지	艸	16	木	×	僐	온전한덕, 많을	心	15	火	○
爍	빛날, 녹일	火	19	火	△	橵	산자, 사람이름	木	16	木	△
鑠	녹일, 태울	金	23	金	×	潸	눈물 흐를	水	16	水	×
산						潸	눈물 흐를	水	16	水	×
山	(姓), 뫼	山	3	土	×	蒜	마늘, 달래	艸	16	木	×

한자	뜻	부수	획수	자원오행	사용적합	한자	뜻	부수	획수	자원오행	사용적합
繖	우산	糸	18	木	×	蔘	인삼, 늘어질, 우뚝할	艹	17	木	△
鏾	대패	金	19	金	×	鬖	헝클어질	髟	21	火	×
霰	싸라기눈	雨	20	水	×	**삽**					
孿	쌍둥이, 이어질	子	22	水	△	卅	서른	十	4	水	×
살						嗒	쪼아먹을	口	11	水	×
乷	살, 음역자	乙	8	木	×	鈒	창, 새길	金	12	金	△
殺	죽일	殳	11	金	×	插	꽂을, 끼울	手	13	木	△
煞	죽일	火	13	火	×	歃	마실	火	13	火	△
撒	뿌릴	手	16	木	×	颯	바람소리	風	14	木	×
薩	보살	艹	20	木	△	翣	부삽	羽	14	火	△
삼						霅	비올	雨	15	水	×
三	석, 셋	一	3	火	△	霎	가랑비	雨	16	水	×
杉	삼나무	木	7	木	△	澀	껄끄러울, 말더듬을	水	16	水	×
衫	적삼, 윗도리, 내의	衣	9	木	×	鍤	가래	金	17	金	×
芟	풀벨, 제거할	艹	10	木	×	**상**					
參	석, 셋	厶	11	火	△	上	위, 첫째	一	3	木	△
釤	낫, 벨	金	11	金	×	床	상, 평상	广	7	木	×
森	(姓), 수풀, 나무 빽빽할	木	12	木	△	狀	형상, 모양, 편지	犬	8	土	○
滲	스밀, 샐, 거를	水	15	水	×	牀	평상	爿	8	木	○
糝	나물죽	米	17	木	×	尙	(姓), 오히려, 숭상할, 높일	小	8	金	○

한자	뜻	부수	획수	자원오행	사용적합	한자	뜻	부수	획수	자원오행	사용적합
峠	고개	山	9	土	△	像	모양, 형상	人	14	火	○
相	(姓), 서로, 바탕, 도울, 정승	目	9	木	○	嘗	(姓), 맛볼, 일찍	口	14	水	×
庠	학교	广	9	木	○	裳	치마	衣	14	木	×
桑	(姓), 뽕나무	木	10	木	△	賞	상줄, 칭찬할	貝	15	金	△
晌	한낮, 정오	日	10	火	○	箱	상자	竹	15	木	△
常	(姓), 항상, 떳떳할, 늘	巾	11	木	○	樣	상수리나무	木	15	木	△
商	장사할, 헤아릴	口	11	水	○	憬	성품 밝을	心	15	火	○
爽	시원할, 밝을, 굳셀	爻	11	火	○	緗	담황색	糸	15	木	×
祥	상서로울	示	11	金	○	殤	요절할	歹	15	水	×
徜	어정거릴, 배회할	彳	11	火	×	橡	상수리나무	木	16	木	△
象	(姓), 코끼리, 형상	豕	12	水	△	潒	세찰, 떠돌	水	16	水	△
廂	행랑	广	12	木	×	償	갚을	人	17	火	△
翔	날개, 빙빙돌아날,	羽	12	火	○	霜	서리	雨	17	水	×
喪	죽을, 잃을, 초상	口	12	水	×	觴	잔, 술잔	角	18	木	×
嘗	맛볼, 경험할	甘	13	土	△	鐟	방울소리	金	18	金	×
想	생각할	心	13	火	○	顙	이마	頁	19	火	×
湘	강이름, 물이름	水	13	水	△	孀	과부, 홀어미	女	20	土	×
詳	자세할	言	13	金	○	鬺	삶을, 익힐	鬲	21	水	△
傷	상할, 다칠, 상처	人	13	火	×		**새**				
塽	시원한 땅, 높고 밝은 땅	土	14	土	○	塞	변방	土	13	土	×

한자	뜻	부수	획수	자원오행	사용적합	한자	뜻	부수	획수	자원오행	사용적합
賽	굿할	貝	17	金	×	**서**					
璽	옥새, 도장	玉	19	金	△	西	(姓), 서녘, 서쪽, 서양	襾	6	金	×
鰓	아가미	魚	20	水	×	序	차례, 학교, 실마리	广	7	木	○
색						忿	용서할, 성낼	心	7	火	○
色	빛, 색	色	6	土	×	抒	풀, 펼	手	8	木	△
索	(姓), 찾을	糸	10	木	○	叙	베풀, 차례, 지을	又	9	水	○
塞	막힐, 채울	土	13	土	×	恕	용서할, 어질, 헤아릴	心	10	火	○
嗇	아낄, 탐낼, 인색할	口	13	水	×	紓	느슨할, 너그러울	糸	10	木	○
槭	앙상할	木	15	木	×	芧	상수리나무	艸	10	木	×
濇	껄끄러울, 꺼칠할	水	17	水	×	栖	살, 깃들일, 쉴	木	10	木	○
穡	거둘	禾	18	木	△	書	(姓), 글, 문장, 편지, 장부	曰	10	木	○
濇	깔깔할	水	19	水	×	徐	(姓), 천천히, 설	彳	10	火	△
생						胥	서로, 기다릴, 쌓을, 도울	肉	11	土	○
生	날, 낳을, 살	生	5	木	△	偦	재주있을	人	11	火	○
牲	희생	牛	9	土	×	敍	베풀, 차례, 펼	攴	11	金	○
省	덜	目	9	木	△	敘	베풀, 차례, 펼	攴	11	金	○
眚	흐릴	目	10	木	×	庶	여러, 무리, 가까울	广	11	木	○
笙	생황	竹	11	木	×	悆	기쁠, 잊을, 근심할	心	11	火	×
甥	생질	生	12	木	×	犀	무소, 무소뿔	牛	12	土	×
鉎	녹	金	13	金	×	婿	사위	女	12	土	×

한자	뜻	부수	획수	자원오행	사용적합	한자	뜻	부수	획수	자원오행	사용적합
舒	펼	舌	12	火	○	鋤	호미	金	15	金	△
燛	밝을	火	12	火	○	署	마을, 관청	网	15	木	△
絮	솜	糸	12	木	×	諝	슬기로울	言	15	金	○
捿	깃들일, 살	手	12	木	△	縃	서로, 함께	糸	15	木	○
稌	기장	麥	12	木	△	緒	실마리, 일, 사업	糸	15	木	○
棲	깃들일, 살, 쉴, 집	木	12	木	○	撕	훈계할	手	16	木	△
壻	사위, 사나이	土	12	木	×	諝	슬기로울	言	16	金	○
耡	호미	耒	13	土	×	噬	씹을, 깨물	口	16	水	△
筮	점칠, 점대	竹	13	木	×	嶼	작은섬	山	17	土	△
鉏	호미, 김맬	金	13	土	×	嶼	작은섬	山	17	土	△
暑	더울, 더위	日	13	火	×	澨	물가	水	17	水	△
惛	지혜로울, 슬기	心	13	火	△	曙	새벽, 밝을	日	18	火	○
揟	고기잡을, 살	手	13	木	×	邌	미칠, 닿을	辵	20	土	△
湑	거를, 거른 술	水	13	水	×	薯	감자, 마, 참마, 산약	艸	20	木	△
鼠	쥐	鼠	13	木	×	藇	아름다울	艸	20	木	△
墅	농막, 들	土	14	土	△						

석

한자	뜻	부수	획수	자원오행	사용적합
逝	갈, 떠날	辵	14	土	×
夕	저녁	夕	3	水	×
瑞	상서로울, 상서	玉	14	金	△
石	(姓), 돌, 단단할	石	5	金	×
誓	맹세할	言	14	金	○
汐	조수, 썰물	水	7	水	×
穡	추수할, 거두어들일	禾	14	木	○
矽	규소	石	8	金	×

한자	뜻	부수	획수	자원오행	사용적합	한자	뜻	부수	획수	자원오행	사용적합
昔	(姓), 옛, 오랠, 어제	日	8	火	×		**선**				
析	쪼갤, 가를, 나눌	木	8	木	×	仙	신선	人	5	火	×
祏	섬, 백이십 근	禾	10	木	○	仚	신선	山	5	土	×
席	(姓), 자리, 베풀	巾	10	木	○	先	(姓), 먼저 앞, 이끌	儿	6	木	△
舃	신, 빛날, 이어질	臼	12	土	×	亘	베풀, 연접할, (긍)뻗칠	二	6	木	○
淅	쌀을 일	水	12	水	△	宣	(姓), 베풀, 펼, 밝힐	宀	9	木	○
晳	밝을, 분석할	日	12	火	○	扇	부채, 사립문	戶	10	木	△
晰	밝을	日	12	火	○	洗	깨끗할, 씻을(세)	水	10	水	○
惜	아낄, 가엾을	心	12	火	×	洒	엄숙할, 물깊을	水	10	水	△
鉐	놋쇠	金	13	金	○	珗	옥돌	玉	11	金	△
腊	건육, 포	肉	14	水	×	船	배	舟	11	木	△
蜥	도마뱀	虫	14	水	×	旋	돌, 회전할	方	11	土	△
碩	(姓), 클	石	14	金	○	善	(姓)착할, 길할, 좋을	口	12	水	○
奭	클, 성할	大	15	火	○	筅	솔, 부엌솔	竹	12	木	×
褯	자리	衣	16	木	△	琁	옥돌, 아름다운 옥	玉	12	金	△
潟	개펄	水	16	水	×	羨	부러워할, 넘칠	羊	13	土	○
錫	주석, 줄, 지팡이	金	16	金	△	跣	맨발, 발벗을	足	13	土	×
蓆	자리, 넓고 많을, 클	艸	16	木	△	詵	많을, 말 전할	言	13	金	○
鼫	석서, 날다람쥐	鼠	18	木	×	僊	춤출, 신선	人	13	火	△
釋	(姓), 풀, 놓을, 용서할	采	20	火	○	尠	적을, 드물	小	13	水	△

한자	뜻	부수	획수	자원오행	사용적합	한자	뜻	부수	획수	자원오행	사용적합
渲	물적실	水	13	水	△	選	가릴, 뽑을	辵	19	土	△
愃	쾌할	心	13	火	△	譔	가르칠	言	19	金	○
嫙	예쁠	女	14	土	○	鏇	갈이틀, 선반	金	19	金	×
煽	부채질할, 부추길, 성할	火	14	火	△	璿	구슬, 아름다운 옥	玉	19	金	○
綫	줄, 선, 실	糸	14	木	△	鐥	복자, 좋은 쇠	金	20	金	○
瑄	도리옥, 크고 둥근 옥	玉	14	金	△	譱	착할, 좋을	言	20	金	○
銑	무쇠, 끌, 무늬	金	14	金	○	騸	거세할	馬	20	火	×
墡	백토	土	15	土	○	饍	반찬, 선물	食	21	水	×
嬋	고울, 아름다울	女	15	土	○	癬	옴, 종기	广	22	水	×
腺	샘	肉	15	水	△	鱓	악어	魚	23	水	×
敾	글잘쓸, 다스릴	攴	16	金	○	蘚	이끼	艸	23	木	×
歚	고울, 다스릴	欠	16	火	○	鱻	신선할, 드물, 생선	魚	33	水	△
䁙	아름다울	目	16	木	○						
璇	옥이름, 별이름	玉	16	金	△		**설**				
鮮	(姓), 고울, 아름다울, 빛날	魚	17	水	○	舌	혀, 말	舌	6	火	×
禪	고요할, 선, 선위할	示	17	木	○	契	사람이름	大	9	木	○
繕	기울, 다스릴	糸	18	木	○	泄	샐, 흘러나올	水	9	水	×
蟬	매미	虫	18	水	×	屑	가루, 달갑게 여길	尸	10	水	×
璿	아름다운 옥	玉	18	金	○	洩	샐, 흘러나올	水	10	水	×
膳	반찬, 선물, 드릴	肉	18	水	△	卨	(姓), 사람이름, 높을	卜	11	土	○
						絏	고삐	糸	11	木	×

한자	뜻	부수	획수	자원오행	사용적합	한자	뜻	부수	획수	자원오행	사용적합
設	베풀, 세울, 지을, 갖출	言	11	金	○	剡	땅이름	刀	10	金	×
雪	눈, 씻을	又	11	水	×	睒	언뜻볼, 엿볼	目	13	木	×
偰	(姓), 맑을, 사람이름	人	11	火	○	銛	쟁기, 작살	金	14	金	×
媟	친압할, 깔볼	女	12	土	×	陝	고을이름, 땅이름	阜	15	土	△
卨	높을, 은나라 시조 이름	内	12	水	○	掺	가늘, 부드러울	手	15	木	△
渫	칠, 파낼, 샐	水	13	水	×	暹	해돋을, 햇살오를	日	16	火	△
楔	문설주	木	13	木	○	韱	부추, 섬세할	韭	17	木	×
揲	셀, 짚을	手	13	木	△	憸	간사할	心	17	火	×
說	말씀, 설명할, 고할	言	14	金	○	蟾	두꺼비, 달그림자	虫	19	水	×
碟	가죽다룰	石	14	金	×	孅	가늘, 세밀할	女	20	土	×
稧	(姓), 볏짚	禾	14	木	×	贍	넉넉할, 구휼할, 도울	貝	20	金	○
暬	설만할, 버릇없을	日	15	火	×	譫	헛소리	言	20	金	×
撕	없앨, 찢어질	手	15	木	×	殲	다 죽일, 다할, 멸할	歹	21	水	×
褻	더러울, 친할	衣	17	木	×	纖	가늘, 자세할, 고운비단	糸	23	木	△
蔎	향내날, 향풀	艸	17	木	△						

섭

한자	뜻	부수	획수	자원오행	사용적합
薛	(姓), 맑은대쑥, 나라이름	艸	19	木	△
爇	불사를	灬	19	火	×
齧	물어뜯을	齒	21	金	×

(좌측 계속)

한자	뜻	부수	획수	자원오행	사용적합
涉	건널, 통합	水	11	水	△
紗	명주, 비단	糸	14	木	△
葉	잎, 땅이름	艸	15	木	△
燮	불꽃, 화할	火	17	火	○
聶	소곤거릴	耳	18	火	×

섬

한자	뜻	부수	획수	자원오행	사용적합
閃	번쩍일, 깜박일	門	10	木	×

한자	뜻	부수	획수	자원오행	사용적합	한자	뜻	부수	획수	자원오행	사용적합
欋	첩섭, 삿자리	木	21	木	△	晠	밝을, 빛날, 찬미할	日	11	火	○
囁	소곤거릴	口	21	水	×	賮	재물, 넉넉할	貝	12	金	○
攝	잡을, 당길, 다스릴	手	22	木	△	珹	옥이름	玉	12	金	△
懾	두려워할	心	22	火	×	盛	성할, 많을, 담을	皿	12	火	○
灄	강이름	水	22	水	△	猩	성성이, 붉은빛	犬	13	土	×
躡	걸을	足	24	土	△	聖	성인, 거룩할, 성스러울, 뛰어날	耳	13	火	△
躡	밟을	足	25	土	×	惺	영리할, 깨달을, 똑똑할	心	13	火	△
鑷	족집게	金	26	金	×	筬	바디, 베틀	竹	13	木	△
顳	관자놀이	頁	27	火	×	誠	정성, 진실	言	14	金	○
성						瑆	옥빛, 빛날	玉	14	金	△
成	(姓), 이룰, 될	戈	7	火	○	腥	비릴	肉	15	水	×
姓	성	女	8	土	×	瞫	귀밝을, 잘들릴	耳	15	火	△
省	살필, 깨달을	目	9	木	○	醒	깰	酉	16	金	×
性	성품, 바탕	心	9	火	△	聲	소리, 기릴, 명예, 풍류	耳	17	火	○
星	(姓), 별, 세월	日	9	火	×	騂	붉은 말	馬	17	火	×
娍	아름다울	女	10	土	○	**세**					
城	재, 성, 도읍	土	10	土	○	世	인간, 세상	一	5	火	△
宬	서고	宀	10	木	○	忕	익힐, 사치할	心	7	火	△
胜	비릴, 날고기	肉	11	水	×	姻	여자이름	女	9	土	△
晟	밝을, 성할, 햇살 퍼질	日	11	火	○	洗	씻을, 깨끗할, 결백할	水	10	水	△

한자	뜻	부수	획수	자원오행	사용적합	한자	뜻	부수	획수	자원오행	사용적합
洒	씻을, 설치할	水	10	水	△	佋	소목, 도울	人	7	火	△
帨	수건	巾	10	木	×	所	바	戶	8	木	△
細	가늘, 세밀할	糸	11	木	×	泝	거슬러올라갈	水	9	水	△
彗	혜성	⺕	11	火	×	沼	늪, 못	水	9	水	△
笹	조릿대	竹	11	木	×	柖	나무 흔들릴	木	9	木	△
涗	잿물	水	11	水	△	咲	웃음	口	9	水	△
貰	세낼, 세놓을	貝	12	金	×	炤	밝을, 비출	火	9	火	○
稅	세금, 거둘, 부세, 구실	禾	12	木	×	昭	밝을, 소명할, 태평세월	日	9	火	○
歲	해돋을	止	13	土	○	素	(姓), 흴, 본디, 바탕	糸	10	木	○
勢	행세, 기력, 세력	力	13	金	○	笑	웃을, 웃음	竹	10	木	×
蛻	허물, 껍질	虫	13	水	×	珢	아름다운 옥	玉	10	金	△
說	달랠	言	14	金	△	宵	밤, 야간	宀	10	木	×
鋭	구리녹날	金	15	金	×	壻	쓸, 칠할	土	11	土	△
繐	베, 삼베	糸	18	木	△	紹	이을, 소개할, 계승할	糸	11	木	○
소						消	(姓), 사라질, 다할, 꺼릴	水	11	水	×
小	작을, 짧을	小	3	水	×	巢	새집	巛	11	水	×
少	적을, 젊을	小	4	水	△	疏	소통할, 트일	疋	11	水	△
召	(姓), 부를	口	5	水	○	捎	덜, 벨	手	11	木	×
劭	힘쓸, 권면할	力	7	土	○	梳	빗, 얼레빗	木	11	木	×
卲	높을, 뛰어날, 훌륭할	卩	7	火	○	邵	(姓), 땅이름, 높을	邑	12	土	△

한자	뜻	부수	획수	자원오행	사용적합	한자	뜻	부수	획수	자원오행	사용적합
疎	성길, 트일	疋	12	土	△	霄	하늘, 진눈깨비	雨	15	水	×
傃	향할, 분수지킬	人	12	火	○	銷	녹을, 흩어질, 다할	金	15	金	×
酥	연유	酉	12	金	×	瘡	종기, 부스럼	疒	15	水	×
掃	쓸	手	12	木	×	嘯	휘파람 불, 읊조릴	口	16	水	△
訴	하소연할, 송사할	言	12	金	×	燒	불사를	火	16	火	×
甦	깨어날, 쉴, 소생할	生	12	水	△	穌	쉴, 기쁠, 깨어날	禾	16	木	○
塐	토우, 흙 빚을	土	13	土	×	膝	멀떠구니, 살찔	肉	16	水	×
塑	토우, 인형, 흙빚을	土	13	土	×	艘	배	舟	16	木	△
篠	가는대, 조릿대	竹	13	木	×	璹	옥돌	玉	16	金	○
蛸	갈거미	虫	13	水	×	衞	멈출, 깨끗할	行	16	火	△
嗉	모이주머니	口	13	水	×	篠	조릿대, 가는대	竹	16	木	×
翛	날개 찢어질	羽	13	火	×	遡	거스를, 거슬러 올라갈	辵	17	土	×
逍	거닐, 노닐	辵	14	土	△	蔬	나물, 채소, 풋나물	艸	17	木	×
搔	긁을	手	14	木	×	繅	고치 켤	糸	17	木	×
韶	풍류이름, 아름다울	音	14	金	○	魈	도깨비	鬼	17	火	×
愫	정성, 참뜻	心	14	火	△	鮹	문어, 낙지	魚	18	水	×
愬	하소연할, 비방할	心	14	火	×	鹴	소금	鹵	18	水	△
溯	거슬러 올라갈	水	14	水	△	簫	퉁소	竹	19	木	×
樔	풀막, 움막	木	15	木	×	蕭	맑은대쑥, 쓸쓸할	艸	19	木	×
箾	퉁소	竹	15	木	×	霘	하늘, 주름, 진눈깨비	雨	19	水	△

한자	뜻	부수	획수	자원오행	사용적합	한자	뜻	부수	획수	자원오행	사용적합
騷	떠들, 소동	馬	20	火	×	損	덜, 감소할	手	14	木	×
瀟	물맑을, 강이름	水	21	水	△	蓀	향풀이름, 난초	艸	16	木	△
蘇	(姓), 차조기, 되살아날	艸	22	木	△	遜	(姓), 겸손할, 사양할, 순종할	辵	17	土	△
속						**솔**					
束	묶을, 약속할	木	7	木	△	帥	거느릴	巾	9	木	○
俗	풍속	人	9	火	△	乺	솔	乙	9	木	×
洬	비올	水	10	水	×	率	거느릴, 앞장설, 좇을	玄	11	火	○
涑	헹굴, 강이름	水	11	水	×	窣	갑자기 나올	穴	13	水	△
粟	조, 좁쌀	米	12	木	×	蟀	귀뚜라미	虫	17	水	×
速	빠를, 부를	辵	14	土	△	衛	거느릴	行	17	火	○
謖	일어날, 일어설	言	17	金	○	達	거느릴	辵	18	火	○
遬	빠를, 변할	辵	18	土	△	**송**					
續	이을, 소개할	糸	21	木	○	宋	(姓), 송나라	宀	7	木	△
屬	무리, 붙일, 이을	尸	21	木	×	松	(姓), 소나무, 더벅머리, 솔	木	8	木	△
贖	속죄할, 속바칠, 살	貝	22	金	×	訟	송사할, 재물다툴	言	11	金	×
손						悚	두려울, 두려워할, 당황할	心	11	火	×
孫	(姓), 손자, 따를, 겸손할	子	10	水	△	淞	강이름	水	12	水	△
飧	저녁밥, 먹을	食	11	水	△	竦	두려워할, 공경할	立	12	金	△
巽	손괘, 부드러울, 사랑할, 공손할	己	12	木	○	送	보낼, 가질	辵	13	土	×
飱	저녁밥, 먹을	食	12	水	△	頌	칭송할, 기릴	頁	13	火	○

한자	뜻	부수	획수	자원오행	사용적합	한자	뜻	부수	획수	자원오행	사용적합
誦	외울, 여쭐	言	14	金	△	戍	수자리, 지킬, 막을	戈	6	金	△
憽	똑똑할	心	17	火	○	守	(姓), 지킬, 보살필, 기다릴	宀	6	木	○
鬆	소나무, 더벅머리	髟	18	火	×	收	거둘	攴	6	金	○
쇄						寿	목숨	寸	7	木	△
刷	인쇄할, 닦을, 쓸	刀	8	金	△	秀	빼어날, 성할, 이삭	禾	7	木	△
殺	빠를, 죽일(살), 윗사람죽일(시)	殳	11	金	×	汓	헤엄칠	水	7	水	△
碎	부술, 깨트릴	石	13	金	×	垂	드리울	土	8	土	△
瑣	자질구레할	玉	15	金	×	岫	산굴, 암혈, 바위 구멍	山	8	土	△
鎖	쇠사슬, 자물쇠, 잠글	金	18	金	×	峀	산굴, 바위구멍	山	8	土	△
鏁	쇠사슬, 잠글	金	18	金	×	受	받을, 이을, 담을, 입을, 용납할	又	8	水	○
灑	뿌릴, 끼얹을	水	23	水	×	首	머리, 우두머리, 처음	首	9	水	△
曬	볕쬘	日	23	火	△	泅	헤엄칠	水	9	水	△
쇠						帥	장수, 주장할	巾	9	木	○
衰	쇠할	衣	10	木	×	狩	사냥할, 겨울사냥	犬	10	土	×
釗	쇠, 힘쓸	金	10	金	△	祟	빌미	示	10	木	×
수						修	닦을	人	10	火	○
水	(姓), 물	水	4	水	×	洙	(姓), 물가, 강이름	水	10	水	△
手	손	手	4	木	△	殊	다를, 죽일	歹	10	水	×
殳	몽둥이	殳	4	金	×	叟	늙은이	又	10	水	×
囚	가둘, 죄수	口	5	水	×	羞	부끄러울, 나갈, 비칠	羊	11	土	×

한자	뜻	부수	획수	자원오행	사용적합	한자	뜻	부수	획수	자원오행	사용적합
袖	소매	衣	11	木	×	粹	순수할, 정밀할	米	14	木	○
宿	별자리	宀	11	木	△	嗽	기침할, 양치질할	口	14	水	×
售	팔, 살, 실현할	口	11	水	△	搜	찾을	手	14	木	△
授	줄, 가르칠	手	12	木	△	綏	끈, 이을	糸	14	木	○
茱	수유나무	艸	12	木	△	需	구할, 쓸, 머뭇거릴	雨	14	水	○
須	모름지기, 반드시	頁	12	火	○	溲	반죽할	水	14	水	×
琇	옥돌	玉	12	金	△	膵	윤택할	肉	14	水	○
晬	돌, 일주년	日	12	火	△	數	셈, 셀, 헤아릴, 수	攴	15	金	△
嫂	형수	女	13	土	×	誰	누구, 무엇, 물을	言	15	金	△
睟	바로볼	目	13	木	△	漱	양치질할, 씻을	水	15	水	×
睢	물이름	目	13	木	△	瘦	파리할, 여윌, 마를	广	15	水	×
愁	근심	心	13	火	×	銹	녹슬	金	15	金	×
脩	포, 건육, 닦을	肉	13	水	△	賥	재물, 재화	貝	15	金	○
綏	편안할	糸	13	木	○	豎	세울	豆	15	木	△
竪	세울, 설, 더벅머리	立	13	金	△	穗	이삭	禾	15	木	×
酬	갚을, 잔돌릴, 보낼	酉	13	金	×	瞍	소경	目	15	木	×
睡	잘, 졸음	目	13	木	×	遂	이를, 드디어, 따를	辵	16	土	△
廋	숨길, 찾을	广	13	木	×	陲	변방	阜	16	土	×
壽	(姓), 목숨, 오래 살, 축복할	士	14	水	×	蒐	모을, 꼭두서니, 사냥할	艸	16	木	×
銖	저울, 무게단위	金	14	金	○	蓨	수산, 기쁠	艸	16	木	×

한자	뜻	부수	획수	자원오행	사용적합	한자	뜻	부수	획수	자원오행	사용적합
輸	(姓), 나를, 옮길, 보낼	車	16	火	△	瓍	구슬, 진주조개	玉	21	金	△
樹	나무, 심을, 세울	木	16	木	△	籔	조리, 휘	竹	21	木	×
膄	여윌, 마를	肉	16	水	×	鬚	수염, 모름지기	髟	22	火	×
隋	수나라	阜	17	土	△	讐	원수, 갚을, 당할	言	23	金	×
濉	물이름, 강이름	水	17	水	△	讎	원수	言	23	金	×
燧	부싯돌, 봉화, 횃불	火	17	火	○	髓	골수, 뼈골, 마음속	骨	23	金	×
雖	비록	隹	17	火	△	**숙**					
穗	이삭	禾	17	木	△	夙	이를, 일찍, 삼갈	夕	6	木	△
璲	패옥, 서옥	玉	18	金	△	叔	아저씨	又	8	水	△
璹	옥이름	玉	18	金	○	俶	비롯할, 비로소	人	10	火	△
獸	짐승	犬	19	土	×	倏	갑자기, 문득	人	10	火	△
鷞	새매, 솔개, 갈까마귀	鳥	19	火	×	婌	궁녀 벼슬 이름	女	11	土	×
颼	바람소리	風	19	木	×	宿	잘, 묵을, 지킬, 오래	宀	11	木	×
繡	수놓을	糸	19	木	○	孰	누구, 어느	子	11	水	△
膸	골수	肉	19	水	×	淑	맑을, 화할, 착할	水	12	水	△
饈	드릴, 반찬	食	20	水	△	琡	옥이름, 구슬	玉	13	金	△
隨	따를	阜	21	土	△	肅	엄숙할, 공경할, 나아갈	聿	13	火	○
隧	길, 도로	阜	21	土	△	塾	글방, 사랑방	土	14	土	○
邃	깊을	辵	21	土	△	菽	콩, 대두	艸	14	木	△
藪	늪, 덤불	艸	21	木	×	熟	익을, 익숙할	火	15	火	○

<table>
<tr><th>한자</th><th>뜻</th><th>부수</th><th>획수</th><th>자원
오행</th><th>사용
적합</th><th>한자</th><th>뜻</th><th>부수</th><th>획수</th><th>자원
오행</th><th>사용
적합</th></tr>
<tr><td>櫛</td><td>밋밋할,
나무 줄지어 설</td><td>木</td><td>17</td><td>木</td><td>○</td><td>朜</td><td>광대뼈</td><td>肉</td><td>10</td><td>水</td><td>×</td></tr>
<tr><td>潚</td><td>깊고 맑을, 빠를</td><td>水</td><td>17</td><td>水</td><td>△</td><td>恂</td><td>정성, 믿을,
진실할</td><td>心</td><td>10</td><td>火</td><td>△</td></tr>
<tr><td>璹</td><td>옥그릇</td><td>玉</td><td>19</td><td>金</td><td>△</td><td>栒</td><td>가름대나무,
나무이름, 경쇠걸이</td><td>木</td><td>10</td><td>木</td><td>△</td></tr>
<tr><td>儵</td><td>빠를</td><td>人</td><td>19</td><td>火</td><td>△</td><td>珣</td><td>옥이름, 옥그릇</td><td>玉</td><td>11</td><td>金</td><td>△</td></tr>
<tr><td>驌</td><td>말이름</td><td>馬</td><td>23</td><td>火</td><td>×</td><td>眴</td><td>눈짓할</td><td>目</td><td>11</td><td>木</td><td>×</td></tr>
<tr><td>鷫</td><td>새이름</td><td>鳥</td><td>24</td><td>火</td><td>×</td><td>淳</td><td>(姓), 순박할,
맑을</td><td>水</td><td>12</td><td>水</td><td>△</td></tr>
<tr><td colspan="6" align="center">순</td><td>焞</td><td>밝을</td><td>火</td><td>12</td><td>火</td><td>○</td></tr>
<tr><td>旬</td><td>열흘, 열 번,
두루미칠</td><td>日</td><td>6</td><td>火</td><td>△</td><td>順</td><td>(姓), 순할,
순조로울</td><td>頁</td><td>12</td><td>火</td><td>△</td></tr>
<tr><td>巡</td><td>돌, 순행할</td><td>巛</td><td>7</td><td>水</td><td>△</td><td>荀</td><td>풀이름</td><td>艸</td><td>12</td><td>木</td><td>△</td></tr>
<tr><td>昐</td><td>사귈</td><td>田</td><td>8</td><td>土</td><td>△</td><td>筍</td><td>(姓), 죽순, 풀</td><td>竹</td><td>12</td><td>木</td><td>△</td></tr>
<tr><td>侚</td><td>재빠를, 외칠</td><td>人</td><td>8</td><td>火</td><td>△</td><td>循</td><td>빙빙돌, 좇을</td><td>彳</td><td>12</td><td>火</td><td>△</td></tr>
<tr><td>峋</td><td>깊숙할</td><td>山</td><td>9</td><td>土</td><td>△</td><td>舜</td><td>(姓), 순임금,
무궁화</td><td>舛</td><td>12</td><td>木</td><td>○</td></tr>
<tr><td>姰</td><td>미칠, 적합할</td><td>女</td><td>9</td><td>土</td><td>△</td><td>馴</td><td>길들일, 따를,
순종할, 착할</td><td>馬</td><td>13</td><td>火</td><td>○</td></tr>
<tr><td>肫</td><td>졸, 눈감을</td><td>目</td><td>9</td><td>木</td><td>×</td><td>脣</td><td>입술, 가장자리</td><td>肉</td><td>13</td><td>水</td><td>×</td></tr>
<tr><td>盾</td><td>방패</td><td>目</td><td>9</td><td>木</td><td>△</td><td>詢</td><td>꾀할,
물을, 자문할</td><td>言</td><td>13</td><td>金</td><td>○</td></tr>
<tr><td>紃</td><td>끈, 법</td><td>糸</td><td>9</td><td>木</td><td>△</td><td>楯</td><td>난간, 방패, 빼낼</td><td>木</td><td>13</td><td>木</td><td>×</td></tr>
<tr><td>徇</td><td>돌,
주창할, 호령할</td><td>彳</td><td>9</td><td>火</td><td>○</td><td>諄</td><td>타이를, 도울,
정성스러울, 가르칠</td><td>言</td><td>15</td><td>金</td><td>○</td></tr>
<tr><td>純</td><td>순수할, 순진할,
부드러울</td><td>糸</td><td>10</td><td>木</td><td>△</td><td>醇</td><td>진한술,
순수할, 도타울</td><td>酉</td><td>15</td><td>金</td><td>△</td></tr>
<tr><td>洵</td><td>참으로, 받을,
고를, 믿을</td><td>水</td><td>10</td><td>水</td><td>△</td><td>錞</td><td>악기이름,
사발 종, 쇠북악기</td><td>金</td><td>16</td><td>金</td><td>○</td></tr>
<tr><td>殉</td><td>죽을, 따라죽을,
목숨바칠</td><td>歹</td><td>10</td><td>水</td><td>×</td><td>橓</td><td>무궁화나무</td><td>木</td><td>16</td><td>木</td><td>×</td></tr>
</table>

한자	뜻	부수	획수	자원오행	사용적합	한자	뜻	부수	획수	자원오행	사용적합
駒	말달릴, 철총이(현)	馬	16	火	△	淬	담금질할	水	12	水	×
瞬	잠깐, 눈감짝할	目	17	木	×	焠	담금질할, 지질	火	12	火	×
蒓	순채, 부들꽃	艸	17	木	×	**슬**					
蕣	무궁화나무	艸	18	木	×	虱	이, 참깨	虫	8	水	×
鬊	헝클어진 머리	髟	19	火	×	瑟	거문고, 비파	玉	14	金	△
鶉	메추라기, 별이름	鳥	19	火	×	蝨	이, 참깨, 이슬	虫	15	水	×
술						璱	푸른구슬	玉	16	金	△
戌	개, 열한 번째 지지	戈	6	土	×	膝	무릎	肉	17	水	×
坹	높을	土	8	土	△	璱	푸른구슬, 푸른진주	玉	18	金	△
絉	끈, 줄	糸	11	木	△	靆	적청색	青	21	木	×
術	꾀, 재주, 기술	行	11	火	○	**습**					
述	지을, 펼, 말할	辵	12	土	△	拾	주울	手	10	木	△
鉥	돗바늘, 인도할, 긴바늘	金	13	金	×	習	익힐	羽	11	火	○
숭						慴	두려워할	心	15	火	×
崇	높을, 높일	山	11	土	○	榗	쐐기, 들보	木	15	木	△
崈	우뚝솟을, 산이름	山	11	土	○	褶	주름, 겹옷	衣	17	木	×
嵩	높은 산, 숭산, 높을	山	13	土	○	濕	젖을, 축축할	水	18	水	×
菘	배추	艸	14	木	×	隰	진펄, 물가	阜	22	土	×
쉬						襲	(姓), 엄습할, 물려받을	衣	22	木	×
倅	버금, 다음	人	10	火	△	**승**					

한자	뜻	부수	획수	자원오행	사용적합	한자	뜻	부수	획수	자원오행	사용적합
升	되, 오를, 나아갈, 성할	十	4	木	○	市	저자, 시장	市	5	木	×
承	받들, 이을	水	5	水	○	示	보일	示	5	木	×
丞	정승, 도울, 이을	一	6	木	○	豕	돼지	豕	7	水	×
岕	정승, 도울	山	8	土	○	兕	외뿔소	儿	7	木	×
承	(姓), 이을, 받들	手	8	木	○	始	처음, 비로소, 비롯할, 근본	女	8	土	△
昇	(姓), 오를, 해돋을	日	8	火	○	侍	모실, 받들	人	8	火	△
乘	(姓), 탈, 오를	ノ	10	火	△	施	(姓), 베풀, 펼, 줄	方	9	土	○
勝	(姓), 이길, 나을	力	12	土	△	柿	감나무	木	9	木	×
阩	오를, 승진	阜	12	土	○	屎	똥	尸	9	水	×
塍	밭두둑, 큰 들	土	13	土	△	屍	주검, 시체	尸	9	水	×
縢	바디, 잉아	木	14	木	×	柴	(姓), 섶나무, 시제사	木	9	木	×
僧	(姓), 중, 승려	人	14	火	×	洒	시내물가, 고을이름	水	9	水	△
陞	오를, 나아갈, 전진할	阜	15	土	○	眂	볼, 맡을	目	9	木	○
階	오를	阝	16	土	○	枲	모시풀	木	9	木	×
繩	노끈, 줄, 새끼	糸	19	木	×	柿	(姓), 감나무	木	9	木	×
蠅	파리	虫	19	水	×	枾	감나무	木	9	木	×
鬠	머리헝클어질	髟	22	火	×	是	이, 옳을, 바를	日	9	火	○

시

한자	뜻	부수	획수	자원오행	사용적합	한자	뜻	부수	획수	자원오행	사용적합
						時	(姓), 때	日	10	火	×
尸	주검, 시체	尸	3	水	×	恃	믿을, 의지할	心	10	火	△
矢	화살, 살	矢	5	金	×	豺	승냥이	豸	10	水	×

한자	뜻	부수	획수	자원오행	사용적합	한자	뜻	부수	획수	자원오행	사용적합
翅	날개, 나는 모양	羽	10	水	△	廝	하인, 노예	广	15	木	×
偲	굳셀, 재주많을, 똑똑할	人	11	火	○	澌	흐를, 거품	水	15	水	×
絁	깁, 가늘	糸	11	木	×	緦	삼베	糸	15	木	×
匙	숟가락, 열쇠	匕	11	金	×	諰	두려워할, 생각할	言	16	金	△
豉	메주, 된장	豆	11	木	×	諡	시호	言	16	金	×
猜	시기할, 원망할	犬	12	土	×	諟	이, 살필	言	16	金	○
媤	시집	女	12	土	×	蒔	모종낼, 옮겨심을	艸	16	木	×
媞	아름다울, 편안할 아름다운 모양	女	12	土	○	蓍	시초, 톱풀, 비수리	艸	16	木	△
視	볼, 견줄, 본받을, 살필	見	12	火	○	澌	다할, 없어질	水	16	水	×
啻	뿐, 다만	口	12	水	×	鍉	열쇠, 숟가락	金	17	金	×
弒	죽일, 윗사람죽일	弋	12	金	×	顋	뺨, 볼	頁	18	火	×
塒	홰, 깃	土	13	土	×	釃	술거를	酉	26	金	×
毸	날개 펼, 날개 벌릴	毛	13	火	△		**식**				
詩	시, 글귀	言	13	金	△	式	법, 제도, 형식	弋	6	金	△
試	시험할, 쓸	言	13	金	△	食	밥, 먹을, 양식, 기를	食	9	水	×
偲	책선할	心	13	火	○	息	숨쉴, 휴식	心	10	火	×
厮	하인, 노예	厂	14	水	×	拭	닦을, 씻을, 다듬을	手	10	木	△
禔	복, 행복	示	14	木	○	栻	점치는 기구, 나무판, 점판	木	10	木	×
翄	날개, 마칠	羽	14	火	△	埴	찰흙, 진흙	土	11	土	△
嘶	울, 흐느낄, 말이 울	口	15	水	×	植	심을, 세울, 둘, 초목	木	12	木	△

한자	뜻	부수	획수	자원오행	사용적합	한자	뜻	부수	획수	자원오행	사용적합
殖	번성할, 불릴, 날	歹	12	水	○	呻	끙끙거릴, 읊조릴, 읊을	口	8	水	×
寔	이, 진실로, 참	宀	12	木	○	姺	걸을	女	9	土	△
媳	며느리	女	13	土	×	哂	비웃을, 조롱할	口	9	水	×
湜	물맑을	水	13	水	△	矧	하물며, 잇몸	矢	9	金	×
軾	수레난간, 수레 댄 나무	車	13	火	△	信	(姓), 믿을, 진실로	人	9	火	○
飾	꾸밀	食	14	水	×	迅	빠를, 신속할	辶	10	土	△
熄	꺼질, 없어질, 그칠	火	14	火	×	娠	아이 밸, 잉태할	女	10	土	×
簹	대밥통	竹	15	木	×	神	귀신, 정신, 신령할	示	10	木	×
蝕	좀먹을, 갉아먹을	虫	15	水	×	宸	집, 대궐	宀	10	木	○
識	알, 식견	言	19	金	○	訊	물을, 다스릴	言	10	金	△
<td colspan="6" align="center">**신**</td>						紳	큰 띠, 벼슬아치	糸	11	木	○
申	(姓), 납, 펼, 아홉 번째 지지	田	5	金	×	晨	새벽, 샛별	日	11	火	○
囟	정수리	口	6	水	×	莘	긴 모양, 족두리풀	艸	13	木	△
臣	신하	臣	6	火	×	新	(姓), 새로울	斤	13	金	△
辛	(姓), 매울	辛	7	金	×	蜃	대합조개	虫	13	水	×
汛	뿌릴, 넘칠	水	7	水	×	脤	제육, 제사용 고기	肉	13	水	×
身	몸	身	7	火	×	愼	(姓), 삼갈	心	14	火	△
伸	펼, 늘일	人	7	火	○	腎	콩팥	肉	14	水	×
辰	때, 날, 일월성신, 별이름	辰	7	土	×	頤	눈 크게 뜨고 볼	頁	15	火	×
侁	걷는 모양, 떼지어 갈	人	8	火	×	駪	(선)말많을	馬	16	火	△

한자	뜻	부수	획수	자원오행	사용적합	한자	뜻	부수	획수	자원오행	사용적합
燼	깜부기불, 불탄 끝	火	18	火	×	葚	오디, 뽕나무 열매	艸	15	木	×
瓊	옥돌	玉	19	金	△	審	살필	宀	15	木	△
薪	섶나무, 감초	艸	19	木	×	潯	물가, 연못	水	16	水	△
藎	조개풀, 나아갈	艸	20	木	△	燖	삶을, 데칠	火	16	火	△
贐	전별할	貝	21	金	△	諶	믿을, 진실	言	16	金	○
실						瀋	즙낼, 강이름	水	19	水	△
失	잃을, 그릇될	大	5	木	×	鐔	날밑, 칼	金	20	金	×
実	열매	宀	8	木	△	鱘	철갑상어	魚	23	水	×
室	집	宀	9	木	×	**십**					
悉	다할, 알, 갖출, 모두	心	11	火	○	什	열 사람	人	4	火	△
實	(姓), 열매, 참될	宀	14	木	×	十	열, 열 번, 완전할	十	10	水	×
蟋	귀뚜라미	虫	17	水	×	拾	열	水	10	木	△
심						**쌍**					
心	마음, 가운데, 근본	心	4	火	△	双	쌍, 두	又	4	水	△
沈	(姓), 잠길, 가라앉을	水	8	水	×	雙	(姓), 쌍, 두, 견줄	隹	18	火	△
沁	물 적실, 스며들	水	8	水	△	**씨**					
甚	심할, 더욱, 깊을	甘	9	土	△	氏	성씨	氏	4	火	×
芯	골풀, 등심초	艸	10	木	×						
深	깊을	水	12	水	△						
尋	(姓), 찾을	寸	12	金	○						

한자	뜻	부수	획수	자원 오행	사용 적합	한자	뜻	부수	획수	자원 오행	사용 적합
아						峨	높을	山	10	土	○
丫	가닥, 총각	|	3	火	×	芽	싹틀, 대순	艸	10	木	△
牙	어금니, 무기	牙	4	金	×	疴	질병	广	10	水	×
我	나, 우리	戈	7	金	○	筽	죽순, 대순	竹	10	木	×
児	아이, 연약할	儿	7	水	×	婀	아리따울, 아름다울	女	11	土	○
亜	버금, 아세아	二	7	火	△	婭	동서, 일가	女	11	土	×
妸	고울, 여자이름	女	8	土	○	迓	마중할	辵	11	土	○
娿	여스승	女	8	土	×	婩	아리따울	女	11	土	○
兒	아이, 연약할	儿	8	水	×	訝	의심할, 맞을, 놀랄	言	11	金	×
亞	버금	二	8	火	△	啞	벙어리	口	11	水	×
枒	야자나무	木	8	木	×	啊	어조사, 사랑할, 사랑하고미워하는소리	口	11	水	○
俄	아까, 갑자기, 기울	人	9	火	×	猗	거세할, 부드러울	犬	12	土	×
砑	갈, 광택낼	石	9	金	△	雅	맑을, 우아할	隹	12	火	○
娥	예쁠, 아름다울	女	10	土	○	硪	바위, 산높을	石	12	金	○
峨	산이름, 산높을	山	10	土	○	皒	흰 빛	白	12	金	×
哦	읊조릴	口	10	水	×	椏	가장귀	木	12	木	×

한자	뜻	부수	획수	자원오행	사용적합	한자	뜻	부수	획수	자원오행	사용적합
阿	(姓), 언덕, 아름다울	阜	13	土	△	渥	두터울, 젖을	水	13	水	△
衙	마을, 관청, 병영	行	13	火	○	樂	풍류, 노래, 즐거울(락), 좋아할(요)	木	15	木	△
莪	쑥, 약초이름	艸	13	木	△	腭	잇몸, 치은	肉	15	水	×
蛾	나방, 눈썹, 초승달	虫	13	水	×	蕚	꽃받침	艸	15	木	×
鴉	갈까마귀, 검을	鳥	15	火	×	鄂	나라이름, 땅이름, 언덕	邑	16	土	△
餓	굶주릴	食	16	水	×	噩	놀랄, 엄숙할	口	16	水	△
錏	경개	金	16	金	×	覨	오래볼, 응시할	見	16	火	△
鵝	거위	鳥	18	火	×	諤	직언할	言	16	金	○
鵞	거위	鳥	18	火	×	嶽	큰산, 큰 뫼	山	17	土	○
악						鍔	칼날, 칼등	金	17	金	×
岳	(姓), 큰산	山	8	土	○	顎	턱, 근엄할	頁	18	火	×
咢	시끄럽게 다툴	口	9	水	×	鰐	악어	魚	20	水	×
堊	석회, 흰흙, 백토	土	11	土	△	鶚	물수리	鳥	20	火	×
偓	(姓), 악착할, 거리낄	人	11	火	×	齷	악착스러울	齒	24	金	×
腭	윗턱	冂	11	木	×	齶	잇몸, 치은	齒	24	金	×
惡	악할, 모질	心	12	火	×	**안**					
幄	휘장, 천막, 장막	巾	12	木	△	安	(姓), 편안할, 즐거울	宀	6	木	○
喔	닭울, 꿩소리(옥)	口	12	水	×	犴	들개	犬	7	土	×
愕	놀랄	心	13	火	×	晏	편안할	女	7	土	○
握	쥘, 주먹	手	13	水	×	岸	언덕, 기슭	山	8	土	○

한자	뜻	부수	획수	자원오행	사용적합	한자	뜻	부수	획수	자원오행	사용적합
矸	깨끗할, 주사	石	8	金	△	揠	뽑을	手	13	木	×
侒	편안할, 잔치할	人	8	火	△	斡	돌볼, 관리할	斗	14	火	△
姲	종용할	女	9	土	△	嘎	새소리, 웃을	口	14	水	×
案	책상, 안석	木	10	木	△	頞	콧마루, 콧대	頁	15	火	×
晏	(姓), 편안할, 하늘 맑을	日	10	火	○	遏	막을, 끊을	辵	16	土	×
按	누를, 어루만질	手	10	木	△	謁	아뢸, 보일, 뵈올	言	16	金	△
桉	안석, 책상	木	10	木	△	閼	가로막을	門	16	木	×
媕	고울, 거만할	女	11	土	△	鶡	(길)뻐꾸기	鳥	17	火	×
眼	눈, 분별할, 볼	目	11	木	×	**암**					
雁	(姓), 기러기	隹	12	火	×	岩	바위	山	8	土	△
鴈	기러기	鳥	15	火	×	庵	암자, 암	广	11	木	×
鞍	안장	革	15	金	×	唵	머금을, 움켜먹을	口	11	水	×
熖	불빛	火	16	火	○	媕	머뭇거릴, (엄)아름다울	女	12	土	×
鮟	아귀, 메기	魚	17	水	×	嵒	바위	山	12	土	△
顔	(姓), 얼굴, 낯	頁	18	火	×	啽	잠꼬대, 코골이	口	12	水	×
餲	배부를, 보리먹을, 접대할(온)	食	19	水	△	晻	어두울	日	12	火	×
알						暗	어두울	日	13	火	×
穵	구멍	穴	6	水	×	菴	암자, 우거질, 풀이름	艸	14	木	×
軋	삐걱거릴, 다툴	車	8	金	×	腤	고기삶을, 끓일	肉	15	水	×
訐	들추어낼, 비방할	言	10	金	×	葊	암자, 초막	艸	15	木	×

한자	뜻	부수	획수	자원 오행	사용 적합	한자	뜻	부수	획수	자원 오행	사용 적합
諳	외울	言	16	金	△	昂	밝을, 높을, 오를	日	9	火	○
顩	턱, (암)끄덕일	頁	16	火	×	殃	재앙, 해칠	歹	9	水	×
闇	숨을, 닫힌문, 망루	門	17	木	×	泱	깊을, 넓을, (영)구름일	水	9	水	△
癌	암	广	17	水	×	盎	동이, 넘칠	皿	10	土	△
菴	암자	艸	17	木	×	秧	모, 재배할	火	10	木	△
馣	향기로울	香	17	木	△	鞅	가슴걸이, 원망할	革	14	金	×
黯	검을, 슬퍼할	黑	21	水	×	鴦	원앙새	鳥	16	火	×
巖	바위	山	23	土	△	**애**					
압						厓	언덕	厂	8	土	△
狎	진압할, 업신여길	犬	9	土	×	艾	(姓), 쑥, 늙은이	艸	8	木	×
押	누를, 도장찍을	手	9	木	×	哀	슬플	口	9	水	×
鴨	오리	鳥	16	火	×	埃	티끌, 먼지, 세속	土	10	土	×
壓	누를, 억압할	土	17	土	×	娭	몸종, (희)희롱할	女	10	土	×
앙						唉	물을, 대답할	口	10	水	△
卬	나, 자신, 우러러볼	卩	4	火	△	崖	언덕, 벼랑, 낭떠러지	山	11	土	×
央	가운데, 구할, 넓을	大	5	土	△	崕	언덕, 벼랑	山	11	土	×
仰	(姓), 우러러볼, 믿을	人	6	火	○	焌	빛날, 더울	火	11	火	△
坱	먼지, 티끌	土	8	土	×	啀	마실, 으르렁거릴	口	11	水	×
昂	밝을, 높을	日	8	火	○	挨	밀칠, 등칠	手	11	木	×
怏	원망할, 불만스러울	心	9	火	×	欸	한숨쉴, (예·해)성난소리	欠	11	金	×

한자	뜻	부수	획수	자원오행	사용적합	한자	뜻	부수	획수	자원오행	사용적합
涯	(아·의)물가, 끝, 한계, 방면	水	12	水	△	靉	구름낄, 모호할, 어렴풋할(의)	雨	25	水	×
捱	막을	手	12	木	×	**액**					
愛	사랑, 사모	心	13	火	△	厄	재앙, 액	厂	4	水	×
碍	막을, 거리낄	石	13	金	×	戹	좁을, 협소할	戶	5	木	×
睚	눈초리, 노려볼	目	13	木	×	扼	잡을, 누를, 멍에	手	8	木	×
獃	어리석을, 못생길	犬	14	土	×	呝	닭소리, 탄식소리, (애)볼멘소리	口	8	水	×
賹	사람이름	貝	15	金	○	阨	막힐, 좁고 험할	阜	12	土	×
僾	어렴풋할, 흐느낄	人	15	火	×	液	진액	水	12	水	×
漄	물가, 끝	水	15	水	×	掖	겨드랑이, 낄, 부축할	手	12	木	×
皚	흴	白	15	金	×	腋	겨드랑이	肉	14	水	×
磑	맷돌, 견고할	石	15	金	△	搤	잡을, 조를	手	14	木	×
噯	숨, 트림	口	16	水	×	縊	목맬	糸	16	木	×
曖	가릴, 희미할, 흐릴	日	17	火	×	額	이마, 현판	頁	18	火	×
騃	어리석을, (사)달릴	馬	17	火	×	**앵**					
隘	좁을, 곤궁할	阜	18	土	×	娤	새색시	女	13	土	×
瞹	가릴	目	18	木	×	罃	물동이, 술단지	缶	16	土	×
礙	거리낄, 방해할	石	19	金	×	罌	양병, 항아리	缶	20	土	×
薆	우거질, 숨을	艸	19	木	×	嚶	새소리	口	20	水	×
藹	우거질, 윤택할	艸	22	木	○	櫻	앵두나무	木	21	木	×
靄	아지랑이	雨	24	水	×	鶯	꾀꼬리	鳥	21	火	×

한자	뜻	부수	획수	자원오행	사용적합	한자	뜻	부수	획수	자원오행	사용적합
鸚	앵무새, 앵무조개	鳥	28	火	×	蒻	구약나물, 부들	艸	16	木	×
야						篛	대이름	竹	16	木	×
也	(姓), 잇기, 어조사, 또	乙	3	水	×	龠	피리	龠	17	木	×
冶	풀무, 대장간, 단련할	冫	7	水	△	躍	뛸, 뛰어오를	足	21	土	△
夜	(姓), 밤, 어두울	夕	8	水	×	藥	약, 약초	艸	21	木	△
耶	어조사	耳	9	火	×	爚	빛, 번개	火	21	火	△
埜	들	土	11	土	○	鸙	댓닭	鳥	21	火	×
野	들, 질박할	里	11	土	△	禴	봄 제사	示	22	木	×
若	반야, 어릴, (약)같을	艸	11	木	△	籥	피리, 열쇠	竹	23	木	×
倻	가야, 땅이름, 나라이름	人	11	土	○	鑰	자물쇠, 열쇠	金	25	金	×
揶	야유할	手	11	木	×	**양**					
惹	이끌, 끌어당길	心	13	火	△	羊	양	羊	6	土	×
椰	야자나무	木	13	木	×	佯	거짓	人	8	火	×
爺	아비, 아버지	父	13	木	×	昜	빛날, 볕, 양지, 밝을	日	9	火	○
捓	야유할, 희롱할	手	13	木	×	徉	노닐, 어정거릴	彳	9	火	×
약						洋	큰바다, 물, 넓을, 성할	水	10	水	△
約	맺을, 약속할, 검소할	糸	9	木	○	恙	병, 근심할, 걱정할	心	10	火	×
弱	약할	弓	10	金	×	烊	구울, 녹일	火	10	火	×
若	같을, 만일, 너, 만약	艸	11	木	△	痒	앓을, 종기, 걱정할	疒	11	水	×
葯	꽃밥, 어수리잎	艸	15	木	×	眻	눈아름다울, 미간, 아름다운 눈	目	11	木	△

한자	뜻	부수	획수	자원오행	사용적합	한자	뜻	부수	획수	자원오행	사용적합
椋	푸조나무	木	12	木	△	穰	짚, 대, 볏대, 수숫대	禾	22	木	×
暘	해돋이, 해뜰, 밝을	日	13	火	○	禳	제사이름, 푸닥거리할	示	22	木	×
揚	날릴, 오를, 칭찬할	手	13	木	△	蘘	양하, 개맨드라미	艸	23	木	×
煬	녹을, 화할, 쬘, 말릴	火	13	火	○	釀	술빚을	酉	24	金	×
楊	(姓), 버들	木	13	木	△	讓	겸손할, 사양할	言	24	金	○
敭	밝을, 오를	攴	13	金	○	鑲	거푸집속	金	25	金	×
瘍	종기, 헐, 상처	疒	14	水	×	驤	머리들, 뛸	馬	27	火	△
漾	출렁거릴, 뜰	水	15	水	×		**어**				
養	기를, 가르칠, 받들	食	15	水	○	於	(姓), 어조사, 살	方	8	土	△
樣	모양	木	15	木	○	圄	감옥, 가둘	口	10	水	×
輰	수레, 상여	車	16	火	×	魚	(姓), 물고기	魚	11	水	×
陽	(姓), 볕, 양기, 맑을, 밝을	阜	17	土	△	唹	고요히 웃을	口	11	水	△
襄	(姓), 도울, 오를	衣	17	木	○	御	(姓), 거느릴, 모실	彳	11	火	○
颺	날릴	風	18	木	△	圉	마부, 변방, 감옥	口	11	水	×
瀁	내이름, 물넘칠	水	19	水	△	敔	막을, 악기이름	攴	11	金	×
壤	고운흙, 풍족할	土	20	土	○	馭	말부릴, 말을 몰	馬	12	火	×
孃	아가씨, 어미	女	20	土	×	淤	진흙, 싫증	水	12	水	×
癢	가려울	疒	20	水	×	瘀	병, 어혈질	疒	13	水	×
瀼	이슬 많을, 강이름	水	21	水	△	飫	물릴, 배부를	食	13	水	×
攘	(량)물리칠, 물러날	手	21	木	×	語	말할, 말씀	言	14	金	○

한자	뜻	부수	획수	자원오행	사용적합	한자	뜻	부수	획수	자원오행	사용적합
漁	고기잡을	水	15	水	✕	嫣	아름다울, 생긋 웃을	女	14	土	○
禦	막을, 감당할, 그칠	示	16	木	△	諺	속담, 언문, 상말	言	16	金	✕
衛	멈출, 그칠, 깨끗할(소)	行	16	火	△	鄢	고을이름, 신선이름	邑	18	土	△
齚	어긋날	齒	22	土	✕	鼴	두더지	鼠	22	火	✕

억

한자	뜻	부수	획수	자원오행	사용적합	한자	뜻	부수	획수	자원오행	사용적합
						鼹	두더지	鼠	23	火	✕
抑	누를, 문득, 굽힐	手	8	木	✕	讞	평의할	言	27	金	△

얼

한자	뜻	부수	획수	자원오행	사용적합	한자	뜻	부수	획수	자원오행	사용적합
億	억, 헤아릴	人	15	火	△	乻	땅이름	乙	9	木	△
憶	기억할, 생각할	心	17	火	△	臬	말뚝, 기둥, 과녁	自	10	木	△
檍	감탕나무, 참죽나무	木	17	木	△	孼	서자, 치장할	子	19	水	✕
臆	가슴, 생각, 가득할	肉	19	水	△	糱	누룩	米	22	木	✕
繶	끈, 줄	糸	19	木	✕	蘖	누룩	米	23	木	✕

언

한자	뜻	부수	획수	자원오행	사용적합	한자	뜻	부수	획수	자원오행	사용적합
						蘗	그루터기	艸	23	木	△
言	말씀, 말할	言	7	金	○						

엄

한자	뜻	부수	획수	자원오행	사용적합	한자	뜻	부수	획수	자원오행	사용적합
彦	(姓), 선비, 뛰어날	彡	9	火	○	广	집, 넓을(광)	广	3	木	△
彦	선비, 뛰어날	彡	9	火	○	奄	문득, 가릴, 갑자기, 덮을, 고자	大	8	水	✕
匽	눕힐, 휴식	匚	9	水	△	俺	클, 어리석을, 자신	人	10	火	△
焉	어조사, 어찌	火	11	火	△	崦	산이름	山	11	土	△
偃	쓰러질, 누를	人	11	金	✕	淹	담글, 오래될, 물가	水	12	水	△
堰	방죽, 둑	火	12	土	△	掩	가릴, 닫을, 덮을	手	12	木	✕
傿	에누리, 고을이름	人	13	火	△						

한자	뜻	부수	획수	자원오행	사용적합	한자	뜻	부수	획수	자원오행	사용적합
罨	(압)그물	网	14	木	×	如	같을, 따를, 그러할	女	6	土	○
醃	(암)절임, 절인채소	酉	15	金	×	汝	(姓), 너, 물이름	水	7	水	△
閹	내시, 고자	門	16	木	×	余	(姓), 나, 자신	人	7	火	○
嚴	엄할, 혹독할	厂	17	水	△	妤	궁녀, 아름다울	女	7	土	○
龑	고명할, 높고밝을	龍	20	土	△	舁	마주들	臼	10	土	△
嚴	(姓), 엄할, 혹독할	口	20	火	△	悆	잊을, 근심할	心	11	火	×
儼	공경할, 근엄할	人	22	火	○	茹	먹을, 기를	艸	12	木	×
曮	해다닐	日	24	火	△	艅	배이름, 나룻배	舟	13	木	△
업						與	줄, 더불어	臼	14	土	○
業	일, 업무, 이미	木	13	木	○	餘	남을, 넉넉할. 나머지	食	16	水	○
嶪	산높을, 험준할	山	16	土	△	輿	수레, 가마	車	17	火	×
嶫	산높을, 험준할	山	16	土	△	歟	어조사, 아름답다 할	欠	18	火	○
鄴	땅이름, 위나라 서울	邑	20	土	△	璵	옥, 보배	玉	19	金	△
에						礖	돌이름	石	19	金	△
恚	성낼	心	10	火	×	轝	수레,가마	車	21	火	△
曀	(예)음산할	日	16	火	×	**역**					
엔						亦	또, 모두	亠	6	水	×
円	(엔)화폐 단위	冂	4	土	×	役	부릴, 일, 소임	彳	7	火	×
여						易	바꿀, 주역	日	8	火	×
予	줄, 나	亅	4	金	△	疫	염병, 돌림병	疒	9	水	×

한자	뜻	부수	획수	자원오행	사용적합	한자	뜻	부수	획수	자원오행	사용적합
域	나라, 지경	土	11	土	△	姸	고울, 예쁠, 총명할	女	9	土	○
暘	볕날, 해밝을	日	12	火	○	姢	예쁠, 고울	女	9	土	○
減	빨리 흐를, 도랑	水	12	水	×	娫	빛날, 예쁠	女	10	土	○
逆	거스를	辵	13	土	×	娟	고울, 예쁠	女	10	土	○
嶧	산이름	山	16	土	△	埏	땅끝, 이길(선)	土	10	土	×
閾	문지방	門	16	木	×	宴	잔치, 편안한, 즐길	宀	10	土	○
懌	기뻐할	心	17	火	○	烟	연기, 안개, 담배	火	10	火	×
繹	풀, 당길, 찾을, 다스릴	糸	19	木	○	研	갈, 연구할	石	11	金	△
譯	통변할, 번역할	言	20	金	△	軟	연할, 부드러울	車	11	火	○
驛	역마, 역, 역참	馬	23	火	△	涓	시내, 물방울	水	11	水	△
연						挻	늘일, 이길	手	11	木	×
囦	못	口	7	水	△	捐	비길, 없앨	手	11	木	×
延	(姓), 끌, 맞을, 늘일, 드릴	廴	7	土	○	涎	침, 점액, 연할	水	11	水	×
均	따를, 고를(균), 운(운)	土	7	土	○	悁	성낼, 조급할(견)	心	11	火	×
姸	고울, 예쁠	女	7	土	○	硎	벼루	石	11	金	△
兗	바를, 단정할	儿	8	土	○	堧	빈터	土	12	土	×
沇	물이름	水	8	水	△	然	불탈, 밝을, 명백할, 그러할	火	12	火	△
衍	넓을, 넘칠, 퍼질	行	9	火	○	硯	벼루	石	12	金	△
兖	연주, 믿을, 바를	儿	9	木	△	淵	못, 깊을	水	12	水	△
沿	물따라갈, 쫓을	水	9	水	△	淵	깊을, 못	水	13	水	△

한자	뜻	부수	획수	자원오행	사용적합	한자	뜻	부수	획수	자원오행	사용적합
莚	뻗을, 만연할, 덩굴	艸	13	木	△	嬿	아름다울	女	19	土	○
鉛	납	金	13	金	×	瓀	옥돌	玉	19	金	△
煙	연기	火	13	火	×	嚥	삼킬, 마실	口	19	水	×
椽	서까래	木	13	木	△	櫞	구연나무, 레몬	木	19	木	△
筵	대자리, 좌석	竹	13	木	△	曣	청명할, 따뜻할	日	20	火	○
煉	(련)쇠불릴, 달굴, 반죽할	火	13	火	△	蠕	꿈틀거릴	虫	20	水	×
掾	아전, 인연	手	13	木	△	臙	연지	肉	22	水	△
沇	물이름, 흐를(유)	水	13	水	△	醼	잔치	酉	23	金	△
鳶	솔개, 연	鳥	14	火	×	讌	이야기할	言	23	金	△
瑌	옥돌	玉	14	金	△		**열**				
連	(姓), (련)잇닿을, 이을	辵	14	土	△	咽	목멜, 막힐, 삼킬(연), 목구멍(인)	口	9	水	×
嬿	(姓), 아름다울, 얌전할	女	15	土	○	悅	기뻐할, 기쁠, 즐거울	心	11	火	△
緣	인연, 연분, 좇을	糸	15	木	○	說	기쁠, 기뻐할, 말씀(설), 달랠(세)	言	14	金	△
演	펼, 넓을, 익힐, 넓힐	水	15	水	△	閱	검열할, 볼, 셀, 읽을	門	15	金	△
戭	창, 장창(인)	戈	15	金	×	熱	더울, 바쁠, 정성	火	15	火	△
蝘	장구벌레	虫	15	水	×	噎	목멜, 근심	口	15	水	×
燕	(姓), 제비, 연나라, 잔치	火	16	火	△	潱	물 흐르는 모양	水	16	水	△
燃	불태울, 불사를	火	16	火	△		**염**				
輭	연할, 부드러울	車	16	火	×	冉	나아갈, 연약할	冂	5	土	△
縯	길(長), 당길(인)	糸	17	木	○	炎	불꽃, 더위	火	8	火	×

한자	뜻	부수	획수	자원오행	사용적합	한자	뜻	부수	획수	자원오행	사용적합
念	생각할	心	8	火	△	曄	빛날, 밝을	日	16	火	○
染	물들	木	9	木	△	燁	빛날, 번쩍번쩍할	火	16	火	○
苒	풀우거질	艸	11	木	×	暈	빛날	日	16	火	○
焰	불꽃, 불당길, 불빛	火	12	火	○	爗	빛날	火	20	火	○
戾	문빗장, 아내	戶	12	木	×	靨	보조개	面	23	火	×
琰	비취, 옥을 갈	玉	13	金	△		**영**				
厭	싫을, 싫어할	厂	14	木	×	永	(姓), 길, 오랠	水	5	水	○
髯	구레나룻	髟	14	火	×	姈	(령)계집 슬기로울	女	8	土	△
閻	마을, 이문, 큰길	門	16	木	○	岭	(령)고개, 산맥	山	8	土	△
懕	편안할, 넉넉할	心	18	火	○	咏	읊을, 노래할	口	8	水	△
壓	산뽕나무	木	18	木	×	呤	(령)속삭일	口	8	水	△
艶	고울, 탐스러울, 예쁠	色	19	土	○	映	비칠, 비출, 밝을	日	9	火	○
饜	포식할	食	23	水	△	泳	헤엄칠	水	9	水	△
艶	고울, 탐스러울, 예쁠	色	24	土	○	盈	찰, 가득할	皿	9	水	○
魘	잠꼬대할, 가위눌릴	鬼	24	火	×	枴	나무이름	木	9	木	△
鹽	소금, 자반	齒	24	水	△	栄	영화, 영예, 영광	木	9	木	△
灩	출렁거릴	水	32	水	△	荣	영화, 영예, 명예	木	9	木	△
	엽					迎	맞을, 맞이할	辵	11	土	△
爗	불빛 이글거릴	火	14	火	○	英	꽃부리, 아름다울	艸	11	木	△
葉	(姓), 잎, 잎새	艸	15	木	△	浧	거침없이 흐를	水	11	水	△

한자	뜻	부수	획수	자원오행	사용적합	한자	뜻	부수	획수	자원오행	사용적합
詠	읊을, 노래할	言	12	金	○	營	경영할, 지을, 헤아릴	火	17	火	○
睛	똑바로 볼	目	12	木	×	鍈	방울	金	17	金	○
塋	무덤	土	13	土	×	霙	진눈깨비, 눈꽃	雨	17	水	×
渶	물맑을, 물이름	水	13	水	△	濚	물돌, 물소리	水	18	水	△
煐	빛날, 사람이름	火	13	火	○	韺	풍류이름	音	18	金	△
暎	비칠, 비출, 밝을	日	13	火	○	濙	물 졸졸 흐를	水	18	水	△
楹	기둥	木	13	木	○	瀛	바다, 늪, 못	水	20	水	×
朠	달빛	月	13	水	△	蠑	영원	虫	20	水	×
郢	땅이름, 초나라	邑	14	土	△	贏	남을, 성할	貝	20	金	○
榮	(姓), 영화, 꽃	木	14	木	△	瀯	물소리	水	21	水	△
瑛	옥광채, 옥빛, 수정	玉	14	金	○	懧	호위할, 지킬	心	21	火	○
碤	물속 돌, 화반석	石	14	金	△	瓔	옥돌	玉	22	金	○
瑩	밝을, 옥돌	玉	15	金	○	癭	혹, 군더더기	广	22	水	×
影	(姓), 그림자	彡	15	火	×	纓	갓끈	糸	23	木	△
潁	강이름, 빼어날	水	15	水	○		예				
嬴	가득할, 찰	女	16	土	○	乂	(姓), 벨, 깎을 징계할(애)	丿	2	金	×
穎	이삭	禾	16	木	○	刈	벨, 자를	刀	4	金	×
嶺	(령)고개, 산길	山	17	土	△	曳	끌, 당길, 고달플	日	6	火	×
嬰	어릴, 어린아이	女	17	土	×	医	의원, 동개(예)	匚	7	土	△
嶸	산높을, 가파를, 험할	山	17	土	△	汭	물굽이	水	8	水	△

한자	뜻	부수	획수	자원오행	사용적합	한자	뜻	부수	획수	자원오행	사용적합
艾	다스릴	艸	8	木	△	詣	이를, 나아갈	言	13	金	○
兒	어릴, 아이(아), 연약할,	儿	8	水	×	睨	곁눈질할	目	13	木	×
枘	장부, 자루, 싹 날(눈)	木	8	木	×	嫕	유순할	女	14	土	△
羿	사람이름, 날아오를	羽	8	木	△	嫛	유순할, 갓난아이	女	14	土	△
例	(례)법식, 본보기	人	8	火	△	蜺	애매미	虫	14	水	×
帠	법, 법칙	巾	9	木	△	睿	슬기로울, 총명할	目	14	木	○
芮	(姓), 물가, 방패 끈	艸	10	木	△	藝	재주, 기예	土	15	土	△
倪	(姓), 어린이, 가장자리	人	10	火	×	郳	나라이름	邑	15	土	△
珇	옥돌	玉	10	金	△	銳	뾰족할, 날카로울	金	15	金	×
拽	(열)끌	手	10	木	×	嬖	다스릴, 편안할	辛	15	金	△
蚋	파리매	虫	10	水	×	叡	밝을, 슬기로울	又	16	火	○
芸	(姓), 재주, 심을	艸	10	木	△	豫	(姓), 미리, 기뻐할, 즐길	豕	16	水	○
垸	성가퀴	土	11	土	×	霓	무지개	雨	16	水	△
埶	심을	土	11	土	△	橤	드리울, 꽃술	木	16	木	△
猊	사자	犬	12	土	×	瘱	고요할, 편안할	广	16	水	△
涀	물가	水	12	水	×	瞖	눈흐릴	目	16	木	×
掜	비길, 견줄	手	12	木	△	獩	민족이름	犬	17	土	△
睿	밝을, 총명할	谷	12	水	○	濊	더러울, 흐릴, 물깊을(외·회)	水	17	水	△
預	미리, 먼저, 맡길	頁	13	火	○	藝	심을	艸	17	木	△
裔	후손, 옷자락	衣	13	木	△	繄	창전대, 탄식소리	糸	17	木	×

한자	뜻	부수	획수	자원오행	사용적합
翳	깃 일산, 그늘	羽	17	火	×
蕊	꽃술, 모일(전)	艸	18	木	△
穢	더러울, 거칠	禾	18	木	×
麑	사자, 사슴새끼	鹿	19	土	×
鯢	도롱뇽	魚	19	水	×
[illegible]	아름다울	殳	19	金	△
叡	밝을, 어질, 총명	殳	19	土	○
薉	거칠, 더러울	艸	19	木	×
譽	명예, 기릴, 칭찬할	言	21	金	○
藝	재주, 글, 심을	艸	21	木	△
蘂	꽃술	艸	22	木	△
囈	잠꼬대	口	22	水	×
鷖	갈매기	鳥	22	火	×

오

한자	뜻	부수	획수	자원오행	사용적합
午	(姓), 낮, 말	十	4	火	△
五	다섯	二	5	土	△
伍	(姓), 다섯 사람, 대오	人	6	火	△
仵	짝, 검시인	人	6	火	×
圬	흙손	土	6	土	△
吾	(姓), 나	口	7	水	△
吳	(姓), 나라이름, 오나라	口	7	水	△
汚	더러울, 거칠	水	7	水	×
汙	더러울, 씻을	水	7	水	×
旿	밝을, 한낮	日	8	火	○
忤	거스를, 미워할	心	8	火	×
俣	갈래지을	人	9	火	△
俉	맞이할	人	9	火	○
娛	즐길, 즐거워할	女	10	土	×
迂	굽을, 멀	辵	10	土	×
烏	까마귀, 검을	火	10	火	×
唔	글 읽는 소리	口	10	水	○
迕	만날, 거스를	辵	11	土	×
悟	깨달을, 깨우칠	心	11	火	△
敖	거만할, 놀, 시끄러울	攴	11	金	×
晤	밝을, 총명할	日	11	火	○
梧	오동나무, 책상	木	11	木	△
浯	강이름	水	11	水	△
捂	거스를, 어긋날	手	11	木	×
珸	옥돌, 옥빛	玉	12	金	△
惡	미워할, 악할(악)	心	12	火	×

한자	뜻	부수	획수	자원오행	사용적합	한자	뜻	부수	획수	자원오행	사용적합
塢	둑, 성채, 마을	土	13	土	○	聱	말 듣지 아니할	耳	17	火	×
蜈	지네	虫	13	水	×	遨	즐겁게 놀	辵	18	土	△
嗚	슬픔, 탄식소리	口	13	水	×	謷	헐뜯을	言	18	金	×
傲	거만할	人	13	火	×	襖	웃옷	衣	19	木	△
奧	깊을, 속, 안	大	13	木	△	鏊	번철, 산이름	金	19	金	△
篊	버들고리	竹	13	木	×	鏖	오살할, 격렬할	金	19	金	×
蒢	풀이름, 들깨	艸	13	木	×	顤	높고 클, 굵을	頁	20	火	△
嫯	교만할, 깔볼	女	14	土	×	鼯	날다람쥐	鼠	20	木	×
誤	그릇될, 잘못할	言	14	金	×	隩	물굽이, 숨길	阜	21	土	×
寤	잠깰, 깨달을	宀	14	木	△	驁	준마, 오만할	馬	21	火	×
嗷	시끄러울	口	14	水	×	鰲	자라	魚	22	水	×
獒	개	犬	15	土	×	鼇	자라, 큰 거북	黽	24	水	×
噁	미워할, 새소리(악)	口	15	水	×	옥					
熬	볶을	火	15	火	×	玉	(姓), 옥, 구슬, 아름다울	玉	5	金	△
慠	오만할	心	15	火	×	沃	기름질, 물댈	水	8	水	△
墺	물가, 육지	土	16	土	△	屋	집	尸	9	木	△
窹	부엌	穴	16	水	△	鈺	보배, 보물, 금	金	13	金	△
澳	깊을, 강, 땅이름	水	17	水	△	獄	감옥, 옥	犬	14	土	×
懊	한할, 괴로워할	心	17	火	×	온					
燠	따뜻할	火	17	火	△	昷	어질	日	9	火	○

한자	뜻	부수	획수	자원오행	사용적합	한자	뜻	부수	획수	자원오행	사용적합
盈	어질, 온화할	皿	10	水	○	蕰	(姓), 붕어마름, 쌓일	艸	19	木	△
媼	할머니, 노모	女	12	土	×	蘊	(姓), 쌓을, 저축할, 간직할	艸	22	木	△
媪	할머니, 노모	女	13	土	×	**올**					
溫	(姓), 따뜻할	水	14	水	△	兀	우뚝할	儿	3	木	×
榲	기둥	木	14	木	△	杌	나무 그루터기	木	7	木	×
慍	성낼, 원망할	心	14	火	×	嗢	목멜	口	13	水	×
氲	기운어릴	气	14	水	△	膃	살찔	肉	16	水	△
熅	숯불	火	14	火	△	**옹**					
稳	평온할, 편안할	禾	14	木	○	瓮	독, 항아리	瓦	9	土	×
稐	번성할	禾	15	木	○	禺	어리석을, 정오에 가까울	内	9	土	△
瑥	사람이름	玉	15	金	○	邕	(姓), 막힐, 화락할	邑	10	土	△
瘟	염병, 전염병	广	15	水	×	翁	(姓), 늙은이, 늙을	羽	10	火	×
穏	안온할, 기댈(은)	人	16	火	△	喁	숨쉴, 벌름거릴	口	12	木	×
縕	헌솜	糸	16	木	△	雍	(姓), 화할, 화락할	隹	13	火	○
轀	수레	車	17	火	△	滃	구름 일	水	14	水	△
醖	술빚을	酉	17	金	△	壅	막을, 막힐	土	16	土	×
穩	평온할, 편안할, 모을	禾	19	木	○	蓊	장다리, 우거질	艸	16	木	△
馧	향기로울	香	19	木	○	擁	안을, 가릴	手	17	木	△
饂	보리먹을, 밥이 쉴	食	19	水	×	甕	독, 항아리, 술	瓦	18	土	△
韞	감출	韋	19	金	×	癰	악창, 종기	广	18	水	×

한자	뜻	부수	획수	자원오행	사용적합	한자	뜻	부수	획수	자원오행	사용적합
雒	화락할, 누그러질	隹	18	火	△	窩	움집, 굴	穴	14	水	×
顋	엄숙할	頁	18	火	△	窪	웅덩이	穴	14	水	×
罋	독, 항아리	缶	19	土	×	蝸	달팽이	虫	15	水	×
黀	학교, 화락할	广	21	木	△	萵	상추	艸	15	木	×
饔	아침밥, 조반	食	22	水	×	譌	잘못될, 거짓될	言	19	金	×
癰	악창, 등창	广	23	水	×						

와

완

한자	뜻	부수	획수	자원오행	사용적합	한자	뜻	부수	획수	자원오행	사용적합
瓦	기와, 질그릇	瓦	5	土	△	刓	깎을, 닳을	刀	6	金	×
咼	후림새	口	7	土	×	完	완전할, 끝날, 지킬	宀	7	木	△
臥	누울, 쉴	臣	8	土	△	妧	좋을, 고울	女	7	土	○
枙	옹이, 멍에	木	8	木	×	岏	산뾰족할, 가파를	山	7	土	△
哇	토할, 노래할(규)	口	9	水	×	宛	굽을, 완연할	宀	8	木	△
娃	예쁠, 예쁠(왜)	女	9	土	△	抏	꺾을, 모자랄	手	8	木	×
洼	웅덩이	水	10	水	×	杬	어루만질, 나무이름(원)	木	8	木	△
窊	우묵할, 웅덩이	穴	10	水	×	忨	희롱할	心	8	火	×
媧	날씬할, 아름다울	女	11	土	○	玩	희롱할, 장난할	玉	9	金	×
訛	그릇될, 속일	言	11	金	×	垸	바를, 칠할	土	10	土	△
蛙	개구리	虫	12	水	×	盌	주발	皿	10	金	×
猧	발바리, 개	犬	13	土	×	婉	예쁠, 아름다울	女	11	土	○
渦	물솟을, 소용돌이	水	13	水	△	婠	몸 예쁠, 품성 좋을	女	11	土	○
						浣	씻을, 빨래할	水	11	水	×

한자	뜻	부수	획수	자원오행	사용적합	한자	뜻	부수	획수	자원오행	사용적합
梡	도마, 나무	木	11	木	△	王	(姓), 임금	玉	4	金	△
阮	나라이름, 성	阜	12	土	△	往	갈	彳	8	火	△
琓	서옥, 옥이름	玉	12	金	△	旺	왕성할	日	8	火	○
椀	주발	木	12	木	×	汪	깊고 넓을	水	8	水	△
惋	탄식할	心	12	火	×	枉	굽을, 굽힐	木	8	木	×
涴	물 굽이쳐 흐를	水	12	水	△	迋	갈, 보낼, 향할	辵	12	土	△
莞	웃을, 왕골	艸	13	木	△	瀇	깊을	水	19	水	△
琬	홀, 아름다운 옥	玉	13	金	△	**왜**					
頑	완고할	穴	13	火	△	娃	예쁠, 미인 예쁠(와)	女	9	土	○
碗	사발, 그릇	石	13	金	×	歪	삐뚤, 기울	止	9	土	×
脘	위, 밥통, 육포	肉	13	水	×	倭	왜나라	人	10	火	×
輐	둥글	車	14	火	△	媧	사람이름, 여신	女	12	土	○
腕	팔, 팔뚝	肉	14	水	×	矮	난쟁이, 키작을	矢	13	金	×
豌	완두	豆	15	火	×	**외**					
翫	장난할, 희롱할	羽	15	火	×	外	바깥, 겉	夕	5	火	×
緩	느릴, 늦을, 너그러울	糸	15	木	△	畏	두려울, 꺼릴	田	9	土	×
鋺	주발, 저울판	金	16	金	△	偎	가까이할	人	11	火	△
왈						崴	꾸불꾸불할	山	12	土	×
曰	가로되, 말하기를	日	4	火	△	巍	높을, 산모양(위)	山	12	土	△
왕						猥	뒤섞일, 외람할	犬	13	土	×

한자	뜻	부수	획수	자원오행	사용적합	한자	뜻	부수	획수	자원오행	사용적합
嵬	산높을	山	13	土	△	窈	그윽할, 고상할	穴	10	水	△
溾	빠질, 흐릴(위)	水	13	水	×	窅	움펑눈	穴	10	水	×
煨	묻은불, 불씨	火	13	火	×	偠	날씬할	人	11	火	△
磈	돌 우툴투툴할	石	14	金	×	堯	(姓), 높을, 요임금	土	12	土	△
磑	돌	石	15	金	△	喓	벌레소리	口	12	水	×
隗	높을	阜	18	土	△	徭	역사, 부역, 노역	彳	13	火	×
聵	귀머거리	耳	18	火	×	僥	바랄, 요행	人	14	火	△
巍	높고 클, 높을	山	21	土	○	搖	흔들릴, 움직일	手	14	木	×
						暚	밝을, 햇빛	日	14	火	○

요

한자	뜻	부수	획수	자원오행	사용적합	한자	뜻	부수	획수	자원오행	사용적합
幺	작을, 어릴	幺	3	水	×	嶢	산높을	山	15	土	△
夭	일찍죽을, 어릴	大	4	水	×	墝	메마른	土	15	土	×
凹	오목할	凵	5	火	×	嬈	번거로울	女	15	土	△
妖	요사할, 요염할	女	7	土	×	窯	기와 굽는 가마	穴	15	水	×
坳	우묵할	土	8	土	×	瑤	아름다운 옥, 옥돌	玉	15	金	○
殀	일찍 죽을	歹	8	水	×	樂	좋아할, 즐거울(락), 노래(악)	木	15	木	○
要	(姓), 중요할, 요긴할	襾	9	金	○	腰	허리	肉	15	水	×
拗	꺾을, 부러뜨릴	手	9	木	×	橈	굽힐, 꺾을, 굽을	木	16	木	×
祅	재앙, 괴이할	示	9	木	×	徼	순찰할, 구할	彳	16	火	△
窅	깊을	穴	9	水	△	澆	물댈, 경박할	水	16	水	×
姚	(姓), 예쁠, 아름다울	女	9	土	○	遙	멀	辵	17	土	×

한자	뜻	부수	획수	자원오행	사용적합	한자	뜻	부수	획수	자원오행	사용적합
繹	역사, 부역	糸	17	木	×	褥	요, 침구	衣	16	木	×
謠	노래	言	17	金	△	蓐	깔개	艸	16	木	×
燿	빛날	火	18	火	○	**용**					
繞	얽힐, 두를, 둘러쌀	糸	18	木	△	冗	쓸데없을	一	4	木	×
蟯	요충, 기생충	虫	18	水	×	用	쓸, 쓰일, 부릴	用	5	水	△
曜	빛날, 요일	日	18	火	○	宂	한가로울, 쓸데없을	宀	5	木	×
蕘	땔나무	艸	18	木	△	甬	길, 물솟을	用	7	水	○
遶	두를, 에워쌀	辶	19	土	△	俑	목우, 허수아비	人	9	火	×
擾	흐려질, 시끄러울	手	19	木	×	勇	날랠, 용기	力	9	土	○
邀	맞을, 맞이할	辶	20	土	△	容	얼굴, 모양	宀	10	木	△
耀	빛날, 빛낼	羽	20	火	○	戜	사나울, 날랠(질)	戈	10	金	×
饒	넉넉할, 배불리, 많을	食	21	水	○	埇	길 돋울, 골목길	土	10	土	△
鷂	새매	鳥	21	火	×	舂	찧을, 절구질할	臼	11	金	×
욕						庸	쓸, 떳떳할, 항상	广	11	木	○
辱	욕될, 굽힐	辰	10	土	×	涌	물솟을, 샘솟을	水	11	水	△
欲	탐낼, 하고자할	欠	11	金	×	茸	녹용, 무성할	艸	12	木	△
浴	목욕할	水	11	水	×	傛	불안할, 익숙할	人	12	火	×
溽	젖을, 기름질	水	14	水	×	硐	숫돌, 갈(동)	石	12	金	△
慾	욕심낼	心	15	火	×	嵱	산이름, 봉우리	山	13	土	△
縟	꾸밀, 채색	糸	16	木	×	傭	품팔이	人	13	火	×

한자	뜻	부수	획수	자원오행	사용적합	한자	뜻	부수	획수	자원오행	사용적합
湧	샘솟을, 날뜀	水	13	水	△	牛	(姓), 소, 별이름	牛	4	土	×
蛹	번데기, 초파리	虫	13	水	×	尤	더욱, 특히, 허물	尤	4	土	×
墉	담, 벽	土	14	土	△	友	벗, 친구	又	4	水	○
踊	뛸, 춤출	足	14	土	△	右	오른쪽, 도울	口	5	水	○
榕	용나무	木	14	木	△	羽	(姓), 깃, 날개	羽	6	火	○
慂	권할, 억지로 권할	心	14	火	×	宇	집, 세계, 하늘	宀	6	木	○
溶	쇠녹일, 질펀히 흐를	水	14	水	×	吁	탄식할, 부를(유)	口	6	水	×
熔	쇠녹일, 거푸집	火	14	火	△	优	넉넉할, 뛰어날	人	6	火	○
槦	나무이름	木	15	木	△	圩	언덕, 오목할	土	6	土	×
瑢	패옥소리	玉	15	金	△	扜	지휘할, 당길, 가질	手	7	木	△
慵	게으를	心	15	火	×	杅	사발	木	7	木	×
憃	천치, 우매할	心	15	火	×	汖	비	水	7	水	×
踴	뛸, 춤출	足	16	土	△	佑	도울	人	7	火	○
蓉	연꽃	艹	16	木	△	旴	클, 해뜰, 해돋는 모양	日	7	火	○
聳	솟을	耳	17	火	○	雨	비	雨	8	水	×
鎔	녹일, 주조할	金	18	金	△	玗	옥돌	玉	8	金	△
鏞	큰 쇠북, 큰 종	金	19	金	△	盂	바리, 사발	皿	8	金	×
우						盱	쳐다볼	目	8	木	△
又	(姓), 또, 용서할(유)	又	2	水	○	俁	얼굴이 클	人	9	火	×
于	(姓),어조사, 행할, 갈	二	3	水	△	紆	굽을, 얽힐	糸	9	木	×

한자	뜻	부수	획수	자원오행	사용적합	한자	뜻	부수	획수	자원오행	사용적합
芋	토란	艸	9	木	×	愉	기뻐할	心	13	火	△
疣	사마귀, 군살	疒	9	水	×	虞	염려할, 근심할	虍	13	木	×
竽	피리	竹	9	木	×	愚	어리석을	心	13	火	×
禹	(姓), 하우씨, 펼	内	9	土	△	禑	복	示	14	木	○
祐	(姓), 도울, 복	示	10	金	○	瑀	옥돌, 패옥	玉	14	金	△
迂	길멀, 굽을	辵	10	土	×	霱	물소리, 깃	雨	14	水	△
邘	땅이름	邑	10	土	△	郵	우편, 역참	邑	15	土	△
訏	클, 속일	言	10	金	×	慪	아낄, 인색할, 아낄(구)	心	15	火	△
雩	기우제	雨	11	水	×	憂	근심할, 걱정할	心	15	火	×
偶	짝, 허수아비	人	11	火	×	耦	나란히 갈, 짝	耒	15	木	△
釪	악기이름, 바리때	金	11	金	△	遇	만날, 대접할	辵	16	土	△
盓	물소용돌이칠	金	11	水	△	踽	홀로 갈, 외로울	足	16	土	×
偊	혼자 걸을	人	11	火	×	隅	모퉁이	阜	17	土	△
訧	허물	言	11	金	×	燠	위로할, 따뜻할(오·욱)	火	17	火	×
堣	땅이름, 모퉁이	土	12	土	△	優	넉넉할, 뛰어날	人	17	火	○
嵎	산굽이	山	12	土	△	鍝	톱, 귀고리	金	17	金	×
寓	부칠, 맡길	宀	12	木	△	麌	수사슴	鹿	18	土	×
庽	부칠, 맡길	广	12	木	△	譌	망령될, 망언	言	18	金	×
禼	날, 날아갈	亠	13	火	△	耰	곰방메	耒	21	金	×
麀	암사슴	鹿	13	土	×	藕	연뿌리	艸	21	木	△

한자	뜻	부수	획수	자원 오행	사용 적합	한자	뜻	부수	획수	자원 오행	사용 적합
齲	충치	齒	24	金	×	耘	김맬, 없앨	耒	10	木	△
욱						員	더할, 이를, 인원(원)	口	10	水	△
旭	빛날, 밝을, 해돋을	日	6	火	○	紜	어지러울	糸	10	木	×
昱	햇빛, 밝을 ,빛날	日	9	火	○	雲	(姓),구름, 이를, 하늘	雨	12	水	×
彧	문채날, 무성할	彡	10	火	○	暈	어지러울, 무리(훈)	日	13	火	×
栯	산앵두, 나무이름	木	10	木	△	惲	혼후할, 도타울	心	13	火	○
勖	힘쓸, 노력	力	11	土	○	韵	운취, 정취	音	13	金	△
郁	(姓),성할, 울창할, 답답할(울)	邑	13	土	△	殞	죽을	歹	14	水	×
稢	서직무성할	禾	13	木	△	煴	노란 모양, 푸른 빛	火	14	火	△
煜	빛날, 비칠	火	13	火	○	實	떨어질, 추락할	穴	15	水	×
頊	삼갈, 사람이름	頁	13	金	△	運	움직일, 옮길	辶	16	土	△
稶	서직무성할	禾	15	木	△	賱	넉넉할, 많을	貝	16	金	○
彧	문채나는 모양	彡	16	火	△	篔	왕대	竹	16	木	×
燠	따뜻할, 더울	火	17	火	△	澐	큰물결	水	16	水	△
운						橒	나무무늬	木	16	木	△
云	이를, 어조사	二	4	水	○	鄆	나라이름	邑	17	土	△
会	높을, 클	大	7	木	○	隕	떨어질	阜	18	土	△
妘	성씨, 여자	女	7	土	×	霣	떨어질	雨	18	水	×
沄	끓을, 돌아흐를	水	8	水	×	簍	왕대	竹	18	木	×
芸	향풀, 평지	艸	10	木	△	蕓	평지, 겨자풀	艸	18	木	△

한자	뜻	부수	획수	자원오행	사용적합	한자	뜻	부수	획수	자원오행	사용적합
顒	둥글, 훈훈할	頁	19	火	△	袁	(姓), 옷길, 옷 치렁치렁할	衣	10	木	×
韻	음운, 운, 화할	音	19	金	△	洹	흐를, 물이름	水	10	水	△
울						員	(姓), 관원, 인원	口	10	水	△
亐	땅이름	二	4	木	△	笎	대무늬	竹	10	木	△
菀	무성할	艸	14	木	△	俒	즐거워할	人	10	火	△
蔚	고을이름, 땅이름	艸	17	木	△	芫	팥꽃나무	艸	10	木	×
黤	검을	黑	18	水	×	冤	원통할	冖	10	水	×
鬱	울창할, 답답할, 막힐	鬯	20	木	×	原	(姓), 언덕, 근본	厂	10	土	○
웅						婉	순할, 예쁠	女	11	土	○
雄	영웅, 수컷, 뛰어날	隹	12	火	△	苑	동산	艸	11	木	△
熊	곰, 빛날	火	14	火	△	寃	원통할	宀	11	水	×
원						阮	나라이름, 나라이름(완)	阜	12	土	△
元	(姓), 으뜸, 맏, 근본	儿	4	木	△	媛	아름다울, 아리따울	女	12	土	○
杬	나무이름	木	8	木	△	嫄	여자이름	女	13	土	○
沅	강이름	水	8	水	△	猨	원숭이	犬	13	土	×
朊	달빛 희미할	月	8	水	×	園	동산	囗	13	水	○
怨	원망할	心	9	火	×	圓	둥글	囗	13	水	○
爰	이에, 여기에, 이끌	爪	9	木	△	援	도울, 끌어당길	手	13	木	△
貟	수효, 둥글	貝	9	金	△	湲	물흐를, 맑을	水	13	水	△
垣	낮은 담	土	9	土	△	楥	느티나무	木	13	木	×

한자	뜻	부수	획수	자원오행	사용적합	한자	뜻	부수	획수	자원오행	사용적합
猿	원숭이	犬	13	土	×	月	달	月	4	水	×
源	근원	水	14	水	△	刖	벨	刀	6	金	×
瑗	도리옥, 구슬	玉	14	金	△	越	넘을, 떨칠, 건널	走	12	火	△
愿	정성, 성실할	心	14	火	○	粤	어조사	米	12	木	△
蜿	굼틀거릴, 굼틀거릴(완)	虫	14	水	×	鉞	도끼, 방울소리	金	13	金	×
湲	물흐를, 근원	水	14	水	△	**위**					
院	집	阜	15	土	△	危	위태할, 두려울	卩	6	水	×
褑	띠, 옷	衣	15	木	△	位	(姓),자리, 벼슬, 위치	人	7	火	○
鋺	저울판	金	16	金	△	委	맡길, 맡을	女	8	土	×
鴛	원앙(원앙의 수컷)	鳥	16	火	×	韋	(姓), 가죽, 다룸가죽	韋	9	金	×
遠	멀	辵	17	土	×	威	위엄, 세력	女	9	土	△
黿	자라, 바다거북	黽	17	土	×	尉	(姓), 벼슬이름, 위로할	寸	11	土	○
轅	끌채, 수레	車	17	火	△	偉	위대할, 클, 훌륭할	人	11	火	○
諼	천천히 말할	言	17	金	△	胃	밥통	肉	11	水	×
願	원할, 바랄	頁	19	火	○	圍	에워쌀, 둘레	囗	12	水	△
薗	동산	艸	19	木	△	爲	위할, 생각할, 만들	爪	12	金	△
鶢	원추새	鳥	19	火	×	喟	한숨	口	12	水	×
騵	절따말	馬	20	火	×	幃	휘장, 향낭	巾	12	木	△
邍	넓은 들판	辵	23	土	△	暐	햇빛, 빛나는 모양	日	13	火	×
월						渭	강이름	水	13	水	△

한자	뜻	부수	획수	자원오행	사용적합	한자	뜻	부수	획수	자원오행	사용적합
痿	저릴	疒	13	水	×	餧	먹일, 기를	食	17	水	△
骫	굽을	骨	13	金	×	薳	애기풀	艸	18	木	×
煒	빨강, 성할, 환할(휘)	火	13	火	×	魏	(姓), 위나라, 높을	鬼	18	火	△
萎	마를, 시들, 병들	艸	14	木	×	韙	옳을, 바를	韋	18	金	○
瑋	옥, 보배	玉	14	金	△	韡	꽃활짝필, 성할	韋	21	金	○
僞	거짓, 속일	亻	14	火	×						

유

한자	뜻	부수	획수	자원오행	사용적합	한자	뜻	부수	획수	자원오행	사용적합
逶	구불구불갈	辶	15	土	×	尤	망설일, 게으를	一	4	木	×
葦	갈대	艸	15	木	×	幼	어릴	幺	5	火	△
緯	씨줄, 경위	糸	15	木	△	由	말미암을, 인할	田	5	木	△
慰	위로할	心	15	火	△	有	(姓), 있을, 가질, 얻을	月	6	水	○
褘	아름다울, 향낭(위)	衣	15	木	△	酉	닭	酉	7	金	×
蝟	고슴도치	虫	15	水	×	攸	바, 곳, 태연한 모양	攴	7	金	△
熨	찜질할, 덥게 할, 다릴(우)	火	15	火	×	乳	젖, 낳을	乙	8	水	×
葳	등굴레, 능소화	艸	15	木	×	侑	도울, 권할, 짝	人	8	火	○
諉	번거롭게할	言	15	金	×	杻	감탕나무	木	8	木	○
衛	지킬, 막을	行	15	火	△	呦	울, 목이 멜	口	8	水	×
違	어길, 다를	辶	16	土	×	幽	그윽할, 숨을, 깊을	幺	9	火	×
衞	지킬, 보위할, 호위할	行	16	火	△	兪	대답할, 그럴, 나라이름(수)	人	9	木	△
謂	이를, 고할, 일컬을	言	16	金	○	柔	부드러울, 편안할	木	9	木	△
闈	문, 대궐, 안방	門	17	木	△	宥	너그러울, 도울	宀	9	木	○

한자	뜻	부수	획수	자원오행	사용적합	한자	뜻	부수	획수	자원오행	사용적합
囿	동산, 담, 구역, 모일, 얽매일	口	9	土	○	釉	윤, 광택	采	12	木	△
油	기름	水	9	水	×	惟	생각할, 오직	心	12	火	△
柚	유자나무	木	9	木	○	庾	(姓), 곳집, 노적가리	广	12	木	△
柳	(姓), (류)버들	木	9	木	○	猶	오히려, 원숭이	犬	13	土	×
泑	물빛 검을	水	9	水	×	猷	꾀할, 계략	犬	13	土	○
俞	(姓), 대답할	入	9	土	○	瑜	옥돌, 새이름	玉	13	金	△
臾	잠깐	臼	9	土	△	渜	깊을	水	13	水	△
姷	짝	女	9	土	△	莠	강아지풀	艸	13	木	×
洧	물이름	水	10	水	△	揄	야유할, 끌	手	13	木	×
秞	무성할	禾	10	木	○	愈	나을, 어질, 더할	心	13	火	○
留	(류)머무를	田	10	土	×	裕	넉넉할, 너그러울	衣	13	木	△
媃	아리따울	女	11	土	○	榆	느릅나무	木	13	木	△
悠	멀, 한가할, 근심할	心	11	火	×	愉	즐거울, 기뻐할	心	13	火	△
唯	오직, 대답, 허락할	口	11	水	○	楢	졸참나무, 느릅나무	木	13	木	△
蚰	그리마	虫	11	水	×	游	헤엄칠	水	13	水	△
聈	교유할, 짐승 길들일	耳	11	火	×	渷	물이름	水	13	水	△
帷	휘장	巾	11	木	△	揉	주무를	手	13	木	△
蚴	꿈틀거릴	虫	11	水	×	逌	웃을, 빙그레할	辵	14	土	△
喩	깨우칠, 알려줄, 좋아할	口	12	水	△	瘉	병나을	广	14	水	△
㽅	꽃, 꽃술, 장식	生	12	木	△	誘	꾈, 유혹할, 가르칠	言	14	金	×

한자	뜻	부수	획수	자원오행	사용적합	한자	뜻	부수	획수	자원오행	사용적합
維	벼리, 오직, 유지할, 묶을	糸	14	木	○	諛	아첨할	言	16	金	×
瑜	아름다운 옥, 옥빛	玉	14	金	○	鍮	놋쇠	金	17	金	△
瑈	옥이름	玉	14	金	○	孺	젖먹일, 사모할	子	17	水	×
需	부드러울, 나약할	雨	14	水	×	黝	검푸른빛	黑	17	水	×
瘐	병들	疒	14	水	×	鮪	참다랑어	魚	17	水	×
窬	협문, 뒷간	穴	14	水	×	曘	햇빛, 날어두울	日	18	火	△
緌	갓끈	糸	14	木	×	癒	병나을	疒	18	水	×
蝤	하루살이	虫	15	水	×	濡	적실, 젖을	水	18	水	△
褕	고울	衣	15	木	△	鼬	족제비	鼠	18	水	×
萸	수유, 풀이름	艸	15	木	△	鞣	가죽	革	18	金	×
牖	들창, 밝을, 깨우칠	片	15	木	○	蕕	누린내풀	艸	18	木	×
窳	이지러질	穴	15	水	×	蕤	꽃, 꽃술, 장식	艸	18	木	△
糅	섞을	米	15	木	△	遺	끼칠, 남길	辵	19	土	△
腴	살찔, 비옥할	肉	15	水	△	壝	제단의 담, 울타리	土	19	土	△
逾	멀, 넘을	辵	16	土	×	讉	성낼, 속일(퇴)	言	23	金	×
遊	놀, 즐길, 여행할	辵	16	土	×	籲	부를	龠	26	木	△
踰	넘을, 지나갈	足	16	土	×	籲	부를, 부를(약)	竹	32	木	△
蹂	짓밟을	足	16	土	×	**육**					
諭	타이를, 깨우칠	言	16	金	○	肉	고기	肉	6	水	×
儒	선비, 유학	人	16	火	○	育	기를, 자랄	肉	10	水	△

한자	뜻	부수	획수	자원오행	사용적합	한자	뜻	부수	획수	자원오행	사용적합
堉	기름진 땅	土	11	土	○	橍	나무이름	木	16	木	△
毓	기를	母	14	土	△	贇	예쁠, 아름다울, 예쁠(빈)	貝	19	金	△
儥	팔	人	17	火	△	**율**					
윤						聿	붓, 스스로	聿	6	火	○
允	(姓), 진실로	儿	4	土	○	汩	물흐를, 맑을	水	8	水	△
尹	(姓), 다스릴, 믿을	尸	4	水	○	矞	송곳질할	矛	12	金	×
昀	햇빛	日	8	火	○	建	나누어줄	辵	13	土	△
沇	흐를, 강이름(연), 물이름	水	8	水	○	颭	큰바람	風	13	木	△
玧	귀막이 구슬, 옥빛	玉	9	金	△	瑮	(률)옥무늬	玉	15	金	○
徹	이을, 자손	彳	11	火	△	鴥	빨리 날	鳥	16	火	△
胤	맏아들, 이을, 자손	肉	11	水	△	燏	빛날	火	16	火	○
阭	높을	阜	12	土	△	潏	샘솟을, 물흐를	水	16	水	△
鈗	창, 병기	金	12	金	△	**융**					
閏	윤달	門	12	火	×	戎	오랑캐, 병장기	戈	6	金	×
閠	윤달	門	13	火	×	狨	원숭이 이름	犬	10	土	×
荺	연뿌리, 대순	艸	13	木	△	絨	가는 베	糸	12	木	×
奫	물깊고 넓을	大	15	水	△	融	화할, 녹을	虫	16	水	○
閠	윤달	門	15	火	×	瀜	물깊고 넓은 모양	水	20	水	△
鋆	금, 쇠	金	15	金	△	**은**					
潤	윤택할	水	16	水	○	听	웃을, 웃는 모양	口	7	水	△

한자	뜻	부수	획수	자원 오행	사용 적합
圻	지경, 언덕, 끝, 경계	土	7	土	△
垠	언덕, 지경, 땅끝	土	9	土	△
圁	물이름	口	10	水	△
殷	(姓), 성할, 은나라	殳	10	金	△
恩	은혜, 덕택, 신세	心	10	火	○
泿	물가	水	10	水	△
訔	언쟁할	言	10	金	×
垽	앙금, 찌꺼기	土	10	土	×
狺	으르렁거릴	犬	11	土	×
珢	옥돌	玉	11	金	△
訢	화평할, 기뻐할(흔), 교합할(희)	言	11	金	○
溵	물소리, 강이름	水	14	水	△
銀	은, 은빛	金	14	金	△
慇	괴로울, 은근할	心	14	火	×
誾	온화할, 화평할	言	15	金	○
[illegible]	옥, 사람이름	玉	15	金	△
[illegible]	의지할, 기댈	人	16	火	△
蒑	풀빛 푸른	艸	16	木	△
蒽	풀이름	艸	16	木	△
憖	억지로	心	16	火	×

한자	뜻	부수	획수	자원 오행	사용 적합
嶾	산높을	山	17	土	△
櫽	집마룻대, 도지개	木	17	木	△
鄞	고을이름	邑	18	土	△
檼	마룻대, 대마루	木	18	木	○
濦	물소리, 강이름	水	18	水	△
嚚	어리석을, 벙어리	口	18	水	×
[illegible]	온화할	門	19	金	○
齗	잇몸	齒	19	金	×
隱	(姓), 숨을, 숨길	阜	22	土	×
癮	두드러기	疒	22	水	×
蘟	나물이름	艸	23	木	×
[illegible]	웃을, 이가지런할	齒	27	金	△
을					
乙	(姓), 새, 굽을	乙	1	木	△
圪	흙더미 우뚝할	土	6	土	△
鳦	제비	鳥	12	火	×
음					
吟	읊을, 입다물	口	7	水	△
音	소리	音	9	金	○
崟	험준할	山	11	土	△

한자	뜻	부수	획수	자원오행	사용적합	한자	뜻	부수	획수	자원오행	사용적합
淫	음란할, 간사할	水	12	水	×	瞻	물끄러미 볼	目	22	木	△
喑	벙어리	口	12	水	×	鷹	매, 송골매	鳥	24	火	×
愔	조용할, 화평할	心	13	火	△	**의**					
飮	마실	食	13	水	×	衣	옷, 입을	衣	6	木	△
廕	덮을, 그늘	广	14	木	×	矣	어조사	矢	7	金	△
陰	(姓), 그늘, 음기, 어둠	阜	16	土	×	依	의지할, 따를	人	8	火	△
蔭	그늘, 덮을	艸	17	木	×	宜	옳을, 마땅할	宀	8	木	○
霪	장마	雨	19	水	×	姨	여자의 자	女	9	土	△
馨	화할	音	20	金	○	倚	의지할, 인연할	人	10	火	×
읍						猗	아름다울, 더할, 불깐 개	犬	12	土	△
邑	고을, 마을	邑	7	土	△	欹	아!(감탄사)	欠	12	金	×
泣	울	水	9	水	×	椅	의자, 의나무	木	12	木	×
悒	근심할	心	11	火	×	漪	눈서리쌓일	冫	12	水	×
挹	뜰	手	11	木	×	義	옳을, 뜻	羊	13	土	△
浥	젖을, 흐를(압)	水	11	水	△	意	뜻, 뜻할	心	13	火	○
揖	읍할, 사양할	手	13	木	△	疑	의심할	疋	14	火	×
응						儀	거동, 예의, 법도	人	15	火	○
凝	엉길, 모을, 추울	冫	16	水	×	毅	굳셀	殳	15	金	○
應	응할, 받을	心	17	火	○	誼	옳을	言	15	金	○
膺	가슴	肉	19	水	×	漪	물가, 물놀이	水	15	水	×

한자	뜻	부수	획수	자원오행	사용적합	한자	뜻	부수	획수	자원오행	사용적합
儗	참람할, 망설일	人	16	火	×	弛	늦출, 놓을, 없앨	弓	6	金	×
螘	개미	虫	16	水	×	吏	관리, 벼슬아치(리)	口	6	水	△
劓	코벨	力	16	金	×	夷	오랑캐, 평평할	大	6	木	×
嶷	산이름	山	17	土	△	伊	(姓), 저, 어조사	人	6	火	×
醫	의원, 병고칠	酉	18	金	△	杝	피나무, 나무이름	木	7	木	×
擬	헤아릴, 흉내낼	手	18	木	△	易	쉬울, 다스릴, 편할, 바꿀(역)	日	8	火	△
礒	바위, 돌모양	石	18	金	△	佴	버금, 도움	人	8	火	△
薏	율무, 연밥	艸	19	木	△	隶	미칠, 미칠(대), 종례(예)	隶	8	水	△
蟻	개미, 검을	虫	19	水	×	怡	기쁠, 화할, 기뻐할	心	9	火	△
艤	배댈	舟	19	木	△	咿	선웃음칠, 글읽는소리	口	9	水	△
議	의논할, 말할, 꾀할	言	20	金	○	姨	이모	女	9	土	×
饐	(음식이)쉴, 상할	食	21	水	×	姼	여자이름	女	9	土	△
懿	아름다울, 클	心	22	火	○	妃	아름다울, 성장할	己	9	土	○

이

한자	뜻	부수	획수	자원오행	사용적합	한자	뜻	부수	획수	자원오행	사용적합
二	두, 같을	二	2	木	△	訑	으쓱거릴	言	10	金	×
已	이미, 그칠, 그만둘	已	3	火	×	珆	옥돌	玉	10	金	○
以	써, 까닭, 생각할	人	5	火	△	栮	목이버섯	木	10	木	×
尔	너, 그, 어조사	小	5	水	△	洟	콧물, 눈물	火	10	火	×
耳	귀	耳	6	火	×	異	(姓), 다를, 이상할	田	11	土	×
而	어조사, 너, 말이을	而	6	水	△	苡	질경이	艸	11	木	△
						移	옮길, 움직일	禾	11	木	×

한자	뜻	부수	획수	자원오행	사용적합	한자	뜻	부수	획수	자원오행	사용적합
珥	귀고리	玉	11	金	△	益	(姓), 더할, 유익할	皿	10	水	○
痍	상처, 다칠	疒	11	水	×	翊	도울, 공경할	羽	11	火	○
婑	기쁠	女	12	土	○	翌	(姓), 다음날	羽	11	火	△
羡	고을이름, 땅이름	羊	12	土	△	熤	사람이름, 빛날	火	15	火	○
迤	비스듬할	辶	12	土	×	謚	웃을, 웃는 모양, 시호(諡)	言	17	金	○
貽	끼칠, 남길	貝	12	金	△	翼	날개, 삼갈	羽	17	火	×
貳	둘, 두, 거듭할	貝	12	金	△	瀷	강이름, 물이름	水	21	水	△
萓	벨, 깎을	艸	12	木	×	鷁	익조	鳥	21	火	×
胹	힘줄 강할	肉	12	水	×	**인**					
肄	익힐, 노력할	聿	13	火	○	人	사람, 인품, 인격	人	2	火	△
爾	너, 어조사, 같이, 가까울	爻	14	火	○	儿	어진사람	儿	2	火	△
飴	엿, 음식, 먹일	食	14	水	△	刃	칼날, 벨	刀	3	金	×
廙	공경할	广	14	木	○	引	끌, 인도할, 이끌	弓	4	火	△
頤	턱	頁	15	火	×	仁	(姓), 어질, 착할	人	4	火	△
彛	떳떳할	彐	16	火	○	仞	길, 잴	人	5	火	△
鳦	제비	鳥	17	火	×	因	인할, 말미암을	囗	6	水	△
彝	떳떳할	彐	18	火	○	印	(姓), 도장	卩	6	木	×
邇	가까울	辶	21	土	△	忈	어질, 사랑	心	6	火	○
익						洇	젖어 맞붙을	水	7	水	×
弋	주살, 새그물	弋	3	金	×	忎	어질, 사랑	心	7	火	○

한자	뜻	부수	획수	자원오행	사용적합	한자	뜻	부수	획수	자원오행	사용적합
忍	참을	心	7	火	×	認	인정할, 알, 허락할	言	14	金	○
牣	가득찰, 막힐	牛	7	土	×	梀	작은북	日	14	火	×
咽	목구멍, 삼킬(연)	口	9	水	×	禋	제사지낼	示	14	木	×
姻	혼인할, 시집	女	9	土	×	夤	조심할, 공경할	夕	14	水	○
蚓	지렁이	虫	10	水	×	戭	창	戈	15	金	×
茵	씨, 풀이름	艸	10	木	×	璌	사람이름	玉	16	金	○
氤	기운성할	气	10	水	△	諲	공경할, 삼갈	言	16	金	○
洇	묻힐	水	10	水	×	䐴	등심, 등뼈부위	肉	17	水	×
寅	범, 셋 번째 지지	宀	11	木	×	濥	물줄기	水	18	水	△
秵	벼꽃	禾	11	木	×						

일

한자	뜻	부수	획수	자원오행	사용적합
堙	막을, 묻힐	土	12	土	×
婣	혼인, 장인	女	12	土	×
茵	수레깔개, 사철쑥, 연한풀	艸	12	木	×
靷	질길	革	12	金	×
絪	기운, 깔개	糸	12	木	△
靭	질길	韋	12	金	×
裀	요, 자리	衣	12	木	×
鞇	가슴걸이	革	13	金	×
湮	잠길, 막힐	水	13	水	×
䩆	작은북	日	14	火	×

한자	뜻	부수	획수	자원오행	사용적합
一	하나, 첫째	一	1	木	△
日	(姓), 날, 햇빛	日	4	火	×
劮	기쁠, 외람할	力	7	土	△
佚	편안할, 숨을	人	7	火	△
佾	춤, 춤출	人	8	火	△
昳	기뻐할, 오직(율)	日	8	火	△
泆	넘칠, 음탕할	水	9	水	×
壹	(姓), 한, 하나, 오로지	土	12	木	△
軼	지나칠, 뛰어날	車	12	火	△
溢	넘칠, 찰, 가득할	水	14	水	△

한자	뜻	부수	획수	자원오행	사용적합	한자	뜻	부수	획수	자원오행	사용적합
馹	역마, 역, 역참	馬	14	火	△	廿	스물, 이십	廾	3	木	×
逸	편안할, 달아날, 숨을	辵	15	土	△	廿	스물, 이십	廾	4	水	×
鎰	중량, 무게단위	金	18	金	△						
임						**잉**					
壬	북방, 클, 아홉 번째 천간	土	4	水	△	仍	인할, 거듭할	人	4	火	○
任	(姓), 맡길, 믿을	人	6	火	△	孕	아이밸, 품을	子	5	水	×
妊	아이밸	女	7	土	×	芿	새풀싹, 잡초	艸	10	木	×
姙	아이밸	女	9	土	×	剩	남을, 넉넉할	刀	12	金	△
恁	생각할, 믿을	心	10	火	○	媵	줄, 보낼, 몸종	女	13	土	×
衽	옷깃, 소매	衣	10	木	△						
訫	생각할	言	11	金	○						
荏	부드러울, 들깨	艸	12	木	△						
絍	짤, 길쌈	糸	12	木	△						
稔	풍년들, 곡식익을	禾	13	木	○						
賃	빌, 품삯, 품팔이	貝	13	金	×						
誋	믿을, 생각할	言	13	金	○						
飪	익힐	食	13	水	△						
銋	젖을, 구부러질	金	14	金	×						
입											
入	(姓), 들, 넣을	入	2	木	△						

한자	뜻	부수	획수	자원오행	사용적합	한자	뜻	부수	획수	자원오행	사용적합
자						秄	북돋을	禾	9	木	△
子	(姓),아들, 첫 번째 지지	子	3	水	×	姿	맵시, 모양	女	9	土	○
仔	자세할, 견딜	人	5	火	○	者	놈, 것, 사람	老	9	土	×
孖	쌍둥이	子	6	水	×	茲	이, 검을, 흐릴, 이에	玄	10	火	△
字	글자	子	6	木	△	疵	허물, 흠, 결점, 병	疒	10	水	×
自	스스로	自	6	木	○	恣	방자할, 마음대로	心	10	火	×
孜	힘쓸, 부지런할	子	7	水	○	泚	강이름	水	10	水	△
姉	윗누이	女	8	土	×	牸	암소	牛	10	土	×
姊	손윗누이	女	8	土	×	瓷	사기그릇, 오지그릇	瓦	11	土	×
秄	북돋을	禾	8	木	○	紫	붉을, 자줏빛	糸	11	木	△
炙	고기 구울	火	8	火	×	眦	흘길, 노려볼	目	11	木	×
刺	찌를	刀	8	金	×	眥	흘길, 노려볼	目	11	木	×
柘	(姓), 산뽕나무	木	9	木	×	粢	기장, 떡	米	12	木	×
咨	탄식할, 물을	口	9	水	×	茨	지붕이을, 가시나무	艹	12	木	×
呰	꾸짖을, 재앙	口	9	水	×	胾	고깃점	肉	12	水	×
蚝	며루	虫	9	水	×	茈	지치, 능소화나무	艹	12	木	×

한자	뜻	부수	획수	자원 오행	사용 적합	한자	뜻	부수	획수	자원 오행	사용 적합
孳	부지런할	子	13	水	△	藉	깔개, 자리, 짓밟을(적)	艸	20	木	×
資	재물, 바탕	貝	13	金	○	鷀	가마우지	鳥	21	火	×
煮	삶을	火	13	火	×	鷓	자고	鳥	22	火	×
雌	암컷	隹	13	火	△	**작**					
訾	헐뜯을	言	13	金	×	勺	구기, 잔	勹	3	金	×
觜	별이름, 털뿔	角	13	木	×	汋	샘솟을, 퍼낼	水	7	水	△
貲	재물, 자본	貝	13	金	△	作	지을, 일할	人	7	火	○
滋	붙을, 번식	水	13	水	○	灼	불사를, 밝을	火	7	火	△
莿	까끄라기, 가시	艸	14	木	×	犳	표범	犬	7	土	×
慈	(姓), 사랑, 동정, 어머니	心	14	火	△	岝	산높을	山	8	土	△
磁	자석	石	14	金	△	昨	어제	日	9	火	×
髭	콧수염	髟	16	火	×	炸	터질, 폭발할	火	9	火	×
諮	물을, 자문할	言	16	金	△	怍	부끄러워할	心	9	火	×
赭	붉은 흙	赤	16	火	△	芍	작약, 함박꽃	艸	9	木	×
鮺	생선젓	魚	16	水	×	柞	떡갈나무	木	9	木	×
褯	포대기, 자리	衣	16	木	×	斫	벨, 자를	斤	9	金	×
孅	너그럽고 순할	女	17	土	○	酌	술부을, 취할	酉	10	金	×
蔗	사탕수수, 맛좋을	竹	17	木	△	雀	참새	隹	11	火	×
鎡	호미	金	18	金	×	舄	까치	臼	12	土	×
頿	윗수염	頁	18	火	×	焯	밝을	火	12	火	△

한자	뜻	부수	획수	자원오행	사용적합	한자	뜻	부수	획수	자원오행	사용적합
碏	사람이름, 삼갈	石	13	金	△	潛	잠길	水	16	水	×
斱	벨, 때릴	斤	13	金	×	簪	비녀, 찌를	竹	18	木	×
綽	너그러울, 여유있을	糸	14	木	○	蠶	누에	虫	24	水	×
爵	술잔, 벼슬, 작위	爪	18	金	△	**잡**					
鵲	까치	鳥	19	火	×	卡	지킬	卜	5	火	△
嚼	씹을	口	21	水	×	眨	눈깜짝일, 애꾸눈	目	10	木	×
잔						礏	높을	石	17	金	△
剗	깎을, 벨	刀	10	金	×	雜	섞일	隹	18	火	×
殘	남을, 쇠잔할	歹	12	水	×	襍	섞일	衣	18	木	×
棧	사다리, 잔도	木	12	木	△	囃	메기는 소리, 장단	口	21	水	×
孱	잔약할, 나약할	子	12	水	×	**장**					
盞	등잔, 술잔	皿	13	金	×	丈	어른, 지팡이	一	3	木	△
潺	물 흐르는 소리	水	16	水	△	仗	의장, 무기	人	5	火	×
驏	안장 없는 말	馬	22	火	×	壯	장할, 굳셀	土	6	木	○
잠						匠	장인, 기술자	匚	6	土	△
岑	산봉우리, 높을	山	7	土	△	庄	장할, 씩씩할	广	6	木	△
涔	괸물, 큰물, 못	水	11	水	×	壯	장할, 씩씩할, 굳셀	土	7	木	○
暫	잠깐	日	15	火	×	杖	지팡이, 몽둥이	木	7	木	×
箴	바늘, 돌침	竹	15	木	×	妝	단장할, 꾸밀	女	7	土	△
潛	잠길	水	16	水	×	狀	모양, 형상	犬	8	土	○

한자	뜻	부수	획수	자원오행	사용적합	한자	뜻	부수	획수	자원오행	사용적합
長	(姓), 길, 긴, 맏, 나을	長	8	木	△	獎	장려할, 권면할	犬	15	木	○
戕	죽일	戈	8	金	×	獐	노루	犬	15	土	×
奘	클, 든든할	大	10	木	○	暲	밝을, 해돋을	日	15	火	○
牂	암양	爿	10	木	×	漳	강이름	水	15	水	△
羘	숫양	羊	10	土	×	樟	녹나무, 예장나무	木	15	木	×
将	장수, 장차	寸	10	土	○	腸	창자	肉	15	水	×
張	(姓), 베풀, 향할, 나갈	弓	11	金	○	葬	장사지낼	艸	15	木	×
章	(姓), 글, 문장, 문체	立	11	金	○	漿	미음, 즙	水	15	水	×
帳	휘장, 장부	巾	11	木	△	嬙	궁녀	女	16	土	×
將	(姓), 장수	寸	11	土	○	墻	담장	土	16	土	△
場	마당	土	12	土	△	璋	구슬, 반쪽홀	玉	16	金	△
粧	단장할	米	12	木	○	瘴	장기	疒	16	水	×
掌	손바닥	手	12	木	△	廧	담, 신하, 오랑캐	广	16	木	×
莊	(姓), 단정할, 씩씩할	艸	13	木	△	牆	담장	爿	17	土	△
偉	놀랄, 시숙	人	13	火	×	糚	꾸밀, 단장할	米	17	木	△
裝	꾸밀	衣	13	木	×	餦	산자, 엿	食	17	水	×
嶂	산봉우리	山	14	土	△	檣	돛대	木	17	木	△
臧	착할, 숨을	臣	14	火	×	蔣	(姓), 나라이름, 줄	艸	17	木	△
蔏	양도, 장초나무	艸	14	木	×	鄣	나라이름, 막을	邑	18	土	△
奬	장려할, 권면할	大	14	木	○	醬	장, 젓갈	酉	18	金	×

한자	뜻	부수	획수	자원오행	사용적합	한자	뜻	부수	획수	자원오행	사용적합
障	막을	阜	19	土	×	財	재물	貝	10	金	○
薔	장미	艸	19	木	△	梓	가래나무, 책판	木	11	木	△
鏘	금옥소리	金	19	金	△	捴	손으로 받을	手	11	木	△
藏	감출	艸	20	木	×	崽	자식, 저것	山	12	土	△
臟	장물, 숨길	貝	21	金	×	裁	판결할, 마름질할	衣	12	木	△
麞	노루	鹿	22	土	×	載	실을, 가득할, 일	車	13	火	○
欌	장롱, 의장	木	22	木	×	渽	맑을	水	13	水	△
臟	오장, 내장	肉	24	水	×	溨	물이름, 맑을	水	14	水	△
재						滓	찌꺼기, 앙금, 때	水	14	水	×
才	(姓), 재주	手	4	木	△	榟	가래나무	木	14	木	△
再	두, 다시	冂	6	木	△	賊	재물, 재화	貝	16	金	△
在	(姓), 있을, 살필	土	6	土	△	縡	일할, 실을	糸	16	木	○
材	재목, 재주	木	7	木	○	齋	재계할, 엄숙할	齊	17	土	×
扗	있을	手	7	木	○	齎	가져올, 보낼	齊	21	土	△
灾	재앙	火	7	火	×	纔	재주, 재능	糸	23	木	△
災	재앙	火	7	火	×	**쟁**					
哉	비로소, 어조사	口	9	水	×	爭	다툴	爪	8	火	×
条	재계, 공손할	夂	9	土	○	崢	가파를	山	11	土	×
栽	심을	木	10	木	△	猙	흉악할	犬	12	土	×
宰	재상, 주관할, 으뜸	宀	10	木	○	琤	옥소리	玉	13	金	△

한자	뜻	부수	획수	자원오행	사용적합	한자	뜻	부수	획수	자원오행	사용적합
箏	쟁, 풍경	竹	14	木	△	疽	등창, 종기	疒	10	水	×
諍	간할, 다툴	言	15	金	×	苧	모시풀	艸	11	木	×
錚	쇳소리, 징	金	16	金	△	紵	모시풀	糸	11	木	×
鎗	종소리, 술그릇	金	18	金	△	罝	그물	肉	11	木	×
	저					苴	깔, 속창, 마른풀	艸	11	木	×
宁	뜰, 멈추어설	宀	5	木	△	蛆	구더기, 지네	虫	11	水	×
氐	근본	氏	5	火	△	祗	속적삼	衣	11	木	×
佇	설, 기다릴	人	7	火	×	羝	숫양	羊	11	土	×
低	낮을, 숙일	人	7	火	×	邸	(姓), 집, 저택, 바탕	邑	12	土	○
姐	누이	女	8	土	×	貯	쌓을, 저축할, 둘	貝	12	金	○
岨	돌산, 울퉁불퉁할	山	8	土	×	詆	꾸짖을	言	12	金	×
咀	씹을	口	8	水	×	詛	저주할	言	12	金	×
杵	공이, 방망이	木	8	木	×	觝	닿을, 도달할	角	12	木	△
底	밑, 바닥	广	8	木	×	猪	돼지	犬	13	土	×
杼	북, 매자기	木	8	木	×	渚	물가, 모래섬	水	13	水	△
抵	막을, 거스를	手	9	木	×	楮	닥나무	木	13	木	△
沮	막을, 그칠, 축축할	水	9	水	×	雎	물수리, 징경이	隹	13	火	△
柢	뿌리, 근본	木	9	木	△	這	맞이할, 이	辵	14	土	△
狙	원숭이, 건져낼	犬	9	土	×	菹	김치, 채소절임	艸	14	木	×
牴	부딪칠, 만날	牛	9	土	△	著	지을, 나타날, 뚜렷할	艸	15	木	△

한자	뜻	부수	획수	자원오행	사용적합	한자	뜻	부수	획수	자원오행	사용적합
樗	가죽나무	木	15	木	△	跡	발자취, 밟을, 흔적	足	13	土	△
箸	젓가락	竹	15	木	×	迹	자취, 행적	辵	13	土	△
褚	솜옷	衣	15	木	△	賊	도적	貝	13	金	×
潴	웅덩이	水	16	水	×	荻	물억새	艸	13	木	△
陼	물가	阜	17	土	△	駒	별박이, 준마	馬	13	火	△
儲	쌓을, 저축할, 버금	人	18	火	○	嫡	정실, 본처	女	14	土	×
躇	머뭇거릴	足	20	土	×	逖	멀, 멀리할	辵	14	土	×
齟	어긋날	齒	20	金	×	翟	꿩	羽	14	火	×
瀦	웅덩이	水	20	水	×	菂	연밥	艸	14	木	△
藷	마, 사탕수수, 감자	艸	22	木	△	滴	물방울	水	15	水	△

적

한자	뜻	부수	획수	자원오행	사용적합	한자	뜻	부수	획수	자원오행	사용적합
吊	이를, 조상할(조)	口	6	水	×	敵	대적할, 원수	攴	15	金	×
赤	붉을	赤	7	火	△	摘	딸, 추릴, 연주할	手	15	木	△
狄	(姓), 오랑캐	犬	8	土	×	樀	추녀	木	15	木	×
的	과녁, 표준	白	8	火	△	積	쌓을, 모을	禾	16	木	○
炙	고기 구울	火	8	火	×	磧	서덜, 사막	石	16	金	×
寂	고요할, 쓸쓸할	宀	11	木	×	績	길쌈, 이을, 공	糸	17	木	○
笛	피리, 저	竹	11	木	×	適	맞을, 마침, 갈	辵	18	土	△
迪	나아갈, 이끌	辵	12	土	△	蹟	자취, 사적, 좇을	足	18	土	○
勣	공적, 업적	力	13	土	○	謫	귀양갈, 유배될	言	18	金	×
						鏑	화살촉, 우는살	金	19	金	×

한자	뜻	부수	획수	자원오행	사용적합	한자	뜻	부수	획수	자원오행	사용적합
籍	호적, 문서	竹	20	木	○	悛	고칠, 깨달을	心	11	火	△
覿	볼, 붉을, 만날	見	22	火	△	剪	가위, 자를	刀	11	金	×
糴	쌀살	米	22	木	△	專	오로지	寸	11	土	○
<td colspan="6" align="center">**전**</td>						荃	향초, 겨자	艸	12	木	△
田	(姓), 밭	田	5	木	△	餰	죽	食	12	水	×
全	(姓), 온전할, 온통	入	6	土	○	筌	통발	竹	12	木	△
吮	빨	口	7	水	×	奠	정할, 제사지낼	大	12	木	△
甸	경기, 경계	田	7	土	△	牋	장계, 종이	爿	12	木	△
佃	밭갈, 농사지을, 소작할	人	7	火	△	塡	채울, 가득찰	土	13	土	○
典	법, 가르침, 맡을	八	8	金	○	傳	전할, 말할	人	13	火	△
佺	신선이름	人	8	火	○	詮	갖출, 설명할	言	13	金	○
屇	구멍	尸	8	水	×	瑱	옥이름, 귀막이	玉	13	金	△
前	앞, 먼저	刀	9	金	△	儁	새가 살찔	隹	13	火	△
畑	화전	火	9	土	△	殿	대궐	殳	13	金	△
畋	밭갈, 사냥할	田	9	土	△	湔	씻을	水	13	水	△
展	펼	尸	10	水	○	輇	상여	車	13	火	×
栓	나무못, 빗장, 마개	木	10	木	×	鈿	비녀	金	13	金	△
栴	단향목	木	10	木	△	電	번개	雨	13	水	△
旃	기, 장막	方	10	土	△	煎	달일, 지질	火	13	火	×
痊	병나을	疒	11	水	△	揃	자를	手	13	木	△

한자	뜻	부수	획수	자원오행	사용적합	한자	뜻	부수	획수	자원오행	사용적합
塼	벽돌	土	14	土	○	澶	물흐를	水	17	水	△
嫥	오로지	女	14	土	○	膞	저민고기	肉	17	水	×
銓	헤아릴, 저울질할	金	14	金	○	餞	전송할, 보낼	食	17	水	△
腆	두터울	肉	14	水	△	澱	앙금, 찌꺼기	水	17	水	×
箋	기록할, 부전	竹	14	木	×	氈	양탄자, 모전	毛	17	木	△
戩	다할, 멸할	戈	14	金	△	癜	어루러기	广	18	水	×
廛	가게, 집터	广	15	木	×	饘	된죽	食	18	水	×
翦	자를, 끊을	羽	15	火	×	顓	오로지	頁	18	火	△
篆	전자, 도장	竹	15	木	△	轉	구를	車	18	火	△
鋑	새길, 깎을	金	15	金	×	羶	누린내	羊	19	土	×
箭	화살	竹	15	木	△	鬋	늘어질	髟	19	火	×
賟	넉넉할	貝	15	金	△	顚	정수리, 머리, 이마, 넘어질	頁	19	火	×
甎	벽돌	瓦	16	土	△	邅	머뭇거릴	辵	20	土	×
錢	(姓), 돈, 동전	金	16	金	△	鐫	새길, 쪼을	金	21	金	△
磚	벽돌	石	16	金	△	纏	얽을, 얽힐, 묶을	糸	21	木	×
錪	가마	金	16	金	△	囀	지저귈	口	21	水	△
靛	청대	靑	16	木	△	巓	산꼭대기	山	22	土	△
戰	(姓), 싸울, 두려워 떨	戈	16	金	×	躔	궤도, 자취	足	22	土	△
靦	뻔뻔할	面	16	火	×	鄽	가게	邑	22	土	△
輾	반전할, 구를	車	17	火	△	籛	언치	竹	22	木	△

한자	뜻	부수	획수	자원오행	사용적합	한자	뜻	부수	획수	자원오행	사용적합
顫	떨릴	頁	22	火	×	店	가게, 점포	广	8	木	△
鱣	잉어, 철갑상어	魚	24	水	×	奌	점찍을, 얼룩	大	8	木	×
鸇	송골매	鳥	24	火	×	点	점, 얼룩	火	9	火	×
癲	미칠, 지랄병	广	24	水	×	玷	이지러질	玉	10	金	×

절

한자	뜻	부수	획수	자원오행	사용적합	한자	뜻	부수	획수	자원오행	사용적합
切	끊을, 저밀, 벨	刀	4	金	×	粘	붙을, 끈끈할	米	11	木	△
岊	산굽이	山	7	土	△	苫	이엉	艸	11	木	×
折	꺾을, 결단할	手	8	木	×	笘	회초리	竹	11	木	×
晢	밝을, 비칠, 총명할	日	11	火	○	蛄	쐐기	虫	11	水	×
浙	강이름	水	11	水	△	覘	엿볼	見	12	火	×
絶	끊을, 으뜸, 뛰어날	糸	12	木	×	墊	빠질	土	14	土	×
絕	끊을	糸	12	木	×	颭	물결 일	風	14	木	△
截	끊을	戈	14	金	×	漸	점점, 적실	水	15	水	△
節	마디, 절개	竹	15	木	△	鮎	메기	魚	16	水	×
癤	부스럼	广	20	水	×	霑	젖을	雨	16	水	×
竊	훔칠	穴	22	水	×	點	점	黑	17	水	△
						蔪	우거질	艸	17	木	△

점

한자	뜻	부수	획수	자원오행	사용적합	한자	뜻	부수	획수	자원오행	사용적합
占	(姓), 점칠, 점령할	卜	5	火	×	黏	차질, 붙을	黍	17	木	△
佔	엿볼	人	7	火	×	簟	대자리	竹	18	木	△

접

한자	뜻	부수	획수	자원오행	사용적합
岾	땅이름, 재, 고개	山	8	土	○
跕	밟을, 서행	足	12	土	△

한자	뜻	부수	획수	자원오행	사용적합	한자	뜻	부수	획수	자원오행	사용적합
接	접할, 모일	手	12	木	△	佂	황급할, 허둥댈	人	7	火	×
椄	접붙일, 형틀	木	12	木	×	妌	엄전할	女	7	土	○
楪	평상, 마루	木	13	木	△	町	밭두둑, 밭지경	田	7	土	△
蜨	나비	虫	14	水	×	姃	단정할	女	8	土	○
蝶	나비	虫	15	水	×	定	정할, 바를, 편안할	宀	8	木	○
摺	접을	手	15	木	×	征	칠	彳	8	火	×
蹀	밟을, 장식	足	16	土	△	政	정사, 바를, 자세	攴	8	金	△
鰈	가자미	魚	20	水	×	炡	빛날	火	9	火	○

정

한자	뜻	부수	획수	자원오행	사용적합	한자	뜻	부수	획수	자원오행	사용적합
丁	(姓), 장정, 넷째 천간, 고무래	一	2	火	△	亭	정자, 집, 곧을	亠	9	火	○
井	(姓), 우물, 샘	二	4	水	○	侹	평탄할, 꼿꼿할	人	9	火	△
叮	신신당부할	口	5	水	△	怔	황겁할, 두려워할	心	9	火	×
正	바를, 떳떳할	止	5	土	○	貞	(姓), 곧을, 정조	貝	9	金	○
汀	물가, 물이름	水	6	水	△	柾	나무 바를, 사람이름	木	9	木	○
灯	등잔	火	6	火	△	穽	함정, 허방다리	穴	9	水	×
朾	칠, 때릴	木	6	木	×	訂	바로잡을, 고칠	言	9	金	○
玎	옥소리	玉	7	金	△	酊	술취할	酉	9	金	×
廷	(姓), 조정, 관청	廴	7	木	○	庭	뜰, 집안, 조정	广	10	木	○
呈	드러낼, 보일	口	7	水	△	釘	못	金	10	金	△
疔	정, 종기	疒	7	水	×	桯	바라볼	木	10	木	△
						靘	청정할, 조촐하게 꾸밀	靑	11	木	○

한자	뜻	부수	획수	자원오행	사용적합	한자	뜻	부수	획수	자원오행	사용적합
梃	막대기, 뭉둥이	木	11	木	×	淨	깨끗할, 맑을	水	12	水	△
挺	빼어날, 뺄, 곧을	手	11	木	△	掟	벌릴, 규정	手	12	木	△
旌	기, 표할	方	11	木	○	棖	문설주	木	12	木	△
桯	탁자, 기둥(영)	木	11	木	○	証	간할, 충고할	言	12	金	△
停	머무를, 정해질	人	11	火	×	綎	띠술, 인끈	糸	13	木	○
偵	염탐할, 엿볼	人	11	火	×	靖	편안할, 고요할	靑	13	木	○
頂	이마, 정수리	頁	11	火	△	碇	닻, 배멈출	石	13	金	△
涏	샘물, 곧을, 아름다울	水	11	水	△	睛	눈동자	目	13	木	×
胜	새이름, 비릴(성), 이길(승),	肉	11	水	×	鼎	솥	鼎	13	火	△
埩	밭갈	土	11	土	△	淳	물고일, 멈출	水	13	水	×
婧	단정할, 날씬할(청)	女	11	土	○	艇	거룻배	舟	13	木	△
婷	예쁠	女	12	土	○	楨	광나무, 쥐똥나무	木	13	木	×
晶	수정, 맑을	日	12	火	△	鉦	징	金	13	金	×
淀	얕은 물	水	12	水	×	湞	물이름	水	13	水	△
琁	옥이름, 옥홀	玉	12	金	△	筳	가는대	竹	13	木	×
情	뜻, 사랑, 정성	心	12	火	△	莛	풀줄기, 들보	艸	13	木	×
程	(姓), 법, 한도, 길, 법도	禾	12	木	○	禎	상서, 길조	示	14	木	○
珵	패옥, 옥이름	玉	12	金	△	精	깨끗할, 세밀할	米	14	木	○
幀	책꾸밀, 화분	巾	12	木	△	静	고요할	靑	14	木	△
晸	해뜰, 햇빛들	日	12	火	△	靘	검푸른빛	靑	14	木	△

한자	뜻	부수	획수	자원오행	사용적합	한자	뜻	부수	획수	자원오행	사용적합
醒	숙취	酉	14	金	×	娣	누이, 여동생	女	10	土	×
靚	단장할	靑	15	木	○	第	차례, 집	竹	11	木	△
霆	천둥소리	雨	15	水	×	祭	제사	示	11	土	△
鋌	살촉, 쇳덩이	金	15	金	△	悌	공경할, 공손할	心	11	火	△
鋥	칼갈, 칼날세울	金	15	金	△	梯	사다리, 기댈	木	11	木	△
遉	엿볼	辵	16	土	×	倜	준걸, 고달플	人	11	火	△
靜	고요할, 조용할	靑	16	木	△	晢	밝을	日	11	火	△
諪	고를, 조정할	言	16	金	○	媞	편안할	女	12	土	○
整	정돈할, 가지런할	攴	16	金	○	堤	(姓), 방죽, 언덕	土	12	土	△
錠	쇳덩이, 신선로	金	16	金	△	猘	미친개, 미친개(계)	犬	12	土	×
頲	곧을	頁	16	火	○	啼	울, 울부짖을	口	12	水	×
檉	능수버들	木	17	木	△	睇	흘깃볼	目	12	木	×
窱	아름다울	穴	17	火	△	稊	돌피	禾	12	木	×
濟	맑을, 깨끗할	水	19	水	△	済	건널, 도울	水	12	水	△
鄭	(姓), 나라이름	邑	19	土	△	提	끌, 당길, 들	手	13	木	△
제						齊	(姓), 가지런할, 다스릴	齊	14	土	○
弟	아우, 동생	弓	7	水	×	瑅	옥이름, 제당	玉	14	金	△
制	절제할, 제도	刀	8	金	○	製	지을, 만들	衣	14	木	○
帝	임금, 제왕	巾	9	木	△	禔	복, 기쁨	示	14	木	○
娣	예쁠, 아름다울	女	9	土	○	除	덜, 제할	阜	15	土	×

한자	뜻	부수	획수	자원오행	사용적합	한자	뜻	부수	획수	자원오행	사용적합
緹	붉을	糸	15	木	△	隋	오를, 떨어질	阝	22	土	△
蹄	발굽	足	16	土	×	霽	비갤, 날씨갤	雨	22	水	△
蹅	밟을	足	16	土	×		조				
隄	둑, 제방	邑	16	土	△	刁	조두, 바라	刀	2	金	×
儕	무리, 함께	人	16	火	△	弔	조상할	弓	4	土	×
諸	(姓), 모두, 모든, 여러	言	16	金	○	爪	손톱, 메뚜기	爪	4	木	×
劑	약지을	刀	16	金	△	兆	조짐, 억조	儿	6	火	×
醍	맑은술	酉	16	金	×	早	이를, 일찍	日	6	火	△
蹏	발굽	足	17	土	×	皁	하인	白	7	水	×
錣	큰가마	金	17	金	△	助	도울	力	7	土	△
鯷	메기	魚	17	水	×	佻	경박할, 늦출(요)	人	8	火	×
擠	밀칠, 해칠	手	18	木	×	枣	대추나무	木	8	木	×
題	제목, 표제	頁	18	火	○	徂	갈, 겨냥할(저)	彳	8	火	×
濟	건널, 구제할	水	18	水	△	找	채울	手	8	木	△
際	만날, 즈음	阜	19	土	△	俎	도마	人	9	火	×
薺	회	韭	19	木	×	炤	비출, 밝을(소)	火	9	火	○
鯷	메기	魚	20	水	×	殂	죽을	歹	9	水	×
薺	냉이	艸	20	木	×	晁	아침	日	10	火	○
臍	배꼽	肉	20	水	×	祚	복	示	10	金	○
躋	오를, 진보할	足	21	土	○	蚤	벼룩	虫	10	水	×

한자	뜻	부수	획수	자원오행	사용적합	한자	뜻	부수	획수	자원오행	사용적합
曺	(姓), 무리, 마을	日	10	火	△	棗	대추나무	木	12	木	×
凋	시들	冫	10	水	×	絩	실 수효	糸	12	木	×
祖	할아버지, 조상	示	10	金	×	鉥	낚을	金	12	金	×
租	조세, 구실	禾	10	木	×	阻	막힐, 험할	阜	13	土	
厝	둘, 방치할, 섞일(착)	厂	10	金	×	誂	꾈, 희롱할	言	13	金	×
笊	조리	竹	10	木	×	稠	빽빽할	火	13	木	△
曹	(姓), 마을, 무리	日	11	金	△	照	비칠, 빛날	火	13	火	○
窕	고요할	穴	11	水	○	儔	마칠, 마칠(주)	人	13	火	△
組	짤, 인끈	糸	11	木	△	琱	아로새길	玉	13	金	△
彫	새길, 꾸밀	彡	11	火	△	絛	끈	糸	13	木	△
鳥	새	鳥	11	火	×	造	지을, 세울, 이룰	辵	14	土	△
粗	거칠, 간략할	米	11	木	×	嶆	깊을, 산	山	14	土	△
釣	낚시, 구할	金	11	金	△	肇	비로소, 비롯할	聿	14	火	△
條	나뭇가지, 곁가지	木	11	木	×	趙	(姓), 나라이름, 조나라	走	14	火	△
眺	바라볼, 살필	目	11	木	○	嘈	시끄러울	口	14	水	×
祧	천묘, 사당	示	11	土	×	蜩	쓰르라미	虫	14	水	×
胙	제육	肉	11	水	×	銚	가래, 쟁기	金	14	金	×
朝	아침	月	12	水	○	槽	구유, 나무통	木	15	木	×
詔	조서, 고할, 알릴	言	12	金	△	漕	배로 실어 나를	水	15	水	△
措	둘, 놓을, 베풀	手	12	木	△	嘲	비웃을, 조롱할	口	15	水	×

한자	뜻	부수	획수	자원오행	사용적합	한자	뜻	부수	획수	자원오행	사용적합
調	고를, 균형잡힐	言	15	金	○	鵰	독수리	鳥	19	火	×
雕	독수리	隹	16	火	×	躁	성급할, 조급할	足	20	土	×
潮	조수, 밀물	水	16	水	△	譟	떠들, 기뻐할	言	20	金	△
噪	떠들썩할	口	16	水	×	竈	부엌	穴	21	水	×
銚	불리지 않은 쇠	金	16	金	×	藻	바닷말, 마름	艸	22	木	△
嬥	날씬할	女	17	土	○	糶	쌀팔	米	25	木	×
操	잡을, 부릴, 지조	手	17	木	△		**족**				
糟	지게미, 전국	米	17	木	×	足	발, 족발, 뿌리	足	7	土	×
燥	마를, 불에 말릴	火	17	火	△	族	겨레, 모일	方	11	木	×
懆	근심할	心	17	火	×	瘯	옴, 피부병	疒	16	水	×
澡	씻을	水	17	水	○	簇	가는 대, 조릿대	竹	17	木	△
糙	매조미쌀	米	17	木	×	鏃	살촉	金	19	金	×
艚	거룻배	舟	17	木	△		**존**				
蔦	담쟁이	艸	17	木	×	存	있을, 보전할	子	6	水	○
遭	만날, 상봉할	辵	18	土	△	拵	의거할	手	10	木	△
朝	아침	黽	18	土	△	尊	높을, 공경할	寸	12	木	△
璪	면류관 옥	玉	18	金	○		**졸**				
繰	야청빛, 고치 켤(소)	糸	19	木	△	卒	군사, 마칠	十	8	金	×
臊	누린내날	肉	19	水	×	拙	옹졸할, 못생길	手	9	木	×
鯛	도미	魚	19	水	×	猝	갑자기, 빨리	犬	12	土	×

한자	뜻	부수	획수	자원오행	사용적합	한자	뜻	부수	획수	자원오행	사용적합
종						踵	발꿈치, 좇을	足	16	土	×
伀	두려워할, 당황할	人	6	火	×	璁	패옥소리	玉	16	金	△
宗	(姓), 마루, 근원, 높을	宀	8	木	△	縱	세로, 늘어질	糸	17	木	×
柊	방망이	木	9	木	△	鍾	(姓), 술잔, 쇠북	金	17	金	△
倧	상고 신인	人	10	火	△	螽	메뚜기	虫	17	水	×
終	마칠, 끝날, 마지막	糸	11	木	×	蹤	발자취	足	18	土	△
從	좇을, 따를	彳	11	火	△	鐘	(姓), 쇠북, 종	金	20	金	○
淙	물소리	水	12	水	△	**좌**					
棕	종려나무	木	12	木	△	左	(姓), 왼쪽, 도울	工	5	火	△
悰	즐길, 즐거울	心	12	火	△	佐	(姓), 도울	人	7	火	○
椶	종려나무	木	13	木	△	坐	앉을, 자리, 지위	土	7	土	△
琮	옥, 패옥소리	玉	13	金	○	剉	꺾을, 쪼갤	刀	9	金	×
綜	모을, 잉아	糸	14	木	○	座	자리, 지위	广	10	木	○
種	씨, 종자, 근본, 심을	禾	14	木	○	挫	꺾을, 묶을	手	11	木	×
瘇	수중다리	疒	14	水	△	痤	부스럼	疒	12	水	×
踪	발자취, 자취	足	15	土	×	莝	여물	艸	13	木	×
慫	권할, 놀랄	心	15	火	×	髽	북상투	髟	17	火	×
腫	부스럼, 종기, 혹	肉	15	水	×	**죄**					
憁	생각할, 꾀할	心	15	火	△	罪	허물, 형벌, 재앙	肉	14	木	×
樅	전나무, 무성할	木	15	木	△	**주**					

한자	뜻	부수	획수	자원오행	사용적합	한자	뜻	부수	획수	자원오행	사용적합
主	주인, 임금, 주체	丶	5	木	△	姝	예쁠, 아름다울	女	9	土	○
州	고을	巛	6	水	○	株	그루, 뿌리	木	10	木	△
朱	(姓), 붉을	木	6	木	△	酎	전국술, 진한술	酉	10	金	×
舟	배	舟	6	木	△	洲	물가, 섬	水	10	水	△
丟	아주 갈	丨	6	水	×	酒	술	酉	11	金	×
走	달릴, 달아날	走	7	火	×	珠	(姓), 구슬, 진주	玉	11	金	△
住	머무를, 살	人	7	火	○	紸	댈, 서로 닿을	糸	11	木	△
姝	예쁠, 좋은 모양	女	8	土	○	珦	구슬	玉	11	金	○
周	(姓), 두루, 둘레	口	8	水	○	做	지을, 만들	人	11	火	○
侜	가릴, 속일	人	8	火	×	晝	낮	日	11	火	△
宙	집, 하늘	宀	8	木	○	紬	명주	糸	11	木	△
侏	난쟁이, 광대	人	8	火	×	硃	주사	石	11	金	×
呪	빌, 저주할	口	8	水	×	蛀	나무좀먹을	虫	11	水	×
炷	심지	火	9	火	△	胄	자손, 맏아들	肉	11	水	△
冑	투구	冂	9	火	×	註	기록할, 주낼	言	12	金	○
柱	기둥, 버틸	木	9	木	○	絑	붉을	糸	12	木	△
拄	버틸, 떠받칠	手	9	木	△	椆	영수목, 나무이름	木	12	木	△
注	물댈, 부을, 흐를	水	9	水	△	暚	햇빛	日	12	火	○
紂	끙거리끈, 말고삐	糸	9	木	×	晭	밝을	日	12	火	○
奏	아뢸, 연주할	大	9	木	△	賍	재물	貝	12	金	△

한자	뜻	부수	획수	자원오행	사용적합	한자	뜻	부수	획수	자원오행	사용적합
詶	저주할	言	12	金	×	賙	진휼할, 보탤	貝	15	金	○
蛛	거미	虫	12	水	×	遒	굳셀, 닥칠	辶	16	土	△
尌	하인	寸	12	木	×	澍	단비, 젖을	水	16	水	△
邾	나라이름	邑	13	土	○	儔	무리, 필적할	人	16	火	△
鈺	쇳돌, 함돌	金	13	金	△	霌	구름과 비	雨	16	水	×
湊	물모일, 나아갈	水	13	水	△	霔	장마	雨	16	水	×
誅	벨, 죄인죽일	言	13	金	×	輳	모일, 몰려들	車	16	火	○
晭	밝을, 흰비단	白	13	火	△	幬	휘장	巾	17	木	×
趍	뛰는 모양, 사람이름(추)	走	13	火	○	薵	대주	艸	17	木	△
輈	끌채, 굳셀	車	13	火	△	燽	밝을, 드러날	火	18	火	○
逎	닥칠, 다할	辶	14	土	△	疇	밭두둑, 이랑	田	19	土	△
噈	부추길, 개부를(촉)	口	14	水	×	鼄	거미	黽	19	水	×
綢	얽을, 빽빽할	糸	14	木	×	籌	살, 산가지	竹	20	木	△
聏	귀, 귀밝을	耳	14	火	×	躊	머뭇거릴	足	21	土	×
裯	홑이불	衣	14	木	×	籒	주문, 주전	竹	21	木	△
週	돌, 주일	辶	15	土	△	鑄	쇠불릴	金	22	金	○
調	아침	言	15	金	○	**죽**					
廚	부엌, 주방, 요리사	广	15	木	×	竹	대나무	竹	6	木	×
駐	머무를	馬	15	火	×	粥	죽, 미음	米	12	木	×
腠	살결	肉	15	水	×	**준**					

한자	뜻	부수	획수	자원오행	사용적합	한자	뜻	부수	획수	자원오행	사용적합
俊	(姓), 준걸, 뛰어날	人	9	火	○	惷	흐트러질, 어수선할	心	13	火	×
後	따를, 물러날	彳	10	火	△	踆	마칠	足	14	土	×
純	가장자리	糸	10	木	○	逡	뒷걸음질칠	辵	14	土	×
准	승인할, 견줄, 준할	冫	10	水	○	準	법, 준할, 고를	水	14	水	△
隼	송골매, 새매	隹	10	火	×	儁	모일, 많을	人	14	火	○
埈	높을, 높이 솟을	土	10	土	○	緈	어지러울	糸	14	木	×
峻	높을, 높고 클	山	10	土	○	墫	술그릇	土	15	土	×
浚	깊을, 취할	水	11	水	△	陖	높을, 가파를	阜	15	土	×
晙	밝을, 이를	日	11	火	○	薆	클, 고을이름(사), 생강(수), 생강(유)	艸	15	木	△
焌	불땔, 구울	火	11	火	△	儁	뛰어날, 영특할, 준걸	人	15	火	○
埻	과녁, 법, 밝을	土	11	土	△	寯	뛰어날, 모일, 재주	宀	16	木	○
偆	가멸, 가멸(춘), 부유할	人	11	火	△	樽	술통, 그칠	木	16	木	×
竣	일마칠, 물러설	立	12	土	×	餕	대궁	食	16	水	×
畯	농부	田	12	土	△	撙	누를, 꺾일	手	16	木	×
睃	흘겨볼	目	12	木	×	憰	똑똑할, 슬기로울	心	17	火	○
準	준할, 의거할	冫	12	水	△	竴	기쁠	立	17	金	○
睿	준설할, 밝을(예)	谷	12	水	○	駿	준마	馬	17	火	△
皴	살틀, 주름	皮	12	金	×	罇	술단지	缶	18	土	×
逡	앞설	辵	13	土	○	闋	뛰어날, 우수할	門	18	木	○
雋	뛰어날, 높을	隹	13	火	○	濬	깊을	水	18	水	△

한자	뜻	부수	획수	자원 오행	사용 적합	한자	뜻	부수	획수	자원 오행	사용 적합
鵔	금계, 적치	鳥	18	火	△	櫛	빗	木	19	木	×
遵	좇을, 순종할	辵	19	土	△	騭	수말	馬	20	火	×
蹲	웅크릴	足	19	土	×	**즙**					
鐏	창고 달	金	20	金	×	汁	(姓), 즙, 국물, 진액	水	6	水	×
蠢	꿈틀거릴	虫	21	水	×	楫	노, 돛대	木	13	木	△
鱒	송어	魚	23	水	×	葺	지붕을 일 기울,	艸	15	木	×
줄						檝	노, 배	木	17	木	△
乼	줄	乙	9	木	△	戢	삼백초	艸	19	木	×
茁	풀싹, 성할	艸	11	木	△	**증**					
중						症	증세, 병	疒	10	水	×
中	가운데	ǀ	4	土	△	拯	건질, 구언할	手	10	木	△
仲	버금, 둘째	人	6	火	△	烝	찔, 김오를	火	10	火	×
重	무거울, 두터울	里	9	土	△	曾	(姓), 일찍, 거듭, 더할	日	12	火	○
眾	무리, 백성	目	11	木	△	增	(姓), 더할, 높을	土	15	土	○
衆	무리, 백성	血	12	水	△	嶒	산높을, 높고 험할(쟁)	山	15	土	△
즉						憎	미워할	心	16	火	×
即	곧	卩	7	木	△	蒸	찔, 섶나무	艸	16	木	×
卽	곧, 이제, 가까울	卩	9	水	△	甑	시루, 고리	瓦	17	土	×
喞	두런거릴	口	12	水	×	矰	주살	矢	17	金	×
즐						繒	비단, 명주	糸	18	木	△

한자	뜻	부수	획수	자원오행	사용적합	한자	뜻	부수	획수	자원오행	사용적합
罾	그물, 어망	肉	18	木	△	泜	균일할, 가지런할	水	8	水	△
贈	줄, 더할, 보낼	貝	19	金	△	知	(姓), 알, 깨달을	矢	8	金	○
證	증거, 증명할	言	19	金	△	沚	물가	水	8	水	△
			지			怟	기댈	心	8	火	○
之	갈	丿	4	土	×	抵	손뼉칠	手	8	木	×
止	그칠	止	4	土	×	咫	여덟 치, 짧을	口	9	水	×
支	지탱할, 버틸	支	4	土	×	枳	탱자나무	木	9	木	×
只	다만	口	5	水	△	祉	복	示	9	木	○
旨	뜻, 맛	日	6	火	△	泜	물이름, 물이름(저·치)	水	9	水	△
劢	굳건할	力	6	土	○	洔	섬, 물가	水	10	水	△
至	이를, 지극할	至	6	土	○	祇	공경할, 존경할, 삼갈, 땅귀신(기)	示	10	木	△
地	땅	土	6	土	△	紙	종이	糸	10	木	△
池	(姓), 못, 연못	水	7	水	△	芝	지초, 영지, 버섯	艹	10	木	△
吱	가는 소리	口	7	水	×	持	가질, 잡을	手	10	木	△
志	뜻, 마음	心	7	火	△	指	가리킬, 손가락질	手	10	木	×
址	터, 토대	土	7	土	○	芷	구릿대, 어수리	艹	10	木	×
厎	숫돌, 갈	厂	7	金	×	砥	숫돌, 평평할	石	10	金	△
坻	머무를	土	7	土	△	肢	사지, 팔다리	肉	10	水	×
坘	모래톱	土	8	土	×	秖	다만, 때마침, 곡식 여물	禾	10	木	△
枝	가지	木	8	木	△	舓	핥을	舌	10	火	×

한자	뜻	부수	획수	자원오행	사용적합
矧	알, 슬기	矢	10	金	○
觝	술잔, 일치, 부합	角	11	木	○
趾	발꿈치, 발자국	足	11	土	×
智	(姓), 지혜, 슬기	日	12	火	○
痣	사마귀	疒	12	水	×
軹	굴대끝	車	12	火	×
脂	기름, 비계	肉	12	水	×
阯	터, 기슭	阜	12	土	△
誌	기록할	言	14	金	△
蜘	거미	虫	14	水	×
楮	주춧돌	木	14	木	△
駛	굳셀	馬	14	火	△
搘	버틸, 괼	手	14	木	△
禔	복, 행복(제·시)	示	14	木	○
墀	지대뜰, 마룻바닥	土	15	土	△
踟	머뭇거릴	足	15	土	×
鋕	새길, 명심할	金	15	金	△
摯	잡을, 극진할	木	15	木	△
漬	담글, 적실	水	15	水	△
䂵	슬기, 재능	矢	16	金	○

한자	뜻	부수	획수	자원오행	사용적합
簅	피리	竹	16	木	×
鮨	다랑어	魚	17	水	×
贄	폐백	貝	18	金	×
遲	더딜, 늦을, 기다릴	辵	19	土	×
識	적을, 표할, 기록할	言	19	金	△
躓	넘어질, 실패	足	22	土	×
鷙	맹금	鳥	22	火	×

직

한자	뜻	부수	획수	자원오행	사용적합
直	곧을, 바를	目	8	木	○
稙	일찍심은 벼, 올벼	禾	13	木	×
稷	기장, 피	禾	15	木	×
禝	사람이름	示	15	木	○
職	벼슬, 직업, 직분	耳	18	火	△
織	짤, 만들	糸	18	木	△

진

한자	뜻	부수	획수	자원오행	사용적합
尽	다할, 완수할	尸	6	金	△
辰	별이름, 다섯 번째 지지	辰	7	土	△
枃	바디, 사침대	木	8	木	×
昣	밝을	日	9	火	○
侲	어린이	人	9	火	×

한자	뜻	부수	획수	자원오행	사용적합	한자	뜻	부수	획수	자원오행	사용적합
殄	다할, 죽을, 끊을	歹	9	水	×	診	볼, 진찰할	言	12	金	△
抮	잡을, 되돌릴	手	9	木	△	趁	쫓을, 따를, 쫓을(년·연)	走	12	火	△
眞	(姓), 참, 진실할	目	10	木	△	塡	누를, 오랠	土	13	土	△
真	참, 진실할	目	10	木	△	鉁	보배	金	13	金	○
珍	보배, 진귀할	玉	10	金	△	嗔	성낼	口	13	水	×
秦	(姓), 진나라, 나라이름	禾	10	木	△	靖	바를	靑	13	木	○
晉	(姓), 나아갈, 진나라	日	10	火	△	塵	티끌, 먼지	土	14	土	×
晋	나아갈, 진나라	日	10	火	△	搢	꽂을, 흔들	手	14	木	×
津	나루, 언덕, 윤택	水	10	水	△	盡	다할, 마칠, 모두	皿	14	金	△
疹	홍역, 마마	疒	10	水	×	溱	성할, 많을	水	14	水	△
唇	놀랄	口	10	水	×	榛	개암나무, 우거질	木	14	木	△
畛	두둑, 두렁길	田	10	土	△	賑	구휼할, 넉넉할	貝	14	金	○
袗	홑옷	衣	11	木	×	槇	나무 끝	木	14	木	△
振	떨칠, 구원할	手	11	木	△	進	나아갈, 오를	辵	15	土	△
桭	평고대, 대청	木	11	木	△	陣	(姓), 진칠	阜	15	土	△
跡	밝을, 환할, 명랑할	臣	11	火	○	瑨	옥돌	玉	15	金	○
眹	눈동자	目	11	木	×	禛	복받을	示	15	木	○
珒	옥이름	玉	11	金	○	瑝	옥돌	玉	15	金	○
敒	다스릴, 펼(신)	攴	11	金	△	瑱	옥이름, 귀막이옥	玉	15	金	○
軫	수레, 슬퍼할	車	12	火	×	瞋	눈부릅뜰	目	15	木	×

한자	뜻	부수	획수	자원오행	사용적합	한자	뜻	부수	획수	자원오행	사용적합
震	진동할, 우레	雨	15	水	△	桎	막힐, 차꼬, 속쇄	木	10	木	×
稹	빽빽할, 치밀할	火	15	木	△	疾	병	疒	10	水	×
臻	이를, 미칠, 모일	至	16	土	○	窒	막힐, 막을	穴	11	水	×
陳	(姓), 베풀, 묵을	阜	16	土	△	絰	질	糸	12	木	×
蓁	숲, 우거질	艸	16	木	△	蛭	거머리	虫	12	水	×
縝	고울, 맺을	糸	16	木	○	迭	지나칠, 번갈아 들	辵	12	土	×
縉	붉은 비단, 분홍빛	糸	16	木	○	跌	거꾸러질, 넘어질	足	12	土	×
儘	다할, 완수할	人	16	火	△	郅	고을이름	邑	13	土	○
蔯	더워지기, 사철쑥	艸	17	木	×	嫉	미워할, 시기할	女	13	土	×
璡	옥돌	玉	17	金	△	質	바탕, 모양	貝	15	金	△
螴	설렐	虫	17	水	×	蒺	남가새	艸	16	木	×
鎭	진정할, 누를	金	18	金	△	膣	음문	肉	17	水	×
鬒	숱많고 검을	髟	20	火	×	瓆	사람이름	玉	20	金	△
질						鑕	도끼	金	23	金	×
叱	꾸짖을	口	5	水	×	**짐**					
佚	어리석을	人	8	火	×	朕	나, 조짐	月	10	火	△
帙	책권, 차례	巾	8	木	△	斟	술따를, 짐작할	斗	13	火	×
姪	조카	女	9	土	×	鴆	짐새	鳥	15	火	×
垤	개밋둑	土	9	土	×	**집**					
秩	차례	禾	10	木	△	什	세간, 가구	亻	4	火	×

한자	뜻	부수	획수	자원 오행	사용 적합	한자	뜻	부수	획수	자원 오행	사용 적합
咠	소곤거릴	口	9	水	×						
執	잡을, 가질, 집행할	土	11	火	△						
集	모을, 이룰	隹	12	火	○						
楫	돛대, 배의 노	木	13	木	△						
戢	거둘, 보관할	戈	13	金	△						
緝	모을, 낳을	糸	15	木	○						
濈	샘솟을, 세찰	水	16	水	△						
輯	모을	車	16	火	○						
鏶	쇳조각, 판금	金	20	金	△						

징

한자	뜻	부수	획수	자원 오행	사용 적합	한자	뜻	부수	획수	자원 오행	사용 적합
徵	부를, 거둘	彳	15	火	△						
澄	맑을	水	16	水	○						
澂	맑을	水	16	水	○						
瞪	바로볼	目	17	木	△						
瀓	맑을	水	19	水	○						
懲	징계할	心	19	火	×						
癥	적취	疒	20	水	×						

한자	뜻	부수	획수	자원오행	사용적합	한자	뜻	부수	획수	자원오행	사용적합
차						嗟	탄식할, 감탄사	口	13	水	×
叉	깍지 낄	叉	3	水	×	箚	찌를, 기록할	竹	14	木	×
且	또, 우선	一	5	木	△	槎	나무벨	木	14	木	△
次	버금, 다음	欠	6	火	△	磋	갈, 연마할	石	15	金	△
此	이, 이에, 지금	止	6	土	△	瑳	고울, 깨끗할, 웃을	玉	15	金	△
車	(姓), (거)수레	車	7	火	△	蹉	넘어질, 미끄러질	足	17	土	×
岔	갈림길	山	7	土	×	遮	막을, 가릴	辶	18	土	×
侘	뽐낼, 낙망할	人	8	火	○	齹	소금	齒	21	水	×
佽	잴, 도울	人	8	火	○	奲	너그러울, 관대할	大	24	木	○
姹	아라따울, 아름다울	女	9	土	○	**착**					
借	빌, 빌어올	人	10	火	×	窄	좁을, 닥칠	穴	10	水	×
差	어긋날, 다를	工	10	火	×	捉	잡을	手	11	木	△
偕	빌릴, 꾸밀	彳	11	火	△	着	붙을, 입을, 이를	目	12	土	△
硨	옥돌, 조개이름	石	12	金	○	搾	짤, 압박할, 짜낼	手	14	木	×
茶	차, 씀바귀	竹	12	木	×	斲	깎을, 벨	斤	14	金	×
嵯	우뚝솟을	山	13	土	○	錯	어긋날, 섞일	金	16	金	×

한자	뜻	부수	획수	자원 오행	사용 적합	한자	뜻	부수	획수	자원 오행	사용 적합
攦	작살	手	17	木	×	劗	깎을	刀	21	金	×
戳	찌를	戈	18	金	×	巑	산높을	山	22	土	△
齪	악착할, 촉박할	齒	22	金	×	孏	희고 환할	女	22	土	△
鑿	뚫을, 끊을	金	28	金	×	攛	던질	扌	22	木	×
찬						讃	기를, 도울	言	22	金	○
粲	선명할, 정미, 밝을	米	13	木	○	欑	모을	木	23	木	△
贊	도울	貝	15	金	○	攢	모일, 뚫을	手	23	木	△
餐	밥, 음식물	食	16	水	×	瓚	옥그릇, 옥잔	玉	24	金	△
撰	지을, 갖출, 가릴	手	16	木	○	纉	이을, 모을	糸	25	木	○
篡	빼앗을	竹	16	木	×	讚	도울, 칭찬할	言	26	金	○
燦	빛날	火	17	火	○	趲	놀라흩어질	走	26	火	×
澯	물맑을	水	17	水	○	鑽	뚫을, 송곳	金	27	金	△
簒	빼앗을	竹	17	木	×	爨	부뚜막	火	29	火	×
儹	모을	人	17	火	○	**찰**					
璨	옥빛, 빛날	玉	18	金	○	札	편지, 패, 조각	木	5	木	△
竄	숨을, 달아날	穴	18	水	×	扎	편지, 패, 조각	手	5	木	△
賛	도울, 찬성할	貝	19	金	○	刹	절, 사원, 탑	刀	8	金	×
纂	모을, 편찬할	糸	20	木	○	紮	감을, 맬, 묶을	糸	11	木	×
饌	반찬, 지을	食	21	水	×	察	살필, 자세할	宀	14	木	△
儧	모을, 공론할	人	21	火	○	擦	비빌, 문지를	手	18	木	×

한자	뜻	부수	획수	자원오행	사용적합	한자	뜻	부수	획수	자원오행	사용적합
	참					驂	곁마	馬	21	火	×
站	일어설, 역마을	立	10	金	△	黲	검푸를	黑	23	水	×
參	참여할, 뵐	厶	11	火	△	讒	참소할, 해칠	言	24	金	×
斬	벨, 끊어질	斤	11	金	×	讖	예언, 참서	言	24	金	×
塹	구덩이팔	土	14	土	×	鑱	침, 보습	金	25	金	×
嶄	가파를	山	14	土	×	饞	탐할	食	26	水	×
僭	참람할, 범할	人	14	火	×		**창**				
慙	부끄러울	心	15	火	×	昌	(姓), 창성할, 기쁨	日	8	火	△
慚	부끄러울	心	15	火	×	刱	비롯할	刀	8	金	△
槧	판목, 편지(첨)	木	15	木	△	昶	밝을, 해가 길, 통할	日	9	火	○
慘	참혹할, 슬플	心	15	火	×	倡	광대, 기생, 번창할	人	10	火	×
憯	비통할	心	16	火	×	倉	(姓), 창고, 곳집, 성	人	10	火	△
毚	약은 토끼	比	17	木	×	倀	갈팡질팡할	人	10	火	×
儳	어긋날	人	19	火	×	鬯	울창주	鬯	10	木	×
譖	헐뜯을, 참소할	言	19	金	×	唱	부를, 노래할	口	11	水	×
鏨	(잠)새길	金	19	金	△	窓	창문	穴	11	水	△
巉	가파를	山	20	土	△	娼	창녀	女	11	土	×
懺	뉘우칠	心	21	火	×	創	비롯할, 비로소	刀	12	金	○
欃	혜성, 나무이름	木	21	木	△	敞	넓을, 높을, 시원할	攴	12	金	○
攙	찌를, 섞을	手	21	木	×	淐	물이름	水	12	水	○

한자	뜻	부수	획수	자원오행	사용적합	한자	뜻	부수	획수	자원오행	사용적합
晿	사람이름	日	12	火	○	瑲	옥소리	玉	15	金	○
淌	큰 물결	水	12	水	△	艙	선창, 부두	舟	16	木	△
傖	천할	人	12	火	×	蒼	푸를, 무성할	艸	16	木	△
凔	찰, 냉랭할	冫	12	水	×	氅	새털	毛	16	火	×
悵	원망할	心	12	火	×	鋹	날카로울	金	16	金	×
窓	창문	穴	12	水	△	閶	문	門	16	木	△
惝	망연자실할	心	12	火	×	蹌	추창할, 비틀거릴	足	17	土	×
猖	미쳐날뛸	犬	12	土	×	鶬	재두루미	鳥	21	火	×
彰	드러날, 밝을, 빛날	彡	14	火	○	**채**					
滄	서늘할, 큰바다	水	14	水	△	采	(姓), 캘, 풍채, 채색	采	8	木	○
暢	화창할, 펼	日	14	火	○	責	빚, 꾸짖을(책), 책망할(책)	貝	11	金	×
脹	부을, 배부를, 창자(장)	肉	14	水	×	彩	채색, 무늬, 문채	彡	11	火	○
菖	창포	艸	14	木	×	寀	녹봉, 동관	宀	11	木	△
愴	슬플, 슬퍼할	心	14	火	×	釵	비녀, 인동덩굴	金	11	金	×
槍	창, 무기	木	14	木	△	砦	울타리, 진터 작은 성채	石	11	金	△
戧	비롯할, 시작할	戈	14	金	△	婇	여자이름	女	11	土	○
搶	부딪칠, 모일	手	14	木	×	埰	영지, 무덤	土	11	土	×
漲	넘칠, 물이 불	水	15	水	△	棌	참나무, 떡갈나무	木	12	木	×
瘡	부스럼, 종기	疒	15	水	×	採	캘, 딸, 풍채	手	12	木	△
廠	헛간, 공장	广	15	木	×	茝	어수리	艸	12	木	×

한자	뜻	부수	획수	자원오행	사용적합	한자	뜻	부수	획수	자원오행	사용적합
債	빚, 부채	人	13	火	×	妻	아내	女	8	土	×
琗	옥빛, 옥무늬	玉	13	金	○	凄	쓸쓸할, 차가울	冫	10	水	×
睬	주목할, 참견할	目	13	木	△	處	곳, 머무를	虍	11	土	△
菜	(姓), 나물, 푸성귀	艸	14	木	×	悽	슬퍼할, 슬플	心	12	火	×
綵	비단, 문채, 채색	糸	14	木	○	淒	쓸쓸할	水	12	水	×
寨	울타리, 울짱, 목책	宀	14	木	△	萋	우거질, 공손할	艸	14	木	○
蔡	(姓), 거북, 나라이름	艸	17	木	△	郪	고을이름	邑	15	土	△

<table><tbody><tr><td colspan="6" align="center"><h3>책</h3></td><td>覷</td><td>엿볼</td><td>見</td><td>19</td><td>火</td><td>×</td></tr></tbody></table>

한자	뜻	부수	획수	자원오행	사용적합	한자	뜻	부수	획수	자원오행	사용적합
冊	(姓), 책, 문서	冂	5	木	△		**척**				
册	책, 문서	冂	5	木	△	尺	자	尸	4	木	△
栅	울타리, 목책	木	9	木	△	斥	물리칠, 지적할	斤	5	金	×
責	꾸짖을, 책망할, 빚(채)	貝	11	金	×	坧	기지, 터	土	8	土	△
箐	책, 칙서	竹	11	木	△	刺	찌를, 가시	刀	8	金	×
蚱	메뚜기	虫	11	水	×	拓	(姓), 열, 개척할, 넓을	手	9	木	△
策	꾀, 채찍, 대책	竹	12	木	△	剔	뼈바를, 깎을	刀	10	金	×
嘖	들렐, 언쟁할	口	14	水	×	隻	새 한마리, 외짝	隹	10	火	×
幘	머리쓰개	巾	14	木	×	倜	대범할, 뛰어날	人	10	火	○
磔	찢을	石	15	金	×	戚	겨레, 친척, 슬플	戈	11	金	×
簀	살평상, 대자리	竹	17	木	△	捗	칠, 때릴, 거둘(보)	手	11	木	×

<table><tbody><tr><td colspan="6" align="center"><h3>처</h3></td><td>脊</td><td>등뼈, 등마루</td><td>肉</td><td>12</td><td>水</td><td>×</td></tr></tbody></table>

한자	뜻	부수	획수	자원오행	사용적합	한자	뜻	부수	획수	자원오행	사용적합
惕	두려워할	心	12	火	×	玔	옥고리	玉	8	金	△
跐	밟을	足	12	土	×	穿	뚫을, 구멍	穴	9	水	×
堉	메마른땅	土	13	土	×	泉	샘	水	9	水	○
墟	터, 기지	土	14	土	△	祆	하늘, 하늘(현)	示	9	木	×
蜴	도마뱀	虫	14	水	×	芊	우거질	艸	9	木	○
陟	오를, 올릴	阜	15	土	△	俴	얕을	人	10	火	×
滌	씻을, 헹굴, 빨	水	15	水	△	倩	예쁠	人	10	火	○
瘠	여윌, 파리할	广	15	水	×	洊	이를, 자주	水	10	水	△
慽	근심할, 슬플	心	15	火	×	辿	천천히 걸을	辵	10	土	△
慼	근심할, 슬플	心	15	火	×	釧	팔찌	金	11	金	×
摭	주울, 습득할, 취할	手	15	木	△	阡	밭둑, 언덕, 길	阜	11	土	△
蹠	밟을, 나아갈, 이를	足	18	土	△	喘	헐떡거릴, 숨찰	口	12	水	×
擲	던질, 버릴, 노름할	手	19	木	×	荐	천거할, 드릴	艸	12	木	△
躑	머뭇거릴	足	22	土	×	淺	얕을	水	12	水	×
천						茜	꼭두서니	艸	12	木	×
千	(姓), 일천, 많을	十	3	水	×	臶	거듭	至	12	土	△
川	내	川	3	水	×	僢	등질	人	14	火	×
天	(姓), 하늘, 하느님	大	4	火	×	踐	밟을, 오를	足	15	土	○
仟	일천, 무성할	人	5	火	△	賤	천할	貝	15	金	×
舛	어그러질, 어수선할	舛	6	木	×	僵	머뭇거릴	人	15	火	×

한자	뜻	부수	획수	자원오행	사용적합	한자	뜻	부수	획수	자원오행	사용적합
蕎	꼭두서니	艸	16	木	△	綴	맺을, 엮을, 꿰멜	糸	14	木	△
擅	멋대로, 맘대로	手	17	木	×	銕	쇠, 무기	金	14	金	△
薇	갖출, 경계할	艸	18	木	△	飻	탐할	食	14	水	×
靝	하늘, 천체	青	18	木	×	徹	통할, 뚫을, 관천할	彳	15	火	○
遷	(姓), 옮길	辵	19	土	×	輟	그칠, 꿰맬	車	15	火	×
薦	천거할, 드릴	艸	19	木	△	澈	물맑을	水	16	水	△
濺	흩뿌릴	水	19	水	×	撤	거둘, 치울	手	16	木	×
闡	열, 밝힐, 넓힐	門	20	木	○	錣	쇠바늘, 물미	金	16	金	×
韆	그네	革	24	金	×	瞮	눈밝을	目	17	木	○
						饕	탐식할	食	18	水	×

철

한자	뜻	부수	획수	자원오행	사용적합	한자	뜻	부수	획수	자원오행	사용적합
凸	볼록할	凵	5	水	×	轍	바퀴자국, 흔적	車	19	火	×
剟	깎을	刀	10	金	×	歠	들이마실	欠	19	金	×
哲	밝을, 슬기로울	口	10	水	○	鐵	쇠, 무기	金	21	金	△

한자	뜻	부수	획수	자원오행	사용적합
垘	밝을, 슬기로울	土	10	土	○
悊	밝을, 공경할	心	11	火	○
啜	먹을	口	11	水	×
喆	밝을, 쌍길, 총명할	口	12	水	△
惙	근심할	心	12	火	×
掇	주을, 가릴	水	12	木	×
鉄	쇠, 무기	金	13	金	△

첨

한자	뜻	부수	획수	자원오행	사용적합
尖	뾰족할	小	6	金	×
忝	더럽힐	心	8	火	×
沾	더할, 첨가할	水	9	水	△
甜	달, 곤히 잘	甘	11	土	△
甛	달, 곤히 잘	甘	11	土	△
添	더할, 덧붙일	水	12	水	△

한자	뜻	부수	획수	자원오행	사용적합	한자	뜻	부수	획수	자원오행	사용적합
惉	가락 어지러울	心	12	火	×	貼	붙을, 접근할	貝	12	金	△
僉	다, 여럿, 모두	人	13	火	○	喋	재잘거릴	口	12	水	×
詹	이를, 도달할, 살필	言	13	金	○	堞	성가퀴	土	12	土	×
諂	아첨할, 알랑거릴	言	15	金	×	睫	속눈썹	目	13	木	×
幨	수레휘장	巾	16	木	×	牒	편지, 계보	片	13	木	△
檐	처마	木	17	木	×	輒	문득, 갑자기	車	14	火	×
瞻	볼, 우러러볼	目	18	木	○	諜	염탐할, 안심할	言	16	金	×
襜	행주치마	衣	19	木	×	褺	겹옷	衣	17	木	△
簽	죽롱, 쪽지	竹	19	木	×	疊	겹칠, 포갤	田	22	土	△
簷	처마	竹	19	木	×	**청**					
櫼	쐐기	木	21	木	×	靑	푸를, 젊을	靑	8	木	○
瀸	건수, 적실, 망할	水	21	水	×	青	푸를, 젊을	靑	8	木	○
籤	제비, 시험할	竹	23	木	×	凊	서늘할, 추울	冫	10	水	△
첩						圊	뒷간	口	11	木	×
妾	첩, 계집종	女	8	土	×	婧	날씬할, 정결할 날씬한(정)	女	11	土	○
帖	표제, 문서	巾	8	木	△	淸	맑을, 깨끗할	水	12	水	○
呫	소곤거릴	口	8	水	×	晴	갤, 맑을	日	12	火	×
怗	고요할, 복종할	心	9	火	△	清	맑을, 깨끗할	水	12	水	○
倢	빠를	人	10	火	△	菁	우거질, 화려할	艸	14	木	△
捷	이길, 빠를	手	12	木	△	蜻	잠자리, 귀뚜라미	虫	14	水	×

한자	뜻	부수	획수	자원 오행	사용 적합	한자	뜻	부수	획수	자원 오행	사용 적합
請	청할, 물을	言	15	金	△	諦	살필, 이치	言	16	金	△
鯖	청어	魚	19	水	×	諟	살필, 다스릴	言	16	金	○
鶄	해오라기	鳥	19	火	×	遞	갈마들, 갈릴	辵	17	土	△
聽	들을, 기다릴	耳	22	火	△	蔕	꼭지	艸	17	木	×
廳	관청, 마을	广	25	木	△	體	몸, 근본	骨	23	金	△
<td colspan="6" align="center">**체**</td>						靆	구름낄	雨	24	水	×
切	온통, 모두, 일체, 끊을(절)	刀	4	金	×	<td colspan="6" align="center">**초**</td>					
剃	머리깎을	刀	9	金	×	艸	풀	艸	6	木	×
砌	섬돌	刀	9	金	×	初	(姓), 처음	刀	7	金	△
玼	옥빛깨끗할	玉	10	金	△	岹	높을, 산우뚝할	山	8	土	△
涕	눈물, 울	水	11	水	×	姏	여자의 자	女	8	土	○
替	바꿀, 대신할, 베풀	日	12	火	△	抄	베낄, 뽑을, 빼앗을	手	8	木	×
棣	앵두나무	木	12	木	×	炒	볶을, 떠들	火	8	火	×
彘	돼지	⺕	12	水	×	杪	나무 끝	木	8	木	×
逮	잡을, 미칠, 이를	辵	15	土	△	俏	닮을, 예쁠	人	9	火	○
髰	머리깎을	髟	15	火	×	怊	슬퍼할	心	9	火	×
締	맺을	糸	15	木	○	秒	분초, 까끄라기	禾	9	木	×
滯	막힐, 빠질	水	15	水	×	招	부를, 손짓할	手	9	木	△
殢	나른할, 막힐, 나른할(혜)	歹	15	水	×	肖	(姓), 닮을, 같을	肉	9	水	△
蔕	꼭지	艸	15	木	×	哨	망볼, 작을	口	10	水	×

한자	뜻	부수	획수	자원오행	사용적합	한자	뜻	부수	획수	자원오행	사용적합
耖	써레	耒	10	金	×	剿	겁탈할, 노곤할	刀	13	金	×
峭	가파를, 엄할	山	10	土	×	愀	근심할, 정색할, 쓸쓸할(추)	心	13	火	×
梢	나뭇가지 끝	木	11	木	×	綃	생사, 생초	糸	13	木	×
苕	완두, 능초풀	艹	11	木	×	僬	밝게 볼	人	14	火	△
釥	좋은 쇠	金	11	金	○	誚	꾸짖을	言	14	金	×
俅	인정없을, 걱정할	人	11	火	×	嶕	산높을	山	15	土	△
悄	근심할	心	11	火	×	嫶	수척할	女	15	土	×
硝	초석, 화약	石	12	金	△	醋	식초, 초	酉	15	金	×
椒	산초	木	12	木	×	噍	지저귈, 씹을	口	15	水	△
貂	담비	豸	12	水	×	趠	넘을, 뛸	走	15	火	△
稍	점점, 작을	禾	12	木	×	髫	다박머리, 단발머리	髟	15	火	×
草	풀, 시작할	艹	12	木	△	樵	나무할, 땔나무	木	16	木	△
焦	그을릴, 탈	火	12	火	×	憔	수척할, 애태울	心	16	火	×
超	뛰어넘을, 뛰어날	走	12	火	○	燋	그을릴	火	16	火	×
酢	초, 식초	酉	12	金	×	鞘	칼집	革	16	金	×
鈔	노략질할	金	12	金	×	礁	암초	石	17	金	×
軺	수레	車	12	火	△	鍬	가래, 삽	金	17	金	×
迢	멀, 높을	辶	12	土	△	鍫	가래, 괭이	金	17	金	×
勦	노곤할, 괴로워할	力	13	土	×	礎	주춧돌, 기초	石	18	金	△
楚	(姓), 초나라, 나라, 고을	木	13	木	△	蕉	파초	艹	18	木	×

한자	뜻	부수	획수	자원 오행	사용 적합	한자	뜻	부수	획수	자원 오행	사용 적합
醮	제사지낼, 초례	酉	19	金	×	寸	마디	寸	3	木	×
譙	꾸짖을, 책망할	言	19	金	×	时	마디	口	6	水	×
齼	이갈	齒	20	金	×	村	마을	木	7	木	△
顦	야윌, 파리할	頁	21	火	×	忖	헤아릴	心	7	火	△
鷦	뱁새	鳥	23	火	×	邨	마을, 시골	邑	11	土	△
齭	오색선명할	黹	23	木	△	**총**					
촉						冢	무덤	冖	10	木	×
促	재촉할, 촉박할	人	9	火	×	悤	바쁠, 급할	心	11	火	×
蜀	나라이름, 땅이름	虫	13	水	△	塚	무덤, 산꼭대기	土	13	土	×
燭	(姓), 촛불, 등불	火	17	火	△	総	거느릴, 합할	糸	14	木	○
蜀	접시꽃	艸	19	木	×	銃	총	金	14	金	×
躅	머뭇거릴	足	20	土	×	聡	귀밝을, 총명할	耳	14	火	○
觸	닿을, 부딪힐	角	20	木	×	悤	분주할, 바쁠	心	15	火	×
髑	해골	骨	23	金	×	摠	거느릴, 모두	手	15	木	△
囑	부탁할, 맡길	口	24	水	△	葱	파, 부들	艸	15	木	×
矗	우거질, 곧을	目	24	木	○	聰	귀밝을, 총명할	耳	17	火	○
矚	비출	日	25	火	△	蔥	푸를, 파, 부들	艸	17	木	△
爥	촛불, 비출	火	25	火	△	總	합할, 다, 거느릴	糸	17	木	○
矚	볼	日	26	木	△	蓯	우거질	艸	17	木	△
촌						叢	떨기, 모을	又	18	水	○

한자	뜻	부수	획수	자원오행	사용적합	한자	뜻	부수	획수	자원오행	사용적합
鏦	창, 지를	金	19	金	×	秋	(姓), 가을	禾	9	木	×
寵	사랑할, 은혜	宀	19	木	○	抽	뽑을, 뺄	手	9	木	×
驄	총이말	馬	21	火	×	酋	우두머리	酉	9	金	△
촬						芻	꼴, 말린풀	艸	10	木	×
撮	사진찍을, 모를	手	16	木	△	娵	별이름, 미녀	女	11	土	△
최						推	밀, 옮을	手	12	木	△
崔	(姓), 높을	山	11	土	△	椎	몽치, 망치	木	12	木	△
最	가장, 제일, 최상	日	12	火	△	啾	작은소리, 읊조릴	口	12	水	△
催	재촉할, 열, 베풀	人	13	火	△	惆	낙심할, 슬퍼할	心	12	火	×
脧	불알, 고환	肉	13	水	×	捶	종아리 칠	手	12	木	×
榱	서까래	木	14	木	△	追	쫓을, 뒤따를	辵	13	土	×
嘬	깨물	口	15	水	×	楸	가래나무, 개오동나무	木	13	木	×
摧	꺾을	手	15	木	×	湫	다할, 바닥날	水	13	水	×
漼	깊을, 선명	手	15	水	○	揫	모을, 묶을	手	13	木	△
璀	빛날, 옥광채	玉	16	金	○	甃	벽돌	瓦	14	土	×
磪	산높을	石	16	金	△	傚	품삯, 세낼	人	14	火	×
縗	상복이름	糸	16	木	×	搥	칠	手	14	木	×
추						箠	채찍	竹	14	木	×
帚	빗자루, 깨끗할	巾	8	木	△	墜	떨어질	土	15	土	×
隹	새, 뻐꾸기	隹	8	火	×	皺	주름	皮	15	金	×

한자	뜻	부수	획수	자원오행	사용적합	한자	뜻	부수	획수	자원오행	사용적합
萩	사철쑥	艹	15	木	×	騶	마부	馬	20	火	△
諏	물을, 자문할	言	15	金	△	鰌	미꾸라지	魚	20	水	×
樞	지도리, 근원	木	15	木	△	鰍	미꾸라지	魚	20	水	×
陬	모퉁이, 구석	阜	16	土	△	鷲	무수리	鳥	20	火	×
蒭	꼴, 풀	艹	16	木	×	龝	가을	龜	21	木	△
錐	송곳, 바늘	金	16	金	×	鷫	난새	鳥	21	火	×
錘	저울추	金	16	金	△	麤	거칠	鹿	33	土	△
瘳	병나을	广	16	水	△		축				
縋	매달, 줄	糸	16	木	△	丑	소, 두 번째 지지	一	4	土	×
縐	주름질	糸	16	木	×	妯	동서	女	8	土	×
鄒	(姓), 추나라	邑	17	土	△	竺	대나무, 나라이름	竹	8	木	△
趨	달아날, 쫓을	走	17	土	×	豕	돼지걸음	豕	8	水	×
醜	추할, 못생길	酉	17	金	×	祝	빌, 축원할	示	10	金	△
簉	버금자리, 부거	竹	17	木	△	畜	짐승, 기를	田	10	土	×
鎚	쇠망치, 저울	金	18	金	△	舳	고물	舟	11	木	×
雛	병아리	隹	18	火	×	筑	악기이름, 비파	竹	12	木	×
鞦	(姓), 그네, 밀치	革	18	金	×	軸	굴대, 굴레	車	12	火	△
騅	오추마	馬	18	火	×	逐	쫓을, 다툴	辵	14	土	×
魋	몽치머리	鬼	18	火	×	築	쌓을, 집지을	竹	16	木	△
鶖	비둘기	鳥	19	火	×	蓄	쌓을, 둘	艹	16	木	△

한자	뜻	부수	획수	자원오행	사용적합
縮	줄일, 오그라들	糸	17	木	×
蹙	닥칠, 대어들	足	18	土	×
踧	종종걸음칠	足	18	土	×
鼀	두꺼비	黽	18	土	×
蹴	찰, 밟을	足	19	土	×
춘					
春	봄	日	9	火	×
椿	(姓), 참죽나무	木	13	木	×
瑃	옥이름	玉	14	金	○
賰	넉넉할	貝	16	金	○
출					
朮	차조	木	5	木	×
出	날, 낳을, 뛰어날, 나아갈	凵	5	土	○
秫	차조	禾	10	木	×
黜	물리칠, 내칠	黑	17	水	×
충					
充	(姓), 가득할, 채울	儿	6	木	△
虫	벌레	虫	6	水	×
冲	빌, 공허할	冫	6	水	×
忠	충성	心	8	火	△

한자	뜻	부수	획수	자원오행	사용적합
沖	화할, 부딪힐	水	8	水	×
忡	근심할	心	8	火	×
衷	속마음, 정성	衣	10	木	△
珫	귀고리옥	玉	11	金	△
衝	찌를, 충돌할	行	15	火	×
蟲	벌레	虫	18	水	×
췌					
悴	파리할, 근심할	心	12	火	×
惴	두려워할	心	13	火	×
揣	헤아릴	手	13	木	○
瘁	병들, 여월	疒	13	水	×
萃	모을, 모일	艸	14	木	△
顇	야윌	頁	17	火	×
膵	췌장	肉	18	水	×
贅	군더더기	貝	18	金	×
취					
吹	불, 숨쉴	口	7	火	×
取	가질, 취할	又	8	水	△
炊	불땔, 밥지을	火	8	火	△
臭	냄새, 썩을	自	10	水	×

한자	뜻	부수	획수	자원오행	사용적합	한자	뜻	부수	획수	자원오행	사용적합
冣	모을, 쌓을	一	10	木	○	惻	슬퍼할	心	13	火	×
娶	장가들	女	11	土	×	**층**					
脆	약할, 무를	肉	12	水	×	層	계단, 층	尸	15	木	×
毳	솜털	毛	12	火	×	**치**					
就	이룰, 나아갈	尤	12	土	○	卮	술잔	卩	5	土	×
翠	물총새(암컷), 비취색	羽	14	火	×	豸	벌레	豸	7	水	×
聚	모일, 무리	耳	14	火	△	侈	사치할	人	8	火	×
趣	뜻, 달릴, 재미	走	15	火	○	治	다스릴, 익힐	水	9	水	○
醉	취할	酉	15	金	×	哆	입딱벌릴	口	9	水	△
嘴	부리, 주둥이	口	15	水	×	峙	언덕, 산우뚝할	山	9	土	○
橇	썰매	木	16	木	×	蚩	어리석을	虫	10	水	×
鷲	독수리	鳥	23	火	×	值	값, 만날	人	10	火	○
驟	달릴, 신속할	馬	24	火	○	恥	부끄러울	心	10	火	×
측						致	이를, 빽빽할	至	10	土	△
仄	기울, 우뚝솟을	人	4	火	×	梔	치자나무	木	11	木	×
昃	기울	日	8	火	×	痔	치질	广	11	水	×
側	곁, 옆	人	11	火	×	痓	악할, 풍병	广	11	水	×
厠	뒷간, 기울, 섞일	厂	11	木	×	畤	제사터	田	11	土	×
廁	뒷간, 기울, 섞일	广	12	木	×	阤	비탈	阜	11	土	×
測	측량할, 잴	水	13	水	△	淄	물이름, 검은빛	水	12	水	×

한자	뜻	부수	획수	자원오행	사용적합	한자	뜻	부수	획수	자원오행	사용적합
踟	머뭇거릴	足	13	土	×	穉	어릴	禾	17	木	×
絺	칡베	糸	13	木	×	鴟	솔개, 올빼미	鳥	17	火	×
嗤	비웃을	口	13	水	×	癡	어리석을	疒	19	水	×
稚	어릴, 어린벼	禾	13	木	×	薙	목련	艸	19	木	×
雉	꿩	隹	13	火	×	鯔	숭어	魚	19	水	×
馳	달릴, 쫓을	馬	13	火	△		**칙**				
痴	어리석을	疒	13	水	×	則	법칙, 본받을	刀	9	金	○
寘	둘, 다할	宀	13	木	△	勅	칙서, 타이를	力	9	土	△
置	둘, 버릴, 베풀	罒	14	木	△	敕	칙서, 조서	攴	11	金	△
緇	검을, 승복	糸	14	木	×	飭	훈계할, 삼갈	食	13	水	△
蓄	묵정밭	艸	14	木	×		**친**				
幟	기, 표지	巾	15	木	△	親	친할, 친척	見	16	火	○
齒	나이, 이	齒	15	金	×	櫬	무궁화나무	木	20	木	×
輜	짐수레	車	15	火	△	襯	속옷	衣	22	木	×
緻	빽빽할, 이를	糸	16	木	△		**칠**				
熾	성할, 맹렬할	火	16	火	○	七	일곱	一	7	金	△
襭	빼앗을	衣	16	木	×	柒	옻칠할, 일곱	木	9	木	×
錙	저울눈	金	16	金	×	漆	옻칠할	水	15	水	×
鴟	올빼미	鳥	16	火	×		**침**				
鴙	꿩	鳥	16	火	×	沈	잠길, 빠질	水	8	水	×

한자	뜻	부수	획수	자원오행	사용적합	한자	뜻	부수	획수	자원오행	사용적합
忱	정성, 참마음	心	8	火	○						
枕	베개	木	8	木	×						
侵	침노할, 침범할	人	9	火	×						
針	바늘	金	10	金	×						
砧	다듬잇돌	石	10	金	×						
浸	젖을, 담글, 잠길	水	11	水	×						
棽	나뭇가지 무성할	木	12	木	△						
琛	보배, 옥	玉	13	金	△						
寑	잠길	宀	13	木	×						
椹	모탕	木	13	木	×						
寢	잠잘, 쉴	宀	14	木	△						
郴	고을이름	邑	15	土	○						
鋟	새길	金	15	金	×						
鍼	침	金	17	金	×						
駸	달릴, 빠를	馬	17	火	△						

칩

한자	뜻	부수	획수	자원오행	사용적합
蟄	잠잘, 숨을	虫	17	水	×

칭

한자	뜻	부수	획수	자원오행	사용적합
秤	저울	禾	10	木	△
稱	일컬을, 칭찬할	禾	14	木	△

한자	뜻	부수	획수	자원오행	사용적합	한자	뜻	부수	획수	자원오행	사용적합
쾌						舵	선박 키	舟	11	木	△
夬	터놓을, 쾌이름	大	4	木	△	唾	침뱉을	口	11	水	×
快	쾌할, 상쾌할	心	8	火	△	詑	속일	言	12	金	×
噲	목구멍, 시원할, 까칠까칠할(괄)	口	16	水	△	跎	헛디딜	足	12	土	×
타						陀	비탈집, 험할	阜	13	土	△
他	다를, 남	人	5	火	×	詫	속일, 자랑할	言	13	金	×
打	칠	手	6	木	×	躱	감출	身	13	土	×
朶	꽃떨기, 늘어질	木	6	木	×	楕	길고 둥글	木	13	木	△
佗	다를	人	7	火	×	惰	게으를, 소홀할	心	13	火	×
妥	온당할, 편안할	女	7	土	○	馱	태울, 실을	馬	13	火	×
坨	비탈길	土	8	土	×	墮	떨어질, 무너질(휴)	土	15	土	×
拖	끌어당길	手	9	木	△	馳	낙타	馬	15	火	×
咤	꾸짖을, 슬퍼할	口	9	水	×	駝	낙타, 타조	馬	15	火	×
拕	끌, 당길	手	9	木	△	橢	길쭉할	木	16	木	△
柂	키(배의 키), 선박 키	木	9	木	△	鮀	문절망둑	魚	16	水	×
沱	물갈래	水	9	水	×	鴕	타조	鳥	16	火	×

한자	뜻	부수	획수	자원 오행	사용 적합	한자	뜻	부수	획수	자원 오행	사용 적합
鼉	악어	黽	25	土	×	逴	멀, 아득할	辵	15	土	△
	탁					槖	전대, 풀무	木	16	木	×
托	맡길, 의지할	手	7	木	△	濁	물 흐릴	水	17	水	×
坼	터질, 갈라질	土	8	土	×	濯	(姓), 씻을, 클, 빛날	水	18	水	○
卓	(姓), 높을, 뛰어날	十	8	木	○	擢	뽑을	手	18	木	×
矺	찢어죽일, 돌로 칠(책)	石	8	金	×	鐸	방울, 요령	金	21	金	△
度	헤아릴, 꾀할	广	9	木	○	籜	대껍질	竹	22	木	×
柝	쪼갤	木	9	木	×	蘀	낙엽, 갈댓잎	艸	22	木	×
拓	물리칠, 박을	手	9	木	×		**탄**				
拆	터질, 부술	手	9	木	×	呑	(姓), 감출, 삼킬	口	7	水	×
沰	떨어뜨릴	水	9	水	×	坦	평평할, 넓을	土	8	土	○
託	부탁할, 맡길	言	10	金	○	炭	(姓), 숯, 석탄	火	9	火	△
倬	클, 밝을	人	10	火	○	誕	태어날, 기를, 거짓	言	14	金	×
啄	쪼을	口	11	水	×	嘆	탄식할, 한숨쉴	口	14	水	×
晫	환할, 밝을	日	12	火	○	綻	옷 터질	糸	14	木	×
涿	칠, 갈	水	12	水	×	歎	탄식할, 읊을	欠	15	金	×
琸	사람이름	玉	13	金	△	彈	(姓), 탄알	弓	15	金	×
琢	옥다듬을, 닦을	玉	13	金	△	憚	꺼릴, 화날, 삼갈	心	16	火	×
槖	전대, 풀무	木	14	木	×	暺	밝을	日	16	火	○
踔	뛰어날, 탁월할	足	15	土	△	殫	다할, 쓰러질	歹	16	水	×

한자	뜻	부수	획수	자원오행	사용적합	한자	뜻	부수	획수	자원오행	사용적합
憻	평탄할, 너그러울	心	17	火	○	塌	애벌갈, 무너질	土	13	土	×
攤	펼칠, 헤칠	手	23	木	△	榻	걸상	木	14	木	×
驒	연전총	馬	23	火	×	搨	베낄, 박을	手	14	木	×
灘	여울	水	23	水	△	**탕**					
癱	중풍	广	24	水	×	帑	금고, 처자(노)	巾	8	木	△
탈						宕	방탕할	宀	8	木	×
侻	가벼울	人	9	火	△	湯	(姓), 끓일, 물끓일	水	13	水	×
脫	벗을, 벗어날	肉	13	水	×	碭	무늬있는 돌	石	14	金	△
奪	잃어버릴, 빼앗길	大	14	木	×	糖	엿, 사탕, 설탕, 엿(당),	米	16	木	×
탐						燙	데울	火	16	火	△
忐	마음 허할	心	7	火	×	盪	씻을, 움직일	皿	17	水	△
眈	노려볼	目	9	木	×	蕩	방탕할, 쓸어버릴	艸	18	木	×
耽	즐길, 기쁨을 누릴	耳	10	火	△	蘯	쓸어 없앨	艸	23	木	×
貪	탐할, 욕심낼	貝	11	金	×	**태**					
酖	즐길, 술에 빠질	酉	11	金	×	太	(姓), 클	大	4	木	△
探	찾을, 정탐할	手	12	木	△	台	(姓), 별이름, 기를	口	5	水	○
噋	여럿이 먹는 소리	口	14	水	×	兌	기쁠, 팔괘의 하나	儿	7	金	△
탑						汰	씻길, 일, 사치할	水	8	水	×
傝	나쁠, 경솔	人	12	火	×	孡	아이 밸	子	8	水	×
塔	탑	土	13	土	△	怠	게으를, 불경스러울	心	9	火	×

|---|---|---|---|---|---|---|---|---|---|---|---|
泰	(姓), 클, 넉넉할	水	9	水	△	澤	(姓), 못, 윤택할	水	17	水	△
殆	위태로울, 거의	歹	9	水	×	擇	가릴, 고를	手	17	木	△
珆	용무늬 있는 옥홀	玉	10	金	○	**탱**					
娧	아름다울	女	10	土	○	掌	버틸, 버팀목	牙	12	金	△
胎	아이밸	肉	11	水	×	撐	버틸, 버팀목	手	16	木	△
苔	이끼	艸	11	木	×	撑	버틸	手	16	木	△
笞	볼기칠, 태형	竹	11	木	×	**터**					
埭	둑, 보	土	11	土	△	攄	펼	水	19	木	△
鈦	티타늄(금속원소)	金	12	金	△	**토**					
邰	나라이름, 태나라	邑	12	土	△	土	흙	土	3	土	×
跆	밟을, 유린할	足	12	土	×	吐	토할	口	6	水	×
迨	미칠, 이를, 원할	辵	12	土	○	兎	토끼, 달	儿	7	木	×
脫	기뻐할	肉	13	水	△	兔	토끼, 달	儿	8	木	×
態	태도, 모습, 뜻	心	14	火	○	討	칠, 다스릴	言	10	金	△
颱	태풍	風	14	木	×	**톤**					
駘	둔마	馬	15	火	×	噋	느릿할	口	15	土	△
鮐	복어, 늙을	魚	16	水	×	**통**					
택						洞	밝을, 꿰뚫을, 골짜기(동)	水	10	水	△
宅	집	宀	6	木	○	恫	상심할, 두려워할(동)	心	10	火	×
垞	언덕, 성이름	土	9	土	○	桶	통, 용기	木	11	木	△

한자	뜻	부수	획수	자원오행	사용적합	한자	뜻	부수	획수	자원오행	사용적합
筒	대통, 대롱	竹	12	木	△	偸	훔칠, 구차할	人	11	火	×
統	거느릴, 통솔할	糸	12	木	○	渝	변할	水	13	水	△
痛	아플, 슬퍼할	疒	12	水	×	透	통할, 사무칠	辶	14	土	△
箭	대통	竹	13	木	△	骰	주사위	骨	14	金	×
通	통할, 형통할	辶	14	土	△	鬪	싸울, 다툴, 싸움	鬥	20	木	×
慟	서러워할, 애통할	心	15	火	×	**퉁**					
樋	나무이름	木	15	木	△	佟	성씨, 강이름(동)	人	7	火	△
퇴						**특**					
堆	언덕, 쌓일	土	11	土	○	忒	틀릴, 의심할	心	7	火	×
退	물러갈, 겸양할	辶	13	土	×	特	특별할, 수컷	牛	10	土	△
槌	망치, 칠	木	14	木	×	慝	사특할, 간사할	心	15	火	×
腿	넓적다리, 정강이	肉	16	水	×	**틈**					
褪	바랠, 빛이 엷어질	衣	16	木	×	闖	엿볼	門	18	木	×
頹	무너질, 기울	頁	16	火	×						
隤	무너질, 실패할	阜	20	土	×						
투											
妒	강샘할, 투기할	女	7	土	×						
妬	샘낼, 질투, 시샘할	女	8	土	×						
投	던질, 줄, 의탁할	手	8	木	×						
套	덮개, 씌울, 한 벌	大	10	木	×						

한자	뜻	부수	획수	자원오행	사용적합	한자	뜻	부수	획수	자원오행	사용적합
파						破	깨트릴, 깨질	石	10	金	×
巴	(姓), 바랄, 땅이름	己	4	土	△	耙	써레, 쟁기	耒	10	土	×
叵	어려울	口	5	水	×	婆	할미	女	11	土	×
妑	새앙머리	女	7	土	×	跛	절뚝발이, 기대어 설	足	12	土	×
坡	고개, 언덕	土	8	土	△	琶	비파나무	玉	13	金	×
岥	비탈, 고개	山	8	土	△	菠	시금치	艸	14	木	×
杷	비파나무	木	8	木	×	頗	자못, 부정할	頁	14	火	×
爸	아비	父	8	木	×	葩	꽃	艸	15	木	×
把	잡을	手	8	木	△	播	씨뿌릴, 심을	手	16	木	△
爬	긁을	爪	8	木	△	罷	마칠, 파할, 내칠	罓	16	木	×
怕	두려워할	心	9	火	×	皤	흴, 볼록할	白	17	金	△
波	물결, 움직일	水	9	水	△	鄱	고을이름	邑	19	土	△
派	물갈래, 보낼	水	10	水	△	擺	열, 헤칠	手	19	木	×
芭	파초, 풀이름	艸	10	木	×	簸	까부를	竹	19	木	×
玻	유리	玉	10	金	×	灞	물이름	水	25	水	△
笆	가시대	竹	10	木	×	**판**					

한자	뜻	부수	획수	자원오행	사용적합	한자	뜻	부수	획수	자원오행	사용적합
判	(姓), 판단할, 쪼갤	刀	7	金	△	唄	염불소리, 찬불	口	10	水	×
坂	고개, 언덕	土	7	土	△	旆	기, 선구	方	10	土	△
板	(姓), 널빤지	木	8	木	×	浿	강이름, 물가	水	11	水	△
版	조각, 관목	片	8	木	×	珮	찰, 지닐	玉	11	金	△
販	팔	貝	11	金	×	悖	거스를, 어그러질	心	11	火	×
鈑	금박	金	12	金	○	敗	패할	攴	11	金	×
阪	비탈, 언덕, 둑	阜	12	土	△	狽	이리	犬	11	土	×
辦	힘쓸, 갖출	辛	16	金	△	牌	패, 호패	片	12	木	△
瓣	오이씨, 꽃잎	瓜	19	木	×	稗	피	禾	13	木	×
팔						霈	비쏟아질	雨	15	水	△
叭	입벌릴, 나팔	口	5	水	×	覇	으뜸, 두목	雨	19	金	△
朳	고무래	木	6	木	×	霸	으뜸, 두목	雨	21	水	△
汃	물결치는 소리	水	6	水	△	**팽**					
八	여덟	八	8	金	△	祊	제사	示	9	木	×
捌	깨뜨릴, 쳐부술	手	11	木	×	砰	돌 구르는 소리	石	10	金	△
패						烹	삶을, 삶아죽일	火	11	火	×
貝	조개	貝	7	金	×	彭	(姓), 땅이름	彡	12	火	△
孛	살별, 해성	子	7	水	△	澎	물소리	水	16	水	△
佩	찰, 노리개	人	8	火	×	膨	(배가)부를, 부풀, 불룩	肉	18	水	△
沛	늪, 습지	水	8	水	×	蟚	방게	虫	18	水	×

한자	뜻	부수	획수	자원 오행	사용 적합	한자	뜻	부수	획수	자원 오행	사용 적합
蟛	방게	虫	18	水	×	諞	말잘할	言	16	金	△
퍅						鞭	채찍	革	18	金	×
愎	강퍅할, 괴팍할	心	13	火	×	騙	속일, 기만할	馬	19	火	×
편						**폄**					
片	(姓), 조각	片	4	木	×	砭	돌침	石	10	金	×
便	편안할, 소식, 휴식	人	9	火	△	窆	하관할	穴	10	水	×
扁	(姓), 작을, 좁을	戶	9	木	×	貶	떨어뜨릴, 낮출	貝	12	金	×
偏	치우칠, 기울	人	11	火	×	**평**					
匾	납작할	匚	11	金	△	平	(姓), 평탄할, 화목할	于	5	木	○
徧	두루, 널리	彳	12	火	○	坪	들, 평평할	土	8	土	○
愊	편협할	心	13	火	×	怦	곧을, 조급할	心	9	火	×
篇	책	竹	15	木	△	枰	바둑판	木	9	木	△
編	엮을	糸	15	木	○	泙	물소리	水	9	水	△
翩	나부낄, 펄럭일	羽	15	火	△	抨	탄핵할	手	9	木	×
緶	꿰맬	糸	15	木	×	苹	개구리밥	艸	11	木	×
艑	거룻배, 큰배	舟	15	木	△	評	평론할, 의논할	言	12	金	○
蔙	마디풀	艸	15	木	×	萍	부평초, 개구리밥	艸	14	木	×
蝙	박쥐	虫	15	水	×	鮃	넙치	魚	16	水	×
褊	좁을, 성급할	衣	15	木	×	蓱	부평초	艸	17	木	×
遍	두루, 모든	辵	16	土	○	**폐**					

한자	뜻	부수	획수	자원오행	사용적합	한자	뜻	부수	획수	자원오행	사용적합
吠	짖을	口	7	水	×	抛	내던질, 버릴	手	8	木	×
肺	허파	肉	10	水	×	怖	두려워할, 떨	心	9	火	×
閉	닫을	門	11	木	×	炮	통째로 구울	火	9	火	×
狴	감옥, 들개	犬	11	土	×	炰	통째로 구울	灬	9	火	×
敝	해질, 깨질	攴	12	金	×	抱	안을, 가질	手	9	木	△
陛	층계, 대궐섬돌	阜	15	土	△	泡	물거품, 성할	水	9	水	×
廢	폐할, 버릴	广	15	木	×	匍	길쭉할	勹	9	木	△
幣	화폐, 돈	巾	15	木	×	抛	던질, 버릴	手	9	木	×
弊	폐단, 해질	廾	15	水	×	哺	먹을, 씹어먹을	口	10	水	×
嬖	사랑할, 친압할	女	16	土	△	疱	천연두, 마마	疒	10	水	×
獘	넘어질	犬	16	土	×	砲	대포	石	10	金	△
癈	고질병, 폐질	疒	17	水	×	圃	밭, 들일, 넓을, 클	口	10	水	○
蔽	덮을, 숨길	艸	18	木	×	袍	도포, 웃옷	衣	11	木	△
斃	넘어질, 쓰러질	攴	18	金	×	匏	박, 악기	勹	11	木	△
포						苞	쌀	艸	11	木	△
布	베, 펼, 베풀, 돈	巾	5	木	○	浦	물가, 개	水	11	水	△
包	(姓), 감쌀, 용납할	勹	5	金	○	捕	사로잡을	手	11	木	△
佈	펼, 알릴	人	7	火	△	晡	신시(申時), 저녁나절	日	11	火	△
咆	고함지를, 성낼	口	8	水	×	胞	세포, 포자	肉	11	水	×
庖	부엌, 음식	广	8	木	△	脯	포	肉	13	水	×

한자	뜻	부수	획수	자원오행	사용적합	한자	뜻	부수	획수	자원오행	사용적합
鉋	대패	金	13	金	×	曝	햇볕쬘, 사나울	日	19	火	△
逋	달아날, 체납할	辶	14	土	×	瀑	폭포, 소나기	水	19	水	×
飽	배부를	食	14	水	△	|| 표
誧	도울	言	14	金	△	杓	북두자루, 별이름, 나타날	木	7	木	○
鞄	혁공	革	14	金	×	表	(姓), 겉, 거죽	衣	8	木	△
葡	포도	艸	15	木	×	俵	나누어줄, 흩을	人	10	火	×
褒	기릴, 칭찬할	衣	15	木	△	豹	표범	豸	10	水	×
鋪	펼, 베풀, 가게	金	15	金	○	髟	(머리)늘어질	髟	10	火	×
暴	사나울	日	15	火	×	票	(姓), 표, 쪽지	示	11	火	△
餔	저녁밥	食	16	水	×	彪	범	彡	11	火	×
蒲	창포, 부들	艸	16	木	×	殍	굶어죽을	歹	11	水	×
鮑	절인 어물	魚	16	水	×	剽	표독할, 빠를	刀	13	金	×
儤	번설, 도임할	人	17	火	△	僄	날랠, 가벼울	人	13	火	△
瀑	사나울, 해칠	日	17	火	×	勡	겁박할	力	13	土	×
鯆	돌고래	魚	18	水	×	嫖	날랠, 음탕할	女	14	土	×
|| 폭						嘌	빠를, 어지러울	口	14	水	×
幅	폭, 너비	巾	12	木	△	裱	목도리	衣	14	木	×
暴	사나울, 나타날	日	15	火	×	慓	급할, 날랠	心	15	火	×
輻	바퀴살	車	16	火	△	標	(姓), 표할, 기록할	木	15	木	△
爆	터질, 폭발할	火	19	火	×	漂	뜰, 떠다닐	水	15	水	×

한자	뜻	부수	획수	자원오행	사용적합	한자	뜻	부수	획수	자원오행	사용적합
熛	불똥, 섬광	火	15	火	×	瘋	두풍	广	14	水	×
摽	칠, 떨어질	手	15	木	×	諷	풍자할, 외울	言	16	金	△
瓢	바가지, 표주박	瓜	16	木	×	豐	풍년, 무성할	豆	18	木	△
瞟	들을	耳	17	火	○	**피**					
縹	휘날릴, 옥색	糸	17	木	△	皮	(姓), 가죽, 거죽	皮	5	金	×
鏢	칼끝, 칼집	金	19	金	×	彼	저것, 저	彳	8	火	×
飄	나부낄, 회오리바람	風	20	木	×	披	나눌, 쪼갤	手	9	木	×
驃	황부루, 빠를, 날랠	馬	21	火	○	疲	피곤할, 지칠	广	10	水	×
颲	폭풍, 회오리바람	風	21	木	×	被	이불, 덮을	衣	11	木	△
飆	폭풍, 회오리바람	風	21	木	×	詖	치우칠	言	12	金	×
鰾	부레	魚	22	水	×	陂	방죽, 연못	阜	13	土	△
鑣	재갈	金	23	金	×	鞁	가슴걸이, 고삐	革	14	金	×
품						髲	다리, 가발	髟	15	火	×
品	물건, 품수	口	9	水	△	避	피할, 숨을	辵	20	土	×
稟	여쭐, 줄, 밝을	禾	13	木	○	**픽**					
풍						腷	답답할	肉	15	水	×
風	바람, 모습, 경치	風	9	木	×	**필**					
馮	(姓), 성씨	馬	12	火	△	匹	짝, 혼자, 하나	匸	4	水	×
楓	단풍나무	木	13	木	△	必	반드시, 오로지	心	5	火	○
豐	풍년	豆	13	木	△	疋	필, 발, 짝	疋	5	土	△

한자	뜻	부수	획수	자원오행	사용적합	한자	뜻	부수	획수	자원오행	사용적합
佖	점잖을, 가득찰	人	7	火	○	鞸	슬갑	革	20	金	×
咇	향내날	口	8	水	△	韠	슬갑	韋	20	金	×
泌	샘물흐를, 스밀	水	9	水	△						
						핍					
珌	칼집장식	玉	10	金	△	乏	가난할	丿	5	金	×
苾	향기로울	艸	11	木	△	偪	핍박할	人	11	火	×
畢	(姓), 마칠, 다할	田	11	土	△	逼	핍박할, 닥칠	辵	16	土	×
筆	붓, 쓸	竹	12	木	△						
弼	(姓), 도울, 거듭	弓	12	金	○						
滭	샘솟을	水	12	水	○						
鉍	창자루	金	13	金	△						
馝	향기날	香	14	木	○						
斁	다할, 불 모양	攴	15	金	△						
潷	용솟음할	水	15	水	△						
駜	살찔	馬	15	火	△						
觱	피리, 샘솟는 모양	角	16	金	×						
篳	사립문, 피리	竹	17	木	×						
罼	족대, 토끼그물	网	17	木	×						
蓽	콩	艸	17	木	×						
躄	벽제할	足	18	土	×						
鷝	직박구리	鳥	19	火	×						

한자	뜻	부수	획수	자원오행	사용적합	한자	뜻	부수	획수	자원오행	사용적합
하						嘏	클, 복, 굳을	口	14	水	○
下	아래	一	3	水	×	碬	숫돌	石	14	金	×
呀	입벌릴	口	7	水	×	瑕	허물, 티	玉	14	金	×
何	(姓), 어찌	人	7	火	×	瘕	기생충병	广	14	水	×
岈	산골 휑할	山	7	土	×	蝦	새우, 두꺼비	虫	15	水	×
呀	웃음소리, 껄껄 웃을(가)	欠	9	金	○	憪	뜻없을, 자랑할(호)	心	15	火	△
昰	여름, 클	日	9	火	△	遐	멀리할, 멀	辶	16	土	×
河	(姓), 물, 강이름	水	9	水	○	緞	붉을, 노을	赤	16	火	△
抲	지휘할, 멜	手	9	木	△	嗬	웃을	口	16	水	△
夏	(姓), 나라이름, 여름	夊	10	火	×	罅	틈, 구멍, 실수	缶	17	土	×
賀	(姓), 하례할, 경사	貝	12	金	○	霞	노을, 멀	雨	17	水	×
厦	큰집, 문간방	厂	12	木	△	鍜	경개	金	17	金	×
廈	큰집, 문간방	广	13	木	△	嚇	웃음소리, 성낼(혁)	口	17	水	△
荷	연꽃, 멜	艸	13	木	△	懗	속일	心	18	火	×
閜	활짝 열릴, 서로 도울(가·아)	門	13	木	△	蕸	연잎, 갈대	艸	19	木	×
煆	데울, 마를	火	13	火	×	讚	대답할	言	19	金	△

한자	뜻	부수	획수	자원오행	사용적합	한자	뜻	부수	획수	자원오행	사용적합
鰕	새우, 도롱뇽	魚	20	水	×	恨	한할, 뉘우칠	心	10	火	×
학						邗	땅이름	邑	10	土	△
学	배울, 학교	子	8	水	○	悍	사나울, 성급할	心	11	火	×
虐	사나울, 모질	虍	9	木	×	捍	막을, 방어할	手	11	木	△
狢	오소리	犬	10	土	×	閈	이문, 마을	門	11	木	△
确	자갈땅	石	12	金	×	閑	한가할	門	12	水	△
嗃	엄숙할	口	13	水	△	寒	찰	宀	12	水	×
郝	(姓), 땅이름	邑	14	土	△	邯	조나라 서울, 땅이름(감)	阝	12	土	△
瘧	학질	疒	14	水	×	閒	한가할, 틈	門	12	土	△
學	배울, 공부	子	16	水	○	限	한계, 한정	阜	14	土	△
謔	희롱거릴	言	16	金	×	僩	굳셀	人	14	火	△
鶴	(姓), 두루미, 학	鳥	21	火	×	嫻	우아할, 조용할	女	15	土	○
皬	흴, 희고 깨끗할	白	21	金	△	嫺	우아할, 조용할	女	15	土	○
鸖	비둘기	鳥	24	火	×	漢	(姓), 한수, 강이름	水	15	水	△
한						暵	말릴	日	15	火	△
扞	막을, 저항할	手	7	木	×	瀾	넓을	水	16	水	△
罕	그물, 드물	网	7	木	×	翰	편지, 날개, 글	羽	16	火	△
汗	땀	水	7	水	×	橌	큰나무	木	16	木	△
旱	가물, 물없을	日	7	水	×	鬫	익힐, 법	門	16	木	△
忓	방해할	心	7	火	×	壑	산골짜기, 도랑	土	17	土	△

한자	뜻	부수	획수	자원오행	사용적합	한자	뜻	부수	획수	자원오행	사용적합
嶭	산높을 모양	山	17	土	△	銜	재갈, 머금을	金	14	金	×
澣	빨래할, 열흘	水	17	水	×	菡	연꽃	艸	14	木	×
韓	(姓), 나라이름	韋	17	金	△	緘	봉할	糸	15	木	×
鼾	코 고는 소리	鼻	17	金	×	陷	함정, 빠질	阜	16	土	×
駻	사나운 말	馬	17	火	×	諴	화동할	言	16	金	△
韓	흰꿩	隹	18	火	×	檻	난간, 감옥	木	18	木	×
瀚	넓고 큰, 사막	水	20	水	△	艦	싸움배	舟	20	木	△
鵬	백한, 솔개	鳥	23	火	×	鹹	다, 짠맛	鹵	20	水	×
할						闞	범소리	門	20	木	×
割	벨, 나눌, 쪼갤	刀	12	金	×	轞	함거	車	21	火	×
瞎	애꾸눈	目	15	木	×	**합**					
轄	다스릴	車	17	火	○	合	(姓), 합할, 맞을	口	6	水	△
함						匂	돌(돌다), 만날	勹	8	金	△
含	머금을, 용납할	口	7	水	△	哈	웃는소리, 마실	口	9	水	△
函	상자, 함	凵	8	木	△	柙	짐승우리, 궤	木	9	木	×
咸	(姓), 다, 모두	口	9	水	○	盍	덮을, 합할	皿	10	金	△
啣	재갈	口	11	水	×	盒	찬합	皿	11	金	×
喊	소리칠, 고함지를	口	12	水	×	蛤	대합조개	虫	12	水	×
涵	젖을	水	12	水	×	嗑	입다물	口	13	水	×
莟	꽃술, 연꽃	艸	13	木	×	郃	고을이름	邑	13	土	△

한자	뜻	부수	획수	자원오행	사용적합	한자	뜻	부수	획수	자원오행	사용적합
閤	쪽문, 규방	門	14	木	×	恒	항상, 늘, 옛	心	10	火	△
榼	통(물통), 뚜껑	木	14	木	×	恆	항상	心	10	火	△
溘	갑자기, 문득	水	14	水	×	項	조목, 목덜미, 항목	頁	12	火	△
陝	땅이름, 좁을(협)	阜	15	土	×	缿	투서함, 저금통	缶	12	土	△
闔	문짝	門	18	木	×	港	항구, 뱃길	水	13	水	△
항						頏	날아내릴, 목구멍(강)	頁	13	火	×
亢	높을, 목, 올라갈	亠	4	水	△	降	항복할	阜	14	土	×
夯	멜, 힘주어들	大	5	木	△	嫦	항아, 계집이름	女	14	土	○
行	항렬, 굳셀	行	6	火	△	**해**					
伉	짝, 굳셀, 맞설	人	6	火	△	亥	돼지, 열두 번째 지지	亠	6	水	×
沆	큰물, 흐를	水	8	水	△	哈	비웃을	口	8	水	×
杭	건널, 나룻배	木	8	木	○	咳	어린아이 웃을, 기침	口	9	水	×
抗	막을, 겨룰	水	8	木	×	孩	어린아이, 어릴	子	9	水	×
炕	마를, 구울	火	8	火	×	祄	도울	示	9	木	△
肛	항문	肉	9	水	×	垓	지경, 경계, 끝	土	9	土	△
姮	항아, 계집이름	女	9	土	○	害	해할, 해칠	宀	10	木	×
巷	거리	己	9	土	×	奚	어찌, 여자 종	大	10	水	×
缸	항아리	缶	9	土	△	晐	갖출, 햇빛 비칠	日	10	火	○
航	배, 건널	舟	10	木	△	欬	기침	欠	10	金	×
桁	차꼬, 도리(형)	木	10	木	×	海	(姓), 바다, 클	水	11	水	×

한자	뜻	부수	획수	자원오행	사용적합	한자	뜻	부수	획수	자원오행	사용적합
偕	함께할, 굳셀	人	11	火	○	薤	염교(풀이름)	艸	19	木	×
痎	학질	疒	11	水	×	邂	만날	辵	20	土	△
絯	묶을	糸	12	木	×	瀣	찬이슬	水	20	水	×
該	마땅, 갖출, 그	言	13	金	○		**핵**				
楷	본보기, 나무이름	木	13	木	△	劾	캐물을, 꾸짖을	力	8	水	×
解	(姓), 풀, 가를	角	13	木	△	核	씨	木	10	木	○
陔	층계, 언덕	阝	14	土	△	翮	깃촉	羽	16	火	×
瑎	검은옥돌	玉	14	金	△	覈	핵실할	襾	19	金	×
頦	아랫턱	頁	15	火	×		**행**				
嶰	산골짜기	山	16	土	△	行	다닐, 행할, 갈	行	6	火	○
諧	화할, 고를	言	16	金	○	杏	살구나무	木	7	木	×
駭	놀랄, 소란스러울	馬	16	火	×	幸	(姓), 다행, 행복, 바랄	于	8	木	○
骸	뼈, 해골	骨	16	金	×	倖	요행, 간사할	人	10	火	×
廨	공관, 공해	广	16	木	△	涬	기운, 끌	水	12	水	△
獬	해태	犬	17	土	×	荇	마름풀	艸	12	木	×
懈	게으를	心	17	火	×	悻	성낼	心	12	火	×
澥	바다이름	水	17	水	△		**향**				
醢	젓갈, 육장	酉	17	金	×	向	향할, 나아갈	口	6	水	○
鮭	어채	魚	17	水	×	享	누릴, 드릴	亠	8	土	○
蟹	게, 가물치	虫	19	水	×	香	(姓), 향기로울, 향	香	9	木	△

한자	뜻	부수	획수	자원오행	사용적합	한자	뜻	부수	획수	자원오행	사용적합
晑	밝을	日	10	火	○	幰	수레휘장	巾	19	木	△
珦	옥이름, 구슬	玉	11	金	○	獻	드릴, 바칠	犬	20	土	○
餉	건량, 군량, 도시락	食	15	水	×	櫶	나무이름	木	20	木	△
鄕	(姓), 시골, 마을, 고향	邑	17	土	△	憲	총명할	心	20	火	△
嚮	향할, 권할, 누릴	口	19	水	○	攇	조일, 맬	手	20	木	△
薌	곡식향내	艸	19	木	×	巘	봉우리, 낭떠러지	山	23	土	△
麝	사향사슴	鹿	20	土	×		**헐**				
響	울림, 울리는 소리	音	22	金	△	歇	쉴, 없을, 그칠	欠	13	金	×
饗	잔치할, 연회할	食	22	水	△		**험**				
	허					嶮	험할, 깨뜨릴	山	16	土	×
許	(姓), 허락할, 바랄	言	11	金	△	獫	오랑캐이름	犬	17	土	×
虛	빌, 약할, 헛될	虍	12	木	×	險	험할, 위태로울	阜	21	土	×
噓	울, 불	口	15	水	×	驗	시험할, 증거	馬	23	火	△
墟	언덕, 옛터	土	15	土	△	玁	오랑캐이름	犬	24	土	×
歔	흐느낄	欠	16	金	×		**혁**				
	헌					侐	고요할	人	8	火	△
昍	밝을(훤)	日	8	火	△	革	가죽, 고칠	革	9	金	△
軒	집, 추녀, 난간	車	10	火	○	奕	클, 아름다울	大	9	木	○
輯	초헌, 수레	車	16	火	△	弈	바둑, 도박	廾	9	火	×
憲	법, 표준될	心	16	火	○	洫	봇도랑, 해자	水	10	水	△

한자	뜻	부수	획수	자원오행	사용적합	한자	뜻	부수	획수	자원오행	사용적합
炼	붉을, 밝을, 빛날	火	11	火	○	眩	어지러울, 아찔할	目	10	木	×
焱	불꽃, 불꽃(염), 회오리바람(표)	火	12	火	×	峴	고개, 산이름	山	10	土	△
赫	(姓), 붉을, 빛날	赤	14	火	○	娊	허리가늘	女	10	土	△
嚇	성낼	口	17	水	×	晛	햇살, 밝을	日	11	火	○
爀	붉은빛, 빛날	火	18	火	○	舷	뱃전	舟	11	木	△
鬩	다툴	鬥	18	金	×	絃	악기줄	糸	11	木	○
纈	진한 붉은색	赤	21	火	×	衒	자랑할	行	11	火	△

현

한자	뜻	부수	획수	자원오행	사용적합	한자	뜻	부수	획수	자원오행	사용적합
玄	(姓), 하늘, 검을, 깊을	玄	5	火	○	彂	활	弓	11	金	△
見	나타날	見	7	火	△	絢	무늬, 문채	糸	12	木	○
姽	여자의 자	女	8	土	△	現	나타날, 보일	玉	12	金	△
弦	활시위, 악기줄	弓	8	木	△	琄	옥 모양, 패옥	玉	12	金	○
呟	소리	口	8	水	△	梒	땅이름	木	12	木	○
悁	팔	心	9	火	△	睍	불거진 눈	目	12	火	×
俔	염탐할	人	9	火	×	鉉	솥귀	金	13	金	△
晛	햇빛, 당혹할	日	9	火	△	蜆	바지락	虫	13	水	×
炫	빛날, 밝을	火	9	火	○	誢	말다툼할	言	14	金	×
泫	물깊을, 이슬빛날	水	9	水	△	限	한정할, 한계	阜	15	土	△
玹	옥돌, 옥이름	玉	10	金	○	賢	어질, 좋을, 나을	貝	15	金	○
痃	현벽	疒	10	水	×	儇	총명할, 영리할, 산뜻할	人	15	火	○
						銷	노구솥, 냄비	金	15	金	△

한자	뜻	부수	획수	자원오행	사용적합	한자	뜻	부수	획수	자원오행	사용적합
鋗	작은 끌	金	15	金	×	嫌	싫어할, 의심할	女	13	土	×
嬛	산뜻할	女	16	土	○	**협**					
縣	고을, 매달	糸	16	木	△	叶	맞을, 화합할	口	5	水	○
駽	철총이(검푸른 말)	馬	17	火	×	夾	낄, 좁을	大	7	木	×
顯	나타날	頁	18	火	○	協	화합할, 도울	十	8	水	○
繯	맬, 졸라맬	糸	19	木	△	洽	화할, 젖을	氵	8	水	△
翻	날, 빠를, 경박할	羽	19	火	△	俠	(姓), 호협할	人	9	火	○
譞	슬기로울, 영리할	言	20	金	○	匧	상자	匚	9	木	×
懸	매달릴, 걸	心	20	火	△	恊	화합할	心	10	火	△
譴	구할, 소문퍼트릴	言	22	金	×	峽	골짜기, 산골	山	10	土	△
顯	나타날, 드러날	頁	23	火	○	埉	물가	土	10	土	△
灦	물깊고 맑을	水	27	水	○	挾	끼일, 가질, 품을	手	11	木	△
혈						浹	젖을, 두루 미칠	水	11	水	△
孑	외로울, 남을	子	3	水	×	悏	쾌할, 만족할	心	11	火	○
穴	구멍, 굴	穴	5	水	×	狹	좁을	犬	11	土	×
血	피	血	6	水	×	脅	갈빗대, 옆구리	肉	12	水	×
頁	머리, 목	頁	9	火	×	脇	갈빗대, 옆구리	肉	12	水	×
絜	헤아릴, 잴	糸	12	木	△	莢	꼬투리	艸	13	木	×
趌	나아갈	走	13	火	△	愜	쾌할, 만족할	心	13	火	○
험						鋏	집게, 가위	金	15	金	×

한자	뜻	부수	획수	자원오행	사용적합	한자	뜻	부수	획수	자원오행	사용적합
篋	상자	竹	15	木	×	夐	멀, 아득할	夊	14	金	△
頰	뺨	頁	16	火	×	陘	지레목	阜	15	土	△
			형			熒	의혹할, 밝을	玉	15	金	△
兄	맏이, 형	儿	5	木	×	衡	저울, 평평할	行	16	火	○
刑	(姓), 형벌, 본받을	刀	6	金	×	螢	개똥벌레, 반딧불이	虫	16	水	×
亨	형통할, 통할, 드릴(향)	亠	7	土	○	鎣	꾸밀, 줄	金	18	金	△
形	모양, 형상	彡	7	火	○	瀅	물맑을	水	19	水	△
侀	거푸집, 모양이룰	人	8	火	△	馨	향기로울, 꽃다울	香	20	木	△
炯	빛날, 밝을	火	9	火	○	瀯	물이름	水	22	水	△
洞	찰, 차가울, 멀	水	9	水	×				**혜**		
型	거푸집, 모양	土	9	土	△	匸	감출, 덮을	匸	2	水	×
娙	여관, 여자 종	女	10	土	×	兮	어조사	八	4	金	△
珩	노리개, 구슬, 패옥	玉	11	金	△	盻	흘겨볼	目	9	木	×
邢	(姓), 나라이름	邑	11	土	△	恵	은혜	心	10	火	○
荊	(姓), 가시, 곤장	艸	12	木	×	彗	별이름, 꼬리별, 쓸다	彐	11	火	△
詗	염탐할	言	12	金	×	詍	농담할, 진실한 말, 그러할(예)	言	11	金	○
逈	멀	辵	12	土	△	惠	은혜, 베풀, 어질	心	12	火	○
迥	통달할, 멀	辵	13	土	△	傒	기다릴, 가둘	人	12	火	×
熒	반짝일, 밝을	火	14	火	△	徯	기다릴, 샛길	彳	13	火	△
滎	실개천	水	14	水	△	嘒	작은 소리	口	14	水	×

한자	뜻	부수	획수	자원 오행	사용 적합	한자	뜻	부수	획수	자원 오행	사용 적합
曄	반짝일	日	15	火	○	冱	얼	冫	6	水	×
慧	지혜, 영리할	心	15	火	○	好	(姓), 좋을, 아름다울	女	6	土	×
鞋	가죽신	革	15	金	×	虍	호피무늬	虍	6	木	△
憲	밝을, 깨달을, 살필	宀	15	木	○	岵	산	山	8	土	○
槥	널(작은관), 관	木	15	木	×	呼	부를, 숨 내쉴	口	8	水	△
憓	사랑할, 순종할	心	16	火	○	虎	범, 용맹스러울	虍	8	木	×
樇	나무이름	木	16	木	△	昊	하늘, 여름하늘, 클	日	8	火	△
澋	물결	水	16	水	△	弧	활	弓	8	木	△
蹊	지름길, 좁은길	足	17	土	△	冱	얼, 찰	水	8	水	×
譓	꾸짖을	言	17	金	×	杲	밝을, 밝을(고)	木	8	木	△
蕙	난초, 아름다울	艸	18	木	△	昒	빛날	日	8	火	△
譓	슬기로울, 순종할	言	19	金	○	怙	믿을, 의지할	心	9	火	△
醯	식초, 식혜	酉	19	金	×	芐	지황	艸	9	木	×
鏸	세모창, 날카로울	金	20	金	×	狐	여우	犬	9	土	×
譓	슬기로울	言	22	金	○	祜	복	示	10	金	○
호						芦	지황	艸	10	木	×
戶	집	戶	4	木	△	瓳	반호, 큰 기와	瓦	10	土	△
互	서로, 함께	二	4	水	△	浩	넓을, 넉넉할	水	11	水	△
乎	어조사	丿	5	金	△	扈	(姓), 뒤따를, 막을	戶	11	木	×
号	이름, 부를	口	5	木	△	晧	해돋을, 밝을	日	11	火	○

한자	뜻	부수	획수	자원오행	사용적합	한자	뜻	부수	획수	자원오행	사용적합
毫	가는털, 터럭	手	11	火	×	澔	물가	水	15	水	△
瓠	표주박	瓜	11	木	△	葫	마늘	艸	15	木	×
胡	(姓), 오랑캐	肉	11	水	×	糊	풀칠할	米	15	木	×
媩	재치있을	女	11	土	△	蝴	나비	虫	15	水	×
皓	깨끗할, 흴	白	12	金	○	熩	빛날	火	15	火	○
淏	맑을	水	12	水	○	滬	물이름	水	15	水	△
壺	병, 단지	土	12	木	△	皞	흴, 깨끗할	白	15	金	○
湖	호수, 물	水	13	水	○	儫	호걸, 귀인	人	16	火	○
號	이름, 부를	虎	13	木	△	澔	넓을	水	16	水	○
琥	호박, 서옥	玉	13	金	○	縞	명주	糸	16	木	△
聕	들릴	耳	13	火	△	蒿	쑥	艸	16	木	×
猢	원숭이	犬	13	土	×	醐	우락더껑이	酉	16	金	×
嫭	아름다울	女	14	土	△	壕	해자, 도랑	土	17	土	△
嫮	아름다울	女	14	土	△	鄗	땅이름	邑	17	土	△
豪	호걸, 호협할	豕	14	水	○	藋	빛	艸	17	木	○
瑚	산호	玉	14	金	△	鎬	(姓), 호경, 밝은 모양	金	18	金	○
犒	호궤할	牛	14	土	△	濠	해자, 물이름	水	18	水	△
滈	장마	水	14	水	×	濩	퍼질	水	18	水	△
嘷	울부짖을	口	15	水	×	餬	죽, 풀칠할	食	18	水	×
皜	밝을, 흴	白	15	火	○	鬍	수염	髟	19	火	×

한자	뜻	부수	획수	자원오행	사용적합	한자	뜻	부수	획수	자원오행	사용적합
顥	클, 하늘, 풍류	頁	21	火	○	溷	어지러울	水	14	水	×
護	보호할, 도울	言	21	金	○	閽	문지기	門	16	木	×
頀	구할, 지킬	音	23	金	○	顝	둥글	夏	19	火	△
灝	넓을	水	25	水	△	**홀**					
혹						囫	온전할	口	7	水	△
或	혹, 혹시	戈	8	金	×	忽	갑자기, 문득	心	8	火	×
惑	미혹할, 의심할	心	12	火	×	笏	홀	竹	10	木	△
酷	독할, 향기짙을	酉	14	金	×	惚	황홀할, 흐릿할	心	12	火	×
熇	뜨거울	火	14	火	×	**홍**					
혼						弘	(姓), 넓을, 클	弓	5	火	○
昏	어두울, 날저물	日	8	火	×	汞	수은	水	7	水	×
俒	완전할, 끝날	人	9	火	△	紅	붉을	糸	9	木	×
圂	뒷간	口	10	水	×	虹	무지개	虫	9	水	×
婚	혼인할, 혼인	女	11	土	×	泓	물깊을, 물맑을	水	9	水	△
混	섞일, 흐릴	水	12	水	×	哄	떠들썩할	口	9	水	×
焜	빛날, 초목이 시들	火	12	火	△	洪	(姓), 큰물, 넓을	水	10	水	△
渾	흐릴	水	13	水	×	烘	횃불, 불땔, 말릴	火	10	火	△
溷	어지러울	水	13	水	×	訌	무너질, 어지러울	言	10	金	×
琿	아름다운 옥	玉	14	金	○	哄	날 밝으려 할, 먼동이 틀	日	10	火	△
魂	넋, 혼	鬼	14	火	×	鈜	쇠뇌 고동	金	14	金	×

한자	뜻	부수	획수	자원 오행	사용 적합	한자	뜻	부수	획수	자원 오행	사용 적합
篊	통발	竹	15	木	×	樺	자작나무, 벚나무	木	16	木	×
澒	수은	水	16	水	×	澕	물깊을	水	16	水	△
鬨	싸울	鬥	16	金	×	譁	시끄러울	言	19	金	×
鴻	기러기, 번성할	鳥	17	火	×	驊	준마	馬	22	火	△
화						龢	화할	龠	22	木	△
化	(姓), 화할, 될	匕	4	火	△	**확**					
火	불	火	4	火	×	廓	클	广	14	木	○
禾	벼	禾	5	木	×	確	확실할, 굳을	石	15	金	○
和	(姓), 화할, 화평할	口	8	水	○	碻	확실할, 굳을	石	15	金	○
花	(姓), 꽃, 아름다울	艸	10	木	×	穫	곡식거둘, 벼벨	禾	19	木	○
俰	화할	人	10	火	○	擴	늘일, 넓힐	手	19	木	○
貨	재물, 물품	貝	11	金	△	矍	두리번거릴	目	20	木	×
畫	그림, 그릴	田	12	土	△	礭	회초리	石	21	金	×
靴	가죽신	革	13	金	×	鑊	가마솥	金	22	金	△
話	말씀, 말할	言	13	金	○	攫	붙잡을, 움킬	手	24	木	△
畵	그림	田	13	土	△	矡	창, 송곳	矛	25	金	×
禍	재앙, 재난	示	14	木	×	**환**					
華	(姓), 빛날, 번성할	艸	14	木	△	丸	둥글, 알	丶	3	土	△
嬅	고울, 탐스러울	女	15	土	○	幻	헛보일, 허깨비	幺	4	火	×
嘩	떠들썩할	口	15	水	×	紈	흰비단, 맺을	糸	9	木	○

한자	뜻	부수	획수	자원오행	사용적합	한자	뜻	부수	획수	자원오행	사용적합
宦	벼슬, 관직	宀	9	木	△	還	돌아올, 갚을	辵	20	土	△
奐	빛날, 클	大	9	木	○	轘	환형, 형벌(지명)	車	20	土	×
桓	(姓), 굳셀, 나무	木	10	木	○	鐶	고리	金	21	金	△
洹	세차게 흐를	水	10	水	△	鰥	환어, 홀아비	魚	21	水	×
晥	환할, 깨끗할	日	11	火	○	懽	기뻐할	心	22	火	○
患	근심	心	11	火	×	歡	기뻐할, 친할	欠	22	金	○
喚	부를, 외칠	口	12	水	△	鬟	쪽진머리	髟	23	火	×
皖	환할, 샛별	白	12	火	○	瓛	옥홀	玉	25	金	△
睆	가득찰	目	12	木	△	驩	기뻐할	馬	28	火	○
絙	끈	糸	12	木	△	**활**					
換	바꿀, 고칠	手	13	木	△	活	살, 생기있을	水	10	水	△
渙	흩어질, 풀릴, 찬란할	水	13	水	△	蛞	올챙이	虫	12	水	×
煥	밝을, 불빛	火	13	火	○	猾	교활할, 어지럽힐	犬	14	土	×
豢	기를, 가축	豕	13	水	×	滑	미끄러울, 부드럽게 할	水	14	水	×
瑍	환옥	玉	14	金	△	闊	트일, 넓을	門	17	木	○
寰	천하, 인간세상	宀	16	木	×	豁	소통할, 열릴	谷	17	水	○
圜	두를, 둥글	口	16	水	△	濶	넓을, 거칠	水	18	水	△
擐	(관)꿸, 입을	水	17	水	△	**황**					
鍰	무게단위	金	17	金	×	怳	어슴푸레할	心	9	火	×
環	고리	玉	18	金	△	皇	임금, 클, 성할	白	9	金	△

한자	뜻	부수	획수	자원오행	사용적합	한자	뜻	부수	획수	자원오행	사용적합
況	상황, 형평, 하물며	水	9	水	△	熄	밝을, 영리할	火	14	火	○
肓	명치 끝	肉	9	水	×	慌	마음밝을	心	14	火	△
晃	밝을	日	10	火	○	瑝	옥소리	玉	14	金	△
恍	황홀할	心	10	火	△	慌	어리둥절할	心	14	火	×
晄	밝을	日	10	火	○	篁	대숲	竹	15	木	△
凰	봉황새	几	11	木	×	蝗	누리, 황충	虫	15	水	×
荒	거칠	艸	12	木	×	遑	급할, 허둥거릴	辵	16	土	×
徨	헤멜, 거닐	彳	12	火	×	潢	은하수, 웅덩이	水	16	水	△
喤	울음소리	口	12	水	×	隍	해자	阜	17	土	△
貺	줄, 하사할	貝	12	金	△	璜	패옥, 반달옥	玉	17	金	△
媓	여자이름, 어미	女	12	土	△	鍠	종소리, 방울	金	18	金	△
堭	당집, 전각	土	12	土	△	簧	혀, 피리	竹	18	木	×
黃	(姓), 누를, 누른빛	黃	12	土	△	**회**					
惶	두려워할, 당황할	心	13	火	×	回	돌아올	口	6	水	△
湟	성지, 빠질, 해자	水	13	水	×	灰	재	火	6	火	×
幌	휘장, 포장	巾	13	木	×	会	모일, 기회	人	6	木	○
煌	빛날, 성할	火	13	火	○	佪	어정거릴, 노닐	人	8	火	×
楻	깃대	木	13	木	△	徊	머뭇거릴, 노닐	彳	9	火	×
滉	물깊고 넓을	水	14	水	△	廻	돌이킬, 돌아올	廴	9	水	△
榥	책상	木	14	木	○	恢	넓을, 클	心	10	火	△

한자	뜻	부수	획수	자원 오행	사용 적합	한자	뜻	부수	획수	자원 오행	사용 적합
洄	역류할	水	10	水	×	懷	품을, 생각할	心	20	火	△
晦	그믐, 어두울	日	11	火	×	鱠	회, 뱅어	魚	24	水	×
悔	뉘우칠	心	11	火	×		**획**				
盔	주발, 바리	皿	11	金	×	画	그을, 분할	田	8	土	△
茴	회향풀	艸	12	木	×	劃	그을, 나눌, 새길	刀	14	金	△
淮	강이름, 물이름	水	12	水	△	嚄	외칠	口	17	水	×
絵	그림, 채색	糸	12	木	△	獲	얻을, 계집종	犬	18	土	×
蛔	회충, 거위	虫	12	水	×		**횡**				
賄	재물, 뇌물	貝	13	金	×	宏	클, 집울릴	宀	8	木	△
會	모일, 모을	日	13	木	○	鈜	쇳소리	金	12	金	△
匯	물돌아나갈, 물들	匚	13	水	△	橫	가로지를, 동서	木	16	木	△
詼	조롱할	言	13	金	×	潢	물돌아나갈	水	16	水	△
迴	돌아올	辵	13	土	△	鐄	종, 쇠북	金	20	金	○
誨	가르칠	言	14	金	○	黌	학교	黃	25	土	○
頮	세수할	頁	16	火	△		**효**				
獪	교활할, 간교할	犬	17	土	×	爻	형상, 점괘, 사귈	爻	4	火	×
檜	전나무, 노송나무	木	17	木	×	孝	(姓), 효도	子	7	水	×
澮	봇도랑	水	17	水	△	効	본받을, 공	力	8	土	○
繪	그림	糸	19	木	△	洨	강이름	水	10	水	○
膾	회, 잘게 저민 날고기	肉	19	水	×	庨	높을, 깊을	广	10	木	○

한자	뜻	부수	획수	자원오행	사용적합	한자	뜻	부수	획수	자원오행	사용적합
肴	술안주	肉	10	水	×	譹	부르짖을	言	18	金	×
虓	범울	虍	10	木	×	斆	가르칠, 교육할	攴	20	金	○
烋	거들먹거릴	灬	10	火	×	囂	공허할, 시끄러울	口	21	水	×
效	본받을, 힘쓸	攴	10	金	○	驍	날랠, 굳셀	馬	22	火	○
哮	성낼, 큰소리낼	口	10	水	×		**후**				
滸	물가, 강이름	水	11	水	△	朽	썩을, 부패할	木	6	木	×
梟	올빼미	木	11	木	×	后	(姓), 왕후, 임금, 왕비	口	6	水	△
婋	재치있을	女	11	土	△	吼	울, 부르짖을	口	7	水	×
崤	산이름	山	11	土	△	吽	짖을	口	7	水	×
傚	본받을	人	12	火	○	姁	아름다울, 할미	女	8	土	△
窙	넓을, 높을	穴	12	水	○	後	(姓), 뒤, 늦을	彳	9	火	×
殽	섞일	殳	12	金	×	侯	제후, 임금, 후작 벼슬	人	9	火	△
淆	뒤섞일, 흐릴	水	12	水	×	芋	클, 토란(우)	艸	9	木	△
熇	불길, 엄할	火	14	火	×	垕	두터울	土	9	土	○
歊	김 오를, 더운김	欠	14	金	×	厚	두터울	厂	9	土	○
酵	삭힐, 술괼	酉	14	金	×	矦	임금	矢	9	金	△
皛	나타날, 밝을	白	15	火	○	欨	즐거워할	欠	10	火	○
曉	새벽, 밝을, 깨달을	日	16	火	○	候	(姓), 기후, 절기, 기다릴	人	10	火	△
餚	안주, 익힌요리	食	17	水	×	酗	주정할	酉	11	金	×
嘵	부르짖을, 울릴	口	17	水	△	珝	옥이름, 구슬	玉	11	金	○

한자	뜻	부수	획수	자원오행	사용적합	한자	뜻	부수	획수	자원오행	사용적합
喉	목구멍	口	12	水	×	熏	불길, 연기 ,태울	灬	13	火	△
帿	과녁, 제후	巾	12	木	△	熏	불길, 연기 ,태울	灬	14	火	△
昫	불, 내쉴	口	12	水	△	勲	공훈, 거느릴	力	15	火	△
堠	돈대, 흙성	土	12	土	△	葷	매운채소(훈채)	艸	15	木	×
詡	자랑할, 클	言	13	金	△	勳	공훈, 거느릴	力	16	火	○
嗅	냄새맡을	口	13	水	×	壎	질나발, 흙	土	17	土	△
煦	베풀, 따뜻하게 할	火	13	火	△	獯	오랑캐이름	犬	18	土	×
猴	원숭이	犬	13	土	×	燻	연기낄, 불사를	火	18	火	×
逅	만날, 우연히 만날	辵	13	土	△	曛	어스레할, 석양	日	18	火	△
篌	공후	竹	15	木	×	薰	향풀, 향기	艸	19	木	△
鄇	땅이름	邑	16	土	△	纁	분홍빛	糸	20	木	×
餱	건량	食	18	水	×	薫	향풀, 향기	艸	20	木	△
譃	거짓말	言	19	金	×	蘍	향풀, 향기, 향내, 향초	艸	21	木	△
훈						鑂	금빛투색할	金	22	金	△
訓	가르칠, 새길	言	10	金	○	**훌**					
焄	향내, 김쐴	火	11	火	△	欻	문득, 재빠를	欠	12	金	△
勛	공, 공로	力	12	火	○	**훙**					
暈	무리	日	13	火	×	薨	훙서할, 죽일, 많을(횡)	竹	19	木	×
塤	질나발	土	13	土	×	**훤**					
煇	태울	火	13	火	△	昍	밝을	日	8	火	△

한자	뜻	부수	획수	자원오행	사용적합	한자	뜻	부수	획수	자원오행	사용적합
烜	마를, 따뜻할	火	10	火	○	煒	빛날	火	13	火	△
喧	지껄일, 떠들	口	12	水	×	揮	휘두를, 지휘할, 뽐낼	手	13	木	△
煊	마를, 따뜻할, 훈훈할	火	13	火	○	彙	무리, 모을	ヨ	13	火	△
暄	따뜻할, 온난할	日	13	火	○	輝	빛날, 빛, 광휘	車	15	火	△
愃	너그러울, 쾌할(선), 잊을(선)	心	13	火	△	翬	훨훨 날	羽	15	火	△
萱	원추리, 망우초	艸	15	木	×	麾	지휘할, 기	麻	15	木	△
諠	잊을, 속일	言	16	金	×	諱	꺼릴, 숨길, 싫어할, 두려워할	言	16	金	×
諼	속일, 잊을	言	16	金	×	撝	찢을	手	16	木	×
훼						徽	아름다울, 좋을, 표기	彳	17	火	○
卉	풀, 초목	十	5	木	×	**휴**					
芔	풀, 초목	十	6	木	×	休	쉴, 아름다울	人	6	火	○
卉	풀, 초목	艸	9	木	×	庥	그늘, 쉴	广	9	木	△
虺	살무사	虫	9	水	×	咻	신음소리	口	9	水	×
喙	부리, 주둥이, 호흡	口	12	水	×	烋	아름다울, 화할, 경사로울	灬	10	火	○
毁	헐, 부술	殳	13	金	×	畦	밭두둑, 지경	田	11	土	△
毇	정미할	殳	16	金	△	携	가질, 이끌, 나눌	手	14	木	△
燬	불, 화재, 불꽃	火	17	火	×	髹	검붉은빛	髟	16	火	×
휘						虧	이지러질, 줄	虍	17	木	×
暉	빛, 광채, 햇빛, 빛날	日	13	火	○	鵂	수리부엉이	鳥	17	火	×
煇	빛날, 일광	火	13	火	○	隳	무너뜨릴	阜	23	土	×

한자	뜻	부수	획수	자원오행	사용적합
	휼				
卹	진휼할	卩	8	火	×
恤	불쌍할, 구휼할	心	10	火	×
遹	삐뚤	辵	19	土	×
譎	속일	言	19	金	×
鐍	걸쇠	金	20	金	△
霱	(율)상서로운 구름	雨	20	水	△
鷸	도요새, 물총새	鳥	23	火	×
	흉				
凶	흉할	凵	4	水	×
兇	흉악할, 나쁜사람	儿	6	木	×
匈	오랑캐	勹	6	金	×
恟	두려워할	心	10	火	×
洶	용솟음칠, 물결, 물살 셀	水	10	水	△
胷	가슴	肉	12	水	×
胸	가슴, 마음	肉	12	水	×
	흑				
黑	검을, 어두울	黑	12	水	×
	흔				
欣	기뻐할, 좋아할	欠	8	火	○

한자	뜻	부수	획수	자원오행	사용적합
昕	(姓), 해돋을, 새벽, 아침	日	8	火	○
炘	화끈거릴, 불사를	火	8	火	△
忻	기뻐할	心	8	火	○
很	패려궂을	彳	9	火	×
痕	흔적, 흉터	疒	11	水	×
掀	치켜들, 번쩍들	手	12	木	△
焮	구울, 태울	火	12	火	△
釁	틈	酉	25	金	×
	흘				
仡	날랠, 높을	人	5	火	△
吃	말더듬을, 먹을	口	6	水	×
屹	산우뚝솟을	山	6	土	○
汔	거의, 마를	水	7	水	×
疙	쥐부스럼	疒	8	水	×
紇	묶을, 종족이름	糸	9	木	×
訖	이를, 마칠, 끝날, 그칠	言	10	金	△
迄	이를, 마칠	辵	10	土	△
齕	깨물	齒	18	金	×
	흠				
欠	하품할	欠	4	金	×

한자	뜻	부수	획수	자원오행	사용적합	한자	뜻	부수	획수	자원오행	사용적합
欽	공경할, 공손할, 근심할	欠	12	金	○	姬	여자, 아가씨	女	9	土	△
歆	누릴, 흠향할, 대접할	欠	13	金	○	唏	슬퍼할	口	10	水	×
廞	벌여놓을	广	15	木	△	烯	불빛	火	11	火	○
鑫	기쁠	金	24	金	○	晞	마를, 햇볕쬘	日	11	火	△
흡						悕	원할, 슬퍼할	心	11	火	×
吸	마실, 숨들이쉴	口	7	水	△	欷	한숨쉴, 흐느낄	欠	11	金	×
洽	젖을, 화할	水	10	水	△	稀	드물, 성길	禾	12	木	△
恰	흡사할, 흡족할, 마침	心	10	火	△	喜	(姓), 기쁠, 즐거울	口	12	水	△
翕	합할, 거둘	羽	12	火	○	熙	빛날, 말릴, 화락할	灬	13	火	△
翖	합할, 일	羽	12	火	○	熈	빛날, 말릴, 화락할	灬	13	火	△
噏	숨들이쉴	口	15	水	△	熙	빛날, 말릴, 화락할	灬	14	火	△
歙	들이쉴	欠	16	金	△	滊	화할	氵	14	水	△
潝	물소리, 빠질, 빨리 흐르는 소리	水	16	水	×	僖	기쁠, 즐거울	人	14	火	○
흥						豨	돼지	豕	14	水	○
興	(姓),일어날, 기뻐할, 짓다	臼	15	土	○	嬉	즐거울, 놀다	女	15	土	△
희						嘻	화락할, 놀랄, 웃을, 아(감탄사)	口	15	水	△
希	바랄, 희망할, 드물	巾	7	木	△	羲	복희씨, 화할, 숨, 기운	羊	16	土	△
俙	비슷할, 희미할	人	9	火	△	熺	밝을, 성할, 빛날	火	16	火	△
咥	웃을	口	9	水	△	曦	빛날, 성할, 몹시 더울	日	16	火	△
姬	여자, 아가씨	女	9	土	×	熹	성할, 밝을	火	16	火	△

한자	뜻	부수	획수	자원오행	사용적합	한자	뜻	부수	획수	자원오행	사용적합
憙	기쁠, 좋을	心	16	火	△	頡	곧은목, 클	頁	15	火	×
橲	나무이름	木	16	木	△	黠	약을, 교활할	黑	18	水	×
憘	기뻐할, 기쁠, 성할, 아름다울	心	16	火	△	纈	홀치기 염색	糸	21	木	×
噫	탄식할, 한숨쉴	口	16	水	×	襭	옷자락 걷을	衣	21	木	×
戲	희롱할, 연극, 놀	戈	16	金	×						
戱	희롱할, 연극, 놀	戈	17	金	×						
嬉	기쁠, 여자이름	女	17	土	△						
禧	복, 경사스러울, 길할	示	17	木	△						
燹	야화, 봉화, 들불	火	18	火	△						
譆	감탄할, 탄식할	言	19	金	×						
饎	보낼, 쌀	食	19	水	△						
犧	희생할	牛	20	土	×						
爔	불, 햇빛	火	20	火	○						
曦	햇빛, 빛날	日	20	火	○						
囍	쌍희, 기쁠	口	22	水	△						

히

한자	뜻	부수	획수	자원오행	사용적합
屎	끙끙거릴	尸	9	水	×

힐

한자	뜻	부수	획수	자원오행	사용적합
狆	오랑캐	犬	7	土	×
詰	물을, 꾸짖을, 다스릴	言	13	金	×

5

획수별 자원오행 한자사전

총획수	자원오행	한 자
1	木 ⓞ	乙(새 을)　　　　一(하나 일)
2	火 ㄱ	冂(멀 경)
	水 ㄱ	几(안석 궤)
	土 ㄹ	力(힘쓸 력)
	金 ㄴㄷㄹ	乃(이에 내)　　　刀(칼 도)　　　了(마칠 료)
	木 ⓞ	二(두 이)　　　入(들 입)
	火 ⓞ	人(사람 인)　　　儿(어진사람 인)
	金 ⓞ	乂(벨 예)
	水 ⓞㅎ	又(또 우)　　　匸(감출 혜)
	火 ㅈ	丁(장정 정)
	金 ㅈ	刁(조두 조)
	火 ㅂ	卜(점 복)
	金 ㅂ	匕(비수 비)
3	木 ㄱ	干(방패 간)　　　巾(수건 건)　　　乞(빌 걸)

총획수	자원오행	한 자
3	火 ⊙	工(장인 공) 弓(활 궁)
	土 ⊙	己(몸 기)
	水 ⊙	口(입 구) 久(오랠 구)
	木 ⓒ	大(큰 대)
	土 ⓛⓔ	女(계집 녀) 土(흙 토)
	木 ◎	广(집 엄) 兀(우뚝할 올) 廾(스물 입)
	火 ◎	已(이미 이) 丫(가닥 아)
	土 ⓗ	丸(둥글다 환)
	金 ◎	弋(주살 익) 刃(칼날 인)
	水 ◎ⓗ	幺(작을 요) 于(어조사 우) 下(아래 하) 也(잇기 야) 孑(외로울 혈)
	木 ⓘⓙⓚ	士(선비 사) 上(위 상) 丈(어른 장) 寸(마디 촌)
	火 ⓘ	三(석 삼)
	土 ⓘ	巳(뱀 사) 山(뫼 산)
	金 ⓙ	勺(구기 작)

총획수	자원오행	한 자			
3	水 (ㅅ)(ㅈ)(ㅊ)	夕(저녁 석) / 叉(깍지낄 차)	小(작을 소) / 千(일천 천)	尸(주검 시) / 川(내 천)	子(아들 자)
	木 (ㅁ)	万(일만 만)			
	水 (ㅁ)(ㅂ)	亡(망할 망)	凡(무릇 범)		
4	木 (ㅋ)	夬(터놓을 쾌)			
	火 (ㄱ)	仇(원수 구)	介(끼일 개)	今(이제 금)	
	土 (ㄱ)	犬(개 견)			
	金 (ㄱ)	勾(굽을 구) / 匀(고를 균)	厹(세모창 구) / 斤(도끼 근)	公(귀 공) / 戈(창 과)	勻(본자, 고를 균)
	水 (ㄱ)	孔(구멍 공)	及(미칠 급)		
	木 (ㄴ)(ㄷ)(ㅌ)	內(안 내)	屯(진칠 둔)	太(클 태)	
	火 (ㄷ)(ㄹ)	丹(붉을 단)	斗(말 두)	丹(붉을 란)	
	木 (ㅇ)(ㅎ)	冗(쓸데없을 용) / 戶(집 호)	亐(땅이름 울)	元(으뜸 원)	尤(망설일 유)
	火 (ㅇ)(ㅎ)	卬(나 앙) / 仁(어질 인) / 火(불 화)	午(낮 오) / 日(날 일) / 幻(헛보일 환)	曰(가로되 왈) / 仍(인할 잉) / 爻(형상 효)	引(끌 인) / 化(화할 화)
	土 (ㅇ)	円(화폐단위 엔)	牛(소 우)	尤(더욱 우)	允(진실로 윤)

총획수	자원오행	한 자			
4	金 ⓞⓗ	牙(어금니 **아**)	予(줄 **여**)	乂(풀벨 **예**)	王(임금 **왕**)
		兮(어조사 **혜**)	欠(하품할 **흠**)		
	水 ⓞⓗ	厄(재앙 **액**)	夭(작을 **요**)	友(벗 **우**)	云(이를 **운**)
		月(달 **월**)	尹(다스릴 **윤**)	廿(스물 **입**)	壬(북방 **임**)
		亢(높을 **항**)	互(서로 **호**)	凶(흉할 **흉**)	
	木 ⒤ⓩⓩ	手(손 **수**)	升(되 **승**)	才(재주 **재**)	爪(손톱 **조**)
		尺(자 **척**)			
	火 ⒤ⓩⓩ	心(마음 **심**)	什(열사람 **십**)	氏(성씨 **씨**)	天(하늘 **천**)
		什(세간 **집**)	仄(기울 **측**)		
	土 ⓩⓩ	弔(조상할 **조**)	中(가운데 **중**)	支(지탱할 **지**)	之(갈 **지**)
		止(그칠 **지**)	丑(소 **축**)		
	金 ⒤ⓩⓩ	殳(몽둥이 **수**)	切(끊을 **절**)	切(온통 **체**)	
	水 ⒤ⓩ	四(넉 **사**)	卅(서른 **삽**)	少(적을 **소**)	水(물 **수**)
		双(쌍 **쌍**)	井(우물 **정**)		
	木 ⓜⓑⓟ	木(나무 **목**)	文(글월 **문**)	丰(어여쁠 **봉**)	
		夫(지아비 **부**)	父(아비 **부**)	片(조각 **편**)	
	火 ⓜⓑ	毛(털 **모**)	比(견줄 **비**)		
	土 ⓜⓑⓟ	毋(말 **무**)	方(모 **방**)	卞(법 **변**)	巴(바랄 **파**)
	金 ⓜⓑ	勿(말 **물**)	分(나눌 **분**)		
	水 ⓜⓑⓟ	无(없을 **무**)	反(돌아올 **반**)	不(아닐 **부**)	不(아니 **불**)
		匹(짝 **필**)			

총획수	자원오행	한 자			
5	木 ㉠	甲(갑옷 **갑**) 卝(쌍상투 **관**)	功(공 **공**) 広(넓을 **광**)	瓜(오이 **과**)	
	火 ㉠	巨(클 **거**)	巧(공교할 **교**)		
	土 ㉠	甘(달 **감**)	丘(언덕 **구**)		
	金 ㉠	刊(새길 **간**)	匃(빌 **개**)		
	水 ㉠	加(더할 **가**) 叩(두드릴 **고**) 句(구절 **귀**)	可(옳을 **가**) 尻(꽁무니 **고**) 叫(부르짖을 **규**)	去(갈 **거**) 弇(소리높일 **구**)	古(옛 **고**) 句(글 **구**)
	木 ㉡	朮(나아갈 **도**)	乑(둘 **둘**)		
	火 ㉡㉣㉤	旦(아침 **단**) 令(하여금 **령**)	代(대신할 **대**) 他(다를 **타**)	仝(한가지 **동**)	
	土 ㉡	奶(젖 **내**)	奴(종 **노**)		
	金 ㉣	立(설 **립**)			
	水 ㉡㉢㉣㉤	尼(여승 **니**) 另(헤어질 **령**)	叨(탐낼 **도**) 台(별이름 **태**)	冬(겨울 **동**)	
	木 ㉥㉦	宂(쓸데없을 **용**) 兄(맏이 **형**)	厄(좁을 **액**) 禾(벼 **화**)	由(말미암을 **유**) 卉(풀 **훼**)	夯(멜 **항**) 号(이름 **호**)
	火 ㉥㉦	外(바깥 **외**) 以(써 **이**) 弘(넓을 **홍**)	凹(오목할 **요**) 仞(길 **인**) 仡(날랠 **흘**)	幼(어릴 **유**) 玄(하늘 **현**)	

총획수	자원오행	한 자			
5	土 ◎	央(가운데 앙)	冉(나아갈 염)	五(다섯 오)	瓦(기와 와)
	金 ◎ㅎ	玉(옥 옥)	乎(어조사 호)		
	水 ◎ㅎ	永(길 영) 孕(아이밸 잉)	用(쓸 용) 穴(구멍 혈)	右(오른쪽 우) 叶(맞을 협)	尔(너 이)
	木 ㅅㅈㅊ	生(날 생) 宁(뜰 저) 札(편지 찰) 尤(차조 출)	市(저자 시) 田(밭 전) 扎(편지 찰) 充(가득할 충)	示(보일 시) 主(주인 주) 冊(책 책)	失(잃을 실) 且(또 차) 册(책 책)
	火 ㅅㅈㅊ	仕(벼슬할 사) 仔(자세할 자) 占(점칠 점)	仙(신선 선) 卡(지킬 잡) 左(왼쪽 좌)	世(인간 세) 仗(의장 장) 仟(일천 천)	氐(근본 저)
	土 ㅅㅈㅊ	仚(신선 선)	正(바를 정)	出(날 출)	卮(술잔 치)
	金 ㅅㅊ	乍(잠깐 사) 斥(물리칠 척)	石(돌 석)	矢(화살 시)	申(납 신)
	水 ㅅㅈㅊ	史(역사 사) 丞(받들 승) 叱(꾸짖을 질)	司(맡을 사) 叮(신신당부할 정) 凸(볼록할 철)	김(부르다 소)	囚(가둘 수) 只(다만 지)
	木 ㅁㅂㅍ	末(끝 말) 弁(고깔 변) 庀(다스릴 비)	目(눈 목) 本(근본 본) 平(평탄할 평)	卯(토끼 묘) 弗(아닐 불) 布(베 포)	未(아닐 미)
	火 ㅁㅂㅍ	民(백성 민)	丙(남쪽 병)	付(줄 부)	必(반드시 필)
	土 ㅁㅂㅍ	皿(그릇 명) 半(반 반)	母(어미 모) 疋(필 필)	戊(다섯 번째 천간 무)	

총획수	자원오행	한 자			
5	金 ⓜⓑⓟ	矛(창 **모**) 乏(가난할 **핍**)	白(흰 **백**)	包(감쌀 **포**)	皮(가죽 **피**)
	水 ⓑⓟ	北(달아날 **배**) 叵(어려울 **파**)	北(북녘 **북**) 叭(입벌릴 **팔**)	丕(클 **비**)	氷(얼음 **빙**)
6	木 ⓖ	圪(땅이름 **갈**) 亘(뻗칠 **긍**)	乬(걸 **걸**)	夸(자랑할 **과**)	机(책상 **궤**)
	火 ⓖ	价(착할 **개**) 伋(생각할 **급**)	件(물건 **건**) 企(꾀할 **기**)	光(빛 **광**) 伎(재주 **기**)	交(사귈 **교**)
	土 ⓖ	艮(괘이름 **간**) 臼(절구질할 **구**) 屺(민둥산 **기**)	奸(범할 **간**) 圭(서옥 **규**)	曲(굽을 **곡**) 劜(뜻 **글**)	匡(바를 **광**)
	金 ⓖ	巧(생각할 **고**)	共(함께 **공**)	劤(강할 **근**)	
	水 ⓖ	各(각각 **각**)	氿(샘 **궤**)	吉(길할 **길**)	
	木 ⓝⓓⓡⓣ	年(해 **년**) 打(칠 **타**)	宅(댁 **댁**) 朶(꽃떨기 **타**)	礼(예도 **례**) 宅(집 **택**)	耒(가래 **뢰**)
	火 ⓓ	忉(근심할 **도**)			
	土 ⓡ	劣(못할 **렬**)	老(늙을 **로**)	六(여섯 **륙**)	
	金 ⓓⓡ	乭(이름 **돌**)	列(벌릴 **렬**)		
	水 ⓓⓡⓣ	多(많을 **다**) 吐(토할 **토**)	夛(많을 **다**) 汃(물결치는 소리 **팔**)	同(한가지 **동**)	吏(관리 **리**)

총획수	자원오행	한 자			
6	木 ◎◎	安(편안할 **안**)	宇(집 **우**)	衣(옷 **의**)	
		夷(오랑캐 **이**)	印(도장 **인**)	合(합할 **합**)	会(모일 **회**)
		朽(썩을 **후**)	卉(풀 **훼**)	兇(흉악할 **흉**)	
	火 ◎◎	仰(우러러볼 **앙**)	曳(끌 **예**)	伍(다섯 **오**)	仵(짝 **오**)
		优(넉넉할 **우**)	羽(깃 **우**)	旭(빛날 **욱**)	耳(귀 **이**)
		伊(저 **이**)	忈(어질 **인**)	任(맡길 **임**)	行(항렬 **항**)
		灰(재 **회**)	休(쉴 **휴**)		
	土 ◎◎	羊(양 **양**)	如(같을 **여**)	圬(흙손 **오**)	圩(언덕 **우**)
		圪(흙더미 우뚝할 **을**)	好(좋을 **호**)		
		屹(산우뚝솟을 **흘**)			
	金 ◎◎	刓(깎을 **완**)	刖(벨 **월**)	戎(오랑캐 **융**)	弛(늦출 **이**)
		刑(형벌 **형**)	匈(오랑캐 **흉**)		
	水 ◎◎	穵(구멍 **알**)	亦(또 **역**)	吁(탄식할 **우**)	有(있을 **유**)
		危(위태할 **위**)	肉(고기 **육**)	吏(관리 **이**)	
		而(어조사 **이**)	因(인할 **인**)	亥(돼지 **해**)	合(합할 **합**)
		向(향할 **향**)	血(피 **혈**)	冱(얼 **호**)	
		回(돌아올 **회**)	后(왕후 **후**)	吃(말더듬을 **흘**)	
	木 人天天	寺(절 **사**)	糸(가는실 **사**)	先(먼저 **선**)	亘(베풀 **선**)
		守(지킬 **수**)	夙(이를 **숙**)	丞(정승 **승**)	字(글자 **자**)
		自(스스로 **자**)	庄(전장 **장**)	壮(장할 **장**)	再(두 **재**)
		朾(칠 **정**)	朱(붉을 **주**)	舟(배 **주**)	竹(대나무 **죽**)
		艸(풀 **초**)	舛(어그러질 **천**)	充(가득할 **충**)	
	火 人天天	舌(혀 **설**)	旬(열흘 **순**)	臣(신하 **신**)	灯(등잔 **정**)
		兆(조짐 **조**)	早(이를 **조**)	伀(두려워할 **종**)	仲(버금 **중**)
		旨(뜻 **지**)	次(버금 **차**)		

총획수	자원오행	한 자			
6	土 (ㅅㅈㅊ)	色(빛 색) 全(온전할 전) 此(이 차)	戌(개 술) 协(굳건할 지)	匠(장인 장) 地(땅 지)	在(있을 재) 至(이를 지)
	金 (ㅅㅈㅊ)	西(서녘 서) 尽(다할 진)	收(거둘 수) 尖(뾰족할 첨)	戍(지킬 수)	式(법 식)
	水 (ㅅㅈㅊ)	死(죽을 사) 汀(물가 정) 汁(즙 즙)	囟(정수리 신) 存(있을 존) 寸(마디 촌)	孖(쌍둥이 자) 州(고을 주) 虫(벌레 충)	吊(이를 적) 丢(아주갈 주) 冲(빌 충)
	木 (ㅁㅂㅍ)	米(쌀 미) 并(아우를 병)	朴(순박할 박) 扑(칠 복)	扒(뺄 배) 朳(고무래 팔)	帆(돛단배 범)
	火 (ㅁㅂ)	卍(만자 만) 伏(엎드릴 복)	仿(본뜰 방) 仳(떠날 비)	伐(칠 벌) 份(빛날 빈)	
	土 (ㅁㅂ)	妄(망령될 망) 妃(왕비 비)	牟(소우는소리 모) 圮(무너질 비)	犯(범할 범) 牝(암컷 빈)	缶(장군 부)
	金 (ㅁ)	刎(목벨 문)			
	水 (ㅁㅂㅍ)	名(이름 명) 汃(물결치는소리 팔)	百(일백 백)	氾(넘칠 범)	
7	木 (ㄱ)	角(뿔 각) 杠(깃대 강) 扣(두드릴 구) 杞(구기자나무 기)	却(물리칠 각) 扛(마주들 강) 局(판 국) 庋(시렁 기)	杆(나무이름 간) 系(이을 계) 糺(끌어모을 규) 弃(버릴 기)	匣(갑 갑) 宏(클 굉) 克(이길 극)
	火 (ㄱ)	伽(절 가) 見(볼 견) 估(값 고)	忓(방해할 간) 更(고칠 경) 灸(뜸 구)	更(다시 갱) 囧(빛날 경) 佝(꼽추 구)	車(수레 거) 冏(빛날 경) 忌(꺼릴 기)

총획수	자원오행	한 자			
7	**土** (ㄱ)	坎(구덩이 **감**)	坑(묻을 **갱**)	岭(산이작고높을 **겸**)	
		劬(수고로울 **구**)	均(고를 **균**)	妗(외숙모 **금**)	岌(높을 **급**)
		圾(위태할 **급**)	圻(지경 **기**)	岐(갈림길 **기**)	妓(기생 **기**)
	金 (ㄱ)	改(고칠 **개**)	刦(위협할 **겁**)	刧(위협할 **겁**)	戒(경계할 **계**)
		攻(칠 **공**)	串(땅이름 **곶**)	串(꿸 **관**)	皀(고소할 **급**)
	水 (ㄱ)	江(강 **강**)	劫(위협할 **겁**)	冏(빛날 **경**)	更(고칠 **경**)
		巠(물줄기 **경**)	告(알릴 **고**)	谷(골 **곡**)	困(괴로울 **곤**)
		求(구할 **구**)	究(궁리할 **구**)	君(임금 **군**)	
	木 (ㄷㄹㅌ)	禿(대머리 **독**)	豆(콩 **두**)	杜(막을 **두**)	來(올 **래**)
		李(오얏나무 **리**)	托(맡길 **탁**)	兔(토끼 **토**)	
	火 (ㄴㄷㄹㅌ)	佞(아첨할 **녕**)	但(다만 **단**)	旲(햇빛 **대**)	彤(붉을 **동**)
		伶(영리할 **령**)	佗(다를 **타**)	忐(맘이허할 **탐**)	佟(성씨 **통**)
		忒(틀릴 **특**)			
	土 (ㄴㄷㄹㅌ)	男(사내 **남**)	努(힘쓸 **노**)	坍(무너질 **담**)	良(어질 **량**)
		牢(가축우리 **뢰**)	里(마을 **리**)	妥(온당할 **타**)	妒(샘 **투**)
	金 (ㄹㅌ)	弄(희롱할 **롱**)	利(이로울 **리**)	兌(기쁠 **태**)	
	水 (ㄴㄷㄹㅌ)	尿(오줌 **뇨**)	吶(말더듬을 **눌**)	汏(일을 **대**)	卵(알 **란**)
		冷(찰 **랭**)	呂(등 **려**)	吝(아낄 **린**)	吞(감출 **탄**)
	木 (ㅇㅎ)	杌(나무그루터기 **올**)		完(완전할 **완**)	扜(지휘할 **우**)
		杅(사발 **우**)	夽(높을 **운**)	杝(피나무 **이**)	扞(막을 **한**)
		罕(그물 **한**)	杏(살구나무 **행**)	夾(낄 **협**)	希(바랄 **희**)
	火 (ㅇㅎ)	亜(버금 **아**)	余(나 **여**)	役(부릴 **역**)	旰(클 **우**)
		佑(도울 **우**)	位(자리 **위**)	忈(어질 **인**)	忍(참을 **인**)
		佚(편안할 **일**)	何(어찌 **하**)	忓(방해할 **한**)	
		見(나타날 **현**)	形(모양 **형**)		

총획수	자원오행	한 자			
7	土 ◎⑤	犴(들개 **안**)	晏(편안할 **안**)	妤(궁녀 **여**)	延(끌 **연**)
		均(따를 **연**)	姸(고을 **연**)	囮(후림새 **와**)	妧(좋을 **완**)
		岏(산뾰족할 **완**)	妖(요사할 **요**)	圻(지경 **은**)	邑(고을 **읍**)
		牣(가득찰 **인**)	劮(기쁠 **일**)	妊(아이밸 **임**)	岈(산골 휑할 **하**)
		岈(산골 휑할 **하**)	亨(형통할 **형**)	狄(오랑캐 **힐**)	
	金 ◎	我(나 **아**)	言(말씀 **언**)	攸(바 **유**)	酉(닭 **유**)
		矣(어조사 **의**)			
	水 ◎⑤	児(아이 **아**)	冶(풀무 **야**)	汝(너 **여**)	困(못 **연**)
		吾(나 **오**)	吳(나라이름 **오**)	汚(더러울 **오**)	汙(더러울 **오**)
		勇(길 **용**)	听(웃을 **은**)	吟(읊을 **음**)	㝢(비 **우**)
		沏(젖어맞붙을 **인**)		呀(입벌릴 **하**)	旱(가물 **한**)
		汗(땀 **한**)	含(머금을 **함**)	囫(온전할 **홀**)	汞(수은 **홍**)
		孝(효도 **효**)	吼(울 **후**)	吽(짖을 **후**)	汔(거의 **흘**)
		吸(마실 **흡**)			
	木 ⊗⊗⊗	私(사사로울 **사**)	些(적을 **사**)	杉(삼나무 **삼**)	床(상 **상**)
		序(차례 **서**)	束(묶을 **속**)	宋(송나라 **송**)	寿(목숨 **수**)
		秀(빼어날 **수**)	呪(외뿔소 **시**)	杖(지팡이 **장**)	壯(장할 **장**)
		材(재목 **재**)	扗(있을 **재**)	廷(조정 **정**)	即(곧 **즉**)
		村(마을 **촌**)			
	火 ⊗⊗⊗	似(같을 **사**)	伺(엿볼 **사**)	恕(용서할 **서**)	成(이룰 **성**)
		忕(익힐 **세**)	邵(높을 **소**)	佋(소목 **소**)	伸(펼 **신**)
		身(몸 **신**)	作(지을 **작**)	灼(불사를 **작**)	灾(재앙 **재**)
		災(재앙 **재**)	佇(설 **저**)	低(낮을 **저**)	赤(붉을 **적**)
		佃(밭갈 **전**)	佔(엿볼 **점**)	佐(도울 **좌**)	走(달릴 **주**)
		住(머무를 **주**)	㲎(황급할 **정**)	志(뜻 **지**)	車(수레 **차**)
		忖(헤아릴 **촌**)	吹(불 **취**)		

총획수	자원오행	한 자			
7	土 (ㅅㅈㅊ)	劭(힘쓸 **소**) 岑(산봉우리 **잠**) 姃(엄전할 **정**) 坐(앉을 **좌**) 岔(갈림길 **차**)	辰(때 **신**) 妝(단장할 **장**) 町(밭두둑 **정**) 址(터 **지**)	犳(표범 **작**) 甸(경기 **전**) 助(도울 **조**) 坁(머무를 **지**)	 岊(산굽이 **절**) 足(발 **족**) 辰(별이름 **진**)
	金 (ㅅㅈㅊ)	刪(깎을 **산**) 七(일곱 **칠**)	辛(매울 **신**)	玎(옥소리 **정**)	初(처음 **초**)
	水 (ㅅㅈ)	汜(지류 **사**) 巡(돌 **순**) 汋(샘솟을 **작**) 弟(아우 **제**) 吱(가는소리 **지**)	汕(오구 **산**) 豕(돼지 **시**) 吮(빨 **전**) 皁(하인 **조**) 豸(벌레 **치**)	汐(조수 **석**) 汛(뿌릴 **신**) 呈(드러낼 **정**) 池(못 **지**)	汓(헤엄칠 **수**) 孜(힘쓸 **자**) 疔(정 **정**)
	木 (ㅁㅂㅍ)	免(면할 **면**) 庇(덮을 **비**)	杋(수부나무 **범**) 杓(북두자루 **표**)	釆(분별할 **변**)	妢(걸레 **분**)
	火 (ㅁㅂㅍ)	忙(바쁠 **망**) 彷(방황할 **방**) 伾(힘셀 **비**)	忘(잊을 **망**) 伯(맏 **백**) 佈(펼 **포**)	巫(무당 **무**) 体(용렬할 **분**) 佖(점잖을 **필**)	伴(짝 **반**) 佛(부처 **불**)
	土 (ㅁㅂㅍ)	每(매양 **매**) 妨(방해할 **방**) 坌(먼지 **분**)	牡(수컷 **모**) 尨(삽살개 **방**) 妣(죽은어머니 **비**)	妙(묘할 **묘**) 坏(언덕 **배**) 妑(새앙머리 **파**)	坊(동네 **방**) 步(걸음 **보**) 坂(고개 **판**)
	金 (ㅁㅂㅍ)	皃(모양 **모**) 判(판단할 **판**)	貝(보배 **배**) 貝(조개 **패**)	別(다를 **별**)	兵(군사 **병**)
	水 (ㅁㅂㅍ)	汒(황급할 **망**) 汎(뜰 **범**) 孚(믿을 **부**) 吠(짖을 **폐**)	呆(어리석을 **매**) 甫(클 **보**) 吩(분부할 **분**)	吻(입술 **문**) 夆(이끌 **봉**) 屁(방귀 **비**)	尾(꼬리 **미**) 否(아닐 **부**) 孛(살별 **패**)

총획수	자원오행	한 자			
8	木 (ㄱ)	秆(볏짚 **간**)	居(살 **거**)	杰(뛰어날 **걸**)	抉(도려낼 **결**)
		屆(이를 **계**)	杲(밝을 **고**)	果(과실 **과**)	官(벼슬 **관**)
		卦(걸 **괘**)	匊(움킬 **국**)	卷(책 **권**)	糾(살필 **규**)
		扱(거둘 **급**)	技(재주 **기**)	祁(성할 **기**)	
	火 (ㄱㅋ)	佳(아름다울 **가**)	侃(굳셀 **간**)	忼(강개할 **강**)	炅(빛날 **경**)
		昆(맏 **곤**)	供(이바지할 **공**)	侉(자랑할 **과**)	佸(이를 **괄**)
		畊(비칠 **광**)	炚(빛 **광**)	侊(클 **광**)	
		乖(어그러질 **괴**)	佼(예쁠 **교**)	佹(괴이할 **궤**)	囷(곳집 **균**)
		昑(밝을 **금**)	怾(사랑할 **기**)	忮(해칠 **기**)	炁(기운 **기**)
		佶(바를 **길**)	快(쾌할 **쾌**)		
	土 (ㄱ)	坷(평탄하지않을 **가**)		坩(도가니 **감**)	岬(곶 **갑**)
		岡(언덕 **강**)	羌(오랑캐 **강**)	京(서울 **경**)	坰(들 **경**)
		考(헤아릴 **고**)	姑(시어머니 **고**)	坤(땅 **곤**)	狂(미칠 **광**)
		坵(언덕 **구**)	坸(때 **구**)	岣(산꼭대기 **구**)	屈(굽을 **굴**)
		奇(기이할 **기**)	歧(갈림길 **기**)		
	金 (ㄱ)	刻(새길 **각**)	玕(옥돌 **간**)	矸(산돌 **간**)	玒(옥이름 **강**)
		矼(징검다리 **강**)	庚(별 **경**)	刳(가를 **고**)	刮(깎을 **괄**)
		具(갖출 **구**)	玖(옥돌 **구**)	券(문서 **권**)	刲(찌를 **규**)
		金(쇠 **김**)	其(그 **기**)	玘(패옥 **기**)	
	水 (ㄱ)	呵(꾸짖을 **가**)	呿(벌릴 **거**)	決(결단할 **결**)	季(철 **계**)
		固(굳을 **고**)	呱(울 **고**)	孤(외로울 **고**)	汩(골몰할 **골**)
		空(빌 **공**)	咎(재앙 **구**)	疚(고질병 **구**)	国(나라 **국**)
		穹(하늘 **궁**)	虯(규룡 **규**)	汲(길을 **급**)	沂(물이름 **기**)
		汽(김 **기**)	肌(살 **기**)		
	木 (ㄴㄷㄹㅌ)	枏(녹나무 **남**)	柰(능금나무 **내**)	秊(해 **년**)	
		杻(감탕나무 **뉴**)	東(동녘 **동**)	枓(두공 **두**)	抖(떨 **두**)
		來(올 **래**)	林(수풀 **림**)	卓(높을 **탁**)	帑(금고 **탕**)

총획수	자원오행	한 자			
8	**火** ⓛⓒ②	宕(방탕할 **탕**)	兎(토끼 **토**)	兔(토끼 **토**)	投(던질 **투**)
	火 ⓛⓒ②	奈(어찌 **나**)	念(생각할 **념**)	弩(쇠뇌 **노**)	忸(익힐 **뉴**)
		炎(불꽃 **담**)	弢(활집 **도**)	旽(밝을 **돈**)	侗(정성 **동**)
		例(법식 **례**)	彔(나무에새길 **록**)		侖(뭉치 **륜**)
	土 ⓛⓒ②ⓔ	妲(여자이름 **달**)	坮(집터 **대**)	岱(산이름 **대**)	坮(대 **대**)
		毒(독할 **독**)	兩(둘 **량**)	姈(여자이름 **령**)	岭(고개 **령**)
		岺(재 **령**)	岦(산우뚝할 **립**)	坨(비탈길 **타**)	坼(터질 **탁**)
		坦(평평할 **탄**)	妬(샘낼 **투**)		
	金 ⓒⓔ	到(이를 **도**)	戾(어그러질 **려**)	斫(찢어죽일 **탁**)	
	水 ⓛⓒ②ⓔ	孥(자식 **노**)	呶(지껄일 **노**)	呢(소곤거릴 **니**)	沓(합할 **답**)
		沌(엉길 **돈**)	咄(꾸짖을 **돌**)	冽(찰 **렬**)	
		呤(속삭일 **령**)	囹(옥 **령**)	肋(갈비 **륵**)	
		孡(아이밸 **태**)	汰(씻길 **태**)		
	木 ◎ⓗ	枒(야자나무 **아**)	艾(쑥 **애**)	扼(잡을 **액**)	抑(누를 **억**)
		乂(다스릴 **예**)	枘(장부 **예**)	羿(사람이름 **예**)	枙(옹이 **와**)
		宛(굽을 **완**)	抏(꺾을 **완**)	杬(어루만질 **완**)	枉(굽을 **왕**)
		肝(쳐다볼 **우**)	杬(나무이름 **원**)	杻(감탕나무 **유**)	宜(옳을 **의**)
		函(상자 **함**)	杭(건널 **항**)	抗(막을 **항**)	幸(다행 **행**)
		弦(활시위 **현**)	弧(활 **호**)	虎(범 **호**)	宖(클 **횡**)
	火 ◎ⓗ	亞(버금 **아**)	侒(편안할 **안**)	昂(밝을 **앙**)	佯(거짓 **양**)
		念(생각할 **염**)	旿(밝을 **오**)	忤(거스를 **오**)	
		忨(희롱할 **완**)	往(갈 **왕**)	旺(왕성할 **왕**)	侑(도울 **유**)
		昀(햇빛 **윤**)	依(의지할 **의**)	侇(버금 **이**)	易(쉬울 **이**)
		佾(춤 **일**)	炕(마를 **항**)	侐(고요할 **혁**)	旼(밝을 **현**)

총획수	자원오행	한 자			
8		侀(거푸집 **형**)	昊(하늘 **호**)	昏(어두울 **혼**)	忽(갑자기 **홀**)
		佪(어정거릴 **회**)	卹(진휼할 **휼**)	欣(기뻐할 **흔**)	昕(해돋을 **흔**)
		炘(화끈거릴 **흔**)	忻(기뻐할 **흔**)		
	土 ◎ⓗ	妸(고울 **아**)	娿(여스승 **아**)	岳(큰산 **악**)	岸(언덕 **안**)
		岩(바위 **암**)	坱(먼지 **앙**)	厓(언덕 **애**)	於(어조사 **어**)
		臥(누울 **와**)	委(맡길 **위**)	享(누릴 **향**)	
		姁(여자의자 **현**)	岵(산 **호**)	効(본받을 **효**)	画(그을 **획**)
		劃(그을 **획**)			
	金 ◎ⓗ	斫(깨끗할 **안**)	軋(삐걱거릴 **알**)	玗(옥돌 **우**)	盂(바리 **우**)
		匌(돌 **합**)	或(혹 **혹**)		
	水 ◎ⓗ	兒(아이 **아**)	呃(닭소리 **액**)	夜(밤 **야**)	奄(문득 **엄**)
		沇(물이름 **연**)	咏(읊을 **영**)	汭(물굽이 **예**)	兒(어릴 **예**)
		沃(기름질 **옥**)	汪(깊고넓을 **왕**)	殀(일찍죽을 **요**)	雨(비 **우**)
		沄(끓을 **운**)	沅(강이름 **원**)	朊(달빛희미할 **원**)	乳(젖 **유**)
		呦(울 **유**)	沇(흐를 **윤**)	汩(물흐를 **율**)	隶(미칠 **이**)
		學(배울 **학**)	沆(큰물 **항**)	咍(비웃을 **해**)	劾(캐물을 **핵**)
		呟(소리 **현**)	協(화합할 **협**)	冾(화할 **협**)	呼(부를 **호**)
		冱(얼 **호**)	和(화할 **화**)	疙(쥐부스럼 **흘**)	
	木 ⓢⓩⓩ	社(모일 **사**)	祀(제사 **사**)	事(일 **사**)	卸(풀 **사**)
		杀(살 **살**)	牀(평상 **상**)	抒(풀 **서**)	析(쪼갤 **석**)
		秈(메벼 **선**)	所(바 **소**)	松(소나무 **송**)	承(이을 **승**)
		実(열매 **실**)	秄(북돋을 **자**)	長(길 **장**)	杼(북 **저**)
		杵(공이 **저**)	底(밑 **저**)	折(꺾을 **절**)	店(가게 **점**)
		点(점찍을 **점**)	定(정할 **정**)	枣(대추나무 **조**)	找(채울 **조**)
		宗(마루 **종**)	宙(집 **주**)	抵(손벽칠 **지**)	枝(가지 **지**)
		直(곧을 **직**)	枃(바디 **진**)	帙(책권 **질**)	采(캘 **채**)
		帖(표제 **첩**)	靑(푸를 **청**)	青(푸를 **청**)	抄(베낄 **초**)

총획수	자원오행	한 자			
8		杪(나무끝 **초**)	帚(빗자루 **추**)	竺(대나무 **축**)	枕(베개 **침**)
	火 (人)(ㅈ)(ㅊ)	使(하여금 **사**) 侚(재빠를 **순**) 的(과녁 **적**) 佻(경박할 **조**) 侏(난쟁이 **주**) 佽(잴 **차**) 隹(새 **추**) 侈(사치할 **치**)	舍(집 **사**) 昇(오를 **승**) 炙(고기구울 **적**) 徂(갈 **조**) 恉(기댈 **지**) 昌(창성할 **창**) 忠(충성 **충**) 炊(불땔 **취**)	昔(옛 **석**) 炙(고기구울 **자**) 佺(신선이름 **전**) 侜(가릴 **주**) 侄(어리석을 **질**) 忝(더럽힐 **첨**) 忡(근심할 **충**) 昃(기울 **측**)	 爭(다툴 **쟁**) 征(칠 **정**) 侘(뽐낼 **차**) 炒(볶을 **초**) 忱(정성 **침**)
	土 (人)(ㅈ)(ㅊ)	姒(손윗동서 **사**) 垂(드리울 **수**) 坯(높을 **술**) 姉(윗누이 **자**) 姐(누이 **저**) 姃(단정할 **정**) 坧(기지 **척**)	姍(헐뜯을 **산**) 岫(산굴 **수**) 岞(정승 **승**) 姊(손윗누이 **자**) 狄(오랑캐 **적**) 姝(예쁠 **주**) 妾(첩 **첩**)	狀(형상 **상**) 峀(산굴 **수**) 始(처음 **시**) 岝(산높을 **작**) 岾(땅이름 **점**) 坻(모래톱 **지**) 岧(높을 **초**)	姓(성 **성**) 岣(사귈 **순**) 岨(돌산 **저**) 妻(아내 **처**) 妯(동서 **축**)
	金 (人)(ㅈ)(ㅊ)	尙(오히려 **상**) 戕(죽일 **장**) 知(알 **지**) 玔(옥고리 **천**)	矽(규소 **석**) 典(법 **전**) 刹(절 **찰**)	刷(인쇄할 **쇄**) 制(절제할 **제**) 刱(비롯할 **창**)	刺(찌를 **자**) 卒(군사 **졸**) 刺(찌를 **척**)
	水 (人)(ㅈ)(ㅊ)	沙(모래 **사**) 叔(아저씨 **숙**) 沁(물적실 **심**) 呪(빌 **주**) 呫(소곤거릴 **첩**) 沈(잠길 **침**)	乍(잠간 **사**) 虱(이 **슬**) 咀(씹을 **저**) 沚(물가 **지**) 豖(돼지걸음 **축**)	疝(산증 **산**) 呻(끙끙거릴 **신**) 屇(구멍 **전**) 泜(균일할 **지**) 沖(화할 **충**)	受(받을 **수**) 沈(잠길 **심**) 周(두루 **주**) 取(가질 **취**)

총획수	자원오행	한 자			
8	**木** (ㅁㅂㅍ)	帕(머리띠 **말**)	枚(낱 **매**)	盲(소경 **맹**)	
		杳(아득할 **묘**)	門(문 **문**)	抆(닦을 **문**)	
		扳(끌어당길 **반**)	枋(다목 **방**)	房(방 **방**)	杯(잔 **배**)
		帛(비단 **백**)	抃(손뼉칠 **변**)	秉(잡을 **병**)	宝(보배 **보**)
		宓(편안할 **복**)	甮(음역자 **볼**)	奉(받들 **봉**)	扶(도울 **부**)
		抔(움킬 **부**)	扮(꾸밀 **분**)	奔(달릴 **분**)	
		枌(흰느릅나무 **분**)		批(비평할 **비**)	非(아닐 **비**)
		枇(비파나무 **비**)	杷(비파나무 **파**)	爸(아비 **파**)	把(잡을 **파**)
		爬(긁을 **파**)	板(널빤지 **판**)	版(조각 **판**)	庖(부엌 **포**)
		抛(내던질 **포**)			
	火 (ㅁㅂㅍ)	岷(백성 **맹**)	明(밝을 **명**)	侔(가지런할 **모**)	
		炆(따뜻할 **문**)	侎(어루만질 **미**)	旻(가을하늘 **민**)	旼(화할 **민**)
		忞(힘쓸 **민**)	忟(힘쓸 **민**)	昉(밝을 **방**)	佰(일백 **백**)
		忭(기뻐할 **변**)	并(아우를 **병**)	並(나란할 **병**)	盼(햇빛 **분**)
		忿(성낼 **분**)	佛(부처 **불**)	佩(찰 **패**)	彼(저것 **피**)
	土 (ㅁㅂㅍ)	妹(손아래누이 **매**)	旽(백성 **맹**)	姆(유모 **모**)	牧(기를 **목**)
		武(호반 **무**)	物(만물 **물**)	采(점점 **미**)	岷(산이름 **민**)
		步(걸음 **보**)	府(마을 **부**)	阜(언덕 **부**)	岪(산길 **불**)
		卑(낮을 **비**)	坡(고개 **파**)	岥(비탈 **파**)	坪(들 **평**)
	金 (ㅁㅂㅍ)	弥(두루 **미**)	攽(나눌 **반**)	放(놓을 **방**)	
		玭(옥그릇 **보**)	斧(도끼 **부**)	八(여덟 **팔**)	
	水 (ㅁㅂㅍ)	孟(맏이 **맹**)	沔(물이름 **면**)	命(목숨 **명**)	
		沐(목욕할 **목**)	沒(빠질 **몰**)	殁(죽을 **몰**)	
		汶(물이름 **문**)	沕(잠길 **물**)	味(맛 **미**)	泛(뜰 **범**)
		服(옷 **복**)	咐(분부할 **부**)	汾(물흐를 **분**)	氛(기운 **분**)
		朋(벗 **붕**)	沘(강이름 **비**)	凭(기댈 **빙**)	沛(늪 **패**)
		咆(고함지를 **포**)	咇(향내날 **필**)		

총획수	자원오행	한 자			
9	木 ㉠	架(시렁 가)	柯(가지 가)	枷(도리깨 가)	竿(장대 간)
		看(볼 간)	柬(가릴 간)	柑(재갈물릴 감)	舡(배 강)
		客(손님 객)	拒(방어할 거)	建(세울 건)	
		拑(입다물 겸)	扃(문빗장 경)	契(맺을 계)	枯(마를 고)
		科(과목 과)	冠(갓 관)	拘(잡을 구)	枸(구기자 구)
		柩(널 구)	韭(부추 구)	芎(궁궁이 궁)	劤(힘줄 근)
		契(부족이름 글)	紀(벼리 기)	祈(빌 기)	
	火 ㉠	卻(물리칠 각)	衎(즐길 간)	曷(어찌 갈)	皆(다 개)
		炬(횃불 거)	昛(밝을 거)	怯(겁낼 겁)	俓(지름길 경)
		係(걸릴 계)	怪(괴이할 괴)	俅(공손할 구)	昫(따뜻할 구)
		軍(군사 군)	軌(법 궤)	急(급할 급)	
	土 ㉠	姦(간사할 간)	弇(덮을 감)	姜(강할 강)	畎(밭도랑 견)
		挈(맑을 결)	京(서울 경)	畊(밭갈 경)	界(지경 계)
		牯(암소 고)	姣(예쁠 교)	垢(때 구)	狗(개 구)
		姤(만날 구)	奎(별이름 규)	赳(날랠 규)	
		畇(밭개간할 균)	졸(술잔 근)		
	金 ㉠	玪(옥이름 감)	玠(홀 개)	玦(패옥 결)	勁(굳셀 경)
		剄(목벨 경)	計(셀 계)	故(연고 고)	訇(큰소리 굉)
		尅(이길 극)	矜(자랑할 긍)		
	水 ㉠	泇(물이름 가)	咯(울 각)	肝(간 간)	泔(뜨물 감)
		疥(옴 개)	癸(북방 계)	沽(팔 고)	
		咼(입비뚤어질 괘)	咬(새소리 교)	九(아홉 구)	祇(땅귀신 기)
	木 ㉡㉢㉣㉤	拏(잡을 나)	奈(어찌 나)	柰(어찌 내)	拈(집을 념)
		柅(무성할 니)	担(떨칠 단)	抬(매질할 대)	度(법도 도)
		拉(끌 랍)	柳(버들 류)	拖(끌어당길 타)	扡(끌 타)
		柁(키 타)	柝(쪼갤 탁)	度(헤아릴 탁)	
		拓(물리칠 탁)	拆(터질 탁)	眈(노려볼 탐)	

총획수	자원오행	한 자			
9	火 (ㄴㄷㄹㅌ)	南(남녘 **남**)	怒(성낼 **노**)	怩(부끄러워할 **니**)	
		泥(진흙 **니**)	昵(친할 **닐**)	胆(밝을 **단**)	
		彖(판단할 **단**)	怛(슬플 **달**)	待(기다릴 **대**)	俍(어질 **량**)
		亮(밝을 **량**)	侣(짝 **려**)	昤(밝을 **령**)	
		怜(영리할 **령**)	律(법 **률**)	俐(똑똑할 **리**)	俚(속될 **리**)
		炭(숯 **탄**)	侻(가벼울 **탈**)	怠(게으를 **태**)	
	土 (ㄷㅌ)	沓(합할 **답**)	垌(항아리 **동**)	峒(산이름 **동**)	垞(언덕 **택**)
	金 (ㄷㄹ)	段(조각 **단**)	剌(가지칠 **라**)	剌(어그러질 **랄**)	玪(옥 **림**)
	水 (ㄴㄷㄹㅌ)	耐(견딜 **내**)	泥(진흙 **니**)	耑(끝 **단**)	
		突(갑자기 **돌**)	峒(큰소리칠 **동**)	肚(배 **두**)	窀(광중 **둔**)
		泠(깨우칠 **령**)	聆(들을 **령**)	牢(우리 **로**)	
		泐(돌갈라질 **륵**)	咤(꾸짖을 **타**)	沱(물갈래 **타**)	
		沰(떨어뜨릴 **탁**)	泰(클 **태**)	殆(위태로울 **태**)	
	木 (ㅇㅎ)	押(누를 **압**)	約(맺을 **약**)	垈(땅이름 **얼**)	兗(연주 **연**)
		染(물들 **염**)	枺(나무이름 **영**)	栄(영화 **영**)	荣(영화 **영**)
		帠(법 **예**)	屋(집 **옥**)	拗(꺾을 **요**)	祆(재앙 **요**)
		芋(토란 **우**)	竽(피리 **우**)	爰(이에 **원**)	
		柔(부드러울 **유**)	宥(너그러울 **유**)	柚(유자나무 **유**)	柳(버들 **유**)
		抲(지휘할 **하**)	虐(사나울 **학**)	柙(짐승우리 **합**)	袔(도울 **해**)
		香(향기로울 **향**)	奕(클 **혁**)	匧(상자 **협**)	
		盻(흘겨볼 **혜**)	芐(지황 **호**)	紅(붉을 **홍**)	奂(빛날 **환**)
		宦(벼슬 **환**)	紈(흰비단 **환**)	芋(클 **후**)	芔(풀 **훼**)
		庥(그늘 **휴**)	紇(묶을 **흘**)		
	火 (ㅇㅎ)	俄(아까 **아**)	怏(원망할 **앙**)	昂(밝을 **앙**)	
		耶(어조사 **야**)	易(빛날 **양**)	佯(어정거릴 **양**)	彦(선비 **언**)

총획수	자원오행	한 자			
9	火 ◎ⓗ	彦(선비 언)	衍(넓을 연)	映(비출 영)	
		晤(맞이할 오)	俣(갈래지을 오)	昷(어질 온)	俑(목우 용)
		俁(얼굴클 우)	昱(햇빛 욱)	怨(원망할 원)	
		幽(그윽할 유)	怡(기쁠 이)	昰(여름 하)	弈(바둑 혁)
		怰(팔 현)	俔(염탐할 현)	昡(햇빛 현)	炫(빛날 현)
		頁(머리 혈)	俠(호협할 협)	炯(빛날 형)	怙(믿을 호)
		俒(완전할 혼)	怳(어슴푸레할 황)	徊(머뭇거릴 회)	後(뒤 후)
		侯(제후 후)	很(패려궂을 흔)	俙(비슷할 희)	
	土 ◎ⓗ	姲(종용할 안)	狎(진압할 압)	姸(고울 연)	姢(예쁠 연)
		瓮(독 옹)	禺(어리석을 옹)	娃(예쁠 와)	娃(예쁠 왜)
		歪(삐뚤 왜)	畏(두려울 외)	姚(예쁠 요)	勇(날랠 용)
		禹(하우씨 우)	垣(낮은담 원)	威(위엄 위)	
		兪(대답할 유)	囿(동산 유)	臾(잠깐 유)	姷(짝 유)
		垠(언덕 은)	娸(여자의자 의)	酏(아름다울 이)	
		姨(여자이름 이)	姨(이모 이)	姻(혼인할 인)	
		姙(아이밸 임)	缸(항아리 항)	巷(거리 항)	姮(항아 항)
		垓(지경 해)	型(거푸집 형)	狐(여우 호)	
		厚(두터울 후)	垕(두터울 후)	姬(여자 희)	姬(여자 희)
	金 ◎ⓗ	硏(갈 아)	玩(희롱할 완)	要(중요할 요)	貟(수효 원)
		韋(가죽 위)	玧(귀막이구슬 윤)		音(소리 음)
		哬(웃음소리 하)	革(가죽 혁)	皇(임금 황)	矦(임금 후)
	水 ◎ⓗ	咢(시끄럽게다툴 악)		殃(재앙 앙)	泱(깊을 앙)
		哀(슬플 애)	疫(염병 역)	匽(눕힐 언)	
		沿(물따라갈 연)	咽(목멜 열)	泳(헤엄칠 영)	盈(찰 영)
		哇(토할 와)	突(깊을 요)	疣(사마귀 우)	油(기름 유)
		泑(물빛검을 유)	泣(울 읍)	咿(선웃음칠 이)	
		咽(목구멍 인)	洪(넘칠 일)	河(물 하)	咸(다 함)

총획수	자원오행	한 자			
9	水 ◎⑧	哈(웃는소리 합)	肛(항문 항)	咳(어린아이웃을 해)	
		孩(어린아이 해)	泫(물깊을 현)	洄(찰 형)	
		泓(물깊을 홍)	虹(무지개 홍)	哄(떠들썩할 홍)	況(상황 황)
		肓(명치끝 황)	廻(돌이킬 회)	虺(살무사 훼)	
		咻(신음소리 휴)	咥(웃을 희)	屎(끙끙거릴 히)	
	木 ⑧⑧⑧	査(조사할 사)	柶(수저 사)	衫(적삼 삼)	庠(학교 상)
		相(서로 상)	省(덜 생)	宣(베풀 선)	
		契(사람이름 설)	省(살필 성)	柖(나무흔들릴 소)	
		帥(거느릴 솔)	垔(솔 솔)	帥(장수 수)	盹(졸 순)
		盾(방패 순)	紃(끈 순)	柹(감나무 시)	眎(볼 시)
		柴(섶나무 시)	枲(모시풀 시)	柿(감나무 시)	枾(감나무 시)
		室(집 실)	柘(산뽕나무 자)	柞(떡갈나무 작)	芍(작약 작)
		抵(막을 저)	柢(뿌리 저)	柾(나무바를 정)	帝(임금 제)
		拙(옹졸할 졸)	柊(방망이 종)	柱(기둥 주)	拄(버틸 주)
		紂(껑거리끈 주)	奏(아뢸 주)	垜(줄 줄)	
		枳(탱자나무 지)	祉(복 지)	挋(잡을 진)	柵(울타리 책)
		拓(열 척)	祆(하늘 천)	芊(우거질 천)	招(부를 초)
		秒(분초 초)	秋(가을 추)	抽(뽑을 추)	柒(옻나무 칠)
	火 ⑧⑧⑧	思(생각 사)	俟(기다릴 사)	性(품성 성)	星(별 성)
		昭(밝을 소)	炤(밝을 소)	俗(풍속 속)	徇(돌 순)
		是(이 시)	信(믿을 신)	昨(어제 작)	炸(터질 작)
		怍(부끄러워할 작)		点(점 점)	炡(빛날 정)
		亭(정자 정)	侹(평탄할 정)	怔(황겁할 정)	俎(도마 조)
		炤(비출 조)	炷(심지 주)	冑(투구 주)	俊(준걸 준)
		昣(밝을 진)	侲(어린이 진)	昶(밝을 창)	
		怗(고요할 첩)	俏(닮을 초)	怊(슬퍼할 초)	
		促(재촉할 촉)	春(봄 춘)	侵(침노할 침)	

<table>
<tr><th>총획수</th><th>자원오행</th><th colspan="4">한 자</th></tr>
<tr><td rowspan="4">9</td><td>土
(人)(ス)(ㅊ)</td><td colspan="4">峠(고개 상)　牲(희생 생)　姻(여자이름 세)
峋(깊숙할 순)　姁(미칠 순)　施(베풀 시)　姺(걸을 신)
甚(심할 심)　姿(맵시 자)　者(놈 자)
籴(재계할 재)　牴(부딪칠 저)　狙(원숭이 저)　畑(화전 전)
畈(밭갈 전)　姼(예쁠 제)　姝(예쁠 주)
重(무거울 중)　姪(조카 질)　垤(개밋둑 질)
姹(아리따울 차)　峙(언덕 치)　勅(칙서 칙)</td></tr>
<tr><td>金
(人)(ス)(ㅊ)</td><td colspan="4">砂(모래 사)　削(깎을 삭)　矧(하물며 신)　斫(벨 작)
前(앞 전)　貞(곧을 정)　訂(바로잡을 정)
酊(술취할 정)　政(정사 정)　剉(꺾을 좌)　砌(섬돌 체)
剃(머리깎을 체)　酋(우두머리 추)　則(법칙 칙)</td></tr>
<tr><td>水
(人)(ス)(ㅊ)</td><td colspan="4">泗(물이름 사)　叙(베풀 서)　泄(샐 설)　沼(늪 소)
泝(거슬러올라갈 소)　咲(웃음 소)　首(머리 수)
洇(헤엄칠 수)　屎(똥 시)　屍(주검 시)
泝(시내물가 시)　食(밥 식)　哂(비웃을 신)　蚅(며루 자)
咨(탄식할 자)　呰(꾸짖을 자)　哉(비로소 재)　沮(막을 저)
穽(함정 정)　殂(죽을 조)　注(물댈 주)　卽(곧 즉)
咫(여덟치 지)　泜(물이름 지)　殄(다할 진)
咠(소곤거릴 집)　穿(뚫을 천)　泉(샘 천)　沾(더할 첨)
肖(닮을 초)　治(다스릴 치)　哆(입딱벌릴 치)</td></tr>
<tr><td></td><td>木
(ㅁ)(ㅂ)(ㅍ)</td><td colspan="4">抹(바를 말)　芒(싹 망)　罔(그물 망)
眄(곁눈질할 면)　明(눈밝을 명)　某(아무개 모)　眊(흐릴 모)
眇(애꾸눈 묘)　拇(엄지손가락 무)　眉(눈썹 미)　旼(볼 민)
拍(손뼉칠 박)　盼(눈예쁠 반)　拌(내버릴 반)　拔(뺄 발)
拜(절할 배)　盃(잔 배)　柏(측백나무 백)　柄(자루 병)
抦(잡을 병)　芃(풀무성할 봉)　拊(어루만질 부)　拂(떨칠 불)
秕(쭉정이 비)　祊(제사 팽)　扁(작을 편)</td></tr>
</table>

총획수	자원오행	한 자			
9	木 (ㅁㅂㅍ)	枰(바둑판 **평**)	抨(탄핵할 **평**)	抱(안을 **포**)	
		匍(길쭉할 **포**)	抛(던질 **포**)	表(겉 **표**)	風(바람 **풍**)
		披(나눌 **피**)			
	火 (ㅁㅂㅍ)	昧(어두울 **매**)	面(낯 **면**)	俛(힘쓸 **면**)	
		侮(업신여길 **모**)	昴(별자리이름 **묘**)	炦(불기운 **발**)	
		俖(옳지못할 **배**)	便(똥오줌 **변**)	炳(밝을 **병**)	昺(밝을 **병**)
		昺(불꽃 **병**)	俌(도울 **보**)	保(보전할 **보**)	
		赴(다다를 **부**)	俘(사로잡을 **부**)	毗(도울 **비**)	飛(날 **비**)
		毖(삼갈 **비**)	毘(도울 **비**)	怕(두려워할 **파**)	
		便(편안할 **편**)	怦(곧을 **평**)	怖(두려워할 **포**)	
		炮(통째로구울 **포**)		烰(통째로구울 **포**)	
	土 (ㅁㅂ)	姥(할머니 **모**)	美(아름다울 **미**)	弭(활고자 **미**)	勃(갑자기 **발**)
		封(봉할 **봉**)	狒(비비 **비**)	狉(삵새끼 **비**)	
	金 (ㅁㅂ)	玫(붉은옥이름 **매**)		勉(힘쓸 **면**)	
		眇(땅이름 **묘**)	玧(귀막이구슬 **문**)		玟(옥돌 **민**)
		敃(굳셀 **민**)	砇(옥돌 **민**)	負(질 **부**)	訃(부고 **부**)
		玞(옥돌 **부**)	盆(동이 **분**)	砏(큰소리 **분**)	砒(비상 **비**)
		玭(구슬이름 **빈**)			
	水 (ㅁㅂㅍ)	沫(물거품 **말**)	沬(땅이름 **매**)	虻(등에 **맹**)	
		冒(무릅쓸 **모**)	泯(망할 **민**)	泊(배댈 **박**)	泮(학교 **반**)
		叛(배반할 **반**)	厖(두터울 **방**)	法(법 **법**)	沸(끓을 **비**)
		泌(샘물흐르는모양 **비**)		波(물결 **파**)	泙(물소리 **평**)
		泡(물거품 **포**)	品(물건 **품**)	泌(샘물흐를 **필**)	
10	木 (ㄱ)	家(집 **가**)	栞(도표 **간**)	芥(겨자 **개**)	
		祛(떨어없앨 **거**)	秬(검은기장 **거**)	虔(정성 **건**)	桀(사나울 **걸**)
		茨(가시연꽃 **검**)	格(격식 **격**)	挌(치다 **격**)	

총획수	자원오행	한 자			
10	木 ㉠	桂(계수나무 **계**) 栲(북나무 고) 括(묶을 괄) 挂(걸 괘) 宮(집 궁) 芩(풀이름 금) 級(등급 급) 芪(단너삼 기)	罟(그물 고) 袞(곤룡표 곤) 栝(노송나무 괄) 紘(끈 굉) 拳(주먹 권) 衿(옷깃 금) 笈(책상자 급) 桔(도라지 길)	拷(칠 **고**) 拱(팔짱낄 공) 桄(광랑나무 **광**) 校(학교 **교**) 芹(미나리 근) 衾(이불 금) 芨(말오줌나무 급) 拮(바쁘게 일할 길)	庫(곳집 고) 栱(두공 공) 框(문테 광) 篝(짤 구) 根(뿌리 근) 笒(첨대 금) 芰(마름 기)
	火 ㉠	恪(삼갈 **각**) 倨(거만할 거) 烓(화덕 계) 恐(두려울 공) 晈(흴 교) 倦(게으를 권)	赶(쫓을 간) 倞(굳셀 경) 高(높을 고) 倥(어리석을 공) 俱(함께 구) 鬼(귀신 귀)	個(낱낱 개) 徑(지름길 경) 恭(공손할 공) 恝(근심없을 괄) 倔(고집셀 굴) 起(일어날 기)	 耿(빛날 경) 恇(겁낼 광)
	土 ㉠	埆(메마를 각) 缺(이지러질 결) 羖(검은암양 고) 耆(늙은이 기)	迀(구할 간) 耕(밭갈 경) 狡(교활할 교)	鬲(막을 격) 羔(새끼양 고) 勌(게으를 권)	
	金 ㉠	珂(흰옥돌 가) 兼(겸할 겸) 珣(옥돌 구) 記(기록할 기)	珈(머리꾸미개 가) 勍(셀 경) 矩(법도 구) 劊(새김칼 기)	珏(쌍옥 각) 骨(뼈 골) 尅(이길 극)	剛(굳셀 강) 貢(바칠 공)
	水 ㉠	哥(노래할 가) 豇(광저기콩 강) 涸(얼 고) 蚣(지네 공) 痀(곱사등이 구) 旂(기 기)	痂(부스럼 가) 豈(어찌 개) 皋(언덕 고) 洸(물솟을 광) 躬(몸 궁) 氣(기운 기)	哿(좋을 가) 肩(어깨 견) 股(넓적다리 고) 肱(팔뚝 굉) 屐(나막신 극) 豈(어찌 기)	疳(감질 감) 哽(목멜 경) 哭(울 곡) 肯(즐길 긍) 朞(도마 기)

총획수	자원오행	한 자			
10	**木** ⓃⒹⒺⒺ	挐(잡을 **나**) 紐(맺을 **뉴**) 挑(복숭아 **도**) 垯(담 **랄**) 秢(벼처음익을 **령**)	拿(잡을 **나**) 袽(부드러운옷 **뉴**) 挑(돋을 **도**) 哴(높을 **랑**)	衲(기울 **납**) 祢(아비사당 **니**) 桐(오동나무 **동**) 挒(비틀 **렬**) 栗(밤 **률**)	納(들일 **납**) 爹(아비 **다**) 芚(싹나올 **둔**) 套(덮개 **투**)
	火 ⓃⒹⒺⒺ	恬(편안할 **념**) 倒(넘어질 **도**) 倆(재주 **량**) 倰(속일 **릉**)	倓(편안할 **담**) 烔(불사를 **동**) 烈(매울 **렬**) 倬(클 **탁**)	倘(빼어날 **당**) 倮(벗을 **라**) 料(헤아릴 **료**) 耽(즐길 **탐**)	徒(무리 **도**) 烙(지질 **락**) 倫(인륜 **륜**) 恫(상심할 **통**)
	土 ⓃⒹⒺⒺ	娜(아름다울 **나**) 旅(나그네 **려**) 特(특별할 **특**)	娘(아가씨 **낭**) 留(머무를 **류**)	猫(산이름 **노**) 娧(아름다울 **태**)	島(섬 **도**)
	金 ⒹⒺⒺ	玳(대모 **대**) 砬(돌소리 **립**) 討(칠 **토**)	砢(돌쌓일 **라**) 託(부탁할 **탁**)	玲(옥소리 **령**) 珆(용무늬있는옥홀 **태**)	竜(용 **룡**)
	水 ⓃⒹⒺⒺ	挐(많을 **나**) 唐(당나라 **당**) 洞(고을 **동**) 凉(서늘할 **량**) 唎(가는소리 **리**)	朒(살찔 **눌**) 洮(씻을 **도**) 蚪(올챙이 **두**) 洌(맑을 **렬**) 哩(어조사 **리**)	衄(코피 **뉵**) 疼(아플 **동**) 洛(물이름 **락**) 凌(능가할 **릉**) 洞(밝을 **통**)	疸(황달 **달**) 凍(얼 **동**)
	木 ⓄⒽ	芽(싹틀 **아**) 按(누를 **안**) 宴(잔치 **연**) 容(얼굴 **용**) 紜(어지러울 **운**) 秞(무성할 **유**)	笏(죽순 **아**) 桜(안석 **안**) 芮(물가 **예**) 栯(산앵두 **욱**) 笎(대무늬 **원**) 栮(목이버섯 **이**)	哦(읊조릴 **아**) 秧(모 **앙**) 拽(끌 **예**) 芸(향풀 **운**) 芫(팥꽃나무 **원**) 茵(씨 **인**)	案(책상 **안**) 臬(말뚝 **얼**) 芸(재주 **예**) 耘(김맬 **운**) 袁(옷길 **원**)

총획수	자원오행	한 자			
10	**木** ◎ㅎ	衽(옷깃 **임**)	芿(새풀싹 **잉**)	航(배 **항**)	桁(차꼬 **항**)
		害(해할 **해**)	核(씨 **핵**)	眩(어지러울 **현**)	芦(지황 **호**)
		笏(홀 **홀**)	花(꽃 **화**)	桓(굳셀 **환**)	庨(높을 **효**)
		虓(범울 **효**)			
	火 ◎ㅎ	晏(편안할 **안**)	恙(병 **양**)	烊(구울 **양**)	俺(클 **엄**)
		恚(성낼 **에**)	烟(연기 **연**)	倪(어린이 **예**)	烏(까마귀 **오**)
		翁(늙은이 **옹**)	倭(왜나라 **왜**)	彧(문채 **욱**)	
		悁(즐거워할 **원**)	恩(은혜 **은**)	倚(의지할 **의**)	恁(생각할 **임**)
		夏(나라이름 **하**)	恨(한할 **한**)	恒(항상 **항**)	恆(항상 **항**)
		晐(갖출 **해**)	倖(요행 **행**)	晑(밝을 **향**)	軒(집 **헌**)
		協(화합할 **협**)	惠(은혜 **혜**)	烘(날밝으려할 **홍**)	烘(횃불 **홍**)
		俰(화할 **화**)	晃(밝을 **황**)	晄(밝을 **황**)	恍(황홀할 **황**)
		恢(넓을 **회**)	烋(거들먹거릴 **효**)	欨(즐거워할 **후**)	候(기후 **후**)
		烜(마를 **훤**)	烋(아름다울 **휴**)	恤(불쌍할 **휼**)	
		恟(두려워할 **흉**)	恰(흡사할 **흡**)		
	土 ◎ㅎ	娥(예쁠 **아**)	峨(산이름 **아**)	峩(높을 **아**)	盎(동이 **앙**)
		埃(티끌 **애**)	娭(몸종 **애**)	舁(마주들 **여**)	娫(빛날 **연**)
		娟(고울 **연**)	埏(땅끝 **연**)	娛(즐길 **오**)	迃(굽을 **오**)
		邕(막힐 **옹**)	垸(바를 **완**)	辱(욕될 **욕**)	埇(길돋울 **용**)
		迂(길멀 **우**)	邘(땅이름 **우**)	原(언덕 **원**)	留(머무를 **유**)
		狁(원숭이 **윤**)	垽(앙금 **은**)	狢(오소리 **학**)	邗(땅이름 **한**)
		峴(고개 **현**)	娹(허리가늘 **현**)	峽(골짜기 **협**)	埉(물가 **협**)
		娙(여관 **형**)	瓠(반호 **호**)	迄(거의 **흘**)	
	金 ◎ㅎ	訐(들추어낼 **알**)	弱(약할 **약**)	珇(옥돌 **예**)	盌(주발 **완**)
		戜(사나울 **용**)	祐(도울 **우**)	訏(클 **우**)	殷(성할 **은**)
		誾(언쟁할 **은**)	珆(옥돌 **이**)	訑(으쓱거릴 **이**)	盍(덮을 **합**)
		欬(기침 **해**)	玹(옥돌 **현**)	祜(복 **호**)	訌(무너질 **홍**)
		效(본받을 **효**)	訓(가르칠 **훈**)	訖(이를 **흘**)	

총획수	자원오행	한 자			
10	水 ◎ㅎ	疴(질병 아)	唉(물을 애)	洋(큰바다 양)	圄(감옥 어)
		蚋(파리매 예)	唔(글읽는소리 오)	盇(어질 온)	洼(웅덩이 와)
		窊(우묵할 와)	窈(그윽할 요)	窅(움펑눈 요)	員(더할 운)
		洹(흐를 원)	員(관원 원)	冤(원통할 원)	洧(물이름 유)
		育(기를 육)	泿(물가 은)	圁(물이름 은)	洟(콧물 이)
		益(더할 익)	蚓(지렁이 인)	氤(기운성할 인)	洇(묻힐 인)
		奚(어찌 해)	洫(봇도랑 혁)	痃(현벽 현)	圂(뒷간 혼)
		洪(큰물 홍)	洹(세차게흐를 환)	活(살 활)	洄(역류할 회)
		洨(강이름 효)	肴(술안주 효)	哮(성낼 효)	
		洶(용솟음칠 흉)	洽(젖을 흡)	唏(슬퍼할 희)	
10	木 ㅅㅈㅊ	紗(비단 사)	師(스승 사)	祠(사당 사)	索(노 삭)
		祘(셈 산)	芟(풀벨 삼)	桑(뽕나무 상)	索(찾을 색)
		眚(흐릴 생)	芧(상수리나무 서)	紓(느슨할 서)	栖(살 서)
		書(글 서)	袥(섬 석)	席(자리 석)	扇(부채 선)
		閃(번쩍일 섬)	宬(서고 성)	帨(수건 세)	素(흴 소)
		笑(웃을 소)	宵(밤 소)	衰(쇠할 쇠)	祟(빌미 수)
		純(순수할 순)	栒(가름대나무 순)	拾(주울 습)	拭(닦을 식)
		栻(점치는기구 식)	神(귀신 신)	宸(집 신)	芯(골풀 심)
		拾(열 십)	眨(눈깜짝일 잡)	奘(클 장)	牂(암양 장)
		栽(심을 재)	宰(재상 재)	栓(나무못 전)	栴(단향목 전)
		庭(뜰 정)	眐(바라볼 정)	租(조세 조)	笊(조리 조)
		拵(의거할 존)	座(자리 좌)	株(그루 주)	
		純(가장자리 준)	拯(건질 증)	祗(공경할 지)	紙(종이 지)
		芝(지초 지)	持(가질 지)	指(가리킬 지)	芷(구릿때 지)
		祗(다만 지)	眞(참 진)	真(참 진)	秦(진나라 진)
		秩(차례 질)	桎(막힐 질)	鬯(울창주 창)	冢(무덤 총)
		芻(꼴 추)	秫(차조 출)	衷(속마음 충)	冣(모을 취)
		秤(저울 칭)			

총획수	자원오행	한 자			
10	**火** (人)(天)(天)	晌(한낮 **상**)	徐(천천히 서)	修(닦을 수)	俶(비롯할 숙)
		倏(갑자기 숙)	恂(정성 순)	倅(버금 쉬)	乘(탈 승)
		時(때 시)	恃(믿을 시)	息(숨쉴 식)	兹(이 자)
		恣(방자할 **자**)	晁(아침 조)	曹(무리 조)	
		倧(상고신인 종)	俊(준걸 준)	隼(송골매 준)	烝(찔 증)
		舐(핥을 지)	晉(나아갈 진)	晋(나아갈 진)	朕(나 짐)
		借(빌 차)	差(어긋날 차)	倀(갈팡질팡할 창)	倡(광대 창)
		倉(창고 창)	倜(대범할 척)	隻(새한마리 척)	俴(얕을 천)
		倩(예쁠 천)	倢(빠를 첩)	耻(부끄러울 치)	値(값 치)
	土 (人)(天)(天)	娑(춤출 사)	射(쏠 사)	娍(아름다울 성)	城(재 성)
		狩(사냥할 수)	迅(빠를 신)	娠(아이밸 신)	牸(암소 자)
		胖(숫양 장)	将(장수 장)	旃(기 전)	娣(누이 제)
		埈(높을 준)	峻(높을 준)	畛(두둑 진)	
		辿(천천히걸을 천)	峭(가파를 초)	畜(짐승 축)	致(이를 치)
	金 (人)(天)(天)	剚(칼꽂을 사)	訕(헐뜯을 산)	珊(산호 산)	剡(땅이름 섬)
		珆(아름다운옥 소)	釗(쇠 쇠)	訊(물을 신)	酌(술부을 작)
		剗(깎을 잔)	財(재물 재)	玷(이지러질 점)	釘(못 정)
		祚(복 조)	祖(할아버지 조)	厝(둘 조)	酎(전국술 주)
		砥(숫돌 지)	知(알 지)	珍(보배 진)	站(일어설 참)
		剔(뼈바를 척)	剟(깎을 철)	玼(옥빛깨끗할 체)	秒(써레 초)
		祝(빌 축)	針(바늘 침)	砧(다듬잇돌 침)	
	水 (人)(天)(天)	唆(부추길 사)	朔(초하루 삭)	洗(깨끗할 선)	洒(엄숙할 선)
		屑(가루 설)	洩(샐 설)	洗(씻을 세)	洒(씻을 세)
		涑(비올 속)	孫(손자 손)	洙(물가 수)	殊(다를 수)
		叟(늙은이 수)	洵(참으로 순)	殉(죽을 순)	肫(광대뼈 순)
		翅(날개 시)	豺(승냥이 시)	十(열 십)	疵(허물 자)
		泚(강이름 **자**)	疽(등창 저)	展(펼 전)	蚤(벼룩 조)

<table>
<tr><th>총획수</th><th>자원오행</th><th colspan="4">한 자</th></tr>
<tr>
<td rowspan="5">10</td>
<td>水
(ㅅㅈㅊ)</td>
<td>凋(시들 조)
涛(섬 지)
脣(놀랄 진)
泋(이를 천)
臭(냄새 취)</td>
<td>洲(물가 주)
肢(사지 지)
疾(병 질)
哲(밝을 철)
蚩(어리석을 치)</td>
<td>准(승인할 준)
津(나루 진)
窄(좁을 착)
凊(서늘할 청)</td>
<td>症(증세 증)
疹(홍역 진)
凄(쓸쓸할 처)
哨(망볼 초)</td>
</tr>
<tr>
<td>木
(ㅁㅂㅍ)</td>
<td>秣(꼴 말)
袂(소매 몌)
紊(어지러울 문)
紡(길쌈 방)
祔(합사할 부)
芬(향기로울 분)
匪(대상자 비)
芘(당아욱 비)</td>
<td>眛(어두울 매)
芼(풀우거질 모)
珉(성씨 민)
舫(방주 방)
罘(그물 부)
紛(어지러울 분)
祕(숨길 비)
蒂(작은모양 비)</td>
<td>眠(잠잘 면)
耗(소모할 모)
般(일반 반)
栢(측백나무 백)
苻(질경이 부)
祓(푸닥거리할 불)
秘(숨길 비)
芭(파초 파)</td>
<td>冥(어두울 명)
紋(무늬 문)
芳(꽃다울 방)
芙(연꽃 부)
粉(가루 분)
粃(더럽힐 비)
紕(가선 비)
笆(가시대 파)</td>
</tr>
<tr>
<td>火
(ㅁㅂㅍ)</td>
<td>馬(말 마)
倍(갑절 배)
俯(구부릴 부)</td>
<td>侔(가지런할 모)
俳(배우 배)
俾(더할 비)</td>
<td>們(들 문)
併(아우를 병)
俵(나누어줄 표)</td>
<td>倣(본뜰 방)
俸(녹 봉)
髟(늘어질 표)</td>
</tr>
<tr>
<td>土
(ㅁㅂㅍ)</td>
<td>娩(낳을 만)
旄(깃대장식 모)
亳(땅이름 박)
峯(산봉우리 봉)
耙(써레 파)</td>
<td>邙(산이름 망)
畞(밭이랑 묘)
畔(밭두둑 반)
峰(산봉우리 봉)
旆(기 패)</td>
<td>埋(묻을 매)
畝(밭이랑 무)
旁(곁 방)
畚(삼태기 분)</td>
<td>耄(늙은이 모)
娓(장황할 미)

娉(장가들 빙)</td>
</tr>
<tr>
<td>金
(ㅁㅂㅍ)</td>
<td>敉(어루만질 미)
珀(호박 백)
剖(쪼갤 부)
砰(돌구르는소리 팽)
珌(칼집장식 필)</td>
<td>珉(옥돌 민)
訊(말많을 범)
荆(발벨 비)</td>
<td>珀(호박 박)
竝(나란할 병)
玻(유리 파)
砭(돌침 폄)</td>
<td>配(짝 배)
釜(가마 부)
破(깨트릴 파)
砲(대포 포)</td>
</tr>
</table>

총획수	자원오행	한 자			
10	水 (ㅁㅂㅍ)	耄(끝 **말**)	洺(강이름 **명**)	蚊(모기 **문**)	渼(강이름 **미**)
		朌(나눌 **반**)	哱(어리저울 **발**)	蚌(방합 **방**)	肪(기름 **방**)
		病(병들 **병**)	洑(보 **보**)	蚨(파랑강충이 **부**)	朌(머리클 **분**)
		肥(살찔 **비**)	蚍(왕개미 **비**)	派(물갈래 **파**)	
		唄(염불소리 **패**)	窆(하관할 **폄**)	肺(허파 **폐**)	哺(먹을 **포**)
		疱(천연두 **포**)	圃(밭 **포**)	豹(표범 **표**)	疲(피곤할 **피**)
11	木 (ㄱ)	苛(매울 **가**)	茄(연줄기 **가**)	袈(가사 **가**)	舸(배 **가**)
		笳(갈잎피리 **가**)	桷(서까래 **각**)	桿(몽둥이 **간**)	秸(볏짚 **갈**)
		紺(감색 **감**)	康(평안할 **강**)	罡(별이름 **강**)	盖(덮을 **개**)
		苣(상추 **거**)	袪(옷소매 **거**)	觖(서운해할 **결**)	梗(대개 **경**)
		絅(잡아당길 **경**)	械(기계 **계**)	苽(줄 **고**)	苦(쓸 **고**)
		梏(수갑 **곡**)	袞(곤룡포 **곤**)	梱(문지방 **곤**)	捆(두드릴 **곤**)
		梡(도마 **관**)	苟(진실로 **구**)	毬(공 **구**)	寇(도둑 **구**)
		捄(담을 **구**)	捃(주울 **군**)	桾(고욤나무 **군**)	眷(돌아볼 **권**)
		寄(부탁할 **기**)			
	火 (ㄱ)	假(거짓 **가**)	偘(굳셀 **간**)	健(굳셀 **건**)	偈(쉴 **게**)
		焆(불빛 **결**)	頃(이랑 **경**)	斛(휘 **곡**)	悃(정성 **곤**)
		規(법 **규**)			
	土 (ㄱ)	勘(헤아릴 **감**)	堪(구덩이 **감**)	崗(언덕 **강**)	堈(언덕 **강**)
		狷(성급할 **견**)	牽(이끌 **견**)	堅(굳을 **견**)	崑(산이름 **곤**)
		堩(땅 **곤**)	崐(산이름 **곤**)	崆(산이름 **공**)	區(구역 **구**)
		耈(늙을 **구**)	耇(늙을 **구**)	崛(우뚝솟을 **굴**)	堀(굴뚝 **굴**)
		近(가까울 **근**)	基(터 **기**)	埼(해안 **기**)	崎(험할 **기**)
		跂(육발이 **기**)			
	金 (ㄱ)	耞(도리깨 **가**)	強(강할 **강**)	乾(하늘 **건**)	訣(이별할 **결**)
		竟(다할 **경**)	珙(큰옥 **공**)	釭(화살촉 **공**)	貫(꿸 **관**)
		硄(돌소리 **광**)	珖(옥피리 **광**)	皎(흴 **교**)	敎(가르칠 **교**)
		救(구원할 **구**)	釦(금테두를 **구**)	珪(서옥 **규**)	硅(규소 **규**)

총획수	자원오행	한 자			
11	水 ㉠	胛(어깨뼈 **갑**)	胠(겨드랑이 **거**)	涇(통할 **경**)	啓(열 **계**)
		皐(언덕 **고**)	浤(용솟음할 **굉**)	朐(포 **구**)	胊(포 **구**)
		蚯(지렁이 **구**)	國(나라 **국**)	圈(짐승우리 **권**)	頄(광대뼈 **규**)
		唫(입다물 **금**)	殑(까무러칠 **긍**)	飢(주릴 **기**)	旣(이미 **기**)
	木 ㄴㄷㄹㅌ	梛(나무이름 **나**)	挪(옮길 **나**)	捏(꾸밀 **날**)	笯(새장 **노**)
		袒(웃통벗을 **단**)	袋(자루 **대**)	帶(띠 **대**)	
		荓(겨우살이 **동**)	兜(투구 **두**)	梁(들보 **량**)	梠(평고대 **려**)
		笭(도꼬마리 **령**)	苓(도꼬마리 **령**)	累(더할 **루**)	梨(배 **리**)
		笠(삿갓 **립**)	粒(쌀알 **립**)	舵(선박키 **타**)	苔(이끼 **태**)
		笞(볼기칠 **태**)	桶(통 **통**)		
	火 ㄴㄷㄹㅌ	偄(연약할 **난**)	聃(귓바퀴없을 **담**)	得(얻을 **득**)	朗(밝을 **랑**)
		烺(빛밝을 **랑**)	徠(올 **래**)	悢(슬퍼할 **량**)	翎(깃 **령**)
		聆(들을 **령**)	聊(애오라지 **료**)	率(거느릴 **률**)	悧(영리할 **리**)
		离(산신 **리**)	恡(아낄 **린**)	偸(훔칠 **투**)	
	土 ㄴㄷㄹㅌ	那(어찌 **나**)	埮(평평한 **담**)	堂(집 **당**)	
		迍(머뭇거릴 **둔**)	婪(고울 **람**)	婪(탐할 **람**)	狼(이리 **랑**)
		崍(산이름 **래**)	略(간략할 **략**)	畧(다스릴 **략**)	羚(영양 **령**)
		鹿(사슴 **록**)	婁(끌 **루**)	崙(뫼 **륜**)	崘(산이름 **륜**)
		狸(살쾡이 **리**)	埭(둑 **태**)	堆(언덕 **퇴**)	
	金 ㄴㄹㅌ	訥(말더듬을 **눌**)	弴(활 **돈**)	珞(구슬 **락**)	勒(정돈할 **륵**)
		貪(탐할 **탐**)	酖(즐길 **탐**)		
	水 ㄴㄷㄹㅌ	㖋(젖먹일 **누**)	匿(숨을 **닉**)	胆(어깨벗을 **단**)	蛋(새알 **단**)
		啖(씻을 **담**)	啗(먹일 **담**)	涂(칠할 **도**)	豚(돼지 **돈**)
		動(움직일 **동**)	浪(물결 **랑**)	朗(밝을 **랑**)	唳(울 **려**)
		蛉(잠자리 **령**)	旅(검을 **로**)	流(흐를 **류**)	圇(완전할 **륜**)
		涖(임할 **리**)	浬(해리 **리**)	唾(침뱉을 **타**)	啄(쪼을 **탁**)
		胎(아이밸 **태**)			

총획수	자원오행	한 자			
11	**木** ◎ⓗ	鄂(윗턱 악)	眼(눈 안)	庵(암자 암)	挨(밀칠 애)
		若(반야 야)	揶(야유할 야)	若(같을 약)	
		眻(눈아름다울 양)		挻(늘일 연)	捐(비길 연)
		苒(풀우거질 염)	英(꽃부리 영)	梧(오동나무 오)	捂(거스를 오)
		梡(도마 완)	庸(쓸 용)	苑(동산 원)	帷(휘장 유)
		挹(뜰 읍)	苡(질경이 이)	移(옮길 이)	寅(범 인)
		秵(벼꽃 인)	粒(낟알 입)	捍(막을 한)	閈(이문 한)
		舷(뱃전 현)	絃(악기줄 현)	挾(끼일 협)	扈(뒤따를 호)
		瓠(표주박 호)	凰(봉황새 황)	梟(올빼미 효)	
	火 ◎ⓗ	偓(악착할 악)	焕(빛날 애)	御(거느릴 어)	焉(어조사 언)
		悆(잊을 여)	軟(연할 연)	悁(성낼 연)	悦(기뻐할 열)
		悟(깨달을 오)	晤(밝을 오)	偎(가까이할 외)	偠(날씬할 요)
		偶(짝 우)	傴(혼자걸을 우)	偉(위대할 위)	悠(멀 유)
		勖(교유할 유)	胤(이을 윤)	悒(근심할 읍)	翊(도울 익)
		翌(다음날 익)	悍(사나울 한)	偕(함께할 해)	焃(붉을 혁)
		晛(햇살 현)	衒(자랑할 현)	悏(쾌할 협)	彗(별이름 혜)
		晧(해돋을 호)	毫(가는털 호)	晥(환할 환)	患(근심 환)
		晦(그믐 회)	悔(뉘우칠 회)	焄(향내 훈)	烯(불빛 희)
		晞(마를 희)	悕(원할 희)		
	土 ◎ⓗ	婀(아리따울 아)	娿(아리따울 아)	迓(마중할 아)	婭(동서 아)
		堊(석회 악)	姲(종용할 안)	崖(언덕 애)	崕(땅이름 애)
		倻(가야 야)	野(들 야)	埜(들 야)	崦(산이름 엄)
		域(나라 역)	迎(맞을 영)	埌(성가퀴 예)	埶(심을 예)
		迕(만날 오)	婐(날씬할 와)	婠(몸예쁠 완)	婉(예쁠 완)
		勖(힘쓸 욱)	婉(순할 원)	尉(벼슬이름 위)	
		婑(아리따울 유)	堉(기름진땅 육)	狺(으르렁거릴 은)	
		崟(험준할 음)	異(다를 이)	狹(좁을 협)	

총획수	자원오행	한 자			
11	土 ◎ⓗ	邢(나라이름 형)	婚(혼인할 혼)	娊(재치있을 효)	
		崤(산이름 효)	畦(밭두둑 휴)		
	金 ◎ⓗ	訝(의심할 아)	欸(한숨쉴 애)	敔(막을 어)	偃(쓰러질 언)
		研(갈 연)	硯(벼루 연)	傲(거만할 오)	訛(그릇될 와)
		欲(탐낼 욕)	慂(찧을 용)	釪(악기이름 우)	訧(허물 우)
		訢(화평할 은)	珢(옥돌 은)	珥(귀고리 이)	託(생각할 임)
		盒(찬합 합)	珦(옥이름 향)	許(허락할 허)	弦(활 현)
		珩(노리개 형)	訡(농담할 혜)	貨(재물 화)	盔(주발 회)
		珝(옥이름 후)	酗(주정할 후)	欷(한숨쉴 희)	
	水 ◎ⓗ	啊(어조사 아)	啞(벙어리 아)	唵(머금을 암)	唯(마실 애)
		痒(앓을 양)	魚(물고기 어)	唹(고요히웃을 어)	圉(마부 어)
		涓(시내 연)	涎(침 연)	淫(거침없이흐를 영)	
		浯(강이름 오)	冤(원통할 원)	浣(씻을 완)	浴(목욕할 욕)
		涌(물솟을 용)	雩(기우제 우)	淴(물소용돌이칠 우)	
		胃(밥통 위)	蚰(그리마 유)	蚴(꿈틀거릴 유)	唯(오직 유)
		胤(맞아들 윤)	浥(젖을 읍)	痍(상처 이)	唈(재갈 함)
		海(바다 해)	痎(학질 해)	浹(젖을 협)	胡(오랑캐 호)
		浩(넓을 호)	滸(물가 효)	痕(흔적 흔)	
	木 ⓘⓩⓣ	梭(북 사)	笥(상자 사)	産(낳을 산)	產(낳을 산)
		常(항상 상)	笙(생황 생)	庶(여러 서)	船(배 선)
		絏(고삐 설)	細(가늘 세)	笹(조릿대 세)	紹(이을 소)
		捎(덜 소)	梳(빗 소)	袖(소매 수)	宿(별자리 수)
		宿(잘 숙)	眴(눈짓할 순)	絉(끈 술)	純(깁 시)
		豉(메주 시)	紳(큰띠 신)	紫(붉을 자)	眦(흘길 자)
		眥(흘길 자)	帳(휘장 장)	捚(손으로받을 재)	
		梓(가래나무 재)	苧(모시풀 저)	紵(모시풀 저)	罝(그물 저)
		苴(깔 저)	袛(속적삼 저)	寂(고요할 적)	笛(피리 적)

총획수	자원오행	한 자			
11	**木** (人)(天)(天)	粘(붙을 점)	苫(이엉 점)	笘(회초리 점)	彭(청정할 정)
		梃(막대기 정)	挺(빼어날 정)	旌(기 정)	桯(탁자 정)
		第(차례 제)	梯(사다리 제)	組(인끈 조)	粗(거칠 조)
		條(나뭇가지 조)	眺(바라볼 조)	族(겨레 족)	終(마칠 종)
		挫(꺾을 좌)	紸(댈 주)	紬(명주 주)	茁(풀싹 줄)
		眾(무리 중)	觗(술잔 지)	袗(홑옷 진)	振(떨칠 진)
		桭(평고대 진)	眹(눈동자 진)	捉(잡을 착)	紮(감을 찰)
		寀(녹봉 채)	笧(책 책)	捗(칠 척)	圊(뒷간 청)
		梢(나뭇가지끝 초)		荍(완두 초)	舳(고물 축)
		厠(뒷간 측)	梔(치자나무 치)		
	火 (人)(天)(天)	斜(비낄 사)	徙(옮길 사)	赦(용서할 사)	參(석 삼)
		爽(시원할 상)	徜(어정거릴 상)	偦(재주있을 서)	悆(기쁠 서)
		偰(맑을 설)	晟(밝을 성)	晠(밝을 성)	彗(혜성 세)
		率(거느릴 솔)	悚(두려울 송)	術(꾀 술)	習(익힐 습)
		偲(굳셀 시)	晨(새벽 신)	悉(다할 실)	雀(참새 작)
		悛(고칠 전)	晢(밝을 절)	停(머무를 정)	偵(염탐할 정)
		頂(이마 정)	悌(공경할 제)	偙(준걸 제)	晢(밝을 제)
		彫(새길 조)	鳥(새 조)	從(좇을 종)	做(지을 주)
		晝(낮 주)	晙(밝을 준)	焌(불땔 준)	偆(가멸 준)
		晵(밝을 진)	執(잡을 집)	借(빌릴 차)	參(참여할 참)
		彩(채색 채)	悊(밝을 철)	偢(인정없을 초)	峭(근심할 초)
		悤(바쁠 총)	側(곁 측)		
	土 (人)(天)(天)	邪(간사할 사)	狻(사자 산)	胥(서로 서)	旋(돌 선)
		卨(사람이름 설)	埽(쓸 소)	羞(부끄러울 수)	
		婌(궁녀벼슬 숙)	崇(높을 숭)	崧(우뚝솟을 숭)	埴(찰흙 식)
		瓷(사기그릇 자)	將(장수 장)	崝(가파를 쟁)	羝(숫양 저)
		專(오로지 전)	埩(밭갈 정)	婧(단정할 정)	祭(제사 제)
		祧(천묘 조)	埻(과녁 준)	趾(발꿈치 지)	娼(창녀 창)

총획수	자원오행	한 자			
11	**土** (人)(地)(天)	婇(여자이름 **채**)	琛(영지 **채**)	處(곳 **처**)	阡(밭둑 **천**)
		甛(달 **첨**)	甜(달 **첨**)	婧(날씬할 **청**)	邨(마을 **촌**)
		崔(높을 **최**)	娵(별이름 **추**)	娶(장가들 **취**)	畤(제사터 **치**)
		阤(비탈 **치**)			
	金 (人)(地)(天)	殺(죽일 **살**)	釤(낫 **삼**)	祥(상서로울 **상**)	敍(차례 **서**)
		叙(베풀 **서**)	琁(옥돌 **선**)	設(베풀 **설**)	訟(송사할 **송**)
		殺(빠를 **쇄**)	珣(옥이름 **순**)	匙(숟가락 **시**)	張(베풀 **장**)
		章(글 **장**)	剪(가위 **전**)	曹(무리 **조**)	釣(낚시 **조**)
		酒(술 **주**)	珠(구슬 **주**)	珘(구슬 **주**)	硃(주사 **주**)
		珒(옥이름 **진**)	倲(다스릴 **진**)	斬(벨 **참**)	責(빚 **채**)
		釵(비녀 **채**)	砦(울타리 **채**)	責(꾸짖을 **책**)	戚(겨레 **척**)
		釧(팔찌 **천**)	釥(좋은쇠 **초**)	珫(귀고리옥 **충**)	敕(칙서 **칙**)
	水 (人)(地)(天)	蛇(뱀 **사**)	唼(쪼아먹을 **삽**)	商(장사할 **상**)	雪(눈 **설**)
		涉(건널 **섭**)	胜(비릴 **성**)	涗(잿물 **세**)	消(사라질 **소**)
		巢(새집 **소**)	疏(소통할 **소**)	涑(헹굴 **속**)	飧(저녁밥 **손**)
		售(팔 **수**)	孰(누구 **숙**)	涔(괸물 **잠**)	蛆(구더기 **저**)
		痊(병나을 **전**)	浙(강이름 **절**)	蛅(쐐기 **점**)	涏(샘물 **정**)
		胜(새이름 **정**)	窕(고요할 **조**)	胙(제육 **조**)	
		蛀(나무좀먹을 **주**)		胄(자손 **주**)	浚(깊을 **준**)
		窒(막힐 **질**)	唱(부를 **창**)	窓(창문 **창**)	蚱(메뚜기 **책**)
		啜(먹을 **철**)	涕(눈물 **체**)	痓(악할 **치**)	痔(치질 **치**)
		浸(젖을 **침**)			
	木 (口)(日)(戈)	麻(삼 **마**)	挽(당길 **만**)	茉(말리꽃 **말**)	苺(딸기 **매**)
		梅(매화나무 **매**)	麥(보리 **맥**)	冕(면류관 **면**)	茅(띠 **모**)
		眸(눈동자 **모**)	苜(거여목 **목**)	苗(싹 **묘**)	茂(무성할 **무**)
		梶(나무끝 **미**)	菉(깊이들 **미**)	茮(맛 **미**)	罠(낚싯줄 **면**)
		筺(속대 **민**)	密(빽빽할 **밀**)		

총획수	자원오행	한 자			
11	木 (ㅁㅂㅍ)	舶(큰배 박)	粕(지게미 박)	絆(줄 반)	梆(목어 방)
		旊(옹기장 방)	苩(성씨 백)	袢(속옷 번)	梵(범어 범)
		笵(법 범)	范(풀이름 범)	桴(마룻대 부)	符(부호 부)
		苻(귀목풀 부)	袝(나들이옷 부)	笨(거칠 분)	奜(클 비)
		痺(집낮을 비)	捌(깨뜨릴 팔)	苹(개구리밥 평)	閉(닫을 폐)
		袍(도포 포)	匏(박 포)	捕(사로잡을 포)	苞(쌀 포)
		被(이불 피)	苾(향기로울 필)		
	火 (ㅁㅂㅍ)	晚(저물 만)	覓(찾을 멱)	耗(병거 모)	悗(잊을 문)
		俳(배우 배)	焅(횃불 보)	烽(봉화 봉)	彬(빛날 빈)
		悖(거스를 패)	烹(삶을 팽)	偏(치우칠 편)	晡(신시 포)
		票(표 표)	彪(범 표)	偪(핍박할 핍)	
	土 (ㅁㅂㅍ)	曼(길게끌 만)	務(힘쓸 무)	返(돌아올 반)	邦(나라 방)
		培(북돋을 배)	趺(책상다리 부)	婦(며느리 부)	埠(선창 부)
		艴(발끈할 불)	崩(무너질 붕)	堋(묻을 붕)	埤(더할 비)
		婢(여자종 비)	邠(나라이름 빈)	婆(할미 파)	猈(이리 패)
		狴(감옥 폐)	畢(마칠 필)		
	金 (ㅁㅂㅍ)	敏(민첩할 민)	班(나눌 반)	訪(찾을 방)	釩(떨칠 범)
		珤(보배 보)	珵(보배 보)	匐(길 복)	副(버금 부)
		貧(가난할 빈)	販(팔 판)	珮(찰 패)	敗(패할 패)
		區(납작할 편)			
	水 (ㅁㅂㅍ)	望(바랄 망)	問(물을 문)	胖(클 반)	
		浡(일어날 발)	背(등 배)	胚(아이밸 배)	屛(병풍 병)
		漨(울적할 봉)	浮(뜰 부)	胕(장부 부)	浜(물가 빈)
		浿(물이름 패)	胞(세포 포)	浦(물가 포)	
		殍(굶어죽을 표)			

<table>
<tr><th>총획수</th><th>자원오행</th><th colspan="4">한 자</th></tr>
<tr>
<td rowspan="4">12</td>
<td>木
㉠</td>
<td colspan="4">

間(사이 **간**) 　 菺(미나리아재비 **간**) 　 稈(볏짚 **간**)
絳(진홍색 **강**) 　 茳(천궁모종 **강**) 　 凱(개선할 **개**) 　 据(일할 **거**)
結(맺을 **결**) 　 卿(벼슬 **경**) 　 棨(나무창 **계**) 　 袴(바지 **고**)
稁(볏짚 **고**) 　 脏(사타구니 **고**) 　 觚(술잔 **고**) 　 棍(몽둥이 **곤**)
控(당길 **공**) 　 椁(덧널 **곽**) 　 棺(널 **관**) 　 筈(오늬 **괄**)
筐(광주리 **광**) 　 絖(솜 **광**) 　 茪(결명차 **광**) 　 掛(걸릴 **괘**)
罣(걸 **괘**) 　 閎(문 **굉**) 　 絞(목맬 **교**) 　 掬(움킬 **국**)
掘(팔 **굴**) 　 捲(거둘 **권**) 　 棬(나무그릇 **권**) 　 菫(딸기 **규**)
棘(가시나무 **극**) 　 筋(힘줄 **근**) 　 給(줄다 **급**) 　 棋(바둑 **기**)
棄(버릴 **기**) 　 掎(끌 **기**) 　 棊(바둑 **기**)

</td>
</tr>
<tr>
<td>火
㉠</td>
<td colspan="4">

軻(수레 **가**) 　 街(거리 **가**) 　 斝(술잔 **가**) 　 悾(정성 **강**)
傋(어리석을 **강**) 　 開(열 **개**) 　 傑(뛰어날 **걸**) 　 傔(시중들 **겸**)
景(볕 **경**) 　 惊(근심할 **경**) 　 悸(두근거릴 **계**) 　 雇(품팔 **고**)
聒(떠들썩할 **괄**) 　 傀(허수아비 **괴**) 　 棬(삼갈 **권**) 　 晷(그림자 **귀**)
幾(몇 **기**) 　 棊(바둑 **기**)

</td>
</tr>
<tr>
<td>土
㉠</td>
<td colspan="4">

跏(책상다리할 **가**) 　 迦(막을 **가**) 　 嵌(산깊을 **감**) 　 堪(견딜 **감**)
邯(땅이름 **감**) 　 嵁(험준할 **감**) 　 距(상거할 **거**) 　 迭(자래 **겁**)
堺(지경 **계**) 　 堦(섬돌 **계**) 　 猓(긴꼬리원숭이 **과**)
堝(도가니 **과**) 　 邱(언덕 **구**) 　 厥(그 **궐**)
攲(높이솟을 **기**) 　 猉(강아지 **기**)

</td>
</tr>
<tr>
<td>金
㉠</td>
<td colspan="4">

訶(꾸짖을 **가**) 　 殼(껍질 **각**) 　 欿(시름겨울 **감**) 　 敢(감히 **감**)
酣(흥겨울 **감**) 　 強(강할 **강**) 　 剴(낫 **개**) 　 硜(돌소리 **갱**)
鈐(비녀장 **검**) 　 硬(굳을 **경**) 　 辜(허물 **고**) 　 詁(주낼 **고**)
酤(계명주 **고**) 　 款(정성스러울 **관**) 　 球(공 **구**) 　 詘(굽힐 **굴**)
貴(귀할 **귀**) 　 鈞(서른근 **균**) 　 戟(창 **극**) 　 釿(도끼 **근**)
欺(속일 **기**)

</td>
</tr>
</table>

총획수	자원오행	한 자			
12	**水** (ㄱ)	喝(꾸짖을 **갈**)	淦(스며들 **감**)	喀(토할 **객**)	
		痙(경련할 **경**)	涇(통할 **경**)	蛩(메뚜기 **공**)	
		蛬(귀뚜라미 **공**)	涫(끓을 **관**)	胱(방광 **광**)	蛟(교룡 **교**)
		喬(높을 **교**)	窖(움 **교**)	窘(군색할 **군**)	淈(흐릴 **굴**)
		淃(물돌아흐를 **권**)	期(기약 **기**)	淇(강이름 **기**)	
		蛣(장구벌레 **길**)	喫(마실 **끽**)		
	木 (ㄴㄷㄹㅌ)	袲(깃발날릴 **나**)	捺(누를 **날**)	捻(물길을 **념**)	茶(차 **다**)
		茤(마름 **다**)	答(대답할 **답**)	棠(팥배나무 **당**)	棹(노 **도**)
		掉(흔들 **도**)	稌(찰벼 **도**)	掏(가릴 **도**)	蕳(쑥갓 **동**)
		童(아이 **동**)	棟(들보 **동**)	等(무리 **등**)	絡(이을 **락**)
		稂(강아지풀 **랑**)	掠(노략질할 **략**)	裂(찢을 **렬**)	捩(비틀 **렬**)
		虜(사로잡을 **로**)	掄(가릴 **륜**)	粦(도깨비불 **린**)	棽(무성할 **림**)
		探(찾을 **탐**)	統(거느릴 **통**)	筒(대통 **통**)	
	火 (ㄴㄷㄹㅌ)	赧(얼굴붉힐 **난**)	惄(허출할 **녁**)	惗(사랑할 **념**)	惔(속탈 **담**)
		毯(담요 **담**)	悳(클 **덕**)	悼(슬퍼할 **도**)	焞(성할 **돈**)
		惇(정성 **돈**)	登(오를 **등**)	惏(탐할 **람**)	量(헤아릴 **량**)
		軨(사냥수레 **령**)	勞(힘쓸 **로**)	焛(불꽃 **린**)	
		痳(알고자할 **림**)	晫(환할 **탁**)	傝(나쁠 **탑**)	
	土 (ㄴㄷㄹㅌ)	堵(담 **도**)	堗(굴뚝 **돌**)	阧(가파를 **두**)	
		嵐(아지랑이 **람**)	崒(가파를 **률**)	犁(얼룩소 **리**)	犂(밭갈 **리**)
		跎(헛디딜 **타**)	邰(나라이름 **태**)	迨(미칠 **태**)	跆(밟을 **태**)
	金 (ㄴㄷㄹㅌ)	鈕(단추 **뉴**)	短(짧을 **단**)	覃(깊을 **담**)	貸(빌릴 **대**)
		盜(훔칠 **도**)	敦(도타울 **돈**)	鈍(무딜 **둔**)	琅(옥돌 **랑**)
		硠(돌소리 **랑**)	琉(유리 **류**)	硫(유황 **류**)	理(다스릴 **리**)
		詑(속일 **타**)	鈦(티타늄 **태**)	掌(버틸 **탱**)	

총획수	자원오행	한 자			
12	水 (ㄴㄷㄹㅌ)	喇(나팔 **나**) 能(능할 **능**) 淡(맑을 **담**) 胴(큰창자 **동**) 喨(소리맑을 **량**) 淪(빠질 **륜**) 痛(아플 **통**)	脮(성길 **나**) ꯋ(깊을 **다**) 淘(씻을 **도**) 痘(천연두 **두**) 涼(서늘할 **량**) 痢(설사 **리**)	喃(재잘거릴 **남**) 單(홀 **단**) 屠(죽일 **도**) 喇(나팔 **라**) 淥(거를 **록**) 淋(물뿌릴 **림**)	淖(진흙 **뇨**) 啿(넉넉할 **담**) 涷(소나기 **동**) 淶(강이름 **래**) 淚(눈물 **루**) 涿(칠 **탁**)
	木 (ㄱㅎ)	椏(가장귀 **아**) 掖(겨드랑이 **액**) 扊(문빗장 **염**) 椀(주발 **완**) 粤(어조사 **월**) 庾(곳집 **유**) 茵(수레깔개 **인**) 荏(부드러울 **임**) 荇(마름풀 **행**) 絜(헤아릴 **혈**) 絙(끈 **환**) 帿(과녁 **후**)	幄(휘장 **악**) 椋(푸조나무 **양**) 脛(똑바로볼 **영**) 茸(녹용 **용**) 幃(휘장 **위**) 絨(가는베 **융**) 絪(기운 **인**) 紝(짤 **임**) 虛(빌다 **허**) 荊(가시 **형**) 荒(거칠 **황**) 掀(치켜들 **흔**)	腋(겨드랑이 **액**) 掩(가릴 **엄**) 挽(비길 **예**) 厲(부칠 **우**) 羑(꽃 **유**) 椅(의자 **의**) 絪(요 **인**) 厦(큰집 **하**) 絢(무늬 **현**) 壺(병 **호**) 茴(회향풀 **회**) 稀(드물 **희**)	茹(먹을 **여**) 喁(숨쉴 **옹**) 寓(부칠 **우**) 釉(윤 **유**) 黃(벨 **이**) 壹(한 **일**) 絯(묶을 **해**) 崼(땅이름 **현**) 晥(가득찰 **환**) 絵(그림 **회**)
	火 (ㄷㅌ)	雅(맑을 **아**) 馭(말부릴 **어**) 惡(미워할 **오**) 雄(영웅 **웅**) 鳦(제비 **을**) 焱(불꽃 **혁**) 惑(미혹할 **혹**) 徨(헤멜 **황**) 翕(합할 **흡**)	惡(악할 **악**) 晹(볕날 **역**) 惋(탄식할 **완**) 越(넘을 **월**) 軼(지나칠 **일**) 睍(불거진눈 **현**) 焜(빛날 **혼**) 傚(본받을 **효**) 翖(합할 **흡**)	雁(기러기 **안**) 然(불탈 **연**) 傛(불안할 **용**) 惟(생각할 **유**) 項(조목 **항**) 惠(은혜 **혜**) 惚(황홀할 **홀**) 勛(공 **훈**)	晻(어두울 **암**) 焰(불꽃 **염**) 堯(날 **우**) 閏(윤달 **윤**) 悻(성낼 **행**) 傒(기다릴 **혜**) 晥(환할 **환**) 焮(구울 **흔**)

총획수	자원오행	한 자			
12	土 ⊙ⓗ	猗(거세할 **아**)	婍(머뭇거릴 **암**)	嵓(바위 **암**)	量(헤아릴 **양**)
		堰(방죽 **언**)	堧(빈터 **연**)	猊(사자 **예**)	媼(할머니 **온**)
		阮(나라이름 **완**)	迬(갈 **왕**)	媧(사람이름 **왜**)	嵬(높을 **외**)
		崴(꾸불꾸불할 **외**)	堯(높을 **요**)	堣(땅이름 **우**)	嵎(산굽이 **우**)
		媛(아름다울 **원**)	阮(나라이름 **원**)	阭(높을 **윤**)	
		猗(아름다울 **의**)	嫛(기쁠 **이**)	迤(비스듬할 **이**)	羡(땅이름 **이**)
		堙(막을 **인**)	婣(혼인 **인**)	邯(조나라서울 **한**)	閒(한가할 **한**)
		缿(투서함 **항**)	逈(멀 **형**)	畫(그림 **화**)	
		媓(여자이름 **황**)	堭(당집 **황**)	黃(누를 **황**)	堠(돈대 **후**)
	金 ⊙ⓗ	硪(바위 **아**)	峩(흰빛 **아**)	硯(벼루 **연**)	詠(읊을 **영**)
		珸(옥돌 **오**)	琬(서옥 **완**)	硧(숫돌 **용**)	爲(위할 **위**)
		鈗(창 **윤**)	矞(송곳질할 **율**)	欹(아! **의**)	貽(끼칠 **이**)
		貳(둘 **이**)	靭(질길 **인**)	靭(질길 **인**)	剩(남을 **잉**)
		賀(하례할 **하**)	硞(자갈땅 **학**)	割(벨 **할**)	現(나타날 **현**)
		琄(옥모양 **현**)	詗(염탐할 **형**)	皓(깨끗할 **호**)	貺(줄 **황**)
		鈜(쇳소리 **횡**)	殽(섞일 **효**)	欻(문득 **홀**)	欽(공경할 **흠**)
	水 ⊙ⓗ	喔(닭울 **악**)	唵(잠꼬대 **암**)	涯(물가 **애**)	液(진액 **액**)
		淤(진흙 **어**)	淹(담글 **엄**)	淢(빨리흐를 **역**)	淵(못 **연**)
		涀(물가 **예**)	睿(밝을 **예**)	蝸(달팽이 **와**)	
		涴(물굽이쳐흐를 **완**)		喓(벌레소리 **요**)	雲(구름 **운**)
		圍(에워쌀 **위**)	喟(한숨 **위**)	喩(깨우칠 **유**)	淫(음란할 **음**)
		喑(벙어리 **음**)	凒(눈서리쌓일 **의**)	胹(힘줄강할 **이**)	閑(한가할 **한**)
		寒(찰 **한**)	涵(젖을 **함**)	喊(소리칠 **함**)	
		蛤(대합조개 **합**)	涬(기운 **행**)	脅(갈빗대 **협**)	脇(갈빗대 **협**)
		淏(맑을 **호**)	混(섞일 **혼**)	喚(부를 **환**)	蛞(올챙이 **활**)
		喤(울음소리 **황**)	淮(강이름 **회**)	蛔(회충 **회**)	寏(넓을 **효**)
		淆(뒤섞일 **효**)	喉(목구멍 **후**)	煦(불 **후**)	喧(지껄일 **훤**)
		喙(부리 **훼**)	胸(가슴 **흉**)	胷(가슴 **흉**)	黑(검을 **흑**)
		喜(기쁠 **희**)			

총획수	자원오행	한 자
12	**木** (人)(z)(天)	奢(사치할 사)　捨(버릴 사)　絲(실 사)　森(수풀 삼) 廂(행랑 상)　甥(생질 생)　棲(깃들일 서)　絮(솜 서) 捿(깃들일 서)　黍(기장 서)　壻(사위 서)　筅(솔 선) 稅(세금 세)　掃(쓸 소)　粟(조 속)　巽(손괘 손) 授(줄 수)　茱(수유나무 수)　荀(풀이름 순)　筍(죽순 순) 舜(순임금 순)　植(심을 식)　寔(이 식)　粢(기장 자) 茨(지붕이을 자)　茈(지치 자)　棧(사다리 잔)　粧(단장할 장) 掌(손바닥 장)　裁(판결할 재)　舐(닿을 저)　荃(향초 전) 筌(통발 전)　奠(정할 전)　牋(종이 전)　絶(끊을 절) 絕(끊을 절)　接(접할 접)　椄(접붙일 접)　程(법 정) 幀(책꾸밀 정)　棖(문설주 정)　挺(벌릴 정)　稊(돌피 제) 睇(흘깃볼 제)　措(둘 조)　棗(대추나무 조)　絩(실수효 조) 尊(높을 존)　棕(종려나무 종)　椆(영수목 주)　絑(붉을 주) 尌(하인 주)　粥(죽 죽)　晙(홀겨볼 준)　絰(질 질) 茶(차 차)　採(캘 채)　棌(참나무 채)　茝(어수리 채) 策(꾀 책)　茜(꼭두서니 천)　荐(천거할 천)　掇(주을 철) 捷(이길 첩)　棣(앵두나무 체)　椒(산초 초)　稍(점점 초) 草(풀 초)　推(밀 추)　捶(종아리칠 추)　椎(몽치 추) 筑(악기이름 축)　厠(뒷간 측)　梣(나뭇가지무성할 침)
	火 (人)(z)(天)	傞(춤출 사)　覗(엿볼 사)　傘(우산 산)　翔(날개 상) 舒(펼 서)　壻(밝을 서)　晰(밝을 석)　晰(밝을 석) 惜(아낄 석)　盛(성할 성)　傃(향할 소)　晬(돌 수) 須(모름지기 수)　焞(밝을 순)　順(순할 순)　徇(돌 순) 焠(담금질할 쉬)　視(볼 시)　焯(밝을 작)　覘(엿볼 점) 晶(수정 정)　情(뜻 정)　晸(해뜰 정)　悰(즐길 종) 晭(밝을 주)　晭(밝을 주)　曾(일찍 증)　智(지혜 지) 軹(굴대끝 지)　軫(수레 진)　趁(쫓을 진)　集(모을 집) 晿(사람이름 창)　惝(망연자실할 창)　悵(원망할 창)　傖(천할 창)

총획수	자원오행	한자			
12	**火** (人地天)	悽(슬퍼할 처)	惕(두려워할 척)	惙(근심할 철)	
		惉(가락어지러울 첨)		晴(갤 청)	替(바꿀 체)
		焦(그을릴 초)	軺(수레 초)	超(뛰어넘을 초)	最(가장 최)
		惆(낙심할 추)	軸(굴대 축)	悴(파리할 췌)	毳(솜털 취)
	土 (人地天)	犀(무소 서)	婿(사위 서)	鳾(신 석)	媟(친압할 설)
		邵(땅이름 소)	疏(소통할 소)	述(지을 술)	勝(이길 승)
		阩(오를 승)	猜(시기할 시)	媞(아름다울 시)	媤(시집 시)
		鵲(까치 작)	場(마당 장)	崽(자식 재)	猙(흉악할 쟁)
		邸(집 저)	迪(나아갈 적)	跕(밟을 접)	婷(예쁠 정)
		媞(편안할 제)	堤(방죽 제)	猘(미친개 제)	猝(갑자기 졸)
		竣(일마칠 준)	畯(농부 준)	阯(터 지)	迭(지나칠 질)
		跌(거꾸러질 질)	着(붙을 착)	猖(미쳐날뛸 창)	跖(밟을 척)
		辿(거듭 천)	堞(성가퀴 첩)	迢(멀 초)	就(이룰 취)
	金 (人地天)	詐(속일 사)	斯(어조사 사)	竢(기다릴 사)	詞(말씀 사)
		散(흩어질 산)	鈒(창 삽)	琁(옥돌 선)	貹(재물 성)
		珹(옥이름 성)	貰(세낼 세)	訴(하소연할 소)	酥(연유 소)
		竦(두려워할 송)	琇(옥돌 수)	弑(죽일 시)	尋(찾을 심)
		貯(쌓을 저)	詆(구짖을 저)	詛(저주할 저)	珽(옥이름 정)
		珵(패옥 정)	証(간할 정)	詔(조서 조)	鈟(낚을 조)
		註(기록할 주)	賍(재물 주)	詋(저주할 주)	叒(살틀 준)
		診(볼 진)	硨(옥돌 차)	創(비롯할 창)	敞(넓을 창)
		貼(붙을 첩)	哨(망볼 초)	鈔(노략질할 초)	酢(초 초)
	水 (人地天)	痧(괴질 사)	象(코끼리 상)	喪(죽을 상)	
		淅(쌀을일 석)	善(착할 선)	离(높을 설)	甦(깨어날 소)
		飧(저녁밥 손)	淞(강이름 송)	淑(맑을 숙)	淳(순박할 순)
		淬(담금질할 쉬)	啻(뿐 시)	殖(번성할 식)	深(깊을 심)
		胾(고깃점 자)	殘(남을 잔)	孱(잔약할 잔)	飦(죽 전)

총획수	자원오행	한 자			
12	水 (人)(ス)(天)	淨(깨끗할 **정**)	淀(얕은물 **정**)	嗁(울 제)	済(건널 **제**)
		朝(아침 **조**)	淙(물소리 **종**)	痤(부스럼 **좌**)	蛛(거미 **주**)
		準(준할 **준**)	濬(준설할 **준**)	衆(무리 **중**)	
		喞(두런거릴 **즉**)	痣(사마귀 **지**)	脂(기름 **지**)	蛭(거머리 **질**)
		淐(물이름 **창**)	淌(큰물결 **창**)	滄(찰 **창**)	窓(창문 **창**)
		凄(쓸쓸할 **처**)	脊(등뼈 **척**)	喘(헐떡거릴 **천**)	淺(얕을 **천**)
		喆(밝을 **철**)	添(더할 **첨**)	喋(재잘거릴 **첩**)	淸(맑을 **청**)
		清(맑을 **청**)	彘(돼지 **체**)	貂(담비 **초**)	
		啾(작은소리 **추**)	脆(약할 **취**)	淄(물이름 **치**)	
12	木 (口)(日)(ㅍ)	莽(풀우거질 **망**)	茫(아득할 **망**)	寐(잠잘 매)	棉(목화 **면**)
		茗(차싹 **명**)	榆(홈통 **명**)	帽(모자 **모**)	抆(닦을 **문**)
		閔(위문할 **민**)	斑(아롱질 **반**)	幇(도울 **방**)	舽(배 **방**)
		排(물리칠 **배**)	筏(뗏목 **벌**)	棅(자루 **병**)	睸(볼 **보**)
		茯(복령 **복**)	捧(받들 **봉**)	棒(몽둥이 **봉**)	富(부자 **부**)
		掊(그러모을 **부**)	棼(마룻대 **분**)	菜(향내나는나무 **분**)	
		棚(사다리 **붕**)	扉(사립문 **비**)	斐(문채날 **비**)	棐(도지개 **비**)
		椑(술통 **비**)	斌(빛날 **빈**)	牌(패 **패**)	幅(폭 **폭**)
		筆(붓 **필**)			
12	火 (口)(日)(ㅍ)	惘(멍할 **망**)	無(없을 무)	悶(번민할 **민**)	發(필 **발**)
		傍(곁 **방**)	焙(불쬘 배)	趜(급할 **백**)	普(넓을 **보**)
		復(돌아올 **복**)	傅(스승 부)	復(다시 **부**)	焚(불사를 분)
		悲(슬플 **비**)	悱(표현못할 **비**)	備(갖출 **비**)	彭(땅이름 **팽**)
		偏(두루 **편**)	馮(성씨 **풍**)		
12	土 (口)(日)(ㅍ)	媒(중매할 **매**)	猛(사나울 **맹**)	媚(시샘할 **모**)	堥(언덕 **무**)
		媄(아름다울 **미**)	媚(사랑할 **미**)	嵋(산이름 **미**)	嵄(깊은산 **미**)
		迫(닥칠 **박**)	跋(밟을 **발**)	防(막을 **방**)	番(차례 **번**)
		勛(클 **별**)	盙(제기이름 **보**)	堡(작은성 **보**)	報(갚을 **보**)

총획수	자원오행	한 자			
12	土 ⓜⓑⓟ	媍(며느리 **부**)	跗(발등 **부**)	犇(달릴 **분**)	邳(클 **비**)
		跛(절뚝발이 **파**)	阪(비탈 **판**)		
	金 ⓜⓑⓟ	買(살 **매**)	貿(무역할 **무**)	鈇(도끼 **부**)	賁(클 **분**)
		費(쓸 **비**)	鈑(금박 **판**)	貶(떨어뜨릴 **폄**)	評(평론할 **평**)
		敝(해질 **폐**)	詖(치우칠 **피**)	弼(도울 **필**)	
	水 ⓜⓑⓟ	脈(맥 **맥**)	貊(오랑캐 **맥**)	淼(물가득할 **묘**)	
		雯(구름무늬 **문**)	博(넓을 **박**)	胼(살갗틀 **변**)	涪(물거품 **부**)
		雰(안개 **분**)	淝(강이름 **비**)	淠(강이름 **비**)	
		痞(뱃속결릴 **비**)	淲(샘솟을 **필**)		
13	木 ⓖ	幹(줄기 **간**)	揀(가릴 **간**)	楬(푯말 **갈**)	閘(수문 **갑**)
		揩(닦을 **개**)	粳(메벼 **갱**)	筥(둥구미 **거**)	莒(감자 **거**)
		楗(문빗장 **건**)	揵(멜 **건**)	揭(높이들 **게**)	絹(비단 **견**)
		筧(대나무이름 **견**)	經(글 **경**)	綆(두레박줄 **경**)	莖(줄기 **경**)
		裍(걷어올릴 **곤**)	稞(보리 **과**)	祼(강신제 **관**)	筦(다스릴 **관**)
		觥(뿔잔 **굉**)	絿(급할 **구**)	裘(갖옷 **구**)	裙(치마 **군**)
		睠(돌볼 **권**)	揆(헤아릴 **규**)	楏(호미자루 **규**)	筠(대나무 **균**)
		極(다할 **극**)	禁(금할 **금**)	稘(콩대 **기**)	祺(길할 **기**)
	火 ⓖ	暇(틈 **가**)	感(느낄 **감**)	愆(허물 **건**)	傾(기울 **경**)
		惸(근심할 **경**)	煢(외로울 **경**)	髡(머리깎을 **곤**)	較(비교할 **교**)
		鳩(비둘기 **구**)	傴(구부릴 **구**)	彀(당길 **구**)	煃(불꽃 **규**)
		暌(어길 **규**)	頍(머리들 **규**)	僅(겨우 **근**)	禽(날짐승 **금**)
		頎(헌걸찰 **기**)			
	土 ⓖ	嫁(시집갈 **가**)	跭(우뚝설 **강**)	畺(지경 **강**)	塏(높은땅 **개**)
		犍(불친소 **건**)	建(세울 **건**)	趌(뛸 **결**)	嗛(산높을 **겸**)
		跫(발자국소리 **공**)	跨(넘을 **과**)	适(빠를 **괄**)	塊(흙덩이 **괴**)
		媿(부끄러울 **괴**)	郊(교외 **교**)	媾(화친할 **구**)	

총획수	자원오행	한 자			
13	土 ㉠	舅(시아버지 **구**)	群(무리 **군**)	跪(꿇어앉을 **궤**)	麂(큰노루 **궤**)
		邽(고을이름 **규**)	跬(반걸음 **규**)	郤(틈 **극**)	跟(발꿈치 **근**)
		勤(부지런할 **근**)	畸(떼기밭 **기**)		
	金 ㉠	賈(값 **가**)	戡(칠 **감**)	鉀(갑옷 **갑**)	鉅(클 **거**)
		鉗(칼 **겸**)	嗛(겸손할 **겸**)	敬(공경할 **경**)	賈(장사 **고**)
		鼓(북칠 **고**)	鼔(북칠 **고**)	鈷(다리미 **고**)	琨(구슬 **곤**)
		誇(자랑할 **과**)	琯(옥피리 **관**)	誆(속일 **광**)	詿(그르칠 **괘**)
		鉤(갈고리 **구**)	詬(꾸짖을 **구**)	詭(속일 **궤**)	琴(거문고 **금**)
		靳(가슴걸이 **근**)	琪(옥 **기**)	琦(옥이름 **기**)	碁(바둑 **기**)
	水 ㉠	脚(다리 **각**)	渴(목마를 **갈**)	減(덜 **감**)	渠(개천 **거**)
		漧(물이름 **건**)	脛(정강이 **경**)	痼(고질병 **고**)	
		窠(보금자리 **과**)	窟(굴 **굴**)	湀(물솟아흐를 **규**)	嗜(즐길 **기**)
	木 ㉡㉢㉣㉤	楠(녹나무 **남**)	寗(편안할 **녕**)	椴(자작나무 **단**)	裯(복 **도**)
		督(살필 **독**)	荳(콩 **두**)	廊(행랑 **랑**)	莨(수크령 **랑**)
		粮(양식 **량**)	粱(기장 **량**)	楝(멀구슬나무 **련**)	廉(청렴할 **렴**)
		虜(사로잡을 **로**)	祿(복 **록**)	楞(모 **릉**)	稜(모날 **릉**)
		莉(말리나무 **리**)	裏(속 **리**)	裡(속 **리**)	莅(다다를 **리**)
		楕(길고둥글 **타**)	筩(대통 **통**)		
	火 ㉡㉢㉣㉤	煖(더울 **난**)	暖(따뜻할 **난**)	愞(약할 **난**)	惱(번뇌할 **뇌**)
		煓(빛날 **단**)	㬣(해돋을 **대**)	頓(조아릴 **돈**)	
		亂(어지러울 **란**)	煉(쇠불릴 **련**)	輅(수레 **로**)	僂(구부릴 **루**)
		惰(게으를 **타**)	馱(태울 **타**)		
	土 ㉡㉢㉣㉤	迺(이에 **내**)	猱(원숭이 **노**)	農(농사 **농**)	嫋(예쁠 **뇨**)
		亶(믿음 **단**)	當(마땅할 **당**)	塘(못 **당**)	塗(진흙 **도**)
		跳(뛸 **도**)	逃(달아날 **도**)	郎(사내 **랑**)	路(길 **로**)
		旒(깃발 **류**)	勠(합할 **륙**)	陀(비탈집 **타**)	躱(감출 **타**)
		塔(탑 **탑**)	塌(애벌갈 **탑**)	退(물러갈 **퇴**)	

총획수	자원오행	한 자			
13	金 ⓛⒹⓡⒺ	誦(붙잡을 나)	碓(방아 대)	酪(타락 락)	鈴(방울 령)
		碌(푸른돌 록)	誄(애도할 뢰)	賂(뇌물 뢰)	剺(벗길 리)
		琳(아름다운옥 림)		硺(깊을 림)	詑(속일 타)
		琸(사람이름 탁)	琢(옥다듬을 탁)		
	水 ⓛⒹⓡⒺ	湳(물이름 남)	蜑(오랑캐이름 단)	湍(여울 단)	痰(가래 담)
		湛(괼 담)	渡(건널 도)	脰(목 두)	
		酪(진한유즙 락)	蜋(사마귀 랑)	湅(익힐 련)	零(떨어질 령)
		雷(우레 뢰)	蜊(참조개 리)	痳(임질 림)	脫(벗을 탈)
		湯(끓일 탕)	胎(아이밸 태)	渝(변할 투)	
	木 ⓞⒽ	葝(쑥 아)	擖(뽑을 알)	睚(눈초리 애)	爺(아비 야)
		椰(야자나무 야)	楊(버들 양)	揚(날릴 양)	業(일 업)
		艅(배이름 여)	莚(뻗을 연)	椽(서까래 연)	掾(아전 연)
		楝(멀구슬나무 연)	廉(청렴할 염)	楹(기둥 영)	裔(후손 예)
		睨(곁눈질할 예)	筽(버들고리 오)	奧(깊을 오)	蒌(풀이름 오)
		莞(웃을 완)	虞(염려할 우)	稢(서직무성할 욱)	援(도울 원)
		楥(느티나무 원)	葰(강아지풀 유)	揄(야유할 유)	裕(넉넉할 유)
		楡(느릅나무 유)	楢(졸참나무 유)	揉(주무를 유)	筠(연뿌리 윤)
		颶(큰바람 율)	揖(읍할 읍)	稔(풍년들 임)	荷(연꽃 하)
		廈(큰집 하)	閜(활짝열릴 하)	蒚(꽃술 함)	楷(본보기 해)
		解(풀 해)	莢(꼬투리 협)	號(이름 호)	換(바꿀 환)
		楻(깃대 황)	幌(휘장 황)	會(모일 회)	揮(휘두를 휘)
	火 ⓞⒽ	衙(마을 아)	愕(놀랄 악)	暗(어두울 암)	愛(사랑 애)
		惹(이끌 야)	暘(해돋이 양)	煬(녹을 양)	傿(에누리 언)
		煙(연기 연)	煉(쇠불릴 연)	煐(빛날 영)	暎(비칠 영)
		預(미리 예)	傲(거만할 오)	雍(화할 옹)	頑(완고할 완)
		煨(묻은불 외)	徭(역사 요)	傭(품팔이 용)	愉(기뻐할 우)
		愚(어리석을 우)	堯(날 우)	煜(빛날 욱)	惲(혼후할 운)

총획수	자원오행	한 자			
13	**火** ◎ⓗ	暈(어지러울 운)	暐(햇빛 위)	煒(빨강 위)	愈(나을 유)
		愉(즐거울 유)	閏(윤달 윤)	愔(조용할 음)	意(뜻 의)
		肄(익힐 이)	煆(데울 하)	頏(날아내릴 항)	趐(나아갈 혈)
		愜(쾌할 협)	徯(기다릴 혜)	聕(들릴 호)	煥(밝을 환)
		煌(빛날 황)	惶(두려워할 황)	煦(베풀 후)	煇(태울 훈)
		熏(불길 훈)	暈(무리 훈)	煊(마를 훤)	暄(따뜻할 훤)
		愃(너그러울 훤)	暉(빛 휘)	煇(빛날 휘)	煒(빛날 휘)
		彙(무리 휘)	熙(빛날 희)	熙(빛날 희)	
	土 ◎ⓗ	阿(언덕 아)	嫈(새색시 앵)	逆(거스를 역)	塋(무덤 영)
		塢(둑 오)	媼(할머니 온)	猧(발바리 와)	猥(뒤섞일 외)
		嵬(산높을 외)	嵱(산이름 용)	麀(암사슴 우)	郁(성할 욱)
		嫄(여자이름 원)	猿(원숭이 원)	猨(원숭이 원)	猷(꾀할 유)
		猶(오히려 유)	建(나누어줄 율)	義(옳을 의)	媵(줄 잉)
		郃(고을이름 합)	嫌(싫어할 혐)	逈(멀 형)	猢(원숭이 호)
		畫(그림 화)	逥(돌아올 회)	逅(만날 후)	猴(원숭이 후)
		塤(질나발 훈)			
	金 ◎	碍(막을 애)	敭(밝을 양)	鉛(납 연)	琰(비취 염)
		詣(이를 예)	鈺(보배 옥)	琬(홀 완)	碗(사발 완)
		倭(왜나라 왜)	頊(삼갈 욱)	韵(운취 운)	鉞(도끼 월)
		骪(굽을 위)	琟(옥돌 유)	靷(가슴걸이 인)	賃(빌 임)
		誱(믿을 임)	該(마땅 해)	歇(쉴 헐)	鉉(솥귀 현)
		琥(호박 호)	話(말씀 화)	靴(가죽신 화)	賄(재물 회)
		詼(조롱할 회)	詡(자랑할 후)	毀(헐 훼)	歆(누릴 흠)
		詰(물을 힐)			
	水 ◎ⓗ	蛾(나방 아)	渥(두터울 악)	握(쥘 악)	瘀(병 어)
		飫(물릴 어)	淵(깊을 연)	湹(물이름 연)	溁(물맑을 영)
		暎(달빛 영)	蜈(지네 오)	嗚(슬픔 오)	嗢(목멜 올)

총획수	자원오행	한 자			
13	水 ⊙ⓗ	渦(물솟을 **와**)	腕(위 **완**)	溾(빠질 **외**)	涌(샘솟을 **용**)
		蛹(번데기 **용**)	湲(물흐를 **원**)	園(동산 **원**)	圓(둥글 **원**)
		渭(강이름 **위**)	痿(저릴 **위**)	湵(물이름 **유**)	漻(깊을 **유**)
		游(헤엄칠 **유**)	飮(마실 **음**)	湮(잠길 **인**)	飪(익힐 **임**)
		痲(임질 **임**)	嗃(엄숙할 **학**)	嗑(입다물 **합**)	港(항구 **항**)
		蜆(바지락 **현**)	湖(호수 **호**)	湣(어지러울 **혼**)	渾(흐릴 **혼**)
		渙(흩어질 **환**)	豢(기를 **환**)	湟(성지 **황**)	
		滙(물돌아나갈 **회**)		嗅(냄새맡을 **후**)	
	木 ⒜Ⓙⓣ	莎(사초 **사**)	裟(가사 **사**)	榯(뗏목 **사**)	揷(꽂을 **삽**)
		筮(점칠 **서**)	揟(고기잡을 **서**)	鼠(쥐 **서**)	楔(문설주 **설**)
		揲(셀 **설**)	睒(언뜻볼 **섬**)	筬(바디 **성**)	筱(가는대 **소**)
		綏(편안할 **수**)	睟(바로볼 **수**)	睢(물이름 **수**)	睡(잘 **수**)
		廋(숨길 **수**)	楯(난간 **순**)	莘(긴모양 **신**)	觜(별이름 **자**)
		莊(엄할 **장**)	裝(꾸밀 **장**)	渚(물가 **저**)	楮(닥나무 **저**)
		荻(물억새 **적**)	揃(자를 **전**)	楪(평상 **접**)	綎(띠술 **정**)
		靖(편안할 **정**)	睛(눈동자 **정**)	艇(거룻배 **정**)	楨(광나무 **정**)
		筳(가는대 **정**)	莛(풀줄기 **정**)	提(끌 **제**)	稠(빽빽할 **조**)
		絛(끈 **조**)	椶(종려나무 **종**)	莝(여물 **좌**)	楫(노 **즙**)
		稙(일찍심은벼 **직**)		䂬(바를 **진**)	楫(돛대 **집**)
		粲(선명할 **찬**)	睬(주목할 **채**)	睫(속눈썹 **첩**)	牒(편지 **첩**)
		楚(초나라 **초**)	綃(생사 **초**)	楸(가래나무 **추**)	揫(모을 **추**)
		椿(참죽나무 **춘**)	揣(헤아릴 **췌**)	絺(칡베 **치**)	稚(어릴 **치**)
		寘(둘 **치**)	椹(모탕 **침**)	寑(잠길 **침**)	
	火 ⒜Ⓙⓣ	肆(방자할 **사**)	煞(죽일 **살**)	歃(마실 **삽**)	傷(상할 **상**)
		想(생각할 **상**)	暑(더울 **서**)	惰(지혜로울 **서**)	愃(쾌할 **선**)
		僊(춤출 **선**)	聖(성인 **성**)	惺(영리할 **성**)	
		翛(날개찢어질 **소**)		頌(칭송할 **송**)	愁(근심 **수**)

총획수	자원오행	한 자			
13	火 (人)(木)(天)	肅(엄숙할 숙)	馴(길들일 순)	翅(날개펼 시)	偲(책선할 시)
		軾(수레난간 식)	煮(삶을 자)	雌(암컷 자)	傽(놀랄 장)
		載(실을 재)	雎(물수리 저)	駒(별박이 적)	傳(전할 전)
		雋(새가살찔 전)	輇(상여 전)	煎(달일 전)	鼎(솥 정)
		照(비칠 조)	傮(마칠 조)	晭(밝을 주)	輈(끌채 주)
		趎(뛰는모양 주)	雋(뛰어날 준)	惷(흐트러질 준)	斟(술따를 짐)
		債(빚 채)	僉(다 첨)	愀(근심할 초)	催(재촉할 최)
		惴(두려워할 췌)	惻(슬퍼할 측)	雉(꿩 치)	馳(달릴 치)
	土 (人)(木)(天)	嘗(맛볼 상)	塞(변방 새)	塞(막힐 색)	鋤(호미 서)
		鉏(호미 서)	羨(부러워할 선)	跣(맨발 선)	猩(성성이 성)
		歲(해돋을 세)	塐(토우 소)	塑(토우 소)	送(보낼 송)
		嫂(형수 수)	嵩(높은산 숭)	塍(밭두둑 승)	塒(홰 시)
		媳(며느리 식)	猪(돼지 저)	勣(공적 적)	跡(발자취 적)
		迹(자취 적)	塡(채울 전)	阻(막힐 조)	
		邾(나라이름 주)	迿(앞설 준)	塡(누를 진)	嫉(미워할 질)
		郅(고을이름 질)	嵯(우뚝솟을 차)	墌(메마른땅 척)	勦(노곤할 초)
		塚(무덤 총)	追(쫓을 추)	跱(머뭇거릴 치)	
	金 (人)(木)(天)	剷(깎을 산)	詳(자세할 상)	鉎(녹 생)	鉐(놋쇠 석)
		詵(많을 선)	勢(행세 세)	碎(부술 쇄)	竪(세울 수)
		酬(갚을 수)	琡(옥이름 숙)	詢(꾀할 순)	鉥(돗바늘 술)
		詩(시 시)	試(시험할 시)	新(새로울 신)	資(재물 자)
		訾(헐뜯을 자)	貲(재물 자)	碏(사람이름 작)	斮(벨 작)
		盞(등잔 잔)	琤(옥소리 쟁)	賊(도적 적)	詮(갖출 전)
		琠(옥이름 전)	殿(대궐 전)	鈿(비녀 전)	碇(닻 정)
		鉦(징 정)	琱(아로새길 조)	誂(꾈 조)	琮(옥 종)
		鉒(숫돌 주)	誅(벨 주)	鉁(보배 진)	戢(거둘 집)

총획수	자원오행	한 자			
13	**金** (ㅅㅈㅊ)	琗(옥빛 **채**)	銕(쇠 **철**)	詹(이를 **첨**)	剿(겁탈할 **초**)
		琛(보배 **침**)			
	水 (ㅅㅈㅊ)	嗣(이을 **사**)	渣(물이름 **사**)	湘(강이름 **상**)	嗇(아낄 **색**)
		湑(거를 **서**)	渲(물적실 **선**)	尟(적을 **선**)	渫(칠 **설**)
		蛻(허물 **세**)	蛸(갈거미 **소**)	嗉(모이주머니 **소**)	
		窣(갑자기나올 **솔**)		脩(닦을 **수**)	脣(입술 **순**)
		湜(물맑을 **식**)	蜃(대합조개 **신**)	脤(제육 **신**)	
		孳(부지런할 **자**)	滋(붙을 **자**)	溨(맑을 **재**)	電(번개 **전**)
		湔(씻을 **전**)	渟(물고일 **정**)	湞(물이름 **정**)	湊(물모일 **주**)
		嗔(성낼 **진**)	嗟(탄식할 **차**)	蜀(나라이름 **촉**)	脧(불알 **최**)
		湫(다할 **추**)	瘁(병들 **췌**)	測(측량할 **측**)	嗤(비웃을 **치**)
		痴(어리석을 **치**)	飭(훈계할 **칙**)		
	木 (ㅁㅂㅍ)	莫(말 **막**)	楳(매화나무 **매**)	莓(나무딸기 **매**)	幎(덮을 **멱**)
		睦(화목할 **목**)	描(그릴 **묘**)	楙(무성할 **무**)	楣(문미 **미**)
		馝(향기로울 **별**)	蒴(모종낼 **별**)	補(기울 **보**)	絳(꿰맬 **봉**)
		扶(널리퍼질 **부**)	艀(작은배 **부**)	莩(갈대청 **부**)	罦(그물 **부**)
		筟(대나무청 **부**)	裒(모을 **부**)	睥(흘겨볼 **비**)	閟(문닫을 **비**)
		稗(피 **패**)	稟(여쭐 **품**)	楓(단풍나무 **풍**)	豊(풍년 **풍**)
	火 (ㅁㅂㅍ)	煤(그을음 **매**)	媚(빛날 **미**)	微(작을 **미**)	暋(굳셀 **민**)
		愍(근심할 **민**)	頒(반포할 **반**)	徬(헤맬 **방**)	
		煩(번거로울 **번**)	鳧(물오리 **부**)	聘(방문할 **빙**)	愎(강퍅할 **퍅**)
		愊(편협할 **편**)	儦(날랠 **표**)		
	土 (ㅁㅂㅍ)	媽(어미 **마**)	盟(맹세할 **맹**)	募(모을 **모**)	猫(고양이 **묘**)
		迷(미혹할 **미**)	媺(착하고아름다울 **미**)		黽(힘쓸 **민**)
		媻(비틀거릴 **반**)	迸(흩어져달아날 **병**)		瓶(병 **병**)
		附(붙일 **부**)	勡(겁박할 **표**)	陂(방죽 **피**)	

총획수	자원오행	한 자			
13	金 (ㅁㅂㅍ)	酩(술취할 **명**)	珷(옥돌이름 **무**)	鈱(철판 **민**)	瑉(옥돌 **민**)
		瑉(옥돌 **민**)	鉑(금박 **박**)	鉢(바리때 **발**)	鈸(방울 **발**)
		琲(구슬꿰미 **배**)	琺(법랑 **법**)	辟(임금 **벽**)	賆(더할 **변**)
		鈵(굳을 **병**)	琫(칼집옥 **봉**)	硼(붕사 **붕**)	碑(비석 **비**)
		琵(비파나무 **비**)	琶(비파나무 **파**)	鉋(대패 **포**)	剽(표독할 **표**)
		鉍(창자루 **필**)			
	水 (ㅁㅂㅍ)	痲(저릴 **마**)	貘(고요할 **맥**)	湎(빠질 **면**)	雺(안개 **몽**)
		渺(아득할 **묘**)	渼(물결무늬 **미**)	湄(물가 **미**)	脗(꼭맞을 **민**)
		雹(우박 **박**)	飯(밥 **반**)	渤(바다이름 **발**)	胈(배꼽 **발**)
		湃(물결칠 **배**)	渢(물소리 **범**)	溥(보 **보**)	蜂(벌 **봉**)
		蜉(하루살이 **부**)	湓(용솟음할 **분**)	痹(왜소할 **비**)	痺(저릴 **비**)
		脯(포 **포**)			
14	木 (ㄱ)	榎(개오동나무 **가**)	閣(문설주 **각**)	搉(두드릴 **각**)	幹(줄기 **간**)
		綱(벼리 **강**)	箇(낱낱 **개**)	裾(옷자락 **거**)	搴(빼낼 **건**)
		瞗(눈으로셀 **건**)	榤(홰 **걸**)	箝(재갈먹일 **겸**)	槏(문설주 **겸**)
		禊(계제사 **계**)	綮(발고운비단 **계**)	菰(줄풀 **고**)	槁(마를 **고**)
		睾(불알 **고**)	槀(마를 **고**)	箍(테 **고**)	緄(띠 **곤**)
		搰(팔 **골**)	榾(등걸 **골**)	箜(공후 **공**)	槓(지렛대 **공**)
		寡(적을 **과**)	菓(과일 **과**)	裹(쌀 **과**)	廓(외성 **곽**)
		管(주관할 **관**)	菅(골풀 **관**)	寬(너그러울 **관**)	綰(얽을 **관**)
		罫(줄 **괘**)	槐(회화나무 **괴**)	榷(외나무다리 **교**)	
		廏(마구간 **구**)	廐(마구간 **구**)	構(얽을 **구**)	搆(얽을 **구**)
		榘(모날 **구**)	菊(국화 **국**)	綣(정다울 **권**)	匱(다할 **궤**)
		閨(안방 **규**)	睽(사팔눈 **규**)	菌(버섯 **균**)	菫(제비꽃 **근**)
		廑(겨우 **근**)	箕(키 **기**)	榿(오리나무 **기**)	綺(비단 **기**)
		旗(기 **기**)	綦(연둣빛비단 **기**)	縡(연둣빛 **기**)	緊(긴요할 **긴**)

총획수	자원오행	한 자			
14	**火** (ㄱ)	慤(성실할 **각**)	愷(편안할 **개**)	愾(성낼 **개**)	碣(갈 **걸**)
		覡(박수 **격**)	慊(마음에차지않을 **겸**)		輕(가벼울 **경**)
		暠(흴 **고**)	魁(괴수 **괴**)	愧(부끄러울 **괴**)	暞(밝을 **교**)
		僑(더부살이 **교**)	躬(몸 **궁**)	覠(크게볼 **균**)	暣(볕기운 **기**)
		愭(공손할 **기**)	僛(취하여 춤추는모양 **기**)		
	土 (ㄱ)	竭(다할 **갈**)	嫝(편안할 **강**)	羫(양갈빗대 **강**)	降(내릴 **강**)
		甄(질그릇 **견**)	境(지경 **경**)	逕(좁은길 **경**)	
		鄐(나라이름 **고**)	嶇(험할 **구**)	嫗(할머니 **구**)	逑(짝 **구**)
		跼(구부릴 **국**)	郡(고을 **군**)	樛(가는허리 **규**)	
		墐(매흙질할 **근**)	嫤(고울 **근**)	墍(맥질할 **기**)	
	金 (ㄱ)	歌(노래 **가**)	碣(비석 **갈**)	監(볼 **감**)	穀(부딪칠 **격**)
		歉(흉년들 **겸**)	誡(경계할 **계**)	敲(두드릴 **고**)	誥(고할 **고**)
		銙(대구 **과**)	誑(속일 **광**)	鉸(가위 **교**)	靪(살틀 **군**)
		劂(새김칼 **궤**)	銧(삽 **귀**)		
	水 (ㄱ)	嘉(아름다울 **가**)	嘏(클 **가**)	腔(속빌 **강**)	
		腒(날짐승포 **거**)	潔(깨끗할 **결**)	溪(시내 **계**)	瘈(미칠 **계**)
		滑(어지러울 **골**)	夥(많을 **과**)	嘐(웃는소리 **교**)	嘜(닭울 **교**)
		溝(도랑 **구**)	嘔(개울 **구**)	蜷(구부릴 **권**)	兢(삼갈 **긍**)
		墓(방게 **기**)			
	木 (ㄴㄷㄹㅌ)	寧(편안할 **녕**)	馜(진할향기 **니**)	綫(선명할 **담**)	搪(뻗을 **당**)
		對(대할 **대**)	睹(볼 **도**)	萄(포도나무 **도**)	搗(찧을 **도**)
		搯(꺼낼 **도**)	菟(호랑이 **도**)	凳(걸상 **등**)	裸(벗을 **라**)
		摹(잡을 **람**)	榔(나무이름 **랑**)	萊(쑥 **래**)	綠(푸를 **록**)
		菉(조개풀 **록**)	寥(공허할 **료**)	榴(석류나무 **류**)	綸(벼리 **륜**)
		菻(쑥 **름**)	綾(비단 **릉**)	菱(마름 **릉**)	潾(물맑을 **린**)
		槖(전대 **탁**)	綻(옷터질 **탄**)	奪(잃어버릴 **탈**)	榻(걸상 **탑**)
		搨(베낄 **탑**)	颱(태풍 **태**)	槌(망치 **퇴**)	

총획수	자원오행	한 자			
14	火 (ㄷㄹㅌ)	德(클 덕) 僚(동료 료)	慆(방자할 도) 慄(두려워할 률)	僮(아이 동) 態(태도 태)	領(거느릴 령)
	土 (ㄴㄷㄹㅌ)	嫩(어릴 눈) 勭(자랄 동) 踉(높이뛸 량) 陋(좁을 루)	臺(돈대 대) 逗(머무를 두) 連(연할 련) 嫠(과부 리)	途(길 도) 犖(얼룩소 락) 逞(쾌할 령) 通(통할 통)	嶋(섬 도) 郎(사내 랑) 嶁(봉우리 루) 透(통할 투)
	金 (ㄴㄷㄹㅌ)	誻(기뻐할 노) 靻(다룸가죽 달) 辣(매울 랄) 碭(무늬있는돌 탕)	瑙(마노 노) 酴(술밑 도) 辢(매울 랄)	端(끝 단) 韜(노도 도) 酹(부을 뢰) 骰(주사위 투)	銅(구리 동) 誕(태어날 탄)
	水 (ㄴㄷㄹㅌ)	溺(빠질 닉) 圖(그림 도) 溜(물방울 류) 嘆(탄식할 탄)	團(둥글 단) 蝀(무지개 동) 溧(강이름 률) 嘈(여럿이먹는소리 탐)	溏(진창 당) 嘍(시끄러울 루) 貍(살쾡이 리)	滔(물넘칠 도) 屢(여러 루)
	木 (ㅇㅎ)	菴(암자 암) 睿(슬기로울 예) 搖(흔들릴 요) 萎(마를 위) 廙(공경할 이) 榼(통 합) 榥(책상 황)	搤(잡을 액) 寤(잠깰 오) 榕(용나무 용) 維(벼리 유) 禋(제사지낼 인) 禍(재앙 화) 携(가질 휴)	罨(그물 엄) 榅(기둥 온) 禑(복 우) 綏(갓끈 유) 菡(연꽃 함) 華(빛날 화)	榮(영화 영) 穩(평온할 온) 菀(무성할 울) 廕(덮을 음) 閤(쪽문 합) 廓(클 확)
	火 (ㅇㅎ)	斡(돌볼 알) 熀(불빛이글거릴 엽) 輐(둥글 완) 熔(쇠녹일 용) 僞(거짓 위)	鳶(솔개 연) 曜(밝을 요) 煴(노란모양 운) 慇(괴로울 은)	髯(구레나룻 염) 慍(성낼 온) 僥(바랄 요) 熊(곰 웅) 疑(의심할 의)	熅(숯불 온) 慂(권할 용) 愿(정성 원) 爾(너 이)

총획수	자원오행	한 자			
14	火 ◎ㅎ	軔(작은북 인)	㦸(작은북 인)	馹(역말 일)	僴(굳셀 한)
		赫(붉을 **혁**)	熒(반짝일 **형**)	熇(뜨거울 **혹**)	魂(넋 **혼**)
		熀(밝을 **황**)	愰(마음밝을 **황**)	慌(어리둥절할 **황**)	熇(불길 **효**)
		熏(불길 **훈**)	熙(빛날 **희**)	僖(기쁠 **희**)	
	土 ◎ㅎ	獃(어리석을 애)	嫣(아름다울 언)	與(줄 여)	郢(땅이름 영)
		嬡(유순할 예)	嫛(유순할 예)	嫯(교만할 오)	獄(감옥 옥)
		墉(담 용)	踊(뛸 용)	逌(웃을 유)	毓(기를 육)
		郝(땅이름 학)	限(한계 한)	降(항복할 항)	嫦(항아 항)
		陔(층계 해)	犒(호궤할 호)	嫭(아름다울 호)	
		嫮(아름다울 호)	猾(교활할 활)		
	金 ◎ㅎ	鞅(가슴걸이 앙)	語(말할 어)	瑌(옥돌 연)	說(기쁠 열)
		瑛(옥광채 영)	碤(물속돌 영)	誤(그릇될 오)	
		碨(돌우툴두툴할 외)		瑀(옥돌 우)	瑗(도리옥 원)
		瑋(옥 위)	瑜(아름다운옥 유)	誘(꾈 유)	瑈(옥이름 유)
		銀(은 은)	認(인정할 인)	鉒(젖을 임)	碬(숫돌 하)
		瑕(허물 하)	銜(재갈 함)	瑎(검은옥돌 해)	
		誢(말다툼할 현)	夐(멀 형)	瑚(산호 호)	酷(독할 혹)
		琿(아름다운옥 혼)	鉷(쇠뇌고동 홍)	瑍(환옥 환)	瑝(옥소리 황)
		誨(가르칠 회)	劃(그을 획)	歊(김오를 효)	酵(삭힐 효)
	水 ◎ㅎ	嘎(새소리 알)	腋(겨드랑이 액)	瘍(종기 양)	厭(싫을 염)
		蜺(애매미 예)	嗷(시끄러울 오)	溫(따뜻할 온)	
		氳(기운어릴 온)	滃(구름일 옹)	窩(움집 와)	窪(웅덩이 와)
		腕(팔 완)	溽(젖을 욕)	溶(쇠녹일 용)	霨(물소리 우)
		殞(죽을 운)	源(근원 원)	蜿(굼틀거릴 원)	滾(물흐를 원)
		瘉(병나을 유)	需(부드러울 유)	瘐(병들 유)	窬(협문 유)
		潊(물소리 은)	飴(엿 이)	夤(조심할 인)	溢(넘칠 일)

총획수	자원오행	한 자
14	**水** ◎ⓗ	碬(클 하)　瘕(기생충병 하)　瘧(학질 학)　溘(갑자기 합) 滎(실개천 형)　嘒(작은소리 혜)　豪(호걸 호)　滈(장마 호) 溷(어지러울 혼)　滑(미끄러울 활)　滉(물깊고넓을 황) 豨(돼지 희)　熙(화할 희)
	木 ⓘⓩⓒ	榭(정자 사)　摋(바를 삭)　槊(창 삭) 算(셈할 산) 颯(바람소리 삽)　裳(치마 상)　稰(추수할 서)　綫(줄 선) 稧(볏짚 설)　緤(명주 섭)　搔(긁을 소)　損(덜 손) 搜(찾을 수)　粹(순수할 수)　綬(끈 수)　菽(콩 숙) 菘(배추 숭)　塍(밭두둑 승)　禔(복 시)　實(열매 실) 莿(까끄라기 자)　綽(너그러울 작)　蔃(양도 장)　奬(장려할 장) 榟(가래나무 재)　箏(쟁 쟁)　菹(김치 저)　菂(연밥 적) 箋(기록할 전)　颭(물결일 점)　精(깨끗할 정)　禎(상서 정) 靘(검푸른빛 정)　静(고요할 정)　禔(복 제)　製(지을 제) 種(씨 종)　綜(모을 종)　罪(허물 죄)　綢(얽을 주) 裯(홑이불 주)　綧(어지러울 준)　榰(주춧돌 지)　搘(버틸 지) 禔(복 지)　搢(꽂을 진)　榛(개암나무 진)　槇(나무끝 진) 箚(찌를 차)　槎(나무벨 차)　搾(짤 착)　察(살필 찰) 菖(창포 창)　槍(창 창)　搶(부딪칠 창)　寀(녹봉 채) 綵(비단 채)　寨(울타리 채)　幘(머리쓰개 책)　萋(우거질 처) 綴(맺을 철)　菁(우거질 청)　総(거느릴 총)　榱(서까래 최) 搥(칠 추)　箠(채찍 추)　萃(모을 췌)　緇(검을 치) 置(둘 치)　菑(묵정밭 치)　寢(잠잘 침)　稱(일컬을 칭)
	火 ⓘⓩⓒ	翣(부삽 삽)　像(모양 상)　煽(부채질할 선)　愫(정성 소) 愬(하소연할 소)　僧(중 승)　翄(날개 시)　熄(꺼질 식) 愼(삼갈 신)　慈(사랑 자)　臧(착할 장)　翟(꿩 적) 趙(나라이름 조)　肇(비로소 조)　賙(귀 주)　僔(모일 준)

총획수	자원오행	한 자			
14	火 (人)(天)(天)	馶(굳셀 지)	僭(참람할 참)	彰(드러날 창)	暢(화창할 창)
		愴(슬플 창)	僢(등질 천)	輒(문득 첩)	
		僬(밝게볼 초)	聡(귀밝을 총)	僦(품삯 추)	翠(물총새 취)
		聚(모일 취)			
	土 (人)(天)(天)	獅(사자 사)	塽(시원한땅 상)	墅(농막 서)	逝(갈 서)
		嫙(예쁠 선)	逍(거닐 소)	速(빠를 속)	塾(글방 숙)
		嶂(산봉우리 장)	這(맞이할 저)	逷(멀 적)	嫡(정실 적)
		塼(벽돌 전)	嫥(오로지 전)	墊(빠질 점)	
		齊(가지런할 제)	造(지을 조)	嘈(깊을 조)	逎(닥칠 주)
		踆(마칠 준)	逡(뒷걸음질칠 준)	塵(티끌 진)	嶄(가파를 참)
		塹(구덩이팔 참)	墌(터 척)	甃(벽돌 추)	逐(쫓을 축)
	金 (人)(天)(天)	皵(여드름 사)	酸(식초 산)	瑞(상서로울 서)	誓(맹세할 서)
		碩(클 석)	瑄(도리옥 선)	詵(많을 선)	說(말씀 설)
		碟(가죽다룰 설)	銛(쟁기 섬)	誠(정성 성)	瑆(옥빛 성)
		說(달랠 세)	韶(풍류이름 소)	誦(외울 송)	銖(저울 수)
		瑟(거문고 슬)	磁(자석 자)	銓(헤아릴 전)	戩(다할 전)
		截(끊을 절)	酲(숙취 정)	瑅(옥이름 제)	銚(가래 조)
		誌(기록할 지)	盡(다할 진)	賑(규휼할 진)	斲(깎을 착)
		戧(비롯할 창)	銕(쇠 철)	誚(구짖을 초)	銃(총 총)
		瑃(옥이름 춘)			
	水 (人)(天)(天)	飼(기를 사)	蜡(납향제 사)	嘗(맛볼 상)	腊(건육 석)
		蜥(도마뱀 석)	溯(거슬러올라갈 소)		壽(목숨 수)
		需(구할 수)	嗽(기침할 수)	溲(반죽할 수)	膄(윤택할 수)
		厮(하인 시)	飾(꾸밀 식)	腎(콩팥 신)	滓(찌꺼기 재)
		溨(물이름 재)	腆(두터울 전)	蜨(나비 접)	
		嘈(시끄러울 조)	蜩(쓰르라미 조)	瘇(수중다리 종)	嗾(부추길 주)

총획수	자원오행	한　자			
14	**水** (ㅅ)(ㅈ)(ㅊ)	準(법 준)	蜘(거미 지)	溱(성할 진)	滄(서늘할 창)
		脹(부을 창)	嘖(들렐 책)	蜴(도마뱀 척)	飻(탐할 철)
		蜻(잠자리 청)			
	木 (ㅁ)(ㅂ)(ㅍ)	麼(작을 마)	寞(쓸쓸할 막)	幕(장막 막)	幔(막 만)
		莽(풀우거질 망)	網(그물 망)	萌(싹 맹)	綿(솜 면)
		夢(꿈 몽)	舞(춤 무)	閩(종족이름 민)	緡(낚싯줄 민)
		箔(금박 박)	牌(박공 박)	槃(즐거울 반)	搬(옮길 반)
		擊(덜 반)	榜(패 방)	搒(배저을 방)	牓(패 방)
		裵(옷치렁치렁할 배)		閥(문벌 벌)	絣(이을 병)
		菩(보살 보)	福(복 복)	箙(전동 복)	菔(무 복)
		菶(풀무성할 봉)	榑(부상 부)	榧(비자나무 비)	裨(도울 비)
		緋(비단 비)	菲(엷을 비)	萆(비해 비)	菠(시금치파)
		萍(부평초 평)	裱(목도리 표)	馝(향기날 필)	
	火 (ㅁ)(ㅂ)(ㅍ)	輓(끌 만)	愭(너그러울 명)	鳴(울 명)	暝(어두울 명)
		髦(다팔머리 모)	聞(들을 문)	頣(강할 민)	駁(얼룩말 박)
		頖(학교이름 반)	髣(비슷할 방)	輔(도울 보)	僕(종 복)
		鳳(봉황새 봉)	翡(물총새 비)	頗(자못 파)	
	土 (ㅁ)(ㅂ)(ㅍ)	墁(흙손 만)	嫚(업신여길 만)	陌(길 맥)	嫫(추녀 모)
		墓(무덤 묘)	絣(두레박 병)	逢(만날 봉)	逋(달아날 포)
		嫖(날랠 표)			
	金 (ㅁ)(ㅂ)(ㅍ)	靺(말갈 말)	酶(술밑 매)	銘(새길 명)	瑁(옥홀 모)
		誣(속일 무)	瑂(옥돌 미)	瑉(옥돌 민)	碈(옥돌 민)
		碧(푸를 벽)	鉼(판금 병)	韍(폐슬 불)	鼻(코 비)
		賓(손님 빈)	誧(도울 포)	鞄(혁공 포)	
		鞁(가슴걸이 피)			

총획수	자원오행	한 자
14	水 (ㅁㅂㅍ)	朢(바랄 망) 滅(멸망할 멸) 溟(바다 명) 貌(얼굴 모) 濛(이슬비 몽) 蜜(꿀 밀) 滂(비퍼부을 방) 溥(넓을 보) 溥(넓을 부) 腐(썩을 부) 孵(알깔 부) 腑(장부 부) 腓(장딴지 비) 脾(지라 비) 蜚(곤충이름 비) 飽(배부를 포) 嘌(빠를 표) 瘋(두풍 풍)
15	木 (ㄱ)	稼(심을 가) 葭(갈대 가) 葛(칡 갈) 褐(털옷 갈) 蝎(나무좀 갈) 槩(평미레 개) 槪(대개 개) 稽(상고할 계) 稿(볏짚 고) 穀(곡식 곡) 槲(떡갈나무 곡) 褌(잠방이 곤) 閫(문지방 곤) 槨(외관 곽) 寬(너그러울 관) 廣(넓을 광) 摳(추어올릴 구) 権(권세 권) 葵(해바라기 규) 槻(물푸레나무 규) 樛(휠 규) 槿(무궁화 근)
	火 (ㄱ)	價(값 가) 駕(멍에 가) 慤(성실할 각) 慳(아낄 간) 慷(슬플 강) 僵(넘어질 강) 慨(슬퍼할 개) 駏(버새 거) 儉(검소할 검) 鴃(때까치 격) 慶(경사 경) 熲(빛날 경) 駉(살찔 경) 儆(경계할 경) 慣(익숙할 관) 輨(줏대 관) 駒(망아지 구) 歐(토할 구)
	土 (ㄱ)	羯(거세한양 갈) 据(일할 거) 踝(복사뼈 과) 郭(외성 곽) 嬌(아리따울 교) 嶠(산쭈뼛할 교) 逵(큰길 규) 嬀(물이름 규) 嶔(높고험할 금) 嶬(높을 기) 畿(경기 기)
	金 (ㄱ)	磕(돌부딪치는소리 개) 賡(이을 갱) 劍(칼 검) 磎(시내 계) 鞏(굳을 공) 課(시험할 과) 瑰(구슬 괴) 毆(때릴 구) 銶(끌 구) 劇(연극할 극)
	水 (ㄱ)	漑(물댈 개) 漧(하늘 건) 腱(힘줄 건) 滾(흐를 곤) 蝌(올챙이 과) 餃(경단 교) 漚(담글 구) 靠(기댈 고) 窮(궁할 궁) 漌(물맑을 근)

총획수	자원오행	한 자			
15	木 ⓒⓔⓣ	橝(차나무 다)	緞(비단 단)	幢(기 당)	稻(벼 도)
		董(동독할 동)	摞(다스릴 라)	樂(즐길 락)	落(떨어질 락)
		閬(솟을대문 랑)	樑(들보 량)	黎(검을 려)	閭(마을 려)
		練(익힐 련)	颲(사나운바람 렬)	寮(벼슬아치 료)	樓(다락 루)
		稜(볏가리 름)	履(밟을 리)	摛(퍼질 리)	樋(나무이름 통)
	火 ⓛⓒⓔⓣ	鼐(가마솥 내)	駑(둔할 노)	儂(나 농)	暱(친할 닐)
		憚(근심할 단)	儋(멜 담)	德(클 덕)	輛(수레 량)
		趡(올 래)	慮(생각할 려)	輦(가마 련)	熡(불꽃 루)
		慺(정성스러울 루)	輪(바퀴 륜)	駝(낙타 타)	駞(낙타 타)
		駘(둔마 태)	慟(서러워할 통)	慝(사특할 특)	
	土 ⓒⓔⓣ	墰(술단지 담)	郯(나라이름 담)	踏(밟을 답)	墩(돈대 돈)
		阧(가파를 두)	嶝(고개 등)	嫽(예쁠 료)	
		嶙(가파를 린)	墮(떨어질 타)	踔(뛰어날 탁)	逴(멀 탁)
		嶀(느릿할 톤)			
	金 ⓛⓒⓔⓣ	碾(맷돌 년)	鬧(시끄러울 뇨)	談(말씀 담)	瑭(옥이름 당)
		瑯(옥이름 랑)	諒(믿을 량)	礛(거친숫돌 렴)	論(의논할 론)
		磊(돌무더기 뢰)	賚(줄 뢰)	瑠(맑은유리 류)	劉(묘금도 류)
		戮(죽일 륙)	璍(옥무늬 륭)	彈(탄알 탄)	歎(탄식할 탄)
	水 ⓛⓒⓔⓣ	腦(뇌 뇌)	溥(이슬많을 단)	膻(약포 단)	噉(먹을 담)
		滕(물솟을 등)	漤(과실짱아지 람)	厲(갈 려)	
		漣(잔물결칠 련)	魯(나라이름 로)	滷(소금밭 로)	漉(거를 록)
		嘹(울 료)	潔(물이름 루)	漏(샐 루)	瘤(혹 류)
		凜(찰 름)	凛(찰 름)	离(산신 리)	
	木 ⓞⓗ	樂(풍류 악)	蕚(꽃받침 악)	葊(암자 암)	葯(꽃밥 약)
		樣(모양 양)	緣(인연 연)	練(익힐 연)	葉(입 엽)

총획수	자원오행	한자			
15	**木** ◎⑤	穩(번성할 온)	萵(상추 와)	緩(느릴 완)	樂(좋아할 요)
		槦(나무이름 용)	耦(나란히갈 우)	稶(서직무성할 욱)	褑(띠 원)
		葦(갈대 위)	緯(씨줄 위)	禕(아름다울 위)	葳(등굴레 위)
		褕(고울 유)	萸(수유 유)	糅(섞을 유)	瞎(애꾸눈 할)
		緘(봉할 함)	篋(상자 협)	蕙(밝을 혜)	槥(널 혜)
		葫(마늘 호)	糊(풀칠할 호)	篊(통발 홍)	篁(대숲 황)
		篌(공후 후)	葷(매운채소 훈)	萱(원추리 훤)	麾(지휘할 휘)
		廞(벌여놓을 흠)			
	火 ◎⑤	鴉(갈까마귀 아)	鴈(기러기 안)	頞(콧마루 알)	
		優(어렴풋할 애)	億(억 억)	熱(더울 열)	影(그림자 영)
		熬(볶을 오)	傲(오만할 오)	豌(완두 완)	翫(장난할 완)
		慾(욕심낼 욕)	慵(게으를 용)	憃(천치 용)	憂(아낄 우)
		憂(근심할 우)	慰(위로할 위)	熨(찜질할 위)	衛(지킬 위)
		閏(윤달 윤)	儀(거동 의)	頤(턱 이)	
		熤(사람이름 익)	憛(뜻없을 하)	暵(말릴 한)	頦(아랫턱 해)
		儇(총명할 현)	慧(지혜 혜)	暳(반짝일 혜)	皞(밝을 호)
		熩(빛날 호)	暭(나타날 효)	勳(공훈 훈)	輝(빛날 휘)
		翬(훨훨날 휘)	頡(곧은목 힐)		
	土 ◎⑤	燃(아름다울 연)	郳(나라이름 예)	藝(재주 예)	獒(개 오)
		嶢(산높을 요)	墝(메마른 요)	嬈(번거로울 요)	郵(우편 우)
		院(집 원)	逶(구불구불갈 위)	逸(편안할 일)	嫺(우아할 한)
		嫻(우아할 한)	陜(땅이름 합)	墟(언덕 허)	院(한정할 현)
		陘(지레목 형)	嬅(고울 화)	興(일어날 흥)	嬉(즐거울 희)
	金 ◎⑤	鞍(안장 안)	賥(사람이름 애)	磑(맷돌 애)	皚(흴 애)
		醃(절임 엄)	戭(창 연)	閱(검열할 열)	瑩(밝을 영)
		銳(뾰족할 예)	嬖(다스릴 예)	瑥(사람이름 온)	磈(돌 외)

총획수	자원오행	한 자			
15	**金** ◎ㅎ	瑤(아름다운옥 **요**)	瑢(패옥소리 **용**)	諉(번거롭게할 **위**)	鎀(금 **윤**)
		瑮(옥무늬 **율**)	誾(온화할 **은**)	璁(옥 **은**)	毅(굳셀 **의**)
		誼(옳을 **의**)	戭(창 **인**)	賢(어질 **현**)	鋧(작은끌 **현**)
		鋗(노구솥 **현**)	鋏(집게 **협**)	瑩(의혹할 **형**)	鞋(가죽신 **혜**)
		皞(흴 **호**)	確(확실할 **확**)	碻(확실할 **확**)	
	水 ◎ㅎ	腭(잇몸 **악**)	腤(고기삶을 **암**)	漄(물가 **애**)	養(기를 **양**)
		漾(출렁거릴 **양**)	漁(고기잡을 **어**)	蜵(장구벌레 **연**)	演(펼 **연**)
		噎(목멜 **열**)	穎(빼어날 **영**)	噁(미워할 **오**)	瘟(염병 **온**)
		蝸(달팽이 **와**)	腰(허리 **요**)	窰(기와굽는가마 **요**)	
		霣(떨어질 **운**)	蝟(고슴도치 **위**)	蝤(하루살이 **유**)	腴(살찔 **유**)
		窳(이지러질 **유**)	[illegible](물깊고넓을 **윤**)	漪(물가 **의**)	蝦(새우 **하**)
		漢(한수 **한**)	餉(건량 **향**)	噓(울 **허**)	滸(물가 **호**)
		嘷(울부짖을 **호**)	滈(물이름 **호**)	蝴(나비 **호**)	
		嘩(떠들썩할 **화**)	蝗(누리 **황**)	噏(숨들이쉴 **흡**)	嘻(화락할 **희**)
	木 ㅅㅈㅊ	寫(베낄 **사**)	箱(상자 **상**)	樣(상수리나무 **상**)	緗(담황색 **상**)
		槭(앙상할 **색**)	緒(실마리 **서**)	縃(서로 **서**)	署(마을 **서**)
		撍(없앨 **설**)	摻(가늘 **섬**)	葉(잎 **섭**)	樔(풀막 **소**)
		箾(퉁소 **소**)	豎(세울 **수**)	穂(이삭 **수**)	瞍(소경 **수**)
		槢(쐐기 **습**)	廝(하인 **시**)	緦(삼베 **시**)	篒(대밥통 **식**)
		審(살필 **심**)	葚(오디 **심**)	箴(바늘 **잠**)	樟(녹나무 **장**)
		奬(장려할 **장**)	葬(장사지낼 **장**)	樗(가죽나무 **저**)	箸(젓가락 **저**)
		著(지을 **저**)	褚(솜옷 **저**)	摘(딸 **적**)	樀(추녀 **적**)
		廛(가게 **전**)	篆(전자 **전**)	箭(화살 **전**)	節(마디 **절**)
		摺(접을 **접**)	靚(단장할 **정**)	緹(붉을 **제**)	槽(구유 **조**)
		樅(전나무 **종**)	廚(부엌 **주**)	儁(클 **준**)	
		葺(지붕을일 **즙**)	摯(잡을 **지**)	稷(기장 **직**)	
		禝(사람이름 **직**)	禛(복받을 **진**)	稹(빽빽할 **진**)	

총획수	자원오행	한 자			
15	木 (人)(天)(天)	瞋(눈부릅뜰 진)	緝(모을 집)	槧(판목 참)	厰(헛간 창)
		摭(주울 척)	締(맺을 체)	蒂(꼭지 체)	摠(거느릴 총)
		葱(파 총)	摧(꺾을 최)	萩(사철쑥 추)	樞(지도리 추)
		層(계단 층)	幟(기 치)		
	火 (人)(天)(天)	駟(사마 사)	駛(달릴 사)	傻(잘게부술 사)	
		傪(온전한덕 산)	愬(성품밝을 상)	奭(클 석)	暬(설만할 설)
		瞕(귀밝을 성)	熟(익을 숙)	慴(두려워할 습)	
		頤(눈크게뜨고볼 신)		暫(잠간 잠)	暲(밝을 장)
		翦(자를 전)	憽(생각할 종)	慫(권할 종)	駐(머무를 주)
		儁(뛰어날 준)	鴆(짐새 짐)	徵(부를 징)	
		慙(부끄러울 참)	慚(부끄러울 참)	慘(참옥할 참)	慽(근심할 척)
		慼(근심할 척)	僵(머뭇거릴 천)	徹(통할 철)	輟(그칠 철)
		髢(머리깎을 체)	超(넘을 초)	髫(다박머리 초)	憁(분주할 총)
		衝(찌를 충)	趣(뜻 취)	輜(짐수레 치)	
	土 (人)(天)(天)	墡(백토 선)	嬋(고울 선)	陝(고을이름 섬)	陞(오를 승)
		獐(노루 장)	除(덜 제)	踪(발자취 종)	週(돌 주)
		陖(높을 준)	墫(술그릇 준)	增(더할 증)	嶒(산높을 증)
		墀(지대뜰 지)	踟(머뭇거릴 지)	進(나아갈 진)	陣(진칠 진)
		郪(고을이름 처)	陟(오를 척)	踐(밟을 천)	逮(잡을 체)
		嶕(산높을 초)	憔(수척할 초)	墜(떨어질 추)	
		郴(고을이름 침)			
	金 (人)(天)(天)	賜(줄 사)	數(자주 삭)	賞(상줄 상)	鋤(호미 서)
		諝(슬기로울 서)	鋭(구리녹날 세)	銷(녹을 소)	
		瑣(자질구레할 쇄)	數(셈 수)	賥(재물 수)	誰(누구 수)
		銹(녹슬 수)	諄(타이를 순)	醇(진한술 순)	諍(간할 쟁)
		敵(대적할 적)	賟(넉넉할 전)	鋑(새길 전)	鋌(살촉 정)
		鋥(칼갈 정)	調(고를 조)	調(아침 주)	賙(진휼할 주)

총획수	자원오행	한 자			
15	**金** (ㅅ)(ㅈ)(ㅊ)	鋕(새길 **지**)	璡(옥돌 **진**)	瑨(옥돌 **진**)	瑱(옥이름 **진**)
		質(바탕 **질**)	瑳(고울 **차**)	磋(갈 **차**)	贊(도울 **찬**)
		瑲(옥소리 **창**)	磔(찢을 **책**)	賤(천할 **천**)	諂(아첨할 **첨**)
		請(청할 **청**)	醋(식초 **초**)	皺(주름 **추**)	諏(물을 **추**)
		醉(취할 **취**)	齒(나이 **치**)	鋟(새길 **침**)	
	水 (ㅅ)(ㅈ)(ㅊ)	鯊(모래무지 **사**)	渗(스밀 **삼**)	霅(비올 **삽**)	殤(요절할 **상**)
		腺(샘 **선**)	腥(비릴 **성**)	霄(하늘 **소**)	瘙(종기 **소**)
		漱(양치질할 **수**)	瘦(파리할 **수**)	蝨(이 **슬**)	嘶(울 **시**)
		漦(흐를 **시**)	蝕(좀먹을 **식**)	漳(강이름 **장**)	奬(장려할 **장**)
		腸(창자 **장**)	滴(물방울 **적**)	漸(점점 **점**)	蜨(나비 **접**)
		霆(천둥소리 **정**)	嘲(비웃을 **조**)	漕(배로실어나를 **조**)	
		腫(부스럼 **종**)	腠(살결 **주**)	漬(담글 **지**)	震(진동할 **진**)
		漲(넘칠 **창**)	瘡(부스럼 **창**)	滌(씻을 **척**)	瘠(여윌 **척**)
		滯(막힐 **체**)	殢(나른할 **체**)	噍(지저귈 **초**)	嘬(깨물 **최**)
		漼(깊을 **최**)	嘴(부리 **취**)	漆(옻칠할 **칠**)	
	木 (ㅁ)(ㅂ)(ㅍ)	摩(문지를 **마**)	萬(일만 **만**)	緬(가는실 **면**)	麪(밀가루 **면**)
		緜(햇솜 **면**)	瞑(눈감을 **명**)	模(법 **모**)	摸(본뜰 **모**)
		摹(베낄 **모**)	廟(사당 **묘**)	廡(집 **무**)	緡(낚싯줄 **민**)
		樒(침향 **밀**)	褙(속적삼 **배**)	幡(기 **번**)	樊(울타리 **번**)
		罰(죄 **벌**)	範(모범 **범**)	葆(풀더부룩할 **보**)	褓(포대기 **보**)
		複(겹옷 **복**)	幞(보자기 **복**)	麩(밀기울 **부**)	葩(꽃 **파**)
		篇(책 **편**)	編(엮을 **편**)	艑(거룻배 **편**)	萹(마디풀 **편**)
		褊(좁을 **편**)	緶(꿰맬 **편**)	廢(폐할 **폐**)	幣(화폐 **폐**)
		葡(포도 **포**)	褒(기릴 **포**)	標(표할 **표**)	摽(칠 **표**)
	火 (ㅁ)(ㅂ)(ㅍ)	慢(게으를 **만**)	輞(바퀴테 **망**)	魅(도깨비 **매**)	慕(사모할 **모**)
		暮(저물 **모**)	慔(힘쓸 **모**)	慜(총명할 **민**)	

총획수	자원오행	한 자			
15	火 ◯ⓗⓟ	髮(머리카락 **발**) 魃(가뭄귀신 **발**) 輩(무리 배) 魄(넋 백) 輧(가벼운수레 **병**) 鴇(능에 **보**) 鳳(봉새 봉) 熢(불기운 **봉**) 駙(빠를 부) 頫(구부릴 부) 髴(비슷할 불) 翩(나부낄 편) 暴(사나울 포) 暴(사나울 폭) 熛(불똥 표) 慓(급할 표) 髲(다리 피) 駜(살찔 필)			
	土 ◯ⓗⓟ	墨(먹 묵) 墣(흙덩이 복) 部(나눌 부) 墳(무덤 분) 郫(고을이름 비) 陛(층계 폐)			
	金 ◯ⓗⓟ	瑪(옥돌 마) 碼(마노 마) 賣(팔 매) 盤(소반 반) 磐(너럭바위 반) 磅(돌소리 방) 賠(물어줄 배) 劈(쪼갤 벽) 彆(활뒤틀릴 별) 鋒(칼날 봉) 賦(부세 부) 敷(펼 부) 誹(헐뜯을 비) 鋪(펼 포) 畢(다할 필)			
	水 ◯ⓗⓟ	漠(사막 막) 滿(찰 만) 漫(부질없을 만) 漭(넓을 망) 霉(곰팡이 매) 蟊(해충 모) 嘸(분명하지않을 무) 嘿(고요할 묵) 濔(물빨리흐를 밀) 瘢(흉터 반) 魴(방어 방) 滼(뜰 범) 蝮(살무사뱀 복) 腹(배 복) 蝠(박쥐 복) 漨(강이름 봉) 噴(뿜을 분) 漰(물결치는소리 붕) 霈(비쏟아질 패) 蝙(박쥐 편) 弊(해질 폐) 漂(뜰 표) 膈(답답할 픽) 滭(용솟음할 필)			
16	木 ㉠	橄(감람나무 감) 穅(쌀겨 강) 蓋(덮을 개) 褰(걷어올릴 건) 縑(합사비단 겸) 蒹(갈대 겸) 褧(홑옷 경) 縘(맬 계) 篙(상앗대 고) 糕(떡 고) 穀(곡식 곡) 廥(곳간 괴) 蒯(기름새 괴) 橋(다리 교) 撟(들 교) 糗(볶은쌀 구) 蒟(구장 구) 篝(배롱 구) 撅(옷걷을 궤) 樻(나무이름 궤) 橘(귤나무 귤) 機(베틀 기)			

총획수	자원오행	한 자			
16	火 ㉠	憨(어리석을 **감**) 憬(깨달을 **경**) 鬠(머리묶을 **괄**)	憩(쉴 **게**) 頸(목덜미 **경**) 憍(교만할 **교**)	暻(밝을 **경**) 髻(상투 **계**) 憒(심란할 **궤**)	燝(밝을 **경**) 鴣(자고 **고**) 曁(함께 **기**)
	土 ㉠	墾(개간할 **간**) 甌(사발 **구**)	壃(지경 **강**) 獗(날뛸 **궐**)	踺(밟을 **건**) 黅(누른빛 **금**)	過(지날 **과**) 冀(바랄 **기**)
	金 ㉠	諫(간 **간**) 劒(칼 **검**) 錮(막을 **고**) 璆(옥 **구**) 錡(가마솥 **기**)	鋼(강철 **강**) 骼(뼈 **격**) 錕(붉은쇠 **곤**) 瑾(아름다운옥 **근**) 琪(피변꾸미개 **기**)	彊(굳셀 **강**) 磬(경쇠 **경**) 錧(보습 **관**) 錦(비단 **금**)	鋸(톱 **거**) 璄(옥빛 **경**) 骹(발회목 **교**) 錤(호미 **기**)
	水 ㉠㉿	澗(산골물 **간**) 膈(가슴 **격**) 盥(대야 **관**) 龜(땅이름 **구**) 潙(강이름 **규**) 噤(입다물 **금**)	噶(다짐할 **갈**) 潔(깨끗할 **결**) 舘(집 **관**) 窶(가난할 **구**) 窺(엿볼 **규**) 器(그릇 **기**)	澉(싱거울 **감**) 膏(기름질 **고**) 噭(부르짖을 **교**) 潰(무너질 **궤**) 龜(터질 **균**) 噲(목구멍 **쾌**)	黔(검을 **검**) 霍(빠를 **곽**)
	木 ㉡㉢	橠(나무무성할 **나**) 糖(사탕 **당**) 飪(향기날 **도**) 縢(봉할 **등**)	撚(비틀 **년**) 撞(칠 **당**) 篤(도타울 **독**)	撓(어지러울 **뇨**) 瞠(볼 **당**) 橦(나무이름 **동**)	鰭(뿔밑동 **다**) 導(이끌 **도**) 橙(귤 **등**)
	木 ㉣㉤	蒝(열매 **라**) 榴(석류나무 **류**) 橢(길쭉할 **타**) 撐(버틸 **탱**)	撈(잡을 **로**) 廩(곳집 **름**) 橐(전대 **탁**) 褪(빛바랠 **퇴**)	撩(다스릴 **료**) 橉(나무이름 **린**) 糖(엿 **탕**)	撛(붙들 **린**) 撑(버틸 **탱**)

총획수	자원오행	한 자			
16	火 ⓁⒸⓇⒺ	儜(괴로워할 녕)	愄(마음좋을 니)	曇(흐릴 담)	儓(하인 대)
		覩(볼 도)	暾(해돋을 돈)	燉(빛날 돈)	
		憧(그리워할 동)	瞳(먼동틀 동)	頭(머리 두)	燈(등잔 등)
		駱(낙타 락)	曆(책력 력)	憐(사랑할 련)	鴒(할미새 령)
		燎(밝을 료)	瞭(밝을 료)	璘(사람이름 린)	
		燐(도깨비불 린)	駝(타조 타)	憚(꺼릴 탄)	暺(밝을 탄)
		燙(데울 탕)	頹(무너질 퇴)		
	土 ⓁⒸⓇ	耨(김맬 누)	壇(제단 단)	達(통달할 달	道(길 도)
		都(도읍 도)	陶(질그릇 도)	遁(달아날 둔)	歷(지날 력)
		獠(밤사냥 료)	龍(임금 룡)	陸(뭍 륙)	陵(언덕 릉)
		蔵(바를 리)	獜(튼튼할 린)		
	金 ⓁⒸⓇ	諾(대답할 낙)	錟(창 담)	錭(쇳덩이 도)	賭(내기 도)
		璉(호련 련)	錄(기록할 록)	賴(힘입을 뢰)	錀(금 륜)
		璃(유리 리)			
	水 ⓁⒸⓇⒺ	噥(소곤거릴 농)	餒(주릴 뇌)	潭(연못 담)	潡(큰물 돈)
		潼(물이름 동)	朣(달뜰 동)	螣(등사 등)	瘰(연주창 라)
		螂(사마귀 랑)	膂(등골뼈 려)	澪(소금 령)	隷(종 례)
		盧(밥그릇 로)	澇(큰물결 로)	潦(장마 로)	潦(큰비 료)
		膋(발기름 료)	瘻(부스럼 루)	潾(물소리 린)	潾(물맑을 린)
		霖(장마 림)	鮀(문절망둑 타)	殫(다할 탄)	鮐(복어 태)
		腿(넓적다리 퇴)			
	木 ⓄⒽ	閼(가로막을 알)	縊(목맬 액)	蒻(구약나물 약)	篛(대이름 약)
		禦(막을 어)	閹(내시 엄)	閾(문지방 역)	閻(마을 염)
		潁(강이름 영)	橤(드리울 예)	瞖(눈흐릴 예)	縕(헌솜 온)
		蓊(장다리 옹)	橈(굽힐 요)	縟(꾸밀 욕)	褥(요 욕)

총획수	자원오행	한 자

<table>
<tr><td rowspan="3">1
6</td><td>木
◎ⓗ</td><td>蓐(깔개 욕)   蓉(연꽃 용)   橒(나무무늬 운)   篔(왕대 운)
橍(나무이름 윤)   蒑(풀빛푸른 은)   蒽(풀이름 은)   橌(큰나무 한)
闍(익힐 한)   廨(공관 해)   縣(고을 현)
橞(나무이름 혜)   縞(명주 호)   蒿(쑥 호)   閽(문지기 혼)
樺(자작나무 화)   寰(천하 환)   橫(가로지를 횡)   撝(찢을 휘)
橲(나무이름 희)</td></tr>
<tr><td>火
◎ⓗ</td><td>奰(오래볼 악)   鴈(불빛 안)   頷(턱 암)   鴨(오리 압)
鴦(원앙새 앙)   輰(수레 양)   衛(멈출 어)   曀(음산할 에)
燕(제비 연)   燃(불태울 연)   曄(빛날 엽)   爗(빛날 엽)
曅(빛날 엽)   叡(밝을 예)   穩(안온할 온)   徼(순찰할 요)
暸(밝을 요)   馘(문채나는모양 욱)   鴛(원앙 원)
衞(지킬 위)   儒(선비 유)   駅(빨리날 율)   燏(빛날 율)
憖(억지로 은)   儘(의지할 은)   儗(참람할 의)   彝(떳떳할 이)
煆(붉을 하)   翰(평지 한)   駭(놀랄 해)   翮(깃촉 핵)
憲(법 헌)   輶(초헌 헌)   頰(빰 협)   衡(저울 형)
憓(사랑할 혜)   儫(호걸 호)   頮(세수할 회)   曉(새벽 효)
勳(공훈 훈)   髹(검붉은빛 휴)   熺(밝을 희)   暿(빛날 희)
熹(성할 희)   憙(기쁠 희)   憘(기뻐할 희)</td></tr>
<tr><td>土
◎ⓗ</td><td>鄂(나라이름 악)   遏(막을 알)   罃(물동이 앵)   嶪(산높을 업)
嶬(산높을 업)   嶧(산이름 역)   嬴(가득할 영)   墺(물가 오)
壅(막을 옹)   踴(뛸 용)   踽(홀로갈 우)   遇(만날 우)
運(움직일 운)   違(어길 위)   逾(멀 유)   遊(놀 유)
踰(넘을 유)   蹂(짓밟을 유)   陰(그늘 음)   遐(멀리할 하)
陷(함정 함)   嶰(산골짜기 해)   嶮(험할 험)   嬛(산뜻할 현)
遑(급할 황)   郈(땅이름 후)   羲(복희씨 희)</td></tr>
</table>

총획수	자원오행	한 자			
16	金 ◎ⓗ	錏(경개 **아**)	諤(직언할 **악**)	謁(아뢸 **알**)	諳(외울 **암**)
		諺(속담 **언**)	錽(주발 **완**)	賱(넉넉할 **운**)	
		鋺(저울판 **원**)	謂(이를 **위**)	諭(타이를 **유**)	
		諛(아첨할 **유**)	劓(코벨 **의**)	璌(사람이름 **인**)	
		諲(공경할 **인**)	謔(희롱거릴 **학**)	諴(화동할 **함**)	諧(화할 **해**)
		骸(뼈 **해**)	歔(흐느낄 **허**)	醐(우락더껑이 **호**)	鬨(싸울 **홍**)
		諠(잊을 **훤**)	諼(속일 **훤**)	毇(정미할 **훼**)	諱(꺼릴 **휘**)
		歙(들이쉴 **흡**)	戲(희롱할 **희**)		
	水 ◎ⓗ	餓(굶주릴 **아**)	噩(놀랄 **악**)	噯(숨 **애**)	餘(남을 **여**)
		澆(물흐르는모양 **열**)		霓(무지개 **예**)	豫(미리 **예**)
		瘱(고요할 **예**)	窹(부엌 **오**)	膃(살찔 **올**)	澆(물댈 **요**)
		澐(큰물결 **운**)	潤(윤택할 **윤**)	潏(샘솟을 **율**)	融(화할 **융**)
		凝(엉길 **응**)	螘(개미 **의**)	嗬(웃을 **하**)	學(배울 **학**)
		澖(넓을 **한**)	螢(개똥벌레 **형**)	澅(물결 **혜**)	澔(넓을 **호**)
		澒(수은 **홍**)	澕(물깊을 **화**)	圜(두를 **환**)	
		潢(웅덩이 **황**)	潕(돌아나갈 **횡**)	潝(물소리 **흡**)	
		噫(탄식할 **희**)			
	木 ⓢⓩ天	篩(체로칠 **사**)	蓑(도롱이 **사**)	蒴(삭조 **삭**)	蒜(마늘 **산**)
		匴(갓집 **산**)	撒(뿌릴 **살**)	橡(상수리나무 **상**)	
		撕(훈계할 **서**)	蓆(자리 **석**)	褯(자리 **석**)	
		暶(아름다울 **선**)	穌(쉴 **소**)	篠(조릿대 **소**)	艘(배 **소**)
		蓀(향풀이름 **손**)	蓚(수산 **수**)	蒐(모을 **수**)	樹(나무 **수**)
		橓(무궁화나무 **순**)	蒔(모종낼 **시**)	蓍(시초 **시**)	
		褯(포대기 **자**)	廧(담 **장**)	縡(일할 **재**)	積(쌓을 **적**)
		靛(청대 **전**)	靜(고요할 **정**)	雋(뛰어날 **준**)	樽(술통 **준**)
		撙(누를 **준**)	蒸(찔 **증**)	篪(피리 **지**)	蓁(숲 **진**)

총획수	자원오행	한 자			
16	**木** (人)(天)(天)	縝(고울 **진**) 篡(빼앗을 **찬**) 蔫(꼭두서니 **천**) 樵(나무할 **초**) 縋(매달 **추**) 橇(썰매 **취**)	縉(붉은비단 **진**) 艙(선창 **창**) 撤(거둘 **철**) 撮(사진찍을 **촬**) 縐(주름질 **추**) 攡(빼앗을 **치**)	蒺(남가새 **질**) 蒼(푸를 **창**) 幨(수레휘장 **첨**) 縗(상복이름 **최**) 蓄(쌓을 **축**) 緻(빽빽할 **치**)	撰(지을 **찬**) 閶(문 **창**) 蒭(꼴 **추**) 築(쌓을 **축**)
	火 (人)(天)(天)	歚(고을 **선**) 縤(깨끗할 **소**) 駪(말많을 **신**) 髭(콧수염 **자**) 雕(독수리 **조**) 憎(미워할 **증**) 憯(비통할 **참**) 憔(수척할 **초**) 鴪(꿩 **치**)	暹(해돋을 **섬**) 輸(나를 **수**) 燖(삶을 **심**) 頲(곧을 **정**) 輳(모일 **주**) 儘(다할 **진**) 氅(새털 **창**) 熾(성할 **치**) 親(친할 **친**)	燒(불사를 **소**) 駒(말달릴 **순**) 赭(붉은흙 **자**) 儕(무리 **제**) 儔(무리 **주**) 輯(모을 **집**) 燋(그을릴 **초**) 鴟(올빼미 **치**)	
	土 (人)(天)(天)	遂(이를 **수**) 嬙(궁녀 **장**) 蹄(발굽 **제**) 遒(굳셀 **주**)	陲(변방 **수**) 甎(벽돌 **전**) 踶(밟을 **제**) 陳(베풀 **진**)	陞(오를 **승**) 蹀(밟을 **접**) 隄(둑 **제**) 臻(이를 **진**)	墻(담장 **장**) 遉(엿볼 **정**) 踵(발꿈치 **종**) 陬(모퉁이 **추**)
	金 (人)(天)(天)	諝(슬기로울 서) 醒(깰 **성**) 璱(푸른구슬 **슬**) 諶(믿을 **심**) 錚(쇳소리 **쟁**) 錪(가마 **전**) 錠(쇳덩이 **정**)	錫(주석 **석**) 塐(옥돌 **소**) 諰(두려워할 **시**) 諮(물을 **자**) 磧(서덜 **적**) 戰(싸울 **전**) 諸(모두 **제**)	敾(글잘쓸 **선**) 錞(악기이름 **순**) 諟(이 **시**) 璋(구슬 **장**) 錢(돈 **전**) 諪(고를 **정**) 劑(약지을 **제**)	璇(옥이름 **선**) 諡(시호 **시**) 賊(재물 **재**) 磚(벽돌 **전**) 整(정돈할 **정**) 醍(맑은술 **제**)

총획수	자원오행	한 자			
16	**金** (ㅅ)(ㅈ)(ㅊ)	錯(불리지않은쇠 조)		璁(패옥소리 종)	智(슬기 지)
		錯(어긋날 착)	鎗(날카로울 창)	錣(쇠바늘 철)	諜(염탐할 첩)
		諦(살필 체)	諦(살필 체)	鞘(칼집 초)	璀(빛날 최)
		確(산높을 최)	錘(저울추 추)	錐(송곳 추)	賰(넉넉할 춘)
		錙(저울눈 치)			
	水 (ㅅ)(ㅈ)(ㅊ)	澘(눈물흐를 산)	潸(눈물흐를 산)	霎(가랑비 삽)	
		澁(껄끄러울 삽)	潒(세찰 상)	噬(씹을 서)	潟(개펄 석)
		嘯(휘바람불 소)	膆(멀떠구니 소)	膄(여월 수)	澌(다할 시)
		潯(물가 심)	鮓(생선젓 자)	潺(물흐르는소리 잔)	
		潛(잠길 잠)	潜(잠길 잠)	瘴(장기 장)	潴(웅덩이 저)
		鮎(메기 점)	霑(젖을 점)	潮(조수 조)	
		噪(떠들썩할 조)	瘯(옴 족)	澍(단비 주)	霔(장마 주)
		霈(구름과비 주)	餕(대궁 준)	潗(샘솟을 집)	澄(맑을 징)
		澂(맑을 징)	餐(밥 찬)	澈(물맑을 철)	瘳(병나을 추)
	木 (ㅁ)(ㅂ)(ㅍ)	瞙(흐릴 막)	瞞(속일 만)	罵(욕할 매)	蓂(명협 명)
		橅(법 모)	穆(화목할 목)	蒙(어릴 몽)	橆(법 무)
		撫(어루만질 무)	樸(순박할 박)	撲(칠 박)	縛(묶을 박)
		撥(다스릴 발)	蒡(우엉 방)	蓓(꽃봉오리 배)	橃(뗏목 벌)
		罰(죄 벌)	奮(떨칠 분)	黺(수놓을 분)	篦(빗치개 비)
		蓖(아주까리 비)	播(씨뿌릴 파)	罷(마칠 파)	蒲(창포 포)
		瓢(바가지 표)			
	火 (ㅁ)(ㅂ)(ㅍ)	瞢(어두울 몽)	憮(어루만질 무)	儛(춤출 무)	躾(가르칠 미)
		憫(불쌍할 민)	駁(논박할 박)	燔(불사를 번)	
		駢(나란히할 변)	鵉(매 변)	輹(복토 복)	輻(바퀴살 복)
		憤(분할 분)	憊(고달플 비)	儐(인도할 빈)	頻(자주 빈)
		憑(기댈 빙)	輻(바퀴살 폭)		

총획수	자원오행	한 자			
16	土 (ㅁㅂㅍ)	甍(용마루 **맹**)	冪(덮을 **멱**)	陪(도울 **배**)	壁(벽 **벽**)
		陴(성가퀴 **비**)	遍(두루 **편**)	嬖(사랑할 **폐**)	獘(넘어질 **폐**)
		逼(핍박할 **핍**)			
	金 (ㅁㅂㅍ)	磨(갈 **마**)	謀(꾀 **모**)	璊(붉은옥 **문**)	錉(돈꿰미 **민**)
		辨(분별할 **변**)	鉼(판금 **병**)	辦(힘쓸 **판**)	諞(말잘할 **편**)
		諷(풍자할 **풍**)	觱(피리 **필**)		
	水 (ㅁㅂㅍ)	螞(말거머리 **마**)	螟(멸구 **명**)	貓(고양이 **묘**)	默(잠잠할 **묵**)
		澗(물흘러내릴 **민**)		膊(포 **박**)	潘(뜨물 **반**)
		蟹(가뢰 **반**)	潑(물뿌릴 **발**)	螃(방게 **방**)	膀(오줌통 **방**)
		潽(물이름 **보**)	鮒(붕어 **부**)	濆(뿜을 **분**)	霏(눈내릴 **비**)
		澎(물소리 **펭**)	鮃(넙치 **평**)	鮑(절인어물 **포**)	餔(저녁밥 **포**)
17	木 (ㄱ)	檟(개오동나무 **가**)	瞰(볼 **감**)	撼(흔들 **감**)	糠(쌀겨 **강**)
		橿(굳셀 **강**)	繦(포대기 **강**)	據(의거할 **거**)	檢(검사할 **검**)
		撿(검사할 **검**)	擊(부딪칠 **격**)	檄(격서 **격**)	闃(고요할 **격**)
		縳(명주 **견**)	闃(문닫을 **결**)	檠(도지개 **경**)	橄(등잔대 **경**)
		擎(받들 **경**)	穎(홑옷 **경**)	罽(어망 **계**)	觳(뿔잔 **곡**)
		撾(칠 **과**)	屨(신 **구**)	颶(구풍 **구**)	麯(누룩 **국**)
		簋(제기이름 **궤**)	擒(사로잡을 **금**)	檎(능금나무 **금**)	禨(조짐 **기**)
	火 (ㄱ)	懇(간절할 **간**)	憾(서운해할 **감**)	歛(줄 **감**)	憼(공경할 **경**)
		曔(밝을 **경**)	鵲(작은비둘기 **고**)	轂(바퀴통 **곡**)	顆(낱알 **과**)
		鸹(재두루미 **괄**)	鵁(해오라기 **교**)	覯(만날 **구**)	懃(은근할 **근**)
		覬(바랄 **기**)			
	土 (ㄱ)	艱(어려울 **간**)	蹇(절뚝발이 **건**)	遣(보낼 **견**)	階(계단 **계**)
		鄗(산이름 **교**)	遘(만날 **구**)		

<table>
<thead>
<tr><th>총획수</th><th>자원오행</th><th colspan="4">한 자</th></tr>
</thead>
<tbody>
<tr>
<td rowspan="6">17</td>
<td>金
(ㄱ)</td>
<td colspan="4">謌(노래 가) 磵(산골물 간) 講(외울 강) 鍵(열쇠 건)
謇(떠듬거릴 건) 鍥(새길 결) 謙(겸손할 겸) 磬(빌 경)
璟(옥빛 경) 鍋(노구솥 과) 磺(쇳돌 광) 瑰(구슬 괴)
矯(바로잡을 교) 磽(메마른땅 교) 購(살 구) 鞠(공 국)
璣(구슬 기) 磯(물가 기)</td>
</tr>
<tr>
<td>水
(ㄱ)</td>
<td colspan="4">癇(간질 간) 癎(간질 간) 殭(굳어질 강) 激(격할 격)
黔(얕은금향빛 겸) 谿(시냇물 계) 館(객사 관) 窾(빌 관)
膕(귀벨 괵) 膠(아교 교) 鮫(상어 교)</td>
</tr>
<tr>
<td>木
(ㄷㄹㅌ)</td>
<td colspan="4">檀(박달나무 단) 撻(때릴 달) 擔(멜 담) 襌(담제 담)
檔(의자 당) 闍(망루 도) 瞳(눈동자 동)
闌(가로막을 란) 蓮(연꽃 련) 擄(노략질할 로)
橑(오동나무 로) 簏(대상자 록) 瞭(눈밝을 료) 蓼(여뀌 료)
褸(헌누더기 루) 縷(실 루) 蔞(산쑥 루) 縲(포승 류)
薐(마름 릉) 罹(근심 리) 璘(눈빛 린) 擇(가릴 택)</td>
</tr>
<tr>
<td>火
(ㄹㅌ)</td>
<td colspan="4">駺(꼬리흰말 랑) 駺(꼬리흰말 량) 儢(힘쓰지않을 려)
聯(이을 련) 儡(꼭두각시 뢰) 臨(임할 림)
憻(평탄할 탄)</td>
</tr>
<tr>
<td>土
(ㄴㄷㄹㅌ)</td>
<td colspan="4">嬭(젖 내) 嬲(희롱할 뇨) 遝(뒤섞일 답) 隊(무리 대)
蹈(밟을 도) 壔(성채 도) 獨(홀로 독) 勵(힘쓸 려)
嶺(고개 령) 耬(파종기 루) 遛(머무를 류) 隆(높을 륭)
麟(기린 린)</td>
</tr>
<tr>
<td>金
(ㄷㄹ)</td>
<td colspan="4">鍛(단련할 단) 戴(머리에일 대) 鍍(도금할 도) 斁(깰 두)
騰(오를 등) 磴(돌비탈길 등) 鍊(쇠불릴 련) 斂(거둘 렴)
璘(옥빛 린) 磷(물흐르는모양 린)</td>
</tr>
</tbody>
</table>

총획수	자원오행	한　자			
17	水 ⓛⓒⓡⓔ	嚀(간곡할 녕)	濃(짙을 농)	癉(앓을 단)	
		澾(미끄러울 달)	澹(맑을 담)	螳(사마귀 당)	黛(눈썹먹 대)
		螺(소라 라)	濂(물이름 렴)	殮(염할 렴)	澪(강이름 령)
		澧(물이름 례)	隸(종 례)	潞(강이름 로)	癆(중독 로)
		療(병고칠 료)	螻(땅강아지 루)	癃(위독할 륭)	窿(활꼴 륭)
		廩(곳집 름)	螭(교룡 리)	濁(물흐릴 탁)	盪(씻을 탕)
		澤(윤택할 택)			
	木 ⓞⓗ	闇(숨을 암)	菴(암자 암)	馣(향기로울 암)	龠(피리 약)
		襄(도울 양)	檍(감탕나무 억)	縯(길 연)	蓺(심을 예)
		繄(창전대 예)	擁(안을 옹)	繇(역사 요)	蔚(고을이름 울)
		闈(문 위)	檃(집마룻대 은)	蔭(그늘 음)	薚(빛 호)
		闊(트일 활)	檜(전나무 회)	虧(이지러질 휴)	禧(복 희)
	火 ⓞⓗ	鴰(뻐꾸기 알)	曖(가릴 애)	駿(어리석을 애)	憶(기억할 억)
		輿(수레 여)	懌(기뻐할 역)	營(경영할 영)	翳(갓일산 예)
		懊(한할 오)	燠(따뜻할 오)	聱(말듣지아니할 오)	
		轀(수레 온)	聳(솟을 용)	燠(위로할 우)	優(넉넉할 우)
		燠(따뜻할 욱)	轅(끌채 원)	儥(팔 육)	應(응할 응)
		鴯(제비 이)	翼(날개 익)	駻(사나운말 한)	轄(다스릴 할)
		懈(게으를 해)	駽(철총이 현)	鴻(기러기 홍)	燬(불 훼)
		徽(아름다울 휘)	鵂(수리부엉이 휴)		
	土 ⓞⓗ	嶽(큰산 악)	壓(누를 압)	陽(볕 양)	嶺(고개 영)
		嬰(어릴 영)	嶸(산높을 영)	薉(민족이름 예)	遙(멀 요)
		隅(모퉁이 우)	鄆(나라이름 운)	遠(멀 원)	黿(자라 원)
		嶾(산높을 은)	嶷(산이름 의)	罅(틈 하)	
		豁(산높을모양 한)	壑(산골짜기 한)	獬(해태 해)	鄉(시골 향)
		獫(오랑캐이름 험)	蹊(지름길 혜)	壕(해자 호)	鄗(땅이름 호)
		隍(해자 황)	獪(교활할 회)	壎(질나발 훈)	嬉(기쁠 희)

총획수	자원오행	한 자			
17	金 ⊙ⓗ	鍔(칼날 **악**)	鍈(방울 **영**)	醞(술빚을 **온**)	謠(노래 **요**)
		鍝(톱 **우**)	諢(천천히말할 **원**)	鍮(놋쇠 **유**)	謚(웃을 **익**)
		鍜(경개 **하**)	韓(나라이름 **한**)	鼾(코고는소리 **한**)	醢(젓갈 **해**)
		譏(꾸짖을 **혜**)	鍰(무게단위 **환**)	璜(패옥 **황**)	戲(희롱할 **희**)
	水 ⊙ⓗ	鮟(아귀 **안**)	癌(암 **암**)	嚴(엄할 **엄**)	
		霙(진눈깨비 **영**)	濊(종족이름 **예**)	澳(깊을 **오**)	餧(먹일 **위**)
		鮪(참다랑어 **유**)	孺(젖먹일 **유**)	黝(검푸른빛 **유**)	膶(등심 **인**)
		霞(노을 **하**)	嚇(웃음소리 **하**)	澣(빨래할 **한**)	鮭(어채 **해**)
		澥(바다이름 **해**)	嚇(성낼 **혁**)	擐(꿸 **환**)	豁(소통할 **활**)
		澮(봇도랑 **회**)	嚄(외칠 **획**)	嚆(부르짖을 **효**)	餚(안주 **효**)
	木 ⊘ⓩ⊗	蔘(인삼 **삼**)	糝(나물죽 **삼**)	禪(고요할 **선**)	褻(더러울 **설**)
		薛(향내날 **설**)	韱(부추 **섬**)	蔬(나물 **소**)	繅(고치켤 **소**)
		穗(이삭 **수**)	橚(밋밋할 **숙**)	蓴(순채 **순**)	瞬(잠깐 **순**)
		褶(주름 **습**)	蔗(사탕수수 **자**)	糚(꾸밀 **장**)	檣(돛대 **장**)
		蔣(나라이름 **장**)	績(길쌈 **적**)	氈(양탄자 **전**)	薪(우거질 **점**)
		黏(차질 **점**)	檉(능수버들 **정**)	操(잡을 **조**)	糟(지게미 **조**)
		糙(매조미쌀 **조**)	艚(거룻배 **조**)	蔦(담쟁이 **조**)	簇(가는대 **족**)
		縱(세로 **종**)	幬(휘장 **주**)	簇(대주 **주**)	檝(노 **즙**)
		蔯(더워지기 **진**)	瞪(바로볼 **징**)	擉(작살 **착**)	篡(빼앗을 **찬**)
		蔡(거북 **채**)	簀(살평상 **책**)	擅(멋대로 **천**)	瞮(눈밝을 **철**)
		檐(처마 **첨**)	褺(겹옷 **첩**)	蔕(꼭지 **체**)	蔥(푸를 **총**)
		總(합할 **총**)	藂(우거질 **총**)	簉(버금자리 **추**)	縮(줄일 **축**)
	火 ⊘ⓩ⊗	償(갚을 **상**)	憸(간사할 **섬**)	燮(불꽃 **섭**)	聲(소리 **성**)
		騂(붉은말 **성**)	魈(도깨비 **소**)	衛(거느릴 **솔**)	憽(똑똑할 **송**)
		燧(부싯돌 **수**)	雖(비록 **수**)	輾(반전할 **전**)	
		頹(아름다울 **정**)	燥(마를 **조**)	懆(근심할 **조**)	髽(북상투 **좌**)

총획수	자원오행	한　자			
17	火 (人)(天)(天)	駿(준마 준)	儁(똑똑할 준)	燦(빛날 찬)	儹(모을 찬)
		燭(촛불 촉)	聰(귀밝을 총)	頹(야윌 췌)	鴟(솔개 치)
		駸(달릴 침)			
	土 (人)(天)(天)	嶼(작은섬 서)	嶼(작은섬 서)	遡(거스를 소)	遜(겸손할 손)
		隋(수나라 수)	孺(너그럽고순할 자)		牆(담장 장)
		齋(재계할 재)	陼(물가 저)	蹄(발굽 제)	嬥(날씬할 조)
		甑(시루 증)	蹉(넘어질 차)	蹌(추창할 창)	遞(갈마들 체)
		鄒(추나라 추)	趨(달아날 추)		
	金 (人)(天)(天)	謝(사례할 사)	鍤(가래 삽)	賽(굿할 새)	謖(일어날 속)
		鍉(열쇠 시)	磼(높을 잡)	鏑(큰가마 제)	鍾(술잔 종)
		噂(기쁠 준)	繒(주살 증)	璡(옥돌 진)	礁(암초 초)
		鍬(가래 초)	鍫(가래 초)	醜(추할 추)	穉(어릴 치)
		鍼(침 침)			
	水 (人)(天)(天)	霜(서리 상)	濇(껄끄러울 색)	澨(물가 서)	鮮(고울 선)
		蟀(귀뚜라미 솔)	濉(물이름 수)	潚(깊고맑을 숙)	膝(무릎 슬)
		蟋(귀뚜라미 실)	餦(산자 장)	膞(저민고기 전)	澶(물흐를 전)
		餞(전송할 전)	澱(앙금 전)	點(점 점)	鯑(메기 제)
		澡(씻을 조)	螽(메뚜기 종)	鮨(다랑어 지)	璶(설렐 진)
		膣(음문 질)	澯(물맑을 찬)	毚(약은토끼 참)	黜(물리칠 출)
		蟄(잠잘 칩)			
	木 (口)(日)(口)	蔓(덩굴 만)	縵(무늬없는비단 만)		篾(대껍질 멸)
		蔑(업신여길 멸)	懞(덮을 몽)	繆(얽을 무)	糜(죽 미)
		縻(고삐 미)	幫(도울 방)	蓓(꽃봉오리 배)	繁(번성할 번)
		檗(회양목 벽)	擘(엄지손가락 벽)	擗(가슴칠 벽)	瞥(언뜻볼 별)
		馞(짙지않은향기 별)		蔔(무 복)	縫(꿰맬 봉)
		蓬(쑥 봉)	篷(뜸 봉)	蔀(빈지문 부)	糞(똥 분)

총획수	자원오행	한 자			
17	木 ㅁㅂㅍ	颁(두더지 **분**) 䬞(향기로울 **비**) 罼(족대 **필**)	黻(수 **불**) 薸(부평초 **평**) 韠(콩 **필**)	繃(묶을 **붕**) 縹(휘날릴 **표**)	篳(사립짝 **필**)
	火 ㅁㅂㅍ	懋(힘쓸 **무**) 驃(들을 **표**)	騁(달릴 **빙**)	㬥(사나울 **포**)	儦(번설 **포**)
	土 ㅁㅂ	麋(큰사슴 **미**)	嬪(아내 **빈**)		
	金 ㅁㅂㅍ	錨(닻 **묘**) 璞(옥돌 **박**) 鍑(가마솥 **복**)	謎(수수께끼 **미**) 磻(강이름 **반**) 賻(부의 **부**)	彌(두루 **미**) 謗(비방할 **방**) 皤(흴 **파**)	謐(고요할 **밀**) 磻(강이름 **번**)
	水 ㅁㅂㅍ	蟇(두꺼비 **마**) 豳(나라이름 **반**) 豳(나라이름 **빈**)	膜(꺼풀 **막**) 餅(떡 **병**) 癈(고질병 **폐**)	蟊(해충 **모**) 膚(살갗 **부**)	溦(이슬비 **미**) 貔(비휴 **비**)
18	木 ㄱ	擱(놓을 **각**) 擧(들 **거**) 蕎(메밀 **교**) 櫃(함 **궤**)	簡(대쪽 **간**) 藒(연꽃 **거**) 瞿(놀랄 **구**) 繢(수놓을 **궤**)	襁(포대기 **강**) 瞼(눈거풀 **검**) 蕨(고사리 **궐**) 檵(밭갈 **기**)	闓(열 **개**) 瞽(소경 **고**) 闕(대궐 **궐**)
	火 ㄱ	鵑(두견새 **견**) 雚(황새 **관**) 騏(천리마 **기**)	雞(닭 **계**) 翹(뛰어날 **교**) 騎(말탈 **기**)	鵠(고니 **곡**) 軀(몸 **구**)	騍(암말 **과**) 覲(뵐 **근**)
	土 ㄱ	隔(막힐 **격**) 麇(노루 **균**)	壙(광 **광**) 隙(틈 **극**)	舊(옛 **구**) 隑(사다리 **기**)	歸(돌아갈 **귀**)

총획수	자원오행	한 자			
18	**金** (ㄱ)	鞨(말갈 **갈**) 鎌(낫 **겸**) 鞫(국문할 **국**)	鏹(강철 **강**) 璥(옥이름 **경**) 謹(삼갈 **근**)	鎧(갑옷 **개**) 謦(기침 **경**) 礏(산우뚝솟을 **급**)	鞬(동개 **건**) 謳(노래할 **구**)
	水 (ㄱ)	鯁(생선뼈 **경**) 龜(거북 **귀**)	鹽(소금밭 **고**) 竅(구멍 **규**)	嚙(깨물 **교**) 龜(터질 **균**)	龜(땅이름 **구**) 蟣(서캐 **기**)
	木 (ㄴㄷㄹㅌ)	穠(꽃나무무성할 **농**) 擡(들 **대**) 艟(배 **동**) 禮(예도 **례**) 蕩(방탕할 **탕**)	 櫂(노 **도**) 董(동독할 **동**) 繚(감길 **료**) 闖(엿볼 **틈**)	簞(소쿠리 **단**) 擣(찧을 **도**) 擥(걷어잡을 **람**) 繗(이을 **린**)	蕁(지모풀 **담**) 檮(등걸 **도**) 糧(양식 **량**) 擢(뽑을 **탁**)
	火 (ㄴㄷㄹ)	懦(나약할 **나**) 燣(불번질 **람**) 騄(말의이름 **록**)	疃(무성할 **대**) 騋(큰말 **래**) 儱(미숙할 **롱**)	懟(원망할 **대**) 魎(도깨비 **량**)	燾(비출 **도**) 轆(도르래 **록**)
	土 (ㄴㄷㄹ)	獰(모질 **녕**)	遯(달아날 **둔**)	壘(보루 **루**)	釐(의리 **리**)
	金 (ㄷㄹ)	斷(끊을 **단**) 璐(아름다운옥 **로**) 謬(어긋날 **류**)	璫(귀고리옥 **당**) 礌(바위 **뢰**)	礑(밑바닥 **당**) 醪(막걸리 **료**)	 謱(말엉킬 **루**)
	水 (ㄴㄷㄹㅌ)	餪(풀보기잔치 **난**) 餹(엿 **당**) 鯉(잉어 **리**)	濘(진창 **녕**) 濤(물결 **도**) 燐(반딧불 **린**)	瀰(많을 **니**) 濫(물넘칠 **람**) 濯(씻을 **탁**)	膩(기름질 **니**) 癘(창병 **려**)
	木 (ㅇㅎ)	曖(가릴 **애**) 穢(더러울 **예**) 蔎(평지 **운**) 檼(마룻대 **은**) 蕙(난초 **혜**)	颺(날릴 **양**) 繞(얽힐 **요**) 蔿(애기풀 **위**) 擬(헤아릴 **의**) 簧(혀 **황**)	檿(산뽕나무 **염**) 蕘(땔나무 **요**) 蕕(누린내풀 **유**) 檻(난간 **함**)	蕊(꽃술 **예**) 篔(왕대 **운**) 蕤(꽃 **유**) 闔(문짝 **합**)

총획수	자원오행	한 자			
18	火	鵞(거위 아)	鵝(거위 아)	顎(턱 악)	顔(얼굴 안)
		額(이마 액)	歟(어조사 여)	懕(편안할 염)	雝(화락할 옹)
		顒(엄숙할 옹)	聵(귀머거리 외)	曜(빛날 요)	耀(빛날 요)
		魏(위나라 위)	曘(햇빛 유)	彝(떳떳할 이)	嚇(속일 하)
		暵(흰꿩 한)	爀(붉은빛 혁)	顕(나타날 현)	燻(연기낄 훈)
		曛(어스레할 훈)	燹(야화 희)		
	土	隘(좁을 애)	鄢(고을이름 언)	遨(즐겁게놀 오)	甕(독 옹)
		隗(높을 외)	麌(수사슴 우)	隕(떨어질 운)	
		鄞(고을이름 은)	獲(얻을 획)	獯(오랑캐이름 훈)	
	金	嬴(풍류이름 영)	謷(헐뜯을 오)	鎔(녹일 용)	謣(망령될 우)
		鍏(옳을 위)	鞣(가죽 유)	醫(의원 의)	礒(바위 의)
		鎰(중량 일)	鬩(다툴 혁)	鎣(꾸밀 형)	鎬(호경 호)
		環(고리 환)	鐄(종소리 황)	譹(짖을 효)	齕(깨물 흘)
	水	濚(물돌 영)	濴(물졸졸흐를 영)	癰(악창 옹)	蟯(요충 요)
		霣(떨어질 운)	黝(검을 율)	濡(적실 유)	癒(병나을 유)
		鼬(족제비 유)	濦(물소리 은)	嚚(어리석을 은)	濱(물줄기 인)
		濠(해자 호)	濩(퍼질 호)	餬(죽 호)	濶(넓을 활)
		餱(건량 후)	黠(약을 힐)		
	木	繖(우산 산)	觴(잔 상)	穡(거둘 색)	鼫(석서 석)
		繕(기울 선)	繐(베 세)	蕣(무궁화나무 순)	簪(비녀 잠)
		襍(섞일 잡)	簟(대자리 점)	擠(밀칠 제)	儁(뛰어날 준)
		繒(비단 증)	罾(그물 증)	織(짤 직)	擦(비빌 찰)
		蕆(갖출 천)	藆(하늘 천)	瞻(볼 첨)	蕉(파초 초)
	火	曙(새벽 서)	聶(소곤거릴 섭)	達(거느릴 솔)	鬆(소나무 송)
		顋(빠를 시)	燼(깜부기불 신)	雙(쌍 쌍)	頿(윗수염 자)

<table>
<thead>
<tr><th>총획수</th><th>자원오행</th><th colspan="4">한 자</th></tr>
</thead>
<tbody>
<tr>
<td rowspan="6">18</td>
<td>火
(人)(ㅈ)(ㅊ)</td>
<td>雜(섞일 잡)
題(제목 제)
騅(오추마 추)</td>
<td>儲(쌓을 저)
燽(밝을 주)
魋(몽치머리 추)</td>
<td>顓(오로지 전)
駿(금계 준)
雛(병아리 추)</td>
<td>轉(구를 전)
職(벼슬 직)</td>
</tr>
<tr>
<td>土
(人)(ㅈ)(ㅊ)</td>
<td>遬(빠를 속)
遭(만날 조)
遮(막을 차)
蹜(종종걸음칠 축)</td>
<td>鄣(나라이름 장)
鼂(아침 조)
蹠(밟을 척)</td>
<td>適(맞을 적)
蹤(발자취 종)
蹙(닥칠 축)</td>
<td>蹟(자취 적)
蹲(술단지 준)
鼀(두꺼비 축)</td>
</tr>
<tr>
<td>金
(人)(ㅈ)(ㅊ)</td>
<td>鏛(방울소리 상)
璲(패옥 수)
爵(술잔 작)
璪(면류관옥 조)
璨(옥빛 찬)
贅(군더더기 췌)</td>
<td>璿(아름다운옥 선)
瑪(옥이름 수)
醬(장 장)
贄(폐백 지)
礎(주춧돌 초)</td>
<td>鎖(쇠사슬 쇄)
璱(푸른구슬 슬)
鎗(종소리 쟁)
鎭(진정할 진)
鎚(쇠망치 추)</td>
<td>鏁(쇠사슬 쇄)
鎡(호미 자)
謫(귀양갈 적)
戳(찌를 착)
鞦(그네 추)</td>
</tr>
<tr>
<td>水
(人)(ㅈ)(ㅊ)</td>
<td>鯊(모래무지 사)
鮹(소금 소)
濟(건널 제)
叢(떨기 총)</td>
<td>膳(반찬 선)
濕(젖을 습)
濬(깊을 준)
蟲(벌레 충)</td>
<td>蟬(매미 선)
癜(어루러기 전)
竄(숨을 찬)
膵(췌장 췌)</td>
<td>鮹(문어 소)
餰(된죽 전)
餮(탐식할 철)</td>
</tr>
<tr>
<td>木
(ㅁ)(ㅂ)(ㅍ)</td>
<td>朦(흐릴 몽)
黻(떨칠 별)
蕡(주렁주렁할 분)
豐(풍년 풍)</td>
<td>蕪(거칠 무)
簠(제기이름 보)
檳(빈랑나무 빈)</td>
<td>繙(되풀이할 번)
馥(향기로울 복)
擯(물리칠 빈)</td>
<td>蕃(우거질 번)

蔽(덮을 폐)</td>
</tr>
<tr>
<td>火
(ㅁ)(ㅂ)</td>
<td>魍(도깨비 망)
顝(강할 민)
騈(나란히할 병)</td>
<td>懞(어두울 몽)
鵓(집비둘기 발)
瀄(물결치는소리 붕)</td>
<td>曚(어두울 몽)
翻(나부낄 번)</td>
<td>懣(번민할 문)

騑(곁마 비)</td>
</tr>
</tbody>
</table>

총획수	자원오행	한 자			
18	土 (ㅁㅂㅍ)	蹣(넘을 **만**)	甓(벽돌 **벽**)	鄙(더러울 **비**)	蹕(벽제할 **필**)
	金 (ㅁㅂㅍ)	謾(속일 **만**) 璧(구슬 **벽**) 髀(넓적다리 **비**)	謨(꾀할 **모**) 骿(통갈비 **변**) 鞭(채찍 **편**)	鎛(종 **박**) 覆(뒤집힐 **복**) 斃(넘어질 **폐**)	鎊(깎을 **방**)
	水 (ㅁㅂㅍ)	貘(짐승이름 **맥**) 蟠(서릴 **반**) 臏(고깃국 **분**) 膨(부를 **팽**)	濛(가랑비 **몽**) 膰(제사고기 **번**) 濞(물소리 **비**) 蟛(방게 **팽**)	膴(포 **무**) 癖(버릇 **벽**) 濱(물가 **빈**) 蟚(방게 **팽**)	瀰(평평할 **미**) 濮(강이름 **복**) 殯(빈소 **빈**) 鯆(돌고래 **포**)
19	木 (ㄱ)	薑(생강 **강**) 繫(맬 **계**) 麴(누룩 **국**)	繭(누에고치 **견**) 櫜(활집 **고**) 闚(엿볼 **규**)	羂(올무 **견**) 關(빗장 **관**) 襟(옷깃 **금**)	薊(삽주 **계**) 襘(띠매듭 **괴**)
	火 (ㄱ)	顜(밝을 **강**) 爌(불빛환할 **광**)	鶊(꾀꼬리 **경**) 轎(가마 **교**)	鶤(댓닭 **곤**) 趫(재빠를 **교**)	曠(밝을 **광**) 駥(강할 **규**)
	土 (ㄱ)	疆(지경 **강**) 蹻(발돋움할 **교**)	羹(국 **갱**) 蹶(넘어질 **궐**)	獷(사나울 **광**) 麒(기린 **기**)	壞(무너질 **괴**)
	金 (ㄱ)	鏹(돈 **강**) 譏(나무랄 **기**)	鏗(금옥소리 **갱**)	鏡(거울 **경**)	韝(깍지 **구**)
	水 (ㄱ)	蠍(전갈 **갈**)	鯨(고래 **경**)	鯤(곤이 **곤**)	餽(보낼 **궤**)
	木 (ㄴㄷㄹㅌ)	禰(아버지사당 **니**) 牘(서찰 **독**) 櫚(종려나무 **려**) 擽(갈 **뢰**)	薝(치자나무 **담**) 櫝(함 **독**) 簾(발 **렴**) 蕾(꽃봉오리 **뢰**)	襠(잠방이 **당**) 廬(오두막집 **려**) 櫓(방패 **로**) 攄(펼 **터**)	禱(빌 **도**) 蕗(감초 **로**)

총획수	자원오행	한 자			
19	火 (ㄴ)(ㄹ)	難(어려울 **난**)	覵(자세할 **라**)	矑(햇살퍼질 **려**)	鵦(새이름 **록**)
		類(같을 **류**)	離(떠날 **리**)	轔(수레소리 **린**)	
	土 (ㄷ)(ㄹ)	鄲(나라이름 **단**)	壜(술단지 **담**)	犢(송아지 **독**)	鐙(등나무 **등**)
		嬾(게으를 **란**)	麗(고울 **려**)	獵(사냥할 **렵**)	壚(흑토 **로**)
		麓(산기슭 **록**)	壟(밭두둑 **롱**)	遼(멀 **료**)	嬴(여월 **리**)
		鄰(이웃 **린**)			
	金 (ㄷ)(ㄹ)	譚(말씀 **담**)	鐺(종고소리 **당**)	韜(감출 **도**)	鞱(감출 **도**)
		鼗(땡땡이 **도**)	瓓(옥이름 **람**)	鏈(쇠사슬 **련**)	鏤(새길 **루**)
	水 (ㄴ)(ㄷ)(ㄹ)	膿(고름 **농**)	膽(쓸개 **담**)	蟷(사마귀 **당**)	餳(엿 **당**)
		瀆(도랑 **독**)	臀(볼기 **둔**)	濾(거를 **려**)	嚧(웃을 **로**)
		瀏(맑을 **류**)			
	木 (ㅇ)(ㅎ)	薆(우거질 **애**)	繶(끈 **억**)	繹(풀어낼 **역**)	
		櫞(구연나무 **연**)	薉(거칠 **예**)	襖(웃옷 **오**)	穩(평온할 **온**)
		醞(향기로울 **온**)	薀(붕어마름 **온**)	擾(흐려질 **요**)	園(동산 **원**)
		薏(율무 **의**)	艤(배댈 **의**)	薂(연잎 **하**)	薤(염교 **해**)
		薌(곡식향내 **향**)	幰(수레휘장 **헌**)	繯(맬 **현**)	擴(늘일 **확**)
		穫(곡식거둘 **확**)	繪(그림 **회**)	薫(향풀 **훈**)	薨(훙서할 **훙**)
	火 (ㅇ)(ㅎ)	顒(둥글 **운**)	願(원할 **원**)	鵷(원추새 **원**)	翾(날 **현**)
		鬍(수염 **호**)	顐(둥글 **혼**)		
	土 (ㅇ)(ㅎ)	嬿(아름다울 **연**)	艶(고울 **염**)	叡(밝을 **예**)	麑(사자 **예**)
		甕(항아리 **옹**)	遶(두를 **요**)	壝(제단의담 **유**)	遺(끼칠 **유**)
		遹(삐뚤 **휼**)			
	金 (ㅇ)(ㅎ)	礙(거리낄 **애**)	瓀(옥 **여**)	礜(돌이름 **여**)	瓗(옥돌 **연**)
		嫛(아름다울 **예**)	鏊(번철 **오**)	鏖(오살할 **오**)	韞(감출 **온**)
		譌(잘못될 **와**)	鏞(큰쇠북 **용**)	韻(음운 **운**)	贇(예쁠 **윤**)

총획수	자원오행	한 자			
19	**金** (○ㅎ)	誾(온화할 은)	䚊(잇몸 은)	讙(대답할 하)	覈(핵실할 핵)
		譓(슬기로울 혜)	醯(식초 혜)	譁(시끄러울 화)	譃(거짓말 후)
		譎(속일 휼)	譆(감탄할 희)		
	水 (○ㅎ)	饐(배부를 안)	瀁(내이름 양)	臆(가슴 억)	孼(서자 얼)
		嚥(삼킬 연)	鯢(도롱뇽 예)	饂(보리먹을 온)	瀇(깊을 왕)
		霪(장마 음)	膺(가슴 응)	蟻(개미 의)	蠏(게 해)
		嚮(향할 향)	瀅(물이름 형)	膾(회 회)	餼(보낼 희)
	木 (ㅅㅈㅊ)	薛(맑은대쑥 설)	簫(퉁소 소)	蕭(맑은대쑥 소)	繡(수놓을 수)
		颼(바람소리 수)	繩(노끈 승)	薪(섶나무 신)	薔(장미꽃 장)
		薺(회 제)	繰(야청빛 조)	櫛(빗 즐)	蕺(삼백초 즙)
		擲(던질 척)	薦(천거할 천)	襜(행주치마 첨)	簽(죽롱 첨)
		簷(처마 첨)	蜀(접시꽃 촉)	寵(사랑할 총)	薙(목련 치)
	火 (ㅅㅈㅊ)	爍(빛날 삭)	顙(이마 상)	爇(불사를 설)	鵗(새매 수)
		儵(빠를 숙)	鶉(메추라기 순)	鬊(헝클어진머리 순)	
		鵲(까치 작)	顚(정수리 전)	鬋(늘어질 전)	鵰(독수리 조)
		懲(징계할 징)	儳(어긋날 참)	覰(엿볼 처)	
		轍(바퀴자국 철)	鶄(해오라기 청)	雛(비둘기 추)	
	土 (ㅅㅈㅊ)	選(가릴 선)	獸(짐승 수)	障(막을 장)	羶(누린내 전)
		際(만날 제)	疇(밭두둑 주)	蹲(웅크릴 준)	遵(좇을 준)
		遲(더딜 지)	遷(옮길 천)	蹴(찰 축)	
	金 (ㅅㅈㅊ)	辭(말씀 사)	鏟(대패 산)	璽(옥새 새)	譔(가르칠 선)
		鏇(갈이틀 선)	璿(구슬 선)	璹(옥그릇 숙)	識(알 식)
		璶(옥돌 신)	鏘(금옥소리 장)	鏑(화살촉 적)	鏃(살촉 족)
		贈(줄 증)	證(증거 증)	識(적을 지)	贊(도울 찬)
		譖(헐뜯을 참)	鏨(새길 참)	歠(들이마실 철)	
		醮(제사지낼 초)	譙(꾸짖을 초)	鏦(창 총)	

총획수	자원오행	한 자			
19	**水** (人·天·天)	瀉(쏟을 **사**)	濇(깔깔할 **색**)	蟾(두꺼비 **섬**)	翛(하늘 **소**)
		䯏(골수 **수**)	蠅(파리 **승**)	瀋(즙낼 **심**)	
		臊(누린내날 **조**)	鯛(도미 **조**)	鼄(거미 **주**)	澂(맑을 **징**)
		濺(흩뿌릴 **천**)	鯖(청어 **청**)	癡(어리석을 **치**)	鯔(숭어 **치**)
	木 (ㅁ·ㅂ·ㅍ)	矇(청맹과니 **몽**)	薇(장미꽃 **미**)	薄(엷을 **박**)	攀(잡을 **반**)
		驎(달릴 **범**)	襞(주름 **벽**)	黼(수 **보**)	簿(문서 **부**)
		馪(향기 **빈**)	擺(열 **파**)	簸(까부를 **파**)	瓣(오이씨 **판**)
	火 (ㅁ·ㅂ·ㅍ)	鵬(초명새 **명**)	鵡(앵무새 **무**)	騖(달릴 **무**)	
		鵩(수리부엉이 **복**)	轒(병거 **분**)	鵬(붕새 **붕**)	騛(빠른말 **비**)
		騙(속일 **편**)	曝(햇볕쬘 **폭**)	爆(터질 **폭**)	
		鵯(직박구리 **필**)			
	土 (ㅂ·ㅍ)	龐(클 **방**)	鄱(고을이름 **파**)		
	金 (ㅁ·ㅂ·ㅍ)	鏌(칼이름 **막**)	鏋(금 **만**)	鏝(흙손 **만**)	醱(술괼 **발**)
		譜(족보 **보**)	轡(말채비할 **비**)	璸(진주이름 **빈**)	贇(예쁠 **빈**)
		覇(으뜸 **패**)	鏢(칼끝 **표**)		
	水 (ㅁ·ㅂ·ㅍ)	霧(안개 **무**)	靡(쓰러질 **미**)	臂(팔 **비**)	霦(옥광채 **빈**)
		嚬(찡그릴 **빈**)	瀑(폭포 **폭**)		
20	**木** (ㄱ)	繾(곡진할 **견**)	繼(이을 **계**)	藁(마를 **고**)	匶(널 **구**)
		闠(성바깥문 **궤**)			
	火 (ㄱ)	覺(깨달을 **각**)	轗(가기힘들 **감**)	騫(이지러질 **건**)	鵾(봉황 **곤**)
		鬐(갈기 **기**)			
	土 (ㄱ)	遽(역말 **거**)	勸(권할 **권**)	巋(가파를 **규**)	夔(조심할 **기**)
	金 (ㄱ)	醵(추렴할 **갹**)	競(다툴 **경**)	瓊(붉은옥 **경**)	警(경계할 **경**)
		鞹(가죽 **곽**)	璣(모난구슬 **기**)		

총획수	자원오행	한 자
20	水 ㄱ	黥(자자할 **경**)　譽(고할 **곡**)　饉(흉년들 **근**)
	木 ㄴㄹㅌ	糯(찰벼 **나**)　羅(그물 **라**)　欄(내리닫이 **란**)　藍(쪽 **람**) 籃(대바구니 **람**)　襤(누더기 **람**)　櫪(말구유 **력**)　攊(칠 **력**) 櫨(두공 **로**)　攏(누를 **롱**)　飀(바람소리 **료**)　鬪(싸울 **투**)
	火 ㄷㄹ	騰(오를 **등**)　懶(게으를 **라**)　爐(화로 **로**) 矓(어스레할 **롱**)
	土 ㄷㄹㅌ	獺(수달 **달**)　薑(거룻배 **돈**)　隣(이웃 **린**)　隤(무너질 **퇴**)
	金 ㄴㄷㄹ	醲(진한술 **농**)　鐃(징 **뇨**)　鐓(창고달 **대**)　鐙(등잔 **등**) 礪(거친숫돌 **려**)　礫(조약돌 **력**)　齡(나이 **령**)　醴(단술 **레**) 鱸(수레 **로**)　礧(바위 **뢰**)　鐐(은 **료**)　鏻(굳셀 **린**)
	水 ㄴㄷㄹ	臑(팔꿈치 **노**)　黨(무리 **당**)　竇(구멍 **두**)　瀝(거를 **력**) 鰊(청어 **련**)　露(이슬 **로**)　瀘(물이름 **로**)　瀧(비올 **롱**) 朧(흐릿할 **롱**)　瀨(여울 **뢰**)
	木 ㅇㅎ	鼯(날다람쥐 **오**)　闞(범소리 **함**)　艦(싸움배 **함**)　攇(조일 **헌**) 櫶(나무이름 **헌**)　馨(향기로울 **형**)　矍(두리번거릴 **확**)　纁(분홍빛 **훈**)
	火 ㅇㅎ	鶚(물수리 **악**)　嚴(엄할 **엄**)　曣(청명할 **연**)　爗(빛날 **엽**) 顤(높고클 **오**)　耀(빛날 **요**)　驋(절따말 **원**)　憸(총명할 **헌**) 懸(매달릴 **현**)　懷(품을 **회**)　爔(불 **희**)　曦(햇빛 **희**)
	土 ㅇㅎ	罌(양병 **앵**)　壤(고운흙 **양**)　孃(아가씨 **양**)　巘(고명할 **엄**) 嶪(산높을 **업**)　邀(맞을 **요**)　邂(만날 **해**) 麞(사향사슴 **향**)　獻(드릴 **헌**)　轘(환형 **환**)　還(돌아올 **환**) 犧(희생할 **희**)

총획수	자원오행	한 자
20	**金** (ㅇ)(ㅎ)	譯(통역할 **역**)　贏(남을 **영**)　馨(화할 **음**)　議(의논할 **의**) 譞(슬기로울 **현**)　鏸(세모창 **혜**)　鐄(종 **횡**)　斅(가르칠 **효**) 鐬(걸쇠 **휼**)
	水 (ㅇ)(ㅎ)	鰐(악어 **악**)　嚶(새소리 **앵**)　癢(가려울 **양**) 蠕(꿈틀거릴 **연**)　瀛(바다 **영**)　蠑(영원 **영**) 瀜(물깊고넓은모양 **융**)　鰕(새우 **하**)　澣(빨래할 **한**) 鹹(다 **함**)　瀣(찬이슬 **해**)　霙(상서로운구름 **휼**)
	木 (ㅅ)(ㅈ)(ㅊ)	薩(보살 **살**)　薯(감자 **서**)　藇(아름다울 **서**)　藎(조개풀 **신**) 藉(깔개 **자**)　藏(감출 **장**)　籍(호적 **적**)　薺(냉이 **제**) 籌(살 **주**)　纂(모을 **찬**)　闡(열 **천**)　觸(닿을 **촉**) 櫬(무궁화나무 **친**)
	火 (ㅅ)(ㅈ)(ㅊ)	釋(풀 **석**)　騸(거세할 **선**)　騷(떠들 **소**)　騭(수말 **즐**) 鬒(숱많고검을 **진**)　鶖(무수리 **추**)　騶(마부 **추**)
	土 (ㅅ)(ㅈ)(ㅊ)	孀(과부 **상**)　遾(미칠 **서**)　孅(가늘 **섬**) 躇(머뭇거릴 **저**)　遄(머뭇거릴 **전**)　鄭(나라이름 **정**)　躁(성급할 **조**) 巉(가파를 **참**)　躅(머뭇거릴 **촉**)
	金 (ㅅ)(ㅈ)(ㅊ)	鐥(복자 **선**)　譱(착할 **선**)　贍(넉넉할 **섬**)　譫(헛소리 **섬**) 鐔(날밑 **심**)　齟(어긋날 **저**)　譟(떠들 **조**)　鐘(쇠북 **종**) 鐏(창고달 **준**)　瓆(사람이름 **질**)　鑅(판금 **집**)　齠(이갈 **초**)
	水 (ㅅ)(ㅈ)(ㅊ)	霰(싸라기눈 **산**)　鰓(아가미 **새**)　饈(드릴 **수**)　瀦(웅덩이 **저**) 癤(부스럼 **절**)　鰈(가자미 **접**)　瀞(맑을 **정**)　鯷(메기 **제**) 臍(배꼽 **제**)　癥(적취 **징**)　鰌(미꾸라지 **추**) 鰍(미꾸라지 **추**)
	木 (ㅁ)(ㅂ)(ㅍ)	麵(밀가루 **면**)　艨(싸움배 **몽**)　藐(멀 **묘**)　羆(큰곰 **비**) 繽(성할 **빈**)　飄(나부낄 **표**)

총획수	자원오행	한 자			
20	火 (ㅁ)	鶩(집오리 **목**)			
	土 (ㅁㅂㅍ)	邁(갈 **매**)	闢(가를 **벽**)	避(피할 **피**)	
	金 (ㅂㅍ)	髆(어깨뼈 **박**)	礬(명반 **반**)	辮(땋을 **변**)	寶(보배 **보**)
		譬(비유할 **비**)	韠(슬갑 **필**)	鞸(슬갑 **필**)	
	水 (ㅁㅂ)	饅(만두 **만**)	鰒(전복 **복**)	臏(종지뼈 **빈**)	瀕(물가 **빈**)
21	木 (ㄱ)	纊(솜 **광**)			
	火 (ㄱ)	鷄(닭 **계**)	顧(돌아볼 **고**)	鶻(송골매 **골**)	轟(울릴 **굉**)
		鷇(새새끼 **구**)			
	土 (ㄱ)	驅(몰 **구**)			
	金 (ㄱ)	齦(물 **간**)	譴(꾸짖을 **견**)	齩(깨물 **교**)	
	水 (ㄱ)	鹼(소금기 **감**)	癨(곽란 **곽**)	饋(보낼 **궤**)	饑(굶주릴 **기**)
		鰭(지느러미 **기**)			
	木 (ㄷㄹ)	闥(문 **달**)	藤(등나무 **등**)	籐(덩굴 **등**)	爛(문채 **란**)
		攔(막을 **란**)	欄(난간 **란**)	藜(명아주 **려**)	糲(현미 **려**)
		艣(노 **로**)	纇(실마디 **뢰**)	飉(산들바람 **료**)	纍(맬 **류**)
	火 (ㄴㄹ)	儺(푸닥거리 **나**)	囊(접때 **낭**)	儸(간능있을 **라**)	騾(노새 **라**)
		爛(찬란할 **란**)	覽(볼 **람**)	儷(짝 **려**)	鶹(올빼미 **류**)
		魑(도깨비 **리**)			
	土 (ㄴㄹ)	罍(술독 **뢰**)	龒(용 **룡**)		

총획수	자원오행	한 자			
21	金 (ㄷㄹㅌ)	鐺(쇠사슬 당)	瓐(비취옥 로)	鑪(아교그릇 로)	礱(갈 롱)
		瓏(옥소리 롱)	髏(해골 루)	鐸(방울 탁)	
	水 (ㄷㄹ)	黮(검을 담)	癩(문둥병 라)	瀾(큰물결 란)	臘(섣달 랍)
		蠟(밀랍 랍)	蠣(굴조개 려)	蠡(좀먹을 려)	癧(연주창 력)
		瀲(넘칠 렴)			
	木 (ㅇㅎ)	櫻(앵두나무 앵)	藥(약 약)	攘(물리칠 양)	藝(재주 예)
		龐(학교 옹)	藕(연뿌리 우)	薰(향풀 훈)	
		纈(홀치기염색 힐)		襭(옷자락걷을 힐)	
	火 (ㅇㅎ)	鸎(꾀꼬리 앵)	爚(빛 약)	鸙(댓닭 약)	轝(수레 여)
		憴(호위할 영)	驁(준마 오)	鷂(새매 요)	鷁(익조 익)
		鶴(두루미 학)	轞(함거 함)	纁(진한붉은색 혁)	顥(클 호)
	土 (ㅇㅎ)	躍(뛸 약)	隩(물굽이 오)	巍(높고클 외)	邇(가까울 이)
		險(험할 험)			
	金 (ㅇㅎ)	譽(명예 예)	耰(곰방메 우)	韡(꽃활짝필 위)	皬(흴 학)
		護(보호할 호)	礭(회초리 확)	鐶(고리 환)	
	水 (ㅇㅎ)	黯(검을 암)	瀼(이슬많을 양)	瀯(물소리 영)	饒(넉넉할 요)
		饐(쉴 의)	瀷(강이름 익)	鰥(환어 환)	囂(공허할 효)
	木 (ㅅㅈㅊ)	欇(첩섭 섭)	續(이을 속)	屬(무리 속)	藪(늪 수)
		籔(조리 수)	纋(적청색 슬)	纏(얽을 전)	籒(주문 주)
		欃(혜성 참)	攙(찌를 참)	櫼(쐐기 첨)	龝(가을 추)
	火 (ㅊ)	儹(모을 찬)	懺(뉘우칠 참)	驂(곁마 참)	
		鶬(재두루미 창)	顦(야윌 초)	驄(총이말 총)	鶖(난새 추)
	土 (ㅅㅈ)	麝(사향노루 사)	隨(따를 수)	隧(길 수)	邃(깊을 수)
		齎(가져올 재)	躋(오를 제)	躕(머뭇거릴 주)	

총획수	자원오행	한 자			
21	金 (人ㅈㅊ)	齧(물어뜯을 **설**)	瓐(구슬 **수**)	贐(전별할 **신**)	贓(장물 **장**)
		鐫(새길 **전**)	劗(깎을 **찬**)	鐵(쇠 **철**)	
	水 (人ㅈㅊ)	鰤(방어 **사**)	鬺(삶을 **상**)	饍(반찬 **선**)	殲(다죽일 **섬**)
		囁(소곤거릴 **섭**)	瀟(물맑을 **소**)	嚼(씹을 **작**)	
		囃(메기는소리 **잡**)	囀(지저귈 **전**)	竈(부엌 **조**)	
		蠢(꿈틀거릴 **준**)	醝(소금 **차**)	饌(반찬 **찬**)	灊(건수 **첨**)
	木 (ㅁㅂㅍ)	襪(버선 **말**)	欂(두공 **박**)	藩(울타리 **번**)	闢(열 **벽**)
		飇(폭풍 **표**)	飆(폭풍 **표**)		
	火 (ㅁㅂㅍ)	魔(마귀 **마**)	鬘(머리장식 **만**)	驀(말탈 **맥**)	飜(번역할 **번**)
		驃(황부루 **표**)			
	土 (ㅁ)	邈(멀 **막**)	獼(원숭이 **미**)		
	金 (ㅁㅂ)	劘(깎을 **마**)	辯(말잘할 **변**)	轡(마상고 **비**)	贔(힘쓸 **비**)
	水 (ㅁㅍ)	蠛(업신여길 **멸**)	瀰(물넓을 **미**)	霹(벼락 **벽**)	覇(으뜸 **패**)
22	木 (ㄱ)	藿(콩잎 **곽**)	權(권세 **권**)	蘄(풀이름 **기**)	
	火 (ㄱ)	爟(봉화 **관**)	驕(교만할 **교**)	懼(두려워할 **구**)	鷗(갈매기 **구**)
	土 (ㄱ)	龕(감실 **감**)	龔(공손할 **공**)		
	金 (ㄱ)	鑑(거울 **감**)	鑒(거울 **감**)	韁(고삐 **강**)	競(다툴 **경**)
		齫(이솟을 **곤**)	戵(창 **구**)		
	水 (ㄱ)	鰝(아귀 **강**)	鰹(가물치 **견**)	灌(물댈 **관**)	

총획수	자원오행	한 자			
22	木 (ㄹ)(ㅌ)	蘆(갈대 **로**) 籟(퉁소 **뢰**)	艫(뱃머리 **로**) 藺(골풀 **린**)	籠(대그릇 **롱**) 籜(대껍질 **탁**)	蘢(개여뀌 **롱**) 蘀(낙엽 **탁**)
	火 (ㄷ)(ㄹ)	儻(뛰어날 **당**)	轢(칠 **력**)	聾(귀머거리 **롱**)	驎(얼룩말 **린**)
	土 (ㄷ)(ㄹ)	罎(술병 **담**)	邐(천천히갈 **려**)	孌(아름다울 **련**)	躐(밟을 **렵**)
	金 (ㄷ)(ㄹ)	韃(매질할 **달**)	讀(읽을 **독**)	讀(구절 **두**)	瓓(옥무늬 **란**)
	水 (ㄴ)(ㄹ)	囊(주머니 **낭**) 鰱(연어 **련**)	囉(소리섞일 **라**)	灆(물맑을 **람**)	臚(살갗 **려**)
	木 (ㅇ)(ㅎ)	譪(우거질 **애**) 藝(꽃술 **예**) 龢(화할 **화**)	禴(봄제사 **약**) 蘊(쌓을 **온**)	禳(제사이름 **양**) 矏(물끄러미볼 **응**)	穰(짚 **양**)
	火 (ㅇ)(ㅎ)	甗(두더지 **언**) 懿(아름다울 **의**)	儼(공경할 **엄**) 驊(준마 **화**)	鷖(갈매기 **예**) 懽(기뻐할 **환**)	驍(날랠 **효**)
	土 (ㅇ)	齬(어긋날 **어**)	隱(숨을 **은**)		
	金 (ㅇ)(ㅎ)	瓔(옥돌 **영**) 歡(기뻐할 **환**)	響(울림 **향**) 鑂(금빛투색할 **훈**)	譓(슬기로울 **혜**)	鑊(가마솥 **확**)
	水 (ㅇ)(ㅎ)	臙(연지 **연**) 饔(아침밥 **옹**) 囍(쌍희 **희**)	癭(혹 **영**) 癮(두드러기 **은**)	囈(잠꼬대 **예**) 饗(잔치할 **향**)	鰲(자라 **오**) 瀅(물이름 **형**)
	木 (ㅅ)(ㅈ)(ㅊ)	攝(잡을 **섭**) 藷(마 **저**) 襯(속옷 **친**)	蘇(차조기 **소**) 糴(쌀살 **적**)	襲(엄습할 **습**) 籛(언치 **전**)	欌(장롱 **장**) 藻(바닷말 **조**)

총획수	자원오행	한 자			
22	火 (人ㅈㅊ)	懾(두려워할 섭) 鬚(수염 수) 鷓(자고 자) 驏(안장없는말 잔) 覿(볼 적) 顫(떨릴 전) 鷙(맹금 지) 廳(관청 청)			
	土 (人ㅈㅊ)	隰(진펄 습) 鸌(노루 장) 躔(궤도 전) 鄽(가게 전) 巓(산꼭대기 전) 隮(오를 제) 躓(넘어질 지) 巑(산높을 찬) 巑(희고환할 찬) 躑(머물거릴 척) 疊(겹칠 첩)			
	金 (人ㅈㅊ)	贖(속죄할 속) 鑄(쇠불릴 주) 齪(악착할 착)			
	水 (人ㅈ)	孿(쌍둥이 산) 癬(옴 선) 灄(강이름 섭) 霽(비 제)			
	木 (ㅂ)	蘋(풀이름 빈)			
	火 (ㅁㅂ)	彎(굽을 만) 鷩(붉은꿩 별) 轡(고삐 비)			
	土 (ㅁㅂ)	巒(뫼 만) 亹(힘쓸 미) 邊(가장자리 변)			
	金 (ㅂ)	鑌(강철 빈)			
	水 (ㅁㅍ)	鰻(뱀장어 만) 鰵(다금바리 민) 鰾(부레 표)			
23	木 (ㄱ)	籧(대자리 거) 蘧(패랭이꽃 거) 鼸(도마뱀 겸)			
	火 (ㄱ)	驚(놀랄 경) 鷱(작은비둘기 고) 羈(굴레 기)			
	金 (ㄱ)	瓘(옥이름 관) 鑛(쇳덩이 광)			
	水 (ㄱ)	蠲(밝을 견) 蠱(뱃속벌레 고) 癯(여윌 구)			

총획수	자원오행	한 자			
23	木 (ㄹ)(ㅌ)	蘭(난초 **란**) 蘫(오이절임 **람**) 蘯(쓸어없앨 **탕**)	欒(나무이름 **란**) 欒(걸릴 **련**)	襴(내리닫이 **란**) 黐(끈끈이 **리**)	攤(펼칠 **탄**)
	火 (ㄹ)(ㅌ)	曬(햇빛없을 **라**) 戀(사모할 **련**)	轣(갈 **력**) 驔(연전총 **탄**)	轤(도르래 **로**)	鷺(백로 **로**)
	土 (ㄹ)	麟(기린 **린**)	躙(짓밟을 **린**)		
	金 (ㄹ)	鑞(땜납 **랍**)	鑢(줄 **려**)		
	水 (ㄹ)(ㅌ)	臝(벗거벗을 **라**)	灓(새어흐를 **란**)	鱗(비늘 **린**)	灘(여울 **탄**)
	木 (ㅇ)	籥(피리 **약**) 蘖(그루터기 **얼**)	蘘(양하 **양**) 纓(갓끈 **영**)	糱(누룩 **얼**) 蘟(나물이름 **은**)	
	火 (ㅇ)(ㅎ)	鼴(두더지 **언**) 驗(검증할 **험**)	驛(역말 **역**) 顯(나타날 **현**)	黶(보조개 **엽**) 鬟(쪽진머리 **환**)	鷴(백한 **한**) 鷸(도요새 **휼**)
	土 (ㅇ)(ㅎ)	巖(바위 **암**) 隳(무너뜨릴 **휴**)	邍(넓은들판 **원**)	巘(봉우리 **헌**)	
	金 (ㅇ)(ㅎ)	醼(잔치 **연**)	讌(이야기할 **연**)	讉(성낼 **유**)	頀(구할 **호**)
	水 (ㅇ)	饜(포식할 **염**)	癰(악창 **옹**)		
	木 (ㅅ)(ㅈ)(ㅊ)	蘇(이끼 **선**) 欑(모을 **찬**)	纖(가늘 **섬**) 籤(제비 **첨**)	纔(재주 **재**) 齹(오색선명할 **초**)	攢(모일 **찬**)
	火 (ㅅ)(ㅊ)	曬(볕쬘 **쇄**)	驌(말이름 **숙**)	鷦(뱁새 **초**)	鷲(독수리 **취**)
	金 (ㅅ)(ㅈ)(ㅊ)	鑠(녹일 **삭**) 鑕(도끼 **질**)	讎(원수 **수**) 體(몸 **체**)	讐(원수 **수**) 髑(해골 **촉**)	髓(골수 **수**)

총획수	자원오행	한 자
23	水 (ㅅㅈㅊ)	鱓(악어 선)　灑(뿌릴 쇄)　鱘(철갑상어 심)　鱒(송어 준) 鬖(검푸를 참)
	木 (ㅁㅂ)	蘪(천궁 미)　蘗(황벽나무 벽)　蘩(산흰쑥 번)　馪(향내날 빈)
	金 (ㅂㅍ)	變(변할 변)　鑣(재갈 표)
	水 (ㅁㅂ)	黴(곰팡이 미)　鱉(자라 별)
24	木 (ㄱ)	攪(어지러울 교)
	火 (ㄱㄹ)	衢(네거리 구)　騾(노새 라)
	土 (ㄱ)	罐(두레박 관)
	金 (ㄱ)	贛(줄 공)
	土 (ㄹ)	隴(고개이름 롱)
	金 (ㄹ)	鑪(화로 로)
	水 (ㄷㄹㅌ)	蠹(좀 두)　靂(벼락 력)　靈(신령 령)　鱧(가물치 례) 癱(중풍 탄)
	木 (ㅎ)	攫(붙잡을 확)
	火 (ㅇㅎ)	曮(해다닐 엄)　魘(잠꼬대할 염)　鷹(매 응)　鶴(비둘기 학)
	土 (ㅇㅎ)	艶(고울 염)　玁(오랑캐이름 험)

총획수	자원오행	한 자
24	金 (○ㅎ)	齷(잇몸 악)　　齷(악착스러울 악)　讓(겸손할 양)　釀(술빚을 양) 齲(충치 우)　　鑫(기쁠 흠)
	水 (○ㅎ)	靄(아지랑이 애)　鹽(소금 염)　　靈(신령 영)　　鼇(자라 오) 鱠(회 회)
	木 (ㅊ)	皻(너그러울 차)　矗(우거질 촉)
	火 (ㅅㅈㅊ)	鷫(새이름 숙)　　鸇(송골매 전)　　驟(달릴 취)
	土 (ㅅ)	躞(걸을 섭)
	金 (ㅊ)	瓚(옥그릇 찬)　　讒(참소할 참)　　讖(예언 참)　　韆(그네 천)
	水 (ㅈㅊ)	蠶(누에 잠)　　臟(오장 장)　　鱣(잉어 전)　　癲(미칠 전) 靆(구름낄 체)　囑(부탁할 촉)
	火 (ㅂ)	鷩(논병아리 벽)　矉(찡그릴 빈)　　鬢(살쩍 빈)
25	木 (ㄱ)	矙(엿볼 감)　　羈(재갈 기)　　夔(조심할 기)
	火 (ㄱ)	觀(볼 관)
	金 (ㄱ)	髖(허리뼈 관)
	木 (ㄷㄹ)	纛(기 독)　　蘿(쑥 라)　　欖(감람나무 람)　攬(잡을 람) 籬(울타리 리)
	火 (ㄹ)	鬣(갈기 렵)　　顱(머리뼈 로)

총획수	자원오행	한 자
25	土 (ㅌ)	鼉(악어 타)
	水 (ㄷㄹㅁ)	黮(문신할 담)　　纞(고기 련)　　蠻(오랑캐 만)
	金 (ㅇㅎ)	鑰(자물쇠 약)　　鑲(거푸집속 양)　　钁(창 확)　　玁(옥홀 환) 釁(틈 흔)
	水 (ㅇㅎ)	靄(구름낄 애)　　灝(넓을 호)
	木 (ㅈㅊ)	糶(쌀팔 조)　　纘(이을 찬)　　聽(들을 청)
	火 (ㅊ)	矚(비출 촉)　　爥(촛불 촉)
	土 (ㅅㅎ)	躡(밟을 섭)　　黌(학교 횡)
	金 (ㅊ)	鑱(침 참)
	木 (ㅁㅂ)	蘪(장미 미)　　籩(제기이름 변)
	火 (ㅁ)	鸏(물새새끼 몽)
	土 (ㅂ)	鼈(자라 별)
	水 (ㅍ)	灞(물이름 파)
26	金 (ㄱ)	鑵(두레박 관)　　鼲(제비 구)
	火 (ㄹ)	驢(당나귀 려)　　孿(맬 련)

총획수	자원오행	한 자
26	土 (ㄹ)	邏(순행할 **라**)　　　酈(땅이름 **력**)　　　邐(이어질 **리**)
	金 (ㄹ)	髗(머리뼈 **로**)
	木 (ㅇ)	顬(부를 **유**)
	土 (ㅇ)	酈(땅이름 **역**)　　　邐(이어질 **이**)
	木 (ㅊ)	矚(볼 **촉**)
	火 (ㅊ)	趲(놀라흩어질 **찬**)
	金 (ㅅㅊ)	鑷(족집게 **섭**)　　　釃(술거를 **시**)　　　讚(도울 **찬**)
	水 (ㅊ)	饞(탐할 **참**)
	土 (ㅂ)	鼊(거북 **벽**)
	水 (ㅁ)	灣(물굽이 **만**)
27	木 (ㄹ)	纜(닻줄 **람**)
	火 (ㄱㄹ)	顴(광대뼈 **관**)　　　驥(천리마 **기**)　　　鸕(가마우지 **로**)
	土 (ㄹ)	躪(짓밟을 **린**)
	金 (ㄷㄹ)	讜(곧은말 **당**)　　　鑼(징 **라**)　　　蠻(방울 **란**)

총획수	자원오행	한 자
27	水 ㉢㉣	黷(더럽힐 **독**)　　鱸(농어 **로**)
	火 ㉘	驤(머리들 **양**)
	金 ㉘	讞(평의할 **언**)　　齯(웃을 **은**)
	火 ㉛	顳(관자놀이 **섭**)
	金 ㉤	寶(보배 **보**)
	金 ㉩	鑚(뚫을 **찬**)
	水 ㉭	灦(물깊고맑을 **현**)
28	木 ㉣	欞(격자창 **령**)
	火 ㉢	戇(어리석을 **당**)
	火 ㉘㉭	鸚(앵무새 **앵**)　　驩(기뻐할 **환**)
	金 ㉩	鑿(뚫을 **착**)
29	火 ㉠	鸛(황새 **관**)　　鸜(구관조 **구**)
	火 ㉣	驪(검은말 **려**)
	火 ㉩	爨(부뚜막 **찬**)

총획수	자원오행	한 자
29	木 ◎	鬱(울창할 울)
30	火 ㄹ	鸞(난새 란)
32	木 ◎	籲(부를 유)
	水 ◎	灩(출렁거릴 염)
33	土 ㅊ	麤(거칠 추)
	水 ㅅ	鱻(신선할 선)

한자 부수 일람표

一	한일	勹	쌀포몸	子	아들자	彐	〔彑〕튼가로왈	无	〔旡〕이미기방	父 아비부
丨	뚫을곤	匕	비수비	宀	갓머리	彡	터럭삼	日	날일변	爻 점괘효
丶	점주	匚	터진입구	寸	마디촌	彳	두인변	曰	가로왈	爿 장수장변
丿	삐칠별	匸	터진에운담	小	작을소	忄	〔心〕심방변	月	달월변	片 조각편
乙	새을	十	열십	尢	절름발이왕	扌	〔手〕재방변	月	〔肉〕육달월	牙 어금니아
亅	갈고리궐	卜	점복	尸	주검시	氵	〔水〕삼수변	木	나무목	牛 〔牛〕소우
二	두이	卩	〔㔾〕병부절	屮	왼손좌	犭	〔犬〕개사슴록변	欠	하품흠	犬 개견
亠	돼지해머리두	厂	민엄호	山	뫼산	阝	〔邑〕우방부	止	그칠지	王 〔玉〕구슬옥
人	〔亻〕사람인변	厶	마늘모	巛	〔川〕개미허리	阝	〔阜〕좌부변	歹	죽을사변	耂 〔老〕늙을로엄
儿	어진사람인발	又	또우	工	장인공	心	마음심	殳	갖은등글월문	艹 〔艸〕초두
入	들입	口	입구	己	몸기	忄	〔心〕밑마음심	毋	말무	辶 〔辵〕책받침
八	여덟팔	囗	큰입구	巾	수건건변	戈	창과	比	견줄비	玄 검을현
冂	멀경몸	土	흙토	干	방패간	戶	지게호	毛	털모	玉 구슬옥
冖	민갓머리	士	선비사	幺	작을요	支	지탱할 지	氏	각시씨	瓜 오이과
冫	이수변	夂	뒤쳐져올치	广	엄호밑	攴	〔攵〕둥글월문	气	기운기밑	瓦 기와와
几	안석궤	夊	천천히걸을쇠	廴	민책받침	文	글월문	水	물수	甘 달감
凵	위터진입구몸	夕	저녁석	廾	〔艸〕스물입발	斗	말두	火	불화	生 날생
刀	〔刂〕칼도변	大	큰대	弋	주살익	斤	날근변	灬	〔火〕불화발	用 쓸용
力	힘 력	女	계집녀	弓	활궁변	方	모방변	爪	〔爫〕손톱조	田 밭전

疋 짝필	糸 실사	色 빛색	身 몸신	革 가죽혁	鳥 새조
疒 병질엄	缶 장군부	艸 초두밑	車 수레거	韋 가죽위	鹵 소금밭로
癶 필발머리	网 그물망	虍 범호밑	辛 매울신	韭 부추구	鹿 사슴록
白 흰백	羊 양양	虫 벌레훼	辰 별신	音 소리음	麥 보리맥
皮 가죽피	羽 깃우	血 피혈	辵 책받침	頁 머리혈	麻 삼마
皿 그릇명	老 늙을로	行 다닐행	邑 고을읍	風 바람풍	黃 누를황
目 눈목	而 말이을이	衣 옷의	酉 닭유	飛 날비	黍 기장서
矛 창모	耒 쟁기뢰	襾 덮을아	釆 분별할변	食 먹을식	黑 검을흑
矢 화살시	耳 귀이	見 볼견	里 마을리	首 머리수	黹 바느질할치
石 돌석	聿 붓율	角 뿔각	金 쇠금	香 향기향	黽 맹꽁이맹
礻[示] 보일시	肉 고기육	言 말씀언	長 길장	馬 말마	鼎 솥정
内 짐승발자국유	臣 신하신	谷 골곡	門 문문	骨 뼈골	鼓 북고
禾 벼화	自 스스로자	豆 콩두	阜 언덕부	高 높을고	鼠 쥐서
穴 구멍혈	至 이를지	豕 돼지시	隶 미칠이	髟 터럭발밑	鼻 코비
立 설립	臼 절구구	豸 갖은돼지시	隹 새추	鬥 싸울투	齊 가지런할제
四[网] 그물망	舌 혀설	貝 조개패	雨 비우	鬯 술창	齒 이치
衤[衣] 옷의	舛 어그러질천	赤 붉을적	青 푸를청	鬲 솥력	龍 용룡
竹 대나무죽	舟 배주	走 달릴주	非 아닐비	鬼 귀신귀	龜 거북구
米 쌀미	艮 간괘간	足 발족	面 낯면	魚 물고기어	龠 피리약

천년을 빛내는 이름

1판 1쇄 인쇄 | 2026년 03월 30일
1판 1쇄 발행 | 2026년 04월 10일

지은이 | 박대희
펴낸이 | 문해린
펴낸곳 | 상원문화사
주소 | 서울시 은평구 증산로 15길 36(신사동) (03448)
전화 | 02)354-8646 · **팩시밀리** | 02)384-8644
이메일 | mjs1044@naver.com
출판등록 | 1996년 7월 2일 제8-190호

책임편집 | 김영철
표지 디자인 | 조유리

ISBN 979-11-85179-42-1 (03180)

● 이 책 내용의 일부 또는 전부를 재사용하려면 반드시 지은이와
  상원문화사 양측의 서면에 의한 동의를 받아야 합니다.
● 책값은 표지에 있습니다.
● 잘못 만들어진 책은 구입처 및 본사에서 교환해 드립니다.